媒体与设计学院
SCHOOL OF MEDIA & DESIGN

文 化 创 意 与 传 播 前 沿 丛 书

New Media: Expanding New Horizons in Communications

新媒体：传播新格局拓展

薛可 著

上海交通大学 出版社
SHANGHAI JIAO TONG UNIVERSITY PRESS

内容提要

本书主要采用实证研究方法,从新媒体舆情传播、新媒体危机传播、新媒体积极传播、新媒体健康传播、新媒体品牌传播对新媒体环境下的当前主要的几个研究热点进行理论重构。本书可作为高校新闻传播学师生及相关领域研究人员的学习参考用书。

图书在版编目(CIP)数据

新媒体.传播新格局拓展/薛可著.—上海:上海交通
大学出版社,2017
ISBN 978-7-313-16821-4

Ⅰ.①新…　Ⅱ.①薛…　Ⅲ.①传播媒介—研究
Ⅳ.①G206.2

中国版本图书馆 CIP 数据核字(2017)第 058597 号

新媒体:传播新格局拓展

著　者:薛　可
出版发行:上海交通大学出版社　　　　　地　　址:上海市番禺路 951 号
邮政编码:200030　　　　　　　　　　电　　话:021-64071208
出版人:谈　毅
印　制:上海景条印刷有限公司　　　　　经　　销:全国新华书店
开　本:710mm×1000mm　1/16　　　　　印　　张:25.25
字　数:474 千字
版　次:2017 年 12 月第 1 版　　　　　　印　　次:2017 年 12 月第 1 次印刷
书　号:ISBN 978-7-313-16821-4/G
定　价:88.00 元

目 录

Contents

序

Preface

传播新科技的日积月累、突飞猛进，造就了互联网的横空出世，而以互联网为代表的新媒体，开启了人类传播变革乃至整个人类社会演进的新纪元，其意义之重大，影响之深远，迄今仍难以准确估量。

尽管如此，或者说，正因如此，各个领域的有识之士，无不倾注大量的时间和心血，对此予以关注和探究。而宣称以人类传播为研究对象的传播学界，自然更不能置身于事外。

令人欣喜的是，这种可贵的努力，业已结出硕果。

仅以本人供职的上海交通大学媒体与设计学院为例，建院短短十几年来，就涌现了一批学风严谨、表现出色的优秀学者，承担了诸多国家级、省部级重大、重点和规划项目，以及国际、国内横向合作项目，产出了众多成果，其主题大多与互联网、新媒体相关，视野开阔，观点新锐，在海内外同行中，形成了良好口碑。

眼前的这部佳作，就是一个明证。

其作者薛可教授，作为新媒体传播研究领域的佼佼者之一，具有复合的教育背景、深厚的学术功底、敏锐的问题意识、执著的钻研精神。这部厚实的著作，汇集了她近年来的最新思考和劳作，以本人的粗浅感受，至少具有以下几个显著的特点：

（1）多样性。其题材十分丰富，涵盖了政治、经济、文化、生活等各个方面，触及了大众传播、人际传播、组织传播、国际传播等各个层面，以及品牌、广告、舆论、公共关系、公民参与、媒体信任度、危机传播、健康传播等多个维度。

（2）科学性。其方法以实证为主，兼顾定性、定量分析手段，并适当地借鉴前人的各种前沿理论和经典模型，从而有力地保障了研究的效度和深度。其中有些理论和方法的运用和探索，为国内传播学界少见，更凸显了其价值。

（3）创新性。在拥有了上述宽广思维和科学方法的前提下，其成果也就富有了启发性、创造性。在作者展示的每一项研究中，都呈现出其力求承前启后、继往开来的意图，并且，通过理论与实际的紧密结合、思辨与实证的有效互动，最终得出了令人信服的结论。

总之，承蒙薛可教授信赖，本人有幸成为该书的最初读者之一，先睹为快，获益匪浅，谨向广大同人郑重推荐。

上海交通大学媒体与设计学院学学术委员会主任
上海交通大学全球传播院院长
书于沪上文化花园明珠苑

第一章
新媒体舆情传播

党的"十三五"规划中明确指出,要"牢牢把握正确舆论导向,健全社会舆情引导机制,传播正能量,加强网上思想文化阵地建设,实施网络内容建设工程,发展积极向上的网络文化,净化网络环境"。如今,我们生活在一个被网络紧紧裹挟的世界之中,时时刻刻都与网络有着千丝万缕的联系。网络开辟了一个现实与虚拟相交错的新空间,人们在这个空间里共享信息、表达观点、宣泄情感……对于某些事件,人们也越来越习惯于将它们搬到网络上来,借助网络强大的扩散和发酵功能,引起更多人的关注和讨论,以影响事态的发展。在新媒体时代,一个个独立的个体跨越了时空的限制连接在了一起,利用更畅通的渠道和更广阔的平台,去参与社会事务的讨论,发出"集体呐喊"。如何利用新媒体平台进行舆情传播,如何对新局势下的舆情传播进行有效的监控,成为目前学界和业界普遍关心的问题。

王来华(2003)①认为舆情就是指在一定的社会空间内,围绕中介性社会事件的发生、发展和变化,作为主体的民众对作为客体的社会管理者、企业、个人及其他各类组织及其政治、社会、道德等方面的取向产生和持有的社会政治态度。它是较多群众关于社会中各种现象、问题所表达的信念、态度、意见和情绪等等表现的总和。张兆辉和郭子建(2006)②则认为所谓舆情,是指在一定的社会空间内,围绕特定的舆情因变事项的发生、发展和变化,在民众中产生和存在的对执政者及其所持有的政治价值取向的社会政治态度。刘毅(2007)③所著的《网络舆情研究概论》是国内关于网络舆情研究理论的第一本专著,他认为,舆情是由个人以及社会群体构成的公众,在一定历史阶段和社会空间内,对自己关心或自身利益密切相关的各种公共事务所持有的多种情绪、态度和意见交错的总和。

① 王来华. 舆情研究概论——理论、方法和现实热点[M]. 天津:天津社会科学院出版社,2003:33.
② 张兆辉,郭子建. 舆情信息工作理论与实务[M]. 沈阳:辽宁大学出版社,2006:13-14.
③ 刘毅. 网络舆情研究概论[M]. 天津:天津人民出版社,2007:53-54.

舆情研究的主要内容有舆情信息工作、舆情机制以及网络舆情。

网络舆情，不仅仅是"网络"和"舆情"的简单相加。国内有不少学者阐述了对"网络舆情"内涵的理解。纪红等人（2007）[①]认为，网络舆情的实质是普通公众在网络空间，对于因变事项的发展变化中的执政者及政治价值持有者的基本态度。陶建杰（2007）[②]则从言论的倾向性出发，认为网络舆情就是公众通过网络表达的对社会焦点事件、热点问题的一种影响性和倾向性的言论与观点。刘毅（2007）[③]给出的网络舆情定义为：通过互联网表达和传播的各种不同情绪、态度和意见交错的总和。网络舆情呈现出一些特点。首先，由于网络舆情是在网络环境中形成和发展的，因此具有一些网络相关性的特征，如互动性与即时性、隐匿性与外显性、自由性与可控性、情绪化与非理性、个性化与群体极性化等[④]。徐晓日认为，网络舆情具有五大特征，即网络舆情来源具有广泛性和匿名性；网络舆情倾向于问题揭露与现实批判；网络舆情具有突发性；网络舆情传播容易出现群体极化倾向；网络舆论能够形成更大的群体压力[⑤]。网络、事件、网民、情感、传播互动、影响力，构成了网络舆情的六大要素。作为网络舆主体的网民，毕宏音认为其表现出五大主体特征：社会群体中分化出来的"新群体"与现实生活中的舆情主体发生交叉和重构；网民所表达的舆情不能被视为全体民众的情绪、态度和意见；网民是多种情绪、态度和意见的持有者；网民借助网络媒体的传播特性和强大服务功能来表达舆情；网民通过网络发表舆情言论成为引导和影响舆论的重要力量[⑥]。

随着互联网的飞速发展，舆情的集合主场也渐渐转移到网络上来，形成网络舆情。无论是各级党政机关、企事业单位，还是学术科研机构，都越来越关注网络舆情的发展。笔者以"网络舆情"为关键词，在知网搜索，得出已有研究文献趋势（见图1），可以看到，国内网络舆情研究兴起于2005年左右，2008年以后论文数量急剧增加，并在2013年破万，网络舆情研究保持着较高的热度。

许鑫等（2009）[⑦]指出，网络舆情的研究框架主要包括基础理论、支撑技术和应用研究三个层次，通过此框架，可以确定网络舆情研究的基本范围，首先是基本概念研究，其次是与个体有关的受众分析、个案处理等领域的理论研究，最后

---

① 纪红，马小洁. 论网络舆情的搜集、分析和引导[J]. 华中科技大学学报（社会科学版），2007,（6）：104.

② 陶建杰. 完善网络舆情联动应急机制[J]. 当代行政，2007,（9）：28-30.

③ 刘毅. 网络舆情研究概论[M]. 天津：天津人民出版社，2007：53-54.

④ 唐喜亮. 我国突发公共事件的网络舆情研究[D]. 成都：电子科技大学，2008.

⑤ 徐晓日. 网络舆情事件的应急处理研究[J]. 华北电力大学学报（社会科学版），2007,（1）：89-93.

⑥ 毕宏音. 网民的网络舆情主体特征研究[J]. 广西社会科学，2008,（07）：166-169.

⑦ 许鑫，章成志，李雯静. 国内网络舆情研究的回顾与展望[J]. 情报理论与实践，2009,32（3）：115-120.

2005—2014网络舆情传播论文数量

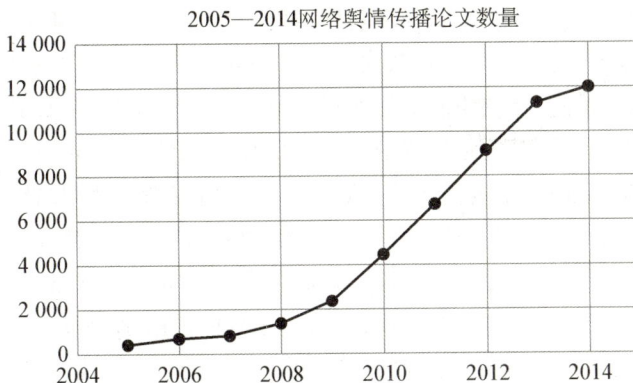

图1　2005—2014年网络舆情研究论文数折线图

是网络舆情的汇集和分析机制研究。综观已发表的研究成果,涉及的研究方向主要有以下几点。第一,网络舆情传播模型研究,构建网络舆情传播过程和演化过程的模型,找出关键环节和规律。如潘新(2010)[①]从系统结构决定系统功能的角度,利用复杂网络的研究方法对网络舆情的传播规律进行了实证分析和理论研究,朱恒民和李青(2012)[②]指出微博网络中信息的"裂变式"传播模式对已有舆情传播模型提出挑战,为有效地揭示出微博用户关注关系所形成的复杂网络中舆情传播演化的机理,以有向无标度网络为载体提出舆情传播的 SIRS 模型。第二,网络舆情传播的特征分析,既有对整个舆情传播过程的特征概括,也有对舆情传播过程各个阶段特点的研究。刘颖和李欲晓(2011)[③]结合几个舆情热点事件的实例,对不同类别网络媒体在报道显著性、时序变化上的差异进行了量化分析对比。柳军和蔡淑琴(2013)[④]将微内容界定为本体信息和状态信息的组合形态,对微内容信息特征及其网络汇聚特性和演化特性进行分析,陈海汉和陈婷(2015)[⑤]针对当前关于网络舆情传播规律研究工作中"量化"不足的缺陷,用科学的方法来"计算网络舆情",基于海量的网络信息发现舆情传播的推演态势。第三,将网络舆情传播与危机事件、突发事件相结合,为危机事件和突发事件的应对提供策略,降低其负面影响,这是网络舆情传播研究的重点方向之一。

---

① 潘新. 基于复杂网络的舆情传播模型研究[D]. 大连：大连理工大学,2010.
② 李青,朱恒民. 基于 BA 网络的互联网舆情观点演化模型研究[J]. 情报杂志,2012,31(3)：6-9.
③ 刘颖,李欲晓. 网络舆情传播特征分析[J]. 北京邮电大学学报(社会科学版),2011,(04)：1-6.
④ 柳军,蔡淑琴. 微内容的网络舆情传播特征分析[J]. 情报杂志,2013,(1)：1-4.
⑤ 陈海汉,陈婷. 突发事件网络舆情传播时段特征和政府预警模式研究[J]. 图书馆学研究,2015,(01).

这个角度的研究多与实例相结合，如康伟（2012）①以突发事件"11·16"校车事故为实证研究对象，生成"11·16"舆情传播网络拓扑图，基于邻接矩阵数据对信息传播网络进行了整体网络结构、内部子结构和个体位置结构测度，并根据研究结果提出网络舆情引导政策建议。赵金楼和成俊会（2015）②则以 2013 年重大突发事件"4.20 四川雅安地震"为例，运用 Ucinet 软件生成微博舆情传播网络拓扑图，基于统计得到的微博节点关系矩阵进行微博舆情传播网络整体结构、角色与位置结构等测量。第四，以政府为主体的网络舆情监测和管理的研究，这是随着网络舆情的迅猛发展而出现的较新的研究方向。易臣何（2014）在综合国内外经验与教训的基础上，认为在舆情政府监控过程中，强化舆情政府监控的观念建设是前提、健全舆情政府监控的制度体系是基础、提升舆情政府监控的应急能力是关键、完善舆情政府监控的技术措施是保障等。由此可见，针对网络舆情传播的研究角度十分多元，研究时往往从具体的案例出发，进而得出普适性的结论。

总体而言，我国网络舆情研究的起步较晚，还没有形成一个体系，学者们各自为政，显得较为零散、混乱。在实际应用中，网络舆情的理论研究没有发挥出应有的作用，很多研究都倾向于对已发生事件的反思，忽视了其预测和预防的功能，造成了理论与实际的脱节。对于某一事件所引发的网络舆情的研究也缺乏连续性，研究往往只是关注此事件网络舆情达到顶峰的一段日子，而没有进行全程跟踪，造成对网络舆情演变过程的研究有厚此薄彼的倾向。

本章将聚焦于网络舆情传播的研究。研究涵盖了论坛、微博、社交网站、新闻网站等网络媒介，涉及突发事件、灾难报道、环境群体事件等多种议题，采用社会网络分析、内容分析、文本分析等研究方法，试图探讨当下网络舆情传播的新局面，为网络舆情的监测和管理提供参考。《网络论坛公共表达与议题上升的结构研究》探讨了网络论坛中的公共表达的结构，致力于明晰公共议题成功上升的结构性特征，研究结果显示，参与的异质性、集中度和早期的密集回复有助于形成更大的讨论串，公共表达的结构是公共议题上升的关键因素。《网络论坛舆论传播的结构性要素剖析》运用社会网络分析法，对国内三个不同类型的网络论坛中的 30 个突发事件讨论网及 959 个用户 ID 进行了案例研究，探讨了网络论坛中，突发事件信息传播过程中一些主要的结构性要素，如讨论网成员的出度中心度、正向入度中心度（声望）、结构洞和中间人、整体网络的中心势以及网络密度。《自然灾难报道中传统媒体与社交媒体信任度对比研究》通过大样本调查的方

---

① 康伟. 突发事件舆情传播的社会网络结构测度与分析——基于"11·16 校车事故"的实证研究[J]. 中国软科学，2012,(7)：169-178.

② 赵金楼，成俊会. 基于 SNA 的突发事件微博舆情传播网络结构分析——以"4.20 四川雅安地震"为例[J]. 管理评论，2015,27(1).

法,探究了该类报道中受众对传统媒体与社交媒体的信任度差异以及社交媒体媒介接触度与信息类型的信任度影响。《二维测量框架下的网络犯罪新闻报道研究——以"复旦投毒案"为例》运用了二维测量框架理论,使用内容分析法对人民网"24小时新闻"对复旦投毒案的相关新闻报道,从时间框架和空间框架的建构及其变化特点进行统计分析,总结报道规律。《一个事件,两种声音：宁波PX事件的中英媒介报道研究——以人民网和BBC中文网为例》针对2012年10月22日爆发的宁波PX事件,采用内容分析和文本分析相结合的方法,对人民网和英国BBC中文网两家媒体的相关新闻报道进行比较研究,研究发现人民网和BBC中文网在宁波PX事件的不同阶段其报道数量、报道议题的设置和消息来源的选择等方面存在着诸多差异性,同时,也结合城市规划学中邻避效应理论,对造成宁波PX事件的原因进行了反思。

网络论坛公共表达与议题上升的结构研究

　　长期以来,网络论坛都被认为是公共表达的主要集散地[①]。综合性论坛、报纸网站的专门性论坛、社会网站等都是公众进行意见表达和讨论的主要场所。论坛中的大部分讨论都形成了一个个的讨论串。讨论串是帖子的集合物,通常按照时间顺序从最初开始依次显示。用户可以发布任何主题来形成一个讨论串,并以此来吸引追随者公开发表他们的观点。但是除非人们表达的内容能够获得公众足够的兴趣和注意,否则它并不一定能引起广泛的传播。某些议题可以引起密集的回复,而另一些则只能引发少量讨论,甚至是零讨论。讨论串中的帖子数通常是对某一议题的公众关注度的反映。公众关注是舆论形成的一个关键因素。因此,探讨那些引发密集回复的讨论串的结构,对于理解舆论形成的过程来说是十分重要的。

　　本研究试图分析网络论坛中公共表达的结构,并探讨什么样的结构与讨论串中的帖子累积量相关。与以往的公共议题上升研究不同的是,我们主要关注公共表达的结构,而非对阶段差异[②]或是传播内容的描述[③]。网络论坛中的公共表达将被视为一种集体行动,在其中,论坛用户共同追求的是公众关注。在此,公共表达的结构是指讨论串中用户之间的互动规则。根据临界大众理论,这些互动的规则能够显示集体行动中的参与水平[④]。

　　我们认为,讨论串中的帖子数量是与参与的异质性、集中度和时间性相关的。异质性和集中度的概念来自于临界大众理论,强调的是互动结构的关系层面。讨论串中用户之间的回复关系则显示了讨论串的特定动力学形态,并影响到累计的回复量。除了关系结构外,我们还将讨论时间结构对于参与水平的

① Witschge T. Examining Online Public Discourse in Context: A Mixed Method Approach [J]. The Public, 2008, 15(2): 75 - 91.

② Downs A. Issue Attention Cycles in R. H. Turner and L. M. Killian (eds.) [M]. Collective Behavior. N. J.: Prentice Hall. 1987: 170 - 185.

③ Arguello J et al. Talk to Me: Foundations for Successful Individual-Group Interactions in Online Communities [C]. CHI'06: Proceedings of the SIGCHI Conference on Human Factors in Computing Systems, 2006: 959 - 968.

④ Oliver P. E., Marwell G., Teixeira R. A Theory of the Critical Mass: Interdependence, Group Heterogeneity, and the Production of Collective Action [J]. American Journal of Sociology, 1985, 91 (3): 522 - 556.

影响①。

一、文献综述

(一) 作为集体行动的公共表达

网络论坛中的公共表达是一种集体行动。集体行动通常被定义为,具有共同兴趣的人们为了追求某种公共利益而共同行动②。这个定义包含了两个核心观点：首先是存在一些具有共同兴趣的人；其次,人们为了集体利益而共同行动。在网络论坛中,具有共同兴趣的人是通过发布在讨论串中的议题或主题,而集合到一起的。用户被吸引进来,就讨论串中的议题发表他们的观点。同一个讨论串中的用户通常就是那些在某一特定议题或主题上具有共同兴趣的人。因而,回复者们是积极的议题公众③。网络论坛中的讨论串自然而然地集合起一批具有共同兴趣的人。

网络论坛中公共表达的共同利益为何？人们出于各种不同的动机发布主题,回复他人。但是他们至少都有一项共同利益,即想要在他们的讨论中吸引公众关注,否则他们没有必要将个人意见进行公开发表。而实现集体利益(例如公众关注)的途径就是吸引特殊用户,并激发密集讨论。因此,网络论坛中的公共表达是一种集体行动,人们通过这种行为分享在某一特定议题上的共同利益,并为了寻求公众关注而共同行动。

用户通过单个的帖子和集体的讨论串来寻求公众关注。公众对于具有大量回复的讨论串的平均注意力要高于那些回复量少的。那意味着,高回复讨论串中的议题更能抓住其他人的注意力。在这种情况下,用户才有动机将他们的观点贡献于讨论串建构中,因为每个人都能从建构过程中获益。另一方面,由于帖子从早至晚的序列性显示结构,相对于较晚的帖子来说,较早的回复更容易获得其他人的注意。因此,个体对于在讨论串中的回复的预期收益是由回复次序所决定的。Olson (1965)的"搭便车问题",即理性的个体不会为了实现他们的共同利益而行动,在这一情境下也同样存在④。按照预期,用户应当参与到讨论串

---

① 时间结构在此是指回复的时间。

② Oliver P. E. Formal Models of Collective Action [J]. Annual Review of Sociology, 1993,19: 271 - 300.

③ 根据 Price V. Public Opinion(Thousand Oaks: Sage, 1992),议题公众是指那些对议题具有特殊兴趣,并积极参与到讨论中的人.

④ Olson M, The Logic of Collective Action: Public Goods and the Theory of Groups [M]. Cambridge, MA: Harvard University Press, 1965.

建构中来获取公众注意。然而，公众关注是一种具有非排他性的公共利益。当期望有大量其他人也参与进来时，人们几乎不可能感知到，个体自己的发帖会在获取公众关注的概率上造成差别，即人们自身是否参与与获得该公共利益的关系不大。因此，用户们并不愿意在讨论串中进行回复。而且，兴趣更大的人倾向于在早期进行回复，因为讨论串中的回复时序使早期回复更容易被其他人看到。

临界大众理论在一定程度上处理了 Olson（1965）提出的搭便车问题[①]。它为预测集体行动的出现条件的提供了启示。根据这一理论，集体行动的概率取决于群体成员之间相互的决策，而群体成员则是嵌入在具有特定结构性特征的社会网络中的。本研究将显示，结构性特征是如何克服搭便车问题的，并最终使得讨论串被成功建立。我们将把对集体行动概率的预测拓展至参与水平，并确定时间性在集体行动过程中的重要性。

（二）临界大众理论和群体参与水平

临界大众理论最初是为了分析集体行动开始发生和自我为继的条件而提出的[②]。上升和自我维持阶段的差异有助于预测集体行动之间的概率。网络论坛中的集体行动现象是假设已被给定的。在讨论串建构过程中，我们主要考虑由主贴所引发的回帖的累计数量，而非个体发帖的概率。回帖的累计数量反映的是在追求公众注意的讨论串中，群体参与的水平。

在临界大众理论中有两大假设。首先，集体行动催生了临界大众的发展，临界大众则被定义为全体大众中，一小部分做出巨大贡献的人，而相对地，其他人则仅有少量贡献。在网络论坛中也是如此。在网络论坛中，浏览者总是多于回复者，说明大部分有兴趣的成员都是"搭便车者"。其次，有兴趣的群体成员依赖于彼此进行决策。网络论坛中的讨论串设计使后面的回复者能清楚地了解前面的回复者所做的决定。讨论串中的时序结构使得彼此依赖的决策成为可能。根据以上假设，以下这些临界大众理论研究都已经对与本研究相关的群体异质性[③]和社会网络[④]的影响进行了分析。

① Marwell G., Oliver P. E. The Critical Mass in Collective Action: A Micro-Social Theory [M]. New York: Cambridge University Press, 1993.
② Markus M. L. Toward a Critical Mass Theory of Interactive Media: Universal Access, Interdependence and Diffusion [J]. Communication Research, 1987,14(5): 491-511.
③ Oliver P. E., Marwell G., Teixeira R. A Theory of the Critical Mass: Interdependence, Group Heterogeneity, and the Production of Collective Action [J]. American Journal of Sociology, 1985,91 (3): 522-556.
④ Marwell G., Oliver P. E., Prahl R. Social Networks and Collective Action: A Theory of the Critical Mass [J]. American Journal of Sociology, 1988,94(3): 502-534.

1. 参与的异质性

Oliver，Marwell 和 Teixeira（1985）认为在全体大众中，兴趣和资源的异质性在集体行动中扮演着重要的角色。正如理论中所假设的，只有少数个体促成了集体行动，而这些少数人则是最偏离于平均值的。因此，异质性与集体行动的程度之间具有正向的关系①。这里的异质性是指兴趣和资源分布的多样性。Oliver 等人主要关注的是分布的形成。异质性的大众为临界大众的发展提供了可能，而临界大众则被认为是集体行动成功的最重要的因素。分布的多样性越大，临界大众出现的概率就越高。

异质性的影响还取决于生产函数的形式②。当个体决定是否出力时，他们主要考虑从该特定的贡献水平上，能够获得多少的回报。对于每单元贡献的边际回报都随着贡献的累积而增加的递增型生产函数来说，启动成本是相对较高的。由于时序的彼此依赖性，当边际回报高于他们的阈值时，人们更倾向于随后出力。因此，临界大众是启动集体行动的关键。异质性通过在早期阶段增加临界大众的可用性，使得集体行动的启动成为可能。

而对每单位贡献的边际回报随着贡献的积累而减少的递减型生产函数来说，启动成本相对较低。它更容易引发集体行动。然而，由于每单位贡献减少了随后贡献的边际回报，人们更少地倾向于参与到后期阶段。异质性开启了通往"时序效应"之路③。时序效应意味着人们依次做出贡献，而集体行动的水平受到参与顺序的影响。由于在减速型生产函数中，对高兴趣水平的需求将会越来越大，因此最有兴趣的人（即临界大众）将被期望最后一个作出贡献，以使总贡献最大化。

在讨论串建构的过程中，由于帖子显示的时序结构，早期帖子更容易获得较多的公众注意，因此生产函数是减速的。进一步来说，个体回复的成本几乎为零。不论他们的兴趣水平为何，用户们都更倾向于在早期进行回复。因此，时序效应也应当被考虑。在 Oliver，Marwell 和 Teixeira（1985）的理论中，个体按照时序进行决策，并且一次只做一项决策。当最有兴趣的群体成员首先为个体利益的最大化做出贡献时，他们将无法在以后的阶段提供额外的贡献。因此，这种

① Oliver P. E. ，Marwell G. ，Teixeira R. A Theory of the Critical Mass：Interdependence，Group Heterogeneity，and the Production of Collective Action [J]. American Journal of Sociology，1985，91（3）：522-556.

② Oliver P. E. ，Marwell G. ，Teixeira R. A Theory of the Critical Mass：Interdependence，Group Heterogeneity，and the Production of Collective Action [J]. American Journal of Sociology，1985，91（3）：522-556.

③ Oliver P. E. ，Marwell G. ，Teixeira R. A Theory of the Critical Mass：Interdependence，Group Heterogeneity，and the Production of Collective Action [J]. American Journal of Sociology，1985，91（3）：522-556.

情况将导致不理想的结果，因为具有低兴趣水平的人们不容易在后期阶段做出贡献。

　　然而，这一由时序效应所带来的问题能为网络论坛中讨论串的动态性所解决。具有不同兴趣水平的用户首先回复，使个体利益得到最大化。兴趣较低的回复者不会更深入的参与；而最有兴趣的回复者将在后期阶段对议题进行持续的讨论。这一过程将引起额外的回复，导致讨论串的成功建立。在网络论坛中，兴趣的异质性是由参与的异质性所反映的。最有兴趣的人是那些在讨论串建构过程中参与得最频繁的人。因此，参与的异质性表明了在讨论串中，临界大众的出现，及额外回复的概率。

　　H1：参与的异质性水平对讨论串中的帖子数量具有正向影响。

2. 参与的集中度

　　Marwell，Oliver 和 Prahl（1988）发现，网络集中度能增加异质性群体中集体行动的速度[①]。他们认为，个体在社会网络中的组织方式影响着组织者，即少数巨大贡献者出现的概率。如果潜在的贡献者之间的社会联结是被集中化的，而非平均分散在整个兴趣群体中的，要协调集体行动将更加容易。集中度观点背后的逻辑是，集体行动的前景是建立在组织者能否在有兴趣的个体的网络中激发起足够多的贡献者这一基础上的。除了集体行动的前景之外，集体行动的程度则是依赖于最有兴趣的人是否能被组织起来，聚焦于公众利益的追求。

　　在网络论坛中，回复者们是被讨论串中的议题组织起来的。讨论很少是刻意地由一个指定的主持人所协调的。讨论串是一个自我组织的系统，而议题在其中扮演了组织者的角色。有兴趣的论坛用户被议题所吸引，发布了主帖。因此，"歪楼"（指使讨论偏离主题）的帖子可能会得到一些注意，并打断讨论串建构的过程。议题协调着讨论。参与的集中度则是指这样一个概念，即论坛用户只回复讨论串中的前几个帖子，这表明讨论从本质上来说，是聚焦在特定主题上的。用户被组织起来追求公众注意。在讨论串中，被回复地最多的用户是那些在讨论串建构过程中，通过回复关系与临界大众建立起联系的人。是临界大众重复不断地回复给特定的帖子，带来了成功的讨论。因此，回复的集中度说明讨论串中的讨论是被很好地聚焦和协调了的。

　　H2：参与的集中度水平对讨论串中的帖子数量具有正向影响。

3. 参与的时间性

　　Oliver，Marwell and Teixeira（1985）含蓄地提到了对集体行动做出贡献的时间

---

① Marwell G. , Oliver P. E. , Prahl R. Social Networks and Collective Action: A Theory of the Critical Mass [J]. American Journal of Sociology, 1988,94(3): 502 - 534.

性的重要性①。他们的其中两个论点是与参与的时间性相关的。第一个就是时序性决策的假设,而第二个就是时序效应。这两个论点都认为,参与的时序或顺序在集体行动中十分重要。然而,连续参与之间的持续时间的影响却没有得到太多的关注。

在网络论坛中,生产函数是递减的。潜在的回复者被鼓励在早期阶段进行回复。这意味着,在讨论串建构过程中,大部分的兴趣群体成员被期望尽早参与到讨论中。因此,如果在讨论串建构的整个过程的早期阶段有更多的回复者,则兴趣个体的数量将会越大。而且最有兴趣的人更可能在后期阶段有更多的讨论。换句话说,回复越密集,讨论串的建构越可能成功。

H3:两个连续回复之间的平均间隔对讨论串中的帖子数量具有负向影响。

二、研究方法

(一) 数据收集

本研究的数据来自于中国最知名的网络论坛之一 www. kdnet. net,这是由一家商业媒体在 2000 年创设的。我们选择的讨论串是于 2012 年被发布在政治和社会议题版面上的。样本数据在 2011 年 10 月 1 日至 2012 年 9 月 30 日之间被随机选取,以构成两个周(即,两个周一、两个周二……被随机选取)。所有在"组合周"中开始的讨论串都被收入,而所有在 2012 年 10 月 1 日之前,在这些讨论串中被发布的帖子(即主帖和回帖)也都被进行了收集。最终,包含了 3 011 个帖子的 110 个讨论串被选为样本。在一个讨论串中的最小帖子数为 2,最大帖子数为 146,中位数为 18.50,均值为 27.37,而标准差为 26.97。发帖人的用户名、发帖人回复对象的用户名,以及发布时间都被进行了编码(见表1)。

表 1　数据格式

讨论串 ID	帖子 ID	用户名(发帖者)	用户名(被回帖者)	时间
1	1	A	主贴	Xx
1	2	B	A	Xx
2	1	C	主贴	Xx
2	2	D	C	Xx
2	3	E	C	Xx
……	……	……	……	……

① Oliver P. E., Marwell G., Teixeira R. A Theory of the Critical Mass: Interdependence, Group Heterogeneity, and the Production of Collective Action [J]. American Journal of Sociology, 1985,91 (3): 522 - 556.

（二）测量

参与的异质性由在一个单一讨论串中，不同的用户所发布的帖子数的标准差来进行测量。标准差大意味着讨论串中参与的异质性水平更高。我们使用 PH_i 来代表讨论串 i 中参与的异质性，即

$$PH_i = \sqrt{\frac{1}{N_i} \sum_{j=1}^{N_i} (n_{ij} - m_i)^2}$$

式中：N_i 是讨论串 i（从 1 至 110）中个体用户的数量；n_{ij} 是由用户 j 在讨论串 i 中发布的帖子数量；m_i 则是不同用户在讨论串 i 中发布的帖子的平均数。

参与的集中度是由在一个单一讨论串中，用户被他人回复的频次的不等性来测量的。不等性显示了一些帖子或用户在随后的回复中是被提到最多的。相等性是由 H 统计量来计算的：

$$H_i = - \sum_{j=1}^{N_i} p_{ij} \ln p_{ij}$$

式中：p_{ij} 是用户 j 在讨论串 i 中被回复的次数的比率。由于讨论串中帖子的数量是不同的，为了能进行比较，我们通过除以 $\ln(1/N_i)$ 将 H 统计量进行了标准化。H 统计量的值越大，被回复的用户的分布越均匀。因此，讨论串 i 中参与的集中度即为

$$PC_i = 1 - \sum_{j=1}^{N_i} p_{ij} \ln p_{ij} / \ln(1/N_i)$$

参与的时间性（PT）是由在一个单一讨论串中，连续回复之间的平均时间间隔来进行测量的。我们也把时间间隔称为事件间时间或等候时间，即两个连续回复之间的时间间隔。考虑到事件间时间通常是对数正态分布的，在我们计算均值时也对其值进行了对数正态转换。

三、研究结果

本研究首先描述了公共表达的结构；其次是分析结构与讨论串中的帖子数量之间的关系。

（一）描述性统计

表 2 显示了，平均而言，该论坛中的一个讨论串是由近 30 个帖子组成的。50％的讨论串的帖子数低于 19，而只有 3％的讨论串的帖子数超过了 100 个。

帖子数的对数是呈正态分布的。一般来说,只有少数几个讨论串得到了足够的公众注意。在 110 个讨论串中,总的参与者数量为 2 516 个,每个参与者平均发布了超过 1 个(1.20)的帖子,而只有不到 19% 的参与者在讨论串中得到了其他人的回复。事件间时间的均值是 4.34 小时($SD = 22.16$),从 0 至 504 小时不等。50% 的等待时间是少于 17 分钟的。这意味着有一半的评论是在上一条帖子发布之后的 17 分钟内做出的。

表 2 零阶相关性、均值和标准差($N = 110$)

变量	1	2	3	4	均值	SD
帖子数量	1	0.45**	0.30**	−0.62**	27.37	26.97
参与异质性		1	0.09**	−0.25**	0.53	0.82
参与集中度			1	−0.59**	0.76	0.19
参与时间性				1	−0.24	1.12

$* p < 0.05$,$** p < 0.01$(2-tailed)。

参与到各个讨论串中的个体用户的数量从 2 名到 116 名不等,均值为 22.87($SD = 20.96$)。在 50% 的讨论串中,参与者少于 16 名。这一结果与临界大众理论相一致,说明只有少部分的人做出了较大的贡献。在各个讨论串中得到回复的个体用户的数量则从 1 名到 21 名不等,均值为 4.30($SD = 3.34$)。在 50% 的讨论串中,只有少于 3 名的用户得到了回复。这意味着在大部分讨论串中的讨论都有较好的聚焦性。在大部分情况下,只有少数活跃的用户才会反复地回复数个其他用户。

由于超过 90% 的参与者只发过一次贴,异质性的均值相对较低,从 0 到 5.37 不等,其均值为 0.53。50% 的值是低于 0.35 的,而其中只有 14% 超过了 1。有 10% 的参与者发帖超过了一次,他们就是讨论串中的临界大众。从理论上来说,参与者集中度的最大值是 1。而实际上,其均值为.76;其中有 50% 以上是大于.80 的。这说明了,在讨论串中的讨论得到了较好的组织。一个讨论串中的两个连续回复之间的平均间隔则平均少于 1 小时(47 分钟),分别从 4.87 分钟到 27.75 小时不等。其中有 50% 是超过了 37 分钟的。

(二)假设检验

本研究的主要目的是分析具有大量回复的讨论串的结构特征。因此,我们对异质性、集中度和时间性在发帖数量上的效应的进行了回归。我们将发帖数量进行了对数转换,以满足多元回归分析中因变量呈正态分布的要求。回归方程式为

$$Lg\,(NO.\ of\ posts) = constant + b_1 \times PH + b_2 \times PC + b_3 \times PT$$

为了检验在三个自变量中的多重共线性的可能,我们计算了其方差膨胀因子(VIF)。表3显示了其值大大小于阀值5。因此,在本研究中不存在多重共线性的问题。

根据假设1～3,PH和PC与发帖数量呈正相关,而PT则与讨论串中的发帖量呈负相关。因此,b1和b2必须显著大于0,而b3则必须显著小于0。分析结果如表2所示,可知所有的假设都得到了支持。在任何给定PC和PT的情况下,PH每增加一个单位,讨论串中平均增加1.35个帖子。在任何给定PH和PT的情况下,PC每增加一个单位,发帖数量平均增加2.7。在任何给定PH和PC的情况下,PT每增加2.7小时,发帖数量平均减少0.60。各系数都在0.01的水平上显著。

为了评估每个变量的个体贡献,除了全模型,我们还建立了三个单独的回归模型,如表3所示。每个模型都排除了三个变量中的一个。那么与全模型相比,降低了的R^2就是被排除掉的变量对于解释发帖数量变异的个体贡献。例如,为了评估PH的个体贡献,我们可以计算包含了PC和PT,而排除了PH的那个模型的R^2。表3显示了三个变量可以解释68.5%的发帖量变异。参与时间性则是最重要的一个因素,能够独立解释21.4%的发帖量变异,其后则是异质性,能解释6.4%,而集中度则只解释了2.5%。

表3　对数(帖子数量)的普通最小二乘回归

变量	非标准化系数	标准误	个体贡献(减少的R^2)	VIF
参与异质性	0.304**	0.065	0.064**	1.069
参与集中度	0.997**	0.340	0.025**	1.552
参与时间性	−0.504**	0.059	0.214**	1.638
常数	1.858**	0.259	N/A	N/A
R^2		0.685**		
N		110		

* $p < 0.05$，* * $p < 0.01$(2-tailed)。

四、讨论

(一) 总结

总的来说,我们分析了网络论坛中的公共表达的结构特征,以及该结构与公共议题上升之间的关系。论坛用户为了在建立讨论串的过程中吸引公众关注,而参与到政治和社会议题的讨论中。在本研究中,大部分的讨论串只得到了少量的公众关注,反过来说,只有少数的讨论串中包含了大量的讨论。正如临界大众理论所提示的,大部分的讨论是产生在少部分的用户之中的。一般而言,参与者只发布一个帖子,他们是从那些在讨论串建构过程中,发布了超过一个帖子的积极参与者身上沾光的"搭便车者"。

在临界大众理论的框架下,我们详细讨论了三个方面的结构特征:参与的异质性、集中度和时间性。我们发现,如果用户参与具有异质性,集中在被讨论的议题上,并且帖子是在讨论串建立过程的早期被密集发布的,那么,在讨论串中将会有较多的帖子。我们的研究表明,公共议题的上升将受到以下几个因素的影响:是否存在具有不同兴趣程度的异质性的参与者;讨论是否被较好地组织和聚焦;以及讨论串是否在早期阶段就吸引了众多追随者。

在三个因素中,时间性是最重要的一个。如果在早期阶段有更多的回复,则表示将存在更多潜在的有兴趣的用户。在一个讨论串中,有兴趣的人群的数量反映了发帖的密集度,并进一步决定群体参与的水平。基于这一点,由参与异质性来表现出的积极的参与者将在后来发布额外的评论。这意味着,在讨论串建构的过程中,兴趣群体的规模将在最大程度上决定议题是否"热门"。然后,积极参与者的数量将影响议题"热门"的程度。在整个过程中,讨论必须被很好地聚焦在主题上,或是围绕着特定的用户。

(二) 不同的理论解释

网络论坛讨论串中的参与时间性,可能是以迅速发生的事件的"爆发"这一概念为特征的。而爆发则是与长期静止相区分的[①]。Barabasi(2005)认为,人类活动的时间性表明了被迅速执行的大部分任务的"突发性",相反地,只有少数任务会经历长时间的等待期。显然,在网络论坛讨论中也是如此,讨论串中的大部分讨论是在早期阶段被迅速引发的,而在后期的长时间中只有少量的帖子被进行了回复。然而,在 Barabasi(2005)最初的研究中,他并没有提到爆发期和不活跃期的次序。在本研究中,帖子的平均增长速度在早期要快得多(见图 1)。而且,其内在的机制也有所不同。Barabasi(2005)的解释模型是建立在排队过程的基础上的:个体是在一些感知优先的基础上执行任务的。但是在我们的研究中,活动之间没有差异,不需要在执行上被进行排序。而且该模式描述的是一种由不同的用户来建立讨论串的集群现象,而非个体的行为

---

① Barabasi A. L. The Origin of Bursts and Heavy Tails in Human Dynamics [J]. Nature, 2005, 435 (7039): 207-211.

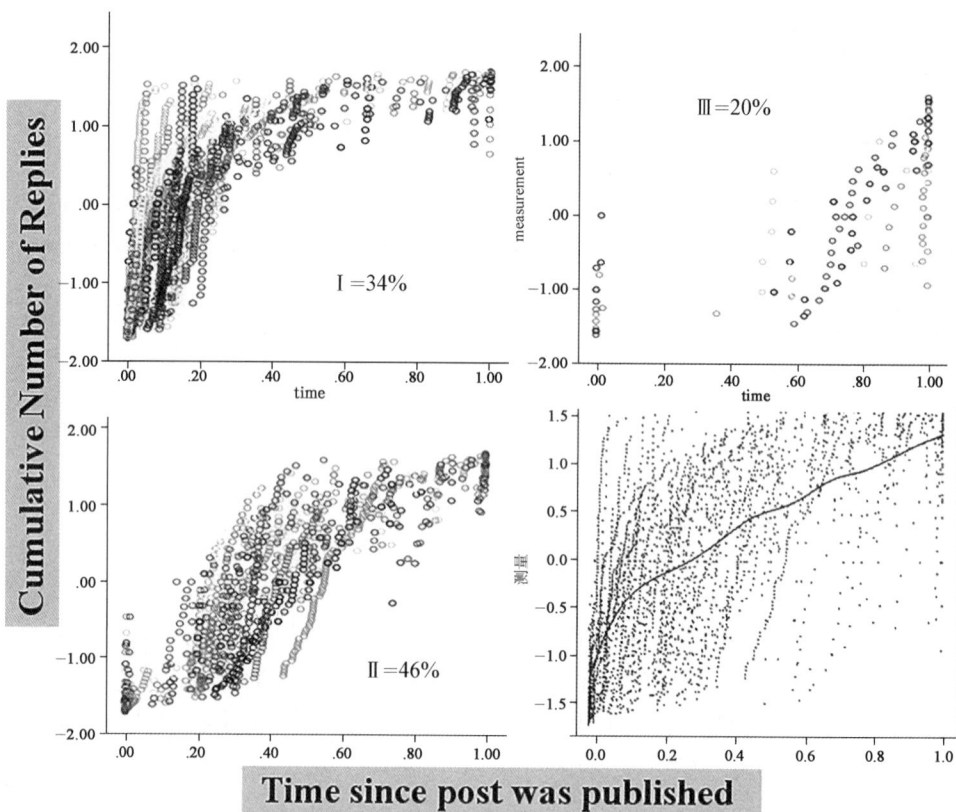

图 1　110 个讨论串中帖子数量的增长轨迹（时间由分别除以讨论串中的最大值进行标准化）

轨迹。

传播的顺序性结构看上去也与 Krassa (1988) 的"观点表达的阈模型"有关，它是在 Granovetter 的"集体行为的阈模型"基础上发展出来的①。它认为，一个人是否会公开表达一种观点，是取决于该个体的阈值（个体特征）和回应的聚集水平（舆论气候）的。Glynn 和 Park (1997) 进一步阐明，个体阈值作为该人观点强度的一种功能，是受到对社会孤立的恐惧的调节的②。在讨论串建构的情境下，后回复者的决策时受到那些在讨论串前面的人的影响的，而早期回复者的观点表达阈值必须低于追随者的。但是观察到其他的一些现象可能与阈模型的假设有所冲突。首先，该模型假设前人的决定将影响到后来者。该机制的产生是

①　Krassa M. A. Social Groups, Selective Perception, and Behavioral Contagion in Public Opinion [J]. Social Networks，1988，10(2)：109 - 136.

②　Glynn C. F. , Park E. Reference Groups, Opinion Intensity, and Public Opinion Expression [J]. International Journal of Public Opinion Research，1997，9(3)：213 - 232.

由于对社会孤立的恐惧。然而,在网络论坛中并非如此。网络论坛与面对面的环境是有所差异的,在网络上几乎不存在规范性压力。论坛用户倾向于在反对那些在前人的帖子出表达出的观点时进行回复。实际上,在网络论坛中,我们可以看到众多的激烈争论和辩论。有许多关于网络政治讨论的实证研究发现,讨论十分地针锋相对[①]。其次,阈模型假设,如果不存在外部影响(如舆论气候)的话,人们是渴望去表达的。在支持的数量超过其阈值时,人们为何会说出其个人的想法? 我们的模型认为,人们公开表达观点是为了吸引公众关注,而公众关注则能影响到后续的政策制定。因此,具有不同立场的用户之间相互竞争,而非寻求一致。当他们面对对立观点的主导的,理性的用户更希望大声疾呼,而非保持沉默。第三,阈模型假设,个体不被允许做出重复的选择。根据本研究的结果,在一个讨论串中发布超过一个帖子的临界大众对于讨论串的成功建立是十分重要的。

五、局限性和未来研究建议

本研究还存在一些局限。首先,尽管我们的研究显示了,迅速出现的回帖通常将增加讨论串成功建立的概率,但是其解释仍然比较模糊。显然,Barabasi(2005)的模型对于本研究来说并不合适。而事件间时间均值的测量并未从时间顺序上表明时序信息。通过现在的模型,我们还不清楚迅速的回复是否是发生在早期阶段的。显然,根据对讨论串中帖子的增长轨迹的描绘,在大部分情况下,帖子数量在早期阶段增加地更快(见图1)。然而,仍然有一些例子表明,增长速度在整个过程中是保持一致的。这意味着,增长轨迹是线性的。未来的研究可以改进新的测量方式,来探索讨论串建构过程中的详细特征。

其次,我们对参与集中度的测量是建立在参与者,而非帖子(即内容)的基础上的。参与者和内容二者在讨论串建立过程中,都可能是重要的。我们证实了,聚焦在特定参与者上的讨论显示出对讨论串建构程度的影响。然而,我们假设其内在机制是,讨论是被很好地组织和聚焦在同样的主题上的。未来的研究可以检验参与者集中度和主题集中度之间的差异和关系。

再次,现在的模型还无法预测讨论串中帖子的数量增长。我们只是概述了具有大量回复的讨论串中的公共表达的结构特征。我们并没有说明,在它们之间是否有任何因果关系。我们知道,公共议题的上升是与讨论的特定特征相关

---

① Kelly J, Fisher D., Smith M. Debate, Division, and Diversity: Political Discourse Networks in USENET Newsgroup [C], Online Deliberation Conference. Stanford University, 2005.

的,但是这一分析是静态的、共时性的。未来的研究可以采用更成熟的分析,通过动态模型来描述和预测帖子数量的增长轨迹。

作者：薛可、梁海、陈晞、余明阳

原载于《上海交通大学学报》(哲学社会科学版),2013 年第 2 期

网络论坛舆论传播的结构性要素剖析

网络论坛(亦称电子布告栏或简称 BBS),是一种公开的网络交流系统。根据中国互联网信息中心(CNNIC)的调查,截至 2012 年 6 月中国的论坛网民规模就已达到了 1.5 亿人,使用率达到 29.0%[①]。随着 web2.0 和移动互联网的发展,网络论坛的使用形式更为丰富,用户的参与热情高涨,由他们所形成的虚拟群体具备了虚拟网络社区的性质,更具规模和凝聚力。

从近几年一些较大规模突发事件的网络舆论传播实例来看,事件的形成和走势明显地受到了网络论坛舆论的影响。如 2011 年日本发生地震和核泄漏事故后,各种谣言充斥于我国的各大网络论坛,关于"使用碘盐可以防核辐射"的谣言引发了国内民众的普遍恐慌情绪,并由此造成一股波及全国多个省市的"抢盐"风波,对国家经济秩序和民众社会生活造成了严重干扰。因此,研究突发事件相关舆论在网络论坛环境中的生成和扩散规律,明晰其传播要素,对于提高突发事件应对能力、降低突发事件的负面影响、预防次生危机事件具有重要的意义。

本文将在案例研究的基础上,对网络论坛中的讨论网进行社会网络分析,探讨突发事件舆论传播的结构性要素,并为推进网络舆情分析工作提供相应的启示。

一、社会网络分析与网络舆论传播

社会网络分析(social network analysis,SNA)是由社会学家根据数学方法、图论等发展起来的分析方法。它提供了一种"交互"和"嵌入"的视角,倡导的不是单向的因果分析,而是一种双向的交互作用。在社会网络研究出现以前,对人类社会的主流研究取向是采取抽样调查和民族志的方法,研究者们关注的是属性型数据(attribution data),而没有注意到关系型数据(relational data)的存在。他们忽视了社会成员实际上是相互关联的,并且是嵌入在一个社会整体中的,而非相互独立的事实。而社会网络分析正是对社会成员的互动关系及其关系结构进行有效分析的一种研究范式,在这一点上超越或者说弥补了以往的社会研究分析方法的不足。

简单来说,社会网络指的就是社会行动者(social actor)及他们之间的关系

---

① CNNIC. 第 30 次中国互联网络发展状况统计报告[R]. 北京:中国互联网络信息中心,2012.

的集合①。社会网络用多个点来代表社会行动者,用各点之间的连线代表行动者之间的关系。社会行动者可以是个人,也可以是任何一个社会单位或社会实体。而关系有多种表现,在本研究中所关注的网络论坛用户之间的发帖与回帖的交流关系,也可以被视为一种社会关系的类型。

社会网络研究的内容十分丰富。但如果从"结构"和"权力"两个概念出发来理解,或许也可以说,社会网络研究主要着眼于两个方面:一是特殊结构位置上的特殊权力,即结构产生权力;二是特定权力在特定群体中所呈现的结构。"权力"是社会学研究的一个基本概念,它指的是达到某种特定目的的能力或潜力。从社会网络的观点来说,一个独立的、与其他人没有交流的个体是不具备"权力"的,个体的"权力"是由它与其他个体之间的关系以及关系的结构所赋予的。当把行动者的集合看成是一个整体,那么这个整体本身就会表现出一定的结构,这些结构或多或少会对其中的行动者的行为产生影响,这就是"社会结构"影响"能动作用"②。在社会网络分析中,已经有一些非常成熟的量化方法和指标来探讨群体中具有较大权力的特殊个体,如中心度分析、位置与角色分析等。同时也有一些较为成熟的概念来探索权力的结构性态势,如中心势分析、密度分析、凝聚子群分析等。

在本文中,我们的主要研究对象是网络论坛中的舆论传播要素,我们认为,在以语言作为主要交流方式的网络人际互动关系中,"话语权"这一概念基本涵盖了网络权力的主要内涵。话语权是一种控制舆论的权力,对社会走向具有重要的影响。分析网络论坛讨论网中的权力结构和特殊权力位置,实际上就是分析论坛话语权的分布态势,探讨什么样的用户比其他人具有更大的话语优势。

二、突发事件讨论网中的结构性要素

(一) 案例背景

1. 样本

2011 年 3 月 11 日,日本当地时间 14 时 46 分,日本东北部海域发生里氏9.0级地震并引发海啸,造成重大人员伤亡和财产损失。日本地震发生后几乎在同一时间,地震消息开始在互联网上传播,并在国内的网络论坛中引发了网民的广泛讨论。

本研究以"3·11"东日本大地震为特定的突发事件背景,选取"天涯虚拟社区"、"强国论坛"和"饮水思源论坛"为样本来源(以下简称天涯、强国、水源),通过随机抽样选取分别来自这三个论坛的共个以该事件为主题的讨论串进行分

---

① 刘军. 整体网分析讲义[M]. 上海:格致出版社,2009.

② 刘军. 整体网分析讲义[M]. 上海:格致出版,2009.

析。在这三个论坛中，"天涯"是一个开放性的商业网站，也是国内最大的综合性网络社区论坛之一"强国"是一个专门性的时政论坛，隶属于人民网，具有半官方的性质；而"水源"则是上海交通大学的校园 BBS，主要用户为高校学生和教师。

为了更合理地进行比较，我们原计划从每个论坛中各随机抽取 10 个讨论串，但经过搜索后发现，"水源"中包含 3 名用户以上的讨论串仅有 5 个，因此最终从"水源"中取得全部 5 个讨论串，从"天涯"和"强国"中分别抽取了 12 个和 13 个讨论串进行分析。在剔除了个别发布内容被删除的用户后，这些讨论串共由 959 个有实际发布内容的用户 ID 所组成。

我们将这些讨论串视为一个整体网络，用户间的"发帖—回帖"关系被视为联结关系，讨论的参与者被视为网络节点。在一个讨论网中，某一参与者向外联结的人数被视为其"出度"（out-degree），联结某一参与者的人数被视为该参与者的"入度"（in-degree）。

2. 编码

本研究根据用户之间的"发帖—回帖"关系分别建构了 30 个关系矩阵，并由编码员根据用户回复内容中的态度倾向对关系进行赋值，其中，负向（表示反对、质疑、抗议等态度）赋值为 1，中性（表示中立态度或无明显的态度倾向）赋值为 2，正向（表示赞同、支持、认可等态度）赋值为 3。通过 UCINET 软件对 30 个关系矩阵进行分析，得到相关结果和可视化图形（见图 1）。

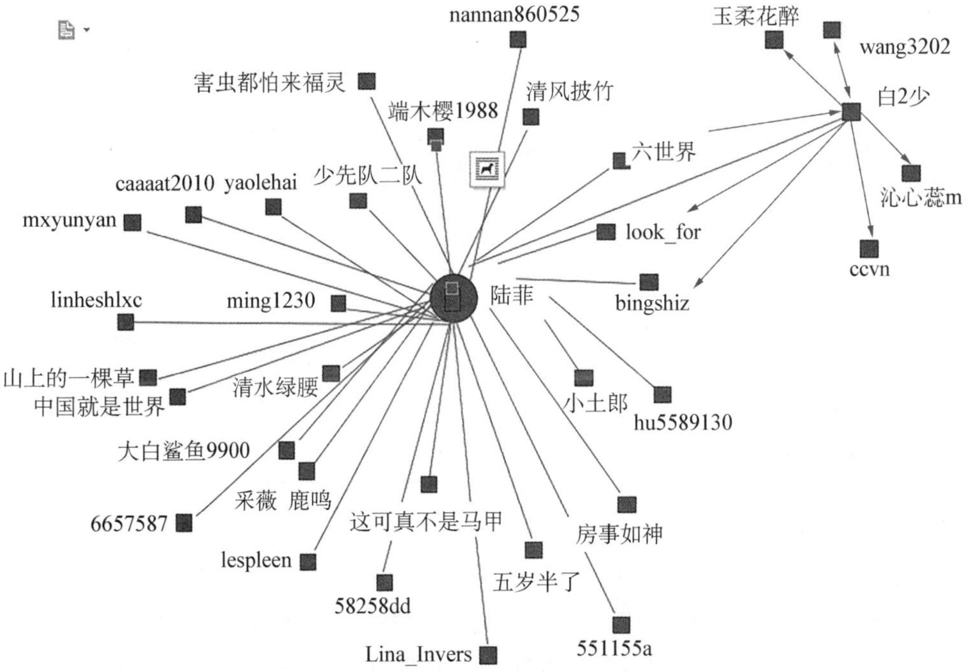

图 1　天涯某讨论网络的 SNA 图形

　　本研究由上海交通大学的两名研究生担任编码员。两名编码员在正式编码前，均按照统一的编码手册接受了编码培训。在培训结束后，我们对其进行了正式编码前的测试，发现编码员间的信度均超过，能够达到一般研究的基本标准。

（二）分析结果

1. 度数中心度

　　节点中心度显示了个体在网络中所占据的战略位置，中心度越高的点在网络中具有越重要的地位。对中心度的计算有一种运用较为广泛的指标，即度数中心度（degree centrality），它考查的是与某一点相连的边数。在一个有向图中，度数中心度可以进一步被分为出度中心度和入度中心度。

　　在本研究中，由于还考虑了帖子回复者的态度倾向，我们采用度数中心度的指标，考察了各网络中各用户的出度中心度和正向入度中心度。其中出度中心度代表用户对外联结的程度，而正向入度中心度则代表了用户得到支持的程度，也被称为用户的"声望"（prestige）。而为了在不同规模的网络之间进行比较，则采用了标准化后的出度中心度和正向入度中心度，即将用户的实际度数除以该用户理论上的最大度数。其部分结果如表 1 所示。

表 1　30 个讨论网中用户的出度和正向入度中心度（前 20）

	1	2	3	4	5	6	7	8	9	10	11	12	13	14	15	16	17	18	19	20
ID编号	902	907	908	909	30	904	920	619	919	129	126	405	22	895	120	121	122	123	124	929
出度中心度	.60	.50	.50	.50	.43	.40	.37	.36	.35	.33	.33	.30	.29	.29	.25	.25	.25	.25	.25	.22
论坛	水源	水源	水源	水源	强国	水源	强国	天涯	强国	强国	强国	天涯	强国	水源	强国	强国	强国	强国	强国	强国

	1	2	3	4	5	6	7	8	9	10	11	12	13	14	15	16	17	18	19	20
ID编号	619	717	22	822	571	193	100	878	879	149	135	180	886	427	894	895	65	125	913	933
正向入度中心度	.89	.85	.57	.55	.51	.43	.37	.36	.36	.33	.31	.31	.29	.25	.25	.25	.23	.22	.20	.20
论坛	天涯	天涯	强国	水源	天涯	天涯	强国	水源	水源	强国	强国	强国	水源	天涯	水源	水源	强国	强国	强国	强国

　　在一个有向图中，出度中心度代表的是网络成员向外部寻求联系的程度，成员的出度中心度越高，说明其在群体中的活跃度和外向性也越高。Sparrowe 等人认为，出度中心度为人们提供了更多通向获得各类促进成功的资源的捷径，因为信息渠道的多元化可以使人们获得更为全面的观点，并且减少人们对某一单

一信源的依赖,这使得他们能够更好地发挥信息的效用①。在表1中,出度中心度较高的用户大多来自饮水思源论坛和强国论坛,而天涯论坛用户的出度中心度相对较低。

入度中心度代表个体所获得的外部联结的程度,而成员的正向入度中心度越高,说明其受到的支持或追随越多,在群体中的声望越高。而声望则是构成群体中的意见领袖的影响力的一个重要方面。群体中的其他成员通常把"音量"高的成员认作意见领袖,并由此而追随他们②,而意见领袖则能够激励其他成员的持续参与,并培养一种群体内的社会认同感③。在表1中,排名前20的成员大多数是一个讨论串中主帖(即首个帖子)的发布者,这在一定程度上说明,主帖发布者比一般的回帖成员具有更高的"音量"。

2. 结构洞和中间人

中间人(broker)是网络中占据特殊结构位置的一群人。与中间人相关的一个概念是结构洞(structural holes)。结构洞是两个行动者之间的非冗余的联系④。在图2中,A与B、C、D中的任意两者之间的关系结构就是一个结构洞。因为,A与B、C、D之间都有联系,但是B、C、D各自之间却没有直接的关系,相当于造成了信息空洞。A就是占据结构洞的中间人,结构洞的存在为其获取信息和控制利益提供了机会,从而使他比其他位置上的成员更具有优势。

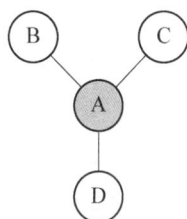

图2 结构洞与中间人

目前存在两类比较主流的结构洞测量指标:一是 Burt 提出的结构洞指数;二是 Freeman 的中间中心度指数(betweenness centrality)⑤。在本研究中,我们采取了中间中心度这一指标进行了分析,标准化后的中间中心度结果如表2所示。

---

① Sparrowe. R. T. , Liden. R. C. , Wayne, S. J. , & Kraimer, M. L. . Social networks and the performance of individuals and groups [J]. Academy of Management Journal, 2001,44: 316 - 325.

② Misiolek. N. L. , Heckman, R. . Patterns of emergent leadership in virtual teams [C]. Paper presented an the 38th Annual Hawaii International Conference on System Sciences(HICSS - 38), Waikoloa, HI. 2005(1).

③ Koh. J. , Kim. Y. -G. , Butler, B. , & Bock, G. -W. Encouraging participation in virtual communities [J]. Communications of the ACM, 2007,50(2): 68 - 73.

④ Burt, R. S. . Structural holes: The social structure of competition [M]. Cambridge: Harvard University Press, 1992

⑤ Freeman, L. C. . Centrality in Social Networks: Conceptual Clarification [J]. Social Networks, 1979,1(3): 215 - 239.

表 2　30 个讨论网中用户的中间中心度(前 20)

	1	2	3	4	5	6	7	8	9	10	11	12	13	14	15	16	17	18	19	20
ID 编号	908	30	619	878	944	901	902	895	958	891	120	919	822	936	879	249	240	905	22	38
中间中心度	.50	.43	.40	.39	.38	.35	.35	.26	.25	.25	.25	.23	.21	.20	.17	.16	.16	.15	.14	.14
论坛	水源	强国	天涯	水源	强国	水源	水源	水源	强国	水源	强国	强国	水源	强国	水源	天涯	天涯	水源	强国	强国

在 959 个用户 ID 中，仅有 136 个 ID 的中间中心度大于 0，即仅这 136 个 ID 在各个程度上占据了结构洞优势，成为其他成员之间联结的中介。但是从前文声望分析的结果来看，高中间中心度成员与高声望成员之间的重合度不高，而与高出度中心度成员则有较多的重合。这说明在开放的网络论坛中，信息一经发布便向所有人公开，因此传统意义上的中间人的信息垄断优势被弱化。中间人是群体中的活跃者，但其结构优势更多地体现在了承担起信息扩散、联络其他成员的作用上。

3. 网络中心势

中心度(centrality)代表的是个体在群体中接近中心的程度，而网络中心势(network centralization)则是一个整体层次的概念，说明该网络是否具有较高的中心趋势。度数中心势通过计算点与点之间的连线数量来刻画网络的结构，网络的度数中心势越大，说明网络中点的度数中心度差异越大，越存在一个向核心聚拢的趋势。

度数中心势指数的计算方式是，首先找到网络中最大中心度点的值与其他点值的差，再将差值的总和除以理论上各差值的总和的最大可能值。在本研究中的讨论串皆为有向图，我们关注了出度中心势和正向人度中自势两个指标，结果如表 3 所示。

表 3　30 个讨论网的出度和正向入度中心势(前 10)

	1	2	3	4	5	6	7	8	9	10
出度中心势	.36	.35	.29	.28	.27	.19	.16	.15	.09	.07
论坛	水源	天涯	强国	强国	天涯	强国	天涯	水源	强国	强国

	1	2	3	4	5	6	7	8	9	10
正向入度中心势	1	1	1	1	.99	.98	.98	.96	.96	.94
论坛	强国	强国	强国	强国	强国	强国	强国	强国	天涯	天涯

从表 3 可以看出，个讨论串的出度中心势都较低，说明就外向联结(发帖)而

言,各讨论网中权力的集中程度不高,说明了论坛是一个开放的舆论环境,人人均能发声。

而在正向入度中心势力方面,30 个讨论串的中心势都较高,其中有 4 个讨论串的中心势都达到了最大程度,即 100%,说明网络中所有的正向入度都贡献给了唯一用户。这一现象表明了虽然在网络论坛这个开放的舆论环境中,表面上人人都具有话语权,但是由于一些因素的影响,不同用户的"音量"却存在显著的差异,权力和资源实际上以一种非常不均衡的状态分布,左右舆论的影响力掌握在极少数人,即那些拥有高声望值的"意见领袖"的手中。

4. 网络密度

网络中心势考察的是网络中是否存在核心点,而网络密度则是指网络中的点对之间关系的密集程度。网络密度由图中实际存在的联结数量占所有可能联结的数量的比例来表示,它反映的是社会网络关系的密切程度,密度越大,表明网络成员之间的关系越密切[①]。

在本研究中,我们通过无向化处理,考虑了点对之间的互惠性。即仅保留两个互相联结的点对之间的连线。此时,一个网络的度数中心势越高,说明成员间的互惠性(reciprocity)越差,成员两两之间的互动程度越低,这也暗示了成员之间信息和情感的交流并不充分,而紧密的联结则通常在危机出现时,能为网络成员提供更多的情感、心理上的支持[②]。

网络密度分析的结果如表 4 所示。我们发现,网络密度最大的前 10 个讨论网都来自饮水思源和强国论坛,而且其特点都是网络规模较小($n \leqslant 10$),而网络密度最小的 4 个讨论网也是成员数量最多的前 4 名。这一发现揭示了,网络密度与网络规模之间可能存在反向关系,即规模越小的网络,成员之间的互惠性可能越好,信息和情感能够在网络成员之间充分地交换和流动。

表 4　30 个讨论网的网络密度(前 10)

	1	2	3	4	5	6	7	8	9	10
网络密度	.50	.30	.25	.18	.17	.17	.17	.14	.14	.13
论坛	水源	水源	强国	强国	强国	强国	强国	强国	强国	天涯

三、总结与启示

本文采用社会网络分析方法,通过日本地震事件讨论网的案例,探讨了网络

① 林聚任. 社会网络分析:理论、方法与应用[M]. 北京:北京师范大学出版社,2009.

② Granovetter, M. S. The strength of weak ties [J]. American Journal of Sociology, 1975,(78):1360-1380.

论坛中的突发事件信息传播过程中的一些结构性要素，包括讨论网成员的出度中心度、正向入度中心度（声望）、结构洞和中间人、整体网络的出度中心势和正向入度中心势，以及网络密度。最后，我们认为：

首先，尽管网络论坛是一个开放自由的典论场所，六口戈都拥有"说话"的权利，但是少数用户拥有更高的"音量"，使得话语权呈现出一种不平衡的结构态势。尤其是主贴的发布者们，通常能获得更高的声望，所以这些用户更容易成为群体中的意见领袖，左右舆论的走向。这一发现提示了在突发事件舆隋管理中应该关注主贴的发布者，关注其中潜在的意见领袖，并适当发挥版主等管理人员的守门人作用，尽早发现不良的网络舆论。

其次，结构洞与中间人分析的结果发现，中间人的出度中心度高，而声望则并不一定高于其他成员。这可能是由于网络论坛环境中信息的公开程度高，传统的中间人的信息垄断优势被弱化，其作用更多地转化为群体中的信息扩散者和成员之间的联络人。但是中间人仍然是群体结构中的核已成员，因此在舆情管理中也应该关注这一类用户。

再次网络密度与网络规模之间可能存在反相关关系。较小的群体中成员之间的互动更加充分，更容易培养群体的社会认同感。而在大群体的网络内往往众声喧哗，成员的身份背景更复杂，异质性程度高，成员之间互动有限，难以形成较高的社会认同感。在舆情管理过程中，对大群体网络的分析难度也相应较高，容易受到"噪声"的影响，需要分析者进一步结合语义分析、文本分析等手段加以厘清。

最后，三个论坛的讨论网之间也表现出一些明显的差异。天涯讨论网的网络规模通常较大，网络密度小，但成员更容易获得高声望，其中一些成员的舆论观点甚至在现实世界中也常引发外界的关注和讨论饮水思源和强国论坛讨论网的规模较小，网络密度大，成员在群体内相对更活跃（出度高），具有更高群体的认同感。因此，舆情分析需要首先关注一些大型的综合性网络论坛，将此作为网络舆情的风向标，首先处理好这些论坛中的舆情管理工作，以防止次生性危机事件的发生。

作者：薛可、陈晞
原载《新闻记者》，2012 年第 11 期

自然灾难报道中传统媒体与社交媒体信任度对比研究

网络技术迅速发展,社交媒体不仅成为重要传播工具,也在改变着媒介生态及受众与媒介的关系,如媒介信任。媒介依赖理论指出人们会主动接触其信任的媒介(Katz, Gurevitch 和 Hass, 1973)。社会媒体拥有庞大的用户基数与较强的用户黏性①,在灾难报道中不仅是灾难信息第一发出者,也是灾情、救援信息的重要载体。人们似乎更趋向于使用并信任社交媒体,而忽略传统媒体。这种状况对媒介信任带来的影响成为重要研究问题。本文以灾难报道中的自然灾难报道为例探究社会媒体的媒介接触与媒介信任的关系。

一、理论背景与研究假设

(一) 传统媒体与社交媒体信任度对比

传统媒体是以传统的大众传播方式定期向社会公众发布信息或提供交流活动的媒体,包括电视、报刊、广播三种。社交媒体是允许人们撰写、分享、评价、讨论、相互沟通的网站和技术,是人们彼此之间用来分享意见、见解、经验和观点的工具和平台,包括社交网站、微博、微信、博客、论坛等。

社交媒体促使受众接收信息渠道多元化,对传统媒体的依赖与使用程度不断下降。有学者认为社交媒体的信任度更高(Banning 和 Sweetser, 2007; Yang 和 Lim, 2009)。这是由于其缺少守门人的过滤与修改(Melissa, 2003),不受利益集团影响可谈论传统媒体不敢涉及的问题,信息更多面化(Carver, 2003)。但也有研究显示传统媒体的信任度更高(Zhang, Zhou 和 Shen, 2013),因为其信息要经受一定层次的事实确认和编辑审核(Metzger 等,2003),更有专业性与权威性。而社交媒体缺少专业性及保证信息的准确性的社会压力(Finberg 和 Stone, 2002)②。

自然灾难报道中,社交媒体更易夹杂谣言(Lee, 2002; Chandler, 2003),谣言会影响其可信度。加之灾难事件具有的不确定性加剧了受众恐慌心理与高风

---

① 张辉,于泽明. 速途研究院:2013 年社会化媒体分析报[EB/OL]. http://www.sootoo.com/content/464520.shtml.

② Howard I. Finberg, Martha L. Stone, and Diane Lynch, Digital journalism credibility study, Online News Association [J]. Retrieved November, 2003(3).

险感知(徐文涛，2012；李华强，2011)，此时受众需要更权威的信源来减少不确定性。有学者以地震灾难与 SARS 中信息传播为例，发现传统媒体信任度更高(Lee，2002；Lu 和 Andrews，2006)。鉴于前人研究，本文提出：

H1：在自然灾难报道中，较之社交媒体，受众对传统媒体信任度更高。

(二) 社交媒体接触度与信任度

媒介接触度与媒介信任度会相互影响。媒介接触与媒介信任存在正相关关系(Johnson 和 Kaye，2000；Tsfati 和 Peri，2006)。受众越接触某种媒介，对其信任度越高[1] (Tsfati，2010)。同时还会主动接触信任的媒介 (Tsfati 和 Cappella's，2003)，远离不信任的媒介(Kiousis，2001)。因此媒介接触成为媒介信任的重要标志(Jackob，2010)[2]，这是否适用于社交媒体呢？

虽有学者认为人们越来越普遍地使用社交媒体，但对其信任度却不高(Flanagin 和 Metzger，2011)。但更多学者认为这种媒介接触对媒介信任度有正面影响(Lu 和 Andrews，2006)[3]。社交媒体使用频率越高对社交媒体信任度越高(Johnson 等，2007；Johnson 和 Kaye，2004；Kim，2006)[4]。鉴于此，本论文提出：

H2a：在自然灾难报道中，受众对社交媒体的接触程度与其对社交媒体的信任度呈正相关。

国内传统媒体多具有官方的背景，较之西方社会受众对官方媒体的依赖程度更高(Zhang，Zhou 和 Shen，2013)。但社交媒体的发展使受众对传统媒体的依赖度不断降低(陈菁晶，2013)。同时社交媒体为受众提供了多面性信息，受众对信息的判断与质疑能力不断增强(Flanagin 和 Metzger，2007)。因此，本文提出：

H2b：在自然灾难报道中，受众的社交媒体接触度与其对传统媒体的信任度呈负相关。

---

[1] Andrew J. Flanagin, Miriam J. Metzger, Perceptions of Internet information credibility [J]. Journalism & Mass Communication Quarterly, 2000,77(3)：515 - 540.

[2] Nikolaus G. E. Jackob, No Alternatives? The Relationship between Perceived Media Dependency, Use of Alternative Information Sources, and General Trust in Mass Media [J]. International Journal of Communication, 2010,(4)：589 - 606.

[3] Hung-Yi, Lu, and James E. Andrews, College Students Perception of the Absolute Media Credibility about SARS—related News during the SARS Outbreak in Taiwan [J]. China Media Research, 2006, 4(2)：85 - 93.

[4] Thomas J. Johnson, Barbara K. Kaye, Wag the blog：How reliance on traditional media and the Internet influence credibility perceptions of weblogs among blog users [J]. Journalism & Mass Communication Quarterly, 2004,81(3)：622 - 642.

（三）信息特征与媒介信任度

媒介信任是信源特征、信息特征及受众特征共同作用的结果（Zhu 和 He，2004）。其中信息内容的特征与结构会对其产生影响（Flanagin 和 Metzger，2007）[1]。过去研究多专注于信息类别（Johnson 和 Kaye，2003）或一致性特征对媒介信任度影响（Rosehntal，1971），很少有研究根据自然灾难报道内容分类进行媒介信任度对比。自然灾难报道内容属于风险类信息（李华强，范春梅，贾建民等，2009）[2]，贾建民，李华强，范春梅等（2008）通过因子分析将其分为四类：反映灾难伤亡情况的信息；次生灾害及预警信息；与个人有密切关联的信息；灾区救援信息[3]。其中体现灾情严重性的信息能增加公众的风险感知，防范和救援信息能够降低风险感知（时勘，范红霞，贾建民等，2003）[4]。高风险感知会将人置于焦虑与恐慌之中（Cho 和 Lee，2006），为谣言提供了滋生的温床（王欢，2003）。面对此类信息受众最易受来源不明确信源信息的影响。而预警信息以及救援信息的不确定性较高，对信源的权威性要求更高，传统媒体更具有专业性的报道与权威性的信息来源，因此更易获得受众的信任。而个人有密切关联信息，由于信息内容具有更多的个人化特征，此时以个人化、互动性为特征的社交媒体更易获得受众的信任。在此研究基础上，本文提出：

H3a：对于反映灾难伤亡情况的信息，受众对社交媒体的信任度较高；

H3b：对于预警信息的报道，受众对社交媒体的信任度较低；

H3c：对于与个人有密切关联的信息，受众对社交媒体的信任度较高；

H3d：对于救援信息的报道，受众对社交媒体的信任度较低。

二、研究方法

（一）数据收集

由于当时恰逢雅安发生地震，受众对该类信息关注程度较高，因此本研究以该事件为例探究相关变量及相互关系。从 2013 年 4 月 20 日到 5 月 20 日一个

---

[1] Andrew J. Flanagin, Miriam J. Metzger, The role of site features, user attributes, and information verification behaviors on the perceived credibility of web—based information [J]. New Media & Society, 2007, 9(2)：319-342.

[2] 李华强等. 突发性灾害中的公众风险感知与应急管理[J]. 管理世界, 2009, (6)：52-60.

[3] 贾建民, 李华强, 范春梅等. 汶川地震重灾区与非重灾区民众风险感知对比分析[J]. 管理评论, 2008, (12)：4-29.

[4] 时勘, 范红霞, 贾建民等. 我国公众对 SARS 信息的风险感知及心理行为[J]. 心理学报, 2003, (4)：546-554.

月时间内采用问卷的方式在全国范围内进行大样本调查，发出 7 000 份问卷，共回收问卷 6 856 份，获得有效问卷 6 642 份，问卷有效回收率为 94.89%。其中学生群体 3 479 份（占 52.38%），上班族 2 300 份（34.63%），退休人员 863 份（12.99%）。男性 3 832 名（57.69%），女性 2 810 名（42.31%）。

（二）相关变量的测量与控制

基于传统媒体与社交媒体的定义，传统媒体主要考察了报纸、广播、电视三类，而社交媒体则主要考察了社交网站、微博、微信、论坛。

1. 媒介接触程度

媒介接触程度包含了接触媒介的时间和频率，问卷参考 Lu 和 Andrews（2006）的四个题项，采用李克特五点量表划定了时间范围与频次来测试媒体接触程度。a. 最近一周，平均每天你花多少分钟在电视/报纸/广播/社交网站/论坛/微博/微信来获取雅安地震的相关信息？b. 昨天你花了多少分钟在以上各个媒介来获取雅安地震的相关信息？c. 你平时平均每天花多少分钟在以上各个媒介？d. 你平时平均每周使用以上各个媒介各多少次？然后使用平均分测得传统与社交媒体的媒介接触程度。

2. 信息类型

四类信息是分别从现实报道中按照一般新闻长度编制出 300 字左右的新闻报道。通过 30 名同学进行前测，以保证四类信息有较高的区分度与明确的分类性。

3. 媒介信任度

信任度分为相对信任度与绝对信任度（Schweiger，2000）。相对信任度参考 Roper 机构的方法，题项为"如果你发现不同的媒介对雅安地震相关新闻的报道不一致时，你会倾向相信哪一种媒介"；绝对信任度是受众对某种媒介信息的信任度直接进行评估，本文在参考 Meyer 公信力指标体系基础上采用五点量表分别用以下题项来测试"您觉得该媒介报道的此新闻是——公平的；正确的；能被信任的；无偏颇的；可靠的"。

4. 控制变量

一些因素如对政府的信任度、人际信任度、是否为共产党员、是否有亲人在灾区、人口统计变量等也会影响到受众对媒介的信任度，在此将这些变量加以控制。

三、研究结果

（一）媒介接触程度

通过表 1 可发现受众对不同媒体的接触程度是不同的，整体而言，受众对传统媒体接触度（$M = 2.75$）显著低于社交媒体的接触度（$M = 3.15$，$t = -35.56$，$p < .05$）。因此媒介类型会显著影响到媒介接触程度。在自然灾难事件中，较之传统媒体，社交媒体成为受众重要的信息来源。

表 1　不同类型的媒体媒介接触程度

媒介形式		报纸	广播	电视	社交网站	论坛	微博	微信
媒介接触程度	大学生	2.98 (5.44)	2.65 (3.55)	2.79 (3.44)	2.77 (4.11)	3.06 (3.13)	4.24 (3.33)	4.61 (3.56)
	上班族	1.97 (3.22)	2.02 (3.44)	3.01 (2.77)	2.57 (3.22)	2.76 (3.10)	3.99 (2.77)	4.43 (2.56)
	退休人员	3.33 (2.55)	3.44 (3.12)	4.08 (3.22)	0.49 (3.33)	0.44 (3.11)	0.33 (3.55)	0.32 (4.01)
信度检验 Cronbach's		各题项 Cronbach's $\alpha > 0.80$，符合要求，数值为：均值（标准差）						

此外，不同的受众群体对不同媒介的接触程度不同，受众与上班族在社交媒体的接触程度上显著高于退休人员，而在传统媒体的接触程度上则显著低于后者。

（二）媒介信任度

表 2 表明关于地震相关信息的媒介绝对信任度方面，受众对传统媒体的信任度显著高于社交媒体（$M_{传统} = 3.59$，$M_{社会化} = 3.29$，$F(1, 13\,282) = 43.68$，$p = .000$），研究假设 1 被验证。其中传统媒体中的报纸与电视最能获得受众的信任，而社交媒体中的微信也获得了较强的信任度。

表 2　不同类型的媒体信任度

媒介形式	报纸	广播	电视	社交网站	论坛	微博	微信
媒介信任度	3.79 (2.00)	3.15 (2.45)	3.83 (1.78)	3.01 (4.00)	2.97 (3.76)	3.41 (3.76)	3.78 (3.01)
信度检验 Cronbach's	各题项 Cronbach's $\alpha > 0.80$，符合要求，数值为：均值（标准差）						

媒介相对信任度测试发现，对于预警信息与救援信息人们则倾向于信任传统媒体，选择相信传统媒体与社交媒体的人数比例分别为 87.96%、12.04% 与 80.14%、19.86%。而对于地震伤亡情况以及与个人有密切关联的信息人们更加信任社交媒体，选择相信传统媒体与社交媒体的人数比例分别为 39.67%、60.33% 与 32.20%、67.80%。

（三）社交媒体的媒介接触程度与媒介信任度

采用普通最小二乘估计（OLSE）回归法进行分析，建立社交媒体接触程度与传统媒体及社交媒体的媒介信任度之间的回归方程，由表3可知，各变量的容忍度和方差膨胀因子（VIF）取值都为1，变量间的多重共线性较弱。从回归系数可以得出社交媒体的媒介接触程度与传统媒体的媒介信任度成负相关，即伴随着受众对社交媒体接触程度的不断升高，其对传统媒体的媒介信任度不断下降，与之相反，当其社交媒体接触程度越高，其对社交媒体的媒介信任度却是不断上升的。因此研究假设2a与2b被验证。

表3　两类媒体的媒介信任度与社交媒体接触程度回归分析

	传统媒体媒介信任度				社交媒体媒介信任度			
	回归系数	显著度	容忍度	膨胀因子	回归系数	显著度	容忍度	膨胀因子
社交媒体接触程度	-0.098^{***}	.000	1.000	1.000	0.400^{*}	.030	1.000	1.000

$*p < 0.05$；$**p < 0.01$；$***p < 0.001$。

（四）信息类型与媒介信任度

研究发现信息类型会影响到媒介的信任度（$F(3, 13\,280) = 39.05$，$p = .000$），其中受众对与个人相关的信息信任度最高（$M = 3.72$），对伤亡情况信息信任度最低（$M = 3.21$），而预警与救援的信息信任度居中。

同时信息类型与媒介类型对媒介信任度产生交互作用（$F(3, 13\,276) = 87.66$，$p = 0.000$），伤亡情况及与个人有密切关联的信息人们更加信任社交媒体，而在预警及救援信息人们则倾向于信任传统媒体（见表4）。因此研究假设3a、3b、3c、3d均被验证。

表4　不同信息类型的媒介信任度

信息类型/媒介信任度	传统媒体信任度	社交媒体信任度	T值	显著度
伤亡情况信息	3.17(1.68)	3.26(1.59)	-2.79^{*}	.012
次生灾害预警信息	3.81(1.46)	2.98(1.48)	19.77^{***}	.000
与个人有密切关联信息	3.69(1.33)	3.74(1.37)	-1.99^{*}	.044
救援信息	3.67(1.23)	3.22(1.77)	11.06^{***}	.000

$*p < 0.05$；$**p < 0.01$；$***p < 0.001$。

（五）媒介接触程度与信息类型对媒介信任度的共同作用

由于信息类型是类型变量，因此采取哑变量的方式建立多元线性回归，将地震伤亡信息作为对照组时,信息类型(1)为次生灾害预警信息,信息类型(2)为与个人密切关联信息,信息类型(3)为救援信息。通过表5可以看出,社会化媒介接触程度与信息类型共同作用于媒介信任度。

$$传统媒体信任度 = 3.223 - 0.211 \times 社交媒体接触程度 + 0.422 \times$$
$$信息类型(1) + 0.216 信息类型(2) + 0.327 信息类型(3)$$
$$社交媒体信任度 = 3.357 + 0.362 \times 社交媒体接触程度 - 0.367 \times$$
$$信息类型(1) + 0.123 信息类型(2) - 0.233 信息类型(3)$$

在传统媒体信任度中,伴随着社交媒体接触程度的增强,受众对地震伤亡情况较之预警与救援信息会显著下降。而在社交媒体媒介信任度中,伴随着社交媒体接触程度的增强,受众对地震伤亡情况较之预警与救援信息会有显著的增强。

表5　媒介信任度与社交媒体接触程度及信息类型的回归关系

	传统媒体媒介信任度				社交媒体媒介信任度			
	回归系数	显著度	容忍度	膨胀因子	回归系数	显著度	容忍度	膨胀因子
社交媒体接触程度	-.211***	.000	.989	1.023	0.362***	.000	.989	1.015
信息类型(1)	.422***	.000	.652	1.524	-.367***	.000	.657	1.536
信息类型(2)	.216***	.000	.659	1.535	.123***	.000	.658	1.535
信息类型(3)	.327***	.000	.650	1.530	-.233***	.000	.660	1.521
常数项	3.223	.000			3.357	.000		

$*p < 0.05$;　$**p < 0.01$;　$***p < 0.001$

为进一步分析信息类型与社交媒体接触程度对传统媒体及社交媒体的影响,将受众的社交媒体接触程度按照中间值分为高暴露强度(>3)与低暴露强度(<3),由于强暴露受众的数量较多,为了消除样本量的影响,对高接触度的受众进行了随机抽样,使其与低接触程度数量相似。

最后每个组别选择了245～250个样本。运用方差分析发现,信息类型与社交媒体接触程度对传统媒体信任度有交互作用($F_{(3, 1967)} = 32.23$, $p = .000$),对社交媒体信任度也是如此($F_{(3, 1967)} = 15.88$, $p = .000$)。

在传统媒体信任度方面,面对地震伤亡情况的报道,社交媒体接触度高的受众对传统媒体的信任度更低($M_{高} = 2.73$, $M_{低} = 3.79$, $t = -11.01$, $p = .000$),与个人有密切关联的信息也是如此($M_{高} = 3.07$, $M_{低} = 3.59$, $t = -5.66$, $p = .000$)。面对余震次生灾害的预警信息,社交媒体接触度高的受众对传统媒体的信任度更高($M_{高} = 3.71$, $M_{低} = 3.60$, $t = 2.09$, $p = .007$),面对救援信息也是如此（$M_高 = 3.59$，$M_低 = 3.42$，$t = 3.07$，$p = .001$）。

在社交媒体信任度方面，面对地震伤亡情况的报道，社交媒体接触度高的受众对社交媒体的信任度更高（$M_高 = 3.78$，$M_低 = 3.00$，$t = 8.11$，$p = .000$），与个人有密切关联的信息也是如此（$M_高 = 3.86$，$M_低 = 3.00$，$t = 6.11$，$p = .000$）。面对余震次生灾害的预警信息，社交媒体接触度高的受众对社交媒体的信任度更低（$M_高 = 2.85$，$M_低 = 3.21$，$t = -4.06$，$p = .000$），面对救援信息也是如此（$M_高 = 3.19$，$M_低 = 3.43$，$t = -3.33$，$p = .000$）。

因此，信息类型在社交媒体接触程度对媒介信任度的影响中起调节作用。针对不同的类型的信息，社交媒体接触程度对媒介信任度产生的作用程度与方向不同。

四、结论与讨论

本文以雅安地震为代表的自然灾难类报道为例，探究传统媒体与社交媒体媒介信任度的差异；社交媒体接触程度及信息类型与媒介信任度之间的关系。研究发现面对自然灾难报道受众对传统媒体的信任度显著高于社交媒体，社交媒体接触程度与社交媒体信任度成正相关，而与传统媒体信任度成负相关。同时在两者关系中信息类型起调节作用。

（一）在自然灾难报道中，传统媒体比社交媒体的信任度更高

虽然社交媒体在自然灾难事件中发挥了日益重要的作用，但研究表明传统媒体依然拥有较高权威性，受众仍倾向于相信传统媒体。这与自然灾难事件的特殊性密不可分，该类事件具有突发性与不确定性，政府和民众信息具有不对称性、公众情绪具有不安性（孙蕊，2013），受众需要权威性与可靠性较高的媒体来缓解或消除这种不确定性、不对称性与不安定性。具有官方的性质传统媒体一直扮演着政府喉舌的角色，同时拥有训练有素的专业媒介从业人员，其权威性与专业性较强。而微博、微信等社交媒体具有自媒介的性质，是受众以个人的身份来发布个人感受为主的信息，信息呈现碎片化，较之正统官方的传统媒体而言，其说服力要弱。此外"水军"与"谣言"等问题也损害了社交媒体可信度（刘波，2013）。

（二）社交媒体的媒介接触程度与社交媒体信任度成正相关，与传统媒体信任度成负相关

社交媒体是受众获知自然灾难信息的重要信息来源。但高强度的社交媒体接触并没有导致社交体信任度超越传统媒体。这表明媒介信任程度并非受众使

用媒介的决定性因素。社交媒体的方便性、互动性、即时性等特征成为受众选择其获取信息的重要理由。

通过线性回归发现,社交媒体接触度与社交媒体信任度之间存在正向关系($r=0.400$, $p<.05$)。首先这是由于高强度接触使受众对社交媒体的写作风格及使用更加熟悉(Hostway,2005);其次在自然灾难报道中,社交媒体不断设置议题引导舆论(Sun,2000),在更新灾情与发布救援信息上发挥了重要作用。最后其独立于主流媒体,在观点上具有独立性,能够进行深入有态度的报道(Scoble 和 Israel,2006)[①]。受众对社交媒体接触越多,越容易感知到社交媒体的诸多优势进而对其信任度不断增强。与此相反,社交媒体接触度与传统媒体信任度呈负相关($r=-0.098$, $p<.05$)。一方面对社交媒体接触程度高的受众信息来源多元化,进而对传统媒体信息的质疑不断增强;另一方面调查显示网络接触程度与其民主满意程度以及政府满意等成反向关系(Norris,2011;Norris 和 Inglehart,2009)[②],而在国内一直扮演着政府喉舌角色的传统媒体,其媒介信任度也易受其影响。

(三) 信息类型在媒介接触程度与媒介信任度相互关系间起调节作用

面对伤亡情况与个人相关的两类信息,社交媒体接触程度越高的受众对社交媒体信任度越高,对传统媒体的信任度越低,而预警性与救援信息则作用方向正相反。

这是由于面对不同类型的信息受众需求与关注点不同。对于伤亡情况这种既成性事实信息,社交媒体以平民化的报道视角以及"在现场"的优势能够直观传达灾情的状况,信息中图片与个人的直观感受加强了信息说服力。而受众对传统媒体的刻板印象会影响其信任度评价——其在各类敏感性信息提供方面往往力不从心(周勇钟布,2009)。与个人相关信息,社交媒体具有个人化与互动性,在相关信息中更具有人性化诉求特点,人们更易从社交媒体获取与之密切相关的即时性与个人性信息(Sun,2002)。意见领袖、亲朋好友的转发以及庞大的转发量也会增强说服力。因此面对这两类信息,社交媒体接触程度越高的受众对该类媒体的信任越高。

面对预警与救援这种未来指向性较强、存在较大不确定性的信息,受众需要额外线索来判断信息的可靠性,而媒介的所有者与背景是重要的线索(Jackob,

---

① Scoble, Robert, and S. Israel. Naked conversations: how blogs are changing the way businesses talk with customers [J]. Harvard Business Review 2006,25(4): 553–554.

② Norris, Pippa, Ronald Inglehart. Cosmopolitan communications: Cultural diversity in a globalized world [M]. London: Cambridge University Press, 2009: 103.

2009；Flanagin 和 Metzger，2011)，传统媒体更具有权威性、可靠性与专业性。而社交媒体中无把关人的状态导致谣言较多，因此社交媒体接触程度高的受众对社交媒体的信任度较低。

综上所述，在灾难报道中关于死亡情况的报道受众倾向于信任社交媒体，因此传统媒体在报道死亡情况相关信息时需要出更具有说服力的证据以增强说服力。而面对预警与救援类信息，社交媒体如何及时治理各类虚假谣言，增强其整体信任度则是其面临的主要问题。

本研究仅以地震灾害报道为例，如果能将其扩大到其他类型自然灾难报道，研究结论的普遍性与说服力会更强；此外对于不同信息类型在媒介接触程度与信任度的关系中的作用机制需要在以后的文章中进一步探索。

作者：薛可、王丽丽、余明阳
原载于《上海交通大学学报》(哲学社会科学版)，2014 年第 4 期

二维测量框架下的网络犯罪新闻报道研究
——以"复旦投毒案"为例

当前,中国社会正处在转型时期,社会结构、思想观念、社会风气等正在发生着深刻的变化,由此造成了一系列的社会失范和失序、社会矛盾和冲突、社会的反常现象,这些都同样会反映在大学生身上。从 2004 年的马加爵杀人案,到后来的药家鑫案、杭州飙车案等,大学生犯罪现象愈发频繁,由于事件的非常态性正符合新闻价值的标准,使得大学生犯罪成为媒体的重点报道对象。2013 年,复旦大学内发生一起投毒案件,医学院已获得博士资格的黄洋饮用了寝室中被室友投了毒的水之后不治身亡,这一起案件引发了大量的媒体报道。而根据拟态环境理论,媒介如何进行议程设置,对受众的认知也有着重要的影响。本文选取了国内最具有权威性也是重点的新闻网站——《人民日报》旗下的人民网为研究对象,其受众范围也是相当之广。它如何报道复旦投毒案,影响着很大一部分受众对大学生犯罪甚至是大学生群体的认知,因此对其报道的深入研究对今后媒体这方面的报道有一定借鉴意义。

一、理论基础

在本研究中,主要使用的理论是 Chyi(祁)和 McCombs(麦库姆斯)在 2004 年提出的二维测量框架理论。二维测量框架理论是框架理论的分支和延伸,是 2004年 Chyi(祁)和 McCombs(麦库姆斯)在《新闻与大众传播》中发表的《媒介显著性和框架建构过程:以哥伦比亚大学校园枪击事件为例》一文中提出了较新的研究方法。Chyi(祁)和 McCombs(麦库姆斯)在文章中,从新闻内容分析方法的现状出发,指出了现有的研究方法,如议程设置理论,主要是从新闻报道的总量研究新闻报道的特点,而时常忽略了随着时间的推移,媒体报道的新闻框架不断变化以保持对读者的吸引力的特点。从而,创新性地在对新闻最基本的定义即"5W 理论"的基础上,从时间和空间两个维度,提出了二维测量框架理论。既而又以哥伦比亚大学校园枪击事件为例,研究了随着时间的推移,媒介在此事件报道上的时间、空间框架变化情况。

Chyi(祁)和 Mccombs(麦库姆斯)为了研究新闻报道框架的变化过程,从"时间"和"空间"两个维度对新闻报道角度进行了分类。这一项目分类是基于组成新闻内容"5W"中的地点和时间。所谓的空间是指报道的核心空间范围,包括"个人""社区""区域""国家"和"国际"。类似的,时间是指报道的核心时间范围,包括"过去"、"现在"和"将来"。

二、对"人民网"复旦投毒案报道的统计

本文研究"人民网"24 小时滚动新闻栏目对复旦投毒案的相关报道,选取时间段为案发起(2013 年 4 月 1 日)到案发后一年止(2014 年 3 月 30 日),在人民网网站中使用"复旦投毒"作为关键词进行搜索,搜索范围界定为新闻全文。通过对 24 小时滚动新闻栏目下所有符合条件的新闻进行筛选和去重,共获得 81 篇相关新闻。共在 8 个自然月中有相关报道,所以将这 8 个月的时间分为 8 个时间段,即每个月为一个时间段,从而研究不同时间段媒体的框架变化。类目构建如下:

(一) 时间

(1) 过去:新闻内容着眼于过去的事件。在本研究中,与核心事件相比较时,介绍核心事件的背景、核心人物、相关事件的回顾等属于"过去"范畴。

(2) 现在:新闻内容着眼于复旦投毒案本身案件的发展和变化情况,以核心事件为基点,包括事件的结果或当下由事件带来的社会现象,都属于"现在"范畴。

(3) 将来:新闻内容着眼于事件的展望,包括事件的长期影响、解决建议或应采取的行动等,都属于"将来"范畴。

(二) 空间

(1) 个体:新闻着眼于个人、个人间的互动或行为描述、反应、背景信息。在本研究中,界定为参与事件的单个人,像犯罪嫌疑人和受害者。

(2) 社区:新闻着眼点比个人上升了一个维度的区域,本研究中将"社区"定义为投毒案件自身,包括案件的进展情况等。

(3) 区域:新闻着眼于更大一个层面,如果此事件引起了公众对于犯罪这一社会问题的大讨论,此报道就再次上升到"区域"范围。本研究中将"区域"界定为由犯罪现象引申出的一系列问题,包括高校寝室关系、高校实验用品问题、大学生犯罪的高校责任等。

(4) 国家:新闻着眼于比区域更高一层的国家层面,本研究中,将"国家"界定为对整个国家高等教育的反思、大学生群体的心理健康问题、中国的媒体报道情况等。

(5) 国际:新闻着眼于事件对国际层面的影响。

三、研究结果与分析

(一) 报道数量和周期

总体上来说,人民网的 24 小时滚动新闻栏目对"复旦投毒案"给予了较高

的关注。在报道数量上,以"复旦投毒"为关键词对新闻全文进行搜索,共获得新闻报道 91 篇。对样本进行去重和筛选,删去了跟主题相关不大的文章后还有 81 篇报道。表一为有相关报道的 8 个月中每个时间段的报道数量(见图 1)。

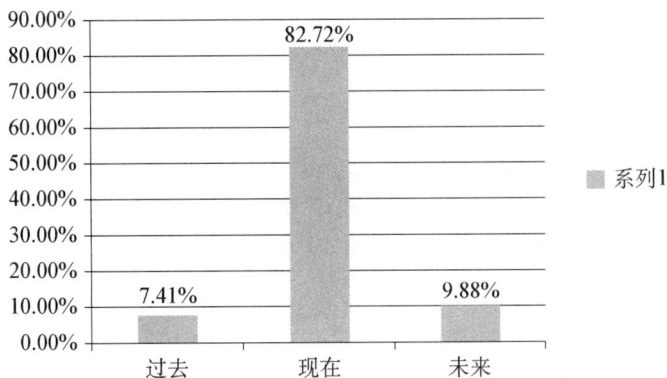

图 1　时间框架分析

　　总体看来,对复旦投毒案的新闻报道呈现一个减少的趋势,其中有 3 个时间段新闻报道数量较多,而这 3 个时间段恰好对应着案件发展的 3 个重要时间段。2013 年 4 月,事件刚刚发生,报道数量有 32 篇之多,人民网新闻栏目对此也表现了相当的关注度;2013 年 11 月,复旦投毒案于当月 27 日开审,相关报道数量也增加至 12 篇;2014 年 2 月,宣布一审结果,被告获得死刑,继而关于是否应该判决死刑以及被告方要申诉的报道开始出现,使得这一时间段内的新闻报道增长至 17 篇之多。而除了这三个案件的重要时间点之外,其余时间段的新闻报道数量都相对较少(见图 2)。

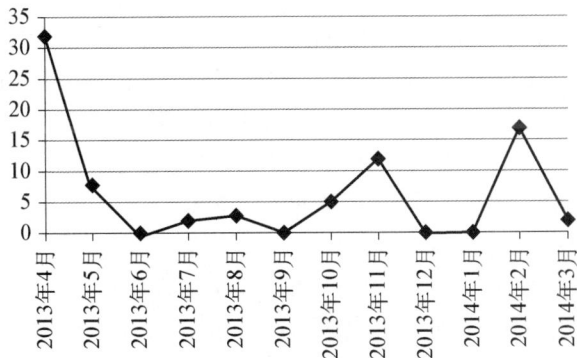

图 2　新闻报道周期

（二）报道时间和空间框架相对完善

在人民网 24 小时滚动新闻栏目对复旦投毒案的报道周期中，时间框架上包含了"过去"、"现在"、"未来"所有的方面，其中最多的是"现在"，占主导地位，共有 67 篇，占所有新闻的 82.72%，其次是"未来"和"过去"，"未来"8 篇，占 9.88%，"过去 6 篇，占 7.41%。空间框架上，除了国际框架外，其余"个人"、"社区"、"区域"、"国家"四个框架都有包含。在具体数量上，以案件本身为主的"社区"框架最多，45 篇，占 55.56%；其余分别是"区域"新闻，及投毒案带来的区域影响，16 篇，占 19.75%；其次是"国家"层面的影响，14 篇，占 17.28%；最后是"个人"框架，6 篇，占 7.41%。由以上数据分析可以看到，人民网对复旦投毒案从不同角度进行了报道，所构建的时空框架相对较为完善（见图 3）。

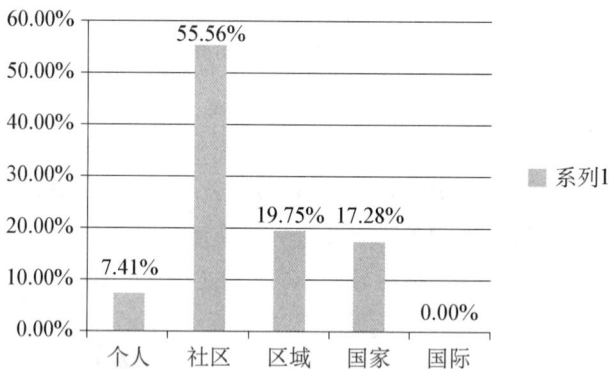

图 3　空间框架的变化

图 1 分析了随着时间的推移，时间框架的变化趋势。从中可以发现，"现在"的框架在事件的发展过程中，一直处于领导地位。"现在"的时间框架，在本研究中多指对投毒案事件本身的报道情况，可以发现在案发的一年时间中，人民网的多数新闻报道还集中在当下事件发展的报道，比如说对投毒案的进展进行介绍，或者从投毒案引发的一些思考。"过去"的框架，只有案件发生时的 4—5 月被使用，可以发现人民网在对投毒案的报道中，少有对案件背景的回顾，也较少提及嫌疑犯林森浩和被害者黄洋的个人背景介绍。"未来"的框架，在本研究中旨在从事件本身得出对未来的启示的相关报道，在案件一审得出结果之后，使用较多，但相对于"现在"的框架而言，还相对较少。

而随着案件的发展，空间框架也在变化，如图 3 所示。总体来说，"社区"框架在整个时间段中都遥遥领先，可以看出整个报道过程中，还是比较重视对投毒案自身的介绍；而对于"个人"框架一直使用比较少，较少有报道对嫌疑人或者被害人进行研究。在案件发展初期，主要集中在对案件的报道，以及从案件报道引发的一些思考,如对高校寝室关系、大学生心理教育等;随着时间的推移,到案件宣判,"区域"和"国家"框架明显升高,更多的报道专注于对投毒案引发的社会现象进行分析和思考。

总之,在对"复旦投毒案"的新闻报道上,时间框架和空间框架都运用得较为完善,随着案件时间的变化,时间框架和空间框架都有着显著的变化,而在案件进展的每一阶段,时间框架和空间框架都呈现着不同的特点。在网络犯罪新闻的相关报道中,时间框架和空间框架的构建、变化对事件的传播和认知有着重大的意义,需要通过事情进展不同阶段的框架构建,才能将相关新闻事件更好地进行传播。

作者:柴漫、薛可
原载于《新闻世界》,2014 年第 11 期

一个事件，两种声音：
宁波 PX 事件的中英媒介报道研究
——以人民网和 BBC 中文网为例

近年，我国环境群体性事件一直保持 29% 的较高年均增速，重特大环境事件也频繁发生。其中 2011 年重大环境事件比上年同期增长 120%，特别是重金属和危险化学品突发环境事件呈高发态势，我国社会发展进入"环境敏感期"，甚至出现环境恐慌。

2012 年 10 月 22 日，环境群体性事件再次发生。浙江省宁波市镇海区因建设 PX 项目(PX 别名对二甲苯，是一种有毒的化学物质)引发当地居民抗议。民众举着"我们要生存，我们要活命"的横幅到镇海区政府示威游行，呼吁把 PX 项目迁出镇海。宁波 PX 事件拉开序幕，引起中外媒体高度关注和持续报道。10 月 27 日早上，当地上千名示威游行的民众在市中心散发传单反对化工厂扩建，高举"PX 滚出宁波"的标语，甚至高呼市长辞职的口号，谴责 PX 项目对当地环境带来的严重危害。示威群众与警察发生冲突，部分示威群众被警方带走，宁波 PX 事件不断升温，中外媒体报道和舆论达到高潮。随后，宁波市委、市政府研究做出决定"坚决不上 PX 项目；炼化一体化项目前期工作停止推进，再作科学论证。"宁波 PX 事件引发的舆论逐渐消散，事态得到控制和解决。

在宁波 PX 事件的发展进程中，中外媒体对该环境群体性事件在不同阶段的新闻报道有何特点？中外媒体在报道议题的设置和消息来源的选择上是否存在差异？带着这些研究问题，本文选取人民网和英国 BBC 中文网两家媒体的相关新闻报道作为研究对象，采用内容分析和文本分析的方法对宁波 PX 事件进行了研究。

一、研究方法

(一) 抽样实施

(1) 选择目标媒体。本研究围绕宁波 PX 事件，将国内的人民网和英国的 BBC 中文网两大媒体的相关报道作为研究对象。选择二者作为目标研究媒介的原因主要是：第一，人民网是由中国第一大报、世界十大报纸之一的《人民日报》建设的网络信息平台，是国家重点新闻网站，在中国具有高度的权威性和广泛的影响力。BBC 中文网则是由世界最大的知名新闻广播机构英国 BBC 广播电台中文部运作的新闻时事网站,拥有良好的权威性和国际影响力。第二,这两家媒体都在宁波 PX 事件发生初期迅速开展了报道,并全程对该事件进行持续追踪报道。因此,选择人民网和 BBC 中文网对宁波 PX 事件的新闻报道作为研究对象,对本研究具有重要的意义。

(2) 抽样规则。本研究采用立意抽样的方法,主要分析两家媒体从宁波 PX 事件发生当天 2012 年 10 月 22 日到 2012 年 11 月 12 日共三周之内的相关新闻报道。这三周的时间覆盖到宁波 PX 事件的起始、事件升级和当地政府和国家部委宣布宁波 PX 项目暂停,较为准确、完整地反映出了事件的发展进程。2012 年 11 月 12 日笔者在人民网 http://search. people. com. cn 和 BBC 中文网 http://www. bbc. co. uk/zhongwen/simp/用关输入关键词"宁波 PX"进行搜索,剔除不相关内容后,分别获得 39 条和 13 条相关报道,作为本研究内容分析和文本分析的素材。

(二) 类目构建

笔者在阅读人民网和 BBC 中文网全部有效样本的内容后,将每则新闻报道视为一个编码单位,从以下角度设计了编码表。

(1) 信息来源。出于不同的利益出发点和意识形态,众媒介在报道重大新闻事件时,都体现着各自价值观念和认知态度,对事件相关情况进行信息加工,从而呈现给受众。其中,信息来源是影响新闻内容的最重要因素[1],因此选择信息来源是各个媒体在设置报道议题时的重要步骤,其形式往往为读者营造出客观报道的假象,但实质却是有意地选择和凸显[2]。本研究中采用的人民网和 BBC 中文网的分析样本所涉及的信息来源主要有以下 7 种:①国内其他新闻媒体(如新华社、环球时报等);②记者观察;③党政机关及官员;④一般群众(如目击者及当地参与游行群众等);⑤国内专家及第三方研究机构;⑥网络(如微博等);⑦境外(如境外通讯社、媒体等)。

(2) 报道主题。在新闻事件报道中,媒体通过特别的方式将事件信息的主题重新进行组织表达和信息提示[3],通常会突出事件的某些角度进行着重报道,设置相应的议题。台湾学者钟蔚文等曾将新闻报道所涉事实分成主要事件、先前事件、历史、结果、影响、归因、评估等环节;在此分类基础之上,陈红梅(2010)

---

①　臧国仁. 新闻工作者与消息来源[M]. 中国台湾:三民书局,1995:7.

②　周岩. 7·23 动车事故"报道的意识形态差异——以媒介框架理论为分析角度[J]. 当代传播,2012,(4).

③　托伊恩·A,梵·迪克. 作为话语的新闻[M]. 曾庆香,译. 北京:华夏出版社,2003:37 - 39.

分析乌鲁木齐 7·5 事件时，将事件报道主题分为六类：次生事实、先前事实、历史、反映、评论和归因；全燕（2012）在研究风险报道时将报道主题分为风险信息沟通、风险评估解读、风险控制分析和风险决策引导四个方面。在他们的研究基础之上，本研究结合宁波 PX 事件报道的特点，将新闻报道的主题分为五类：①事件信息沟通；②先前事实；③次生事实；④原因分析；⑤事件处理及建议。

（三）编码员信度

本研究选择上海交通大学媒体与设计学院的两位学生担任编码员，通过系统的编码培训后，各自独立完成编码任务。在正式编码工作开始之前，随机选择 10 则新闻报道进行编码并检测编码员信度。本次研究采用了斯科特（Scott）P_i 指数作为检验研究信度的方法，两位编码员的信度大于 0.70，通过编码员信度检测。

二、研究结果

（一）新闻报道的数量变化

从 2012 年 10 月 22 日到 11 月 12 日，人民网和 BBC 中文网对宁波 PX 事件都较为迅速地进行了报道，人民网的相关报道数量明显高于 BBC 中文网的相关报道数量（见图 1），分别为 39 篇和 13 篇。宁波 PX 事件爆发于 10 月 22 日，隔日两家媒体对此事件都进行了报道，给予了一定的事件关注度。

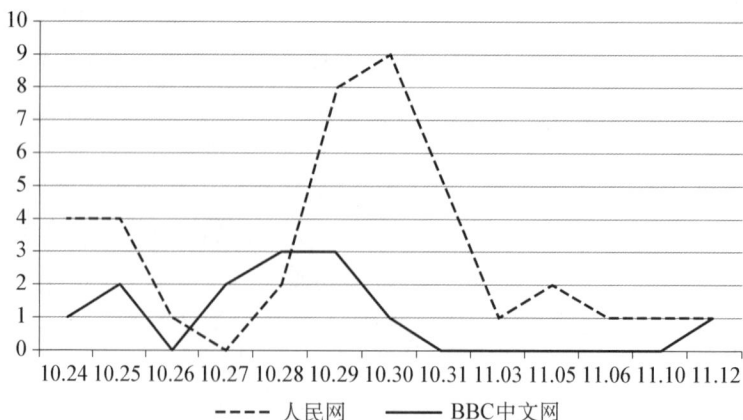

图 1　人民网和 BBC 中文网关于宁波 PX 事件的报道数量随时间变化趋势（单位：篇）

　　自 10 月 27 日起,两家媒体对宁波 PX 事件的报道逐渐增多,人民网在 10 月 30 日达到单日报道数量最大值,为 9 篇;BBC 中文网在 10 月 29 日达到单日最高报道数量,为 3 篇。随后,人民日报对宁波 PX 事件持续关注报道;而 BBC 中文网从 10 月 30 日起对宁波 PX 事件的相关报道出现间断,直到 11 月 12 日报道了中国环境保护部部长周生贤在十八大记者会上对此事件的表态。

　　因此,从图 1 显示的曲线趋势来看,本研究所选取的新闻报道样本较为完整地反映了事件的发展过程。同时,宁波 PX 事件报道数量呈现阶段性特点,具体将其划分为三个阶段:10 月 22 日至 10 月 26 日为初始发生阶段,10 月 27 日至 10 月 29 日为升级扩散阶段;10 月 30 日至 11 月 12 日为消散解决阶段。在此基础上,笔者将人民网和 BBC 中文网在事件不同阶段的报道情况进行统计,得到报道数量和所占比例数据分布如表 1 所示。

表1　人民网和 BBC 中文网在不同阶段的报道数量及比例统计

宁波 PX 事件不同阶段	人民网		BBC 中文网	
	出现频次	所占比例/%	出现频次	所占比例/%
初始发生阶段	9	23.08	3	23.08
升级扩散阶段	10	25.64	8	61.54
消散解决阶段	20	51.28	2	15.38
总计	39	100.00	13	100

　　由表 1 可以发现,人民网和 BBC 中文网在事件初始发生阶段的报道数量占各自报道总量的比例相等,均为 23.08%。但是纵观三个阶段,人民网在进行报道时有超过一半的比例出现在政府宣布停止宁波 PX 项目之后,即在消散解决阶段,对政府顺应民意停止 PX 项目进行了大量的宣传报道。与此同时,BBC 中文网对政府的应对解决报道只有 15.38%,它更关注事件发生和升级扩散两个阶段,对此进行了大量的报道,所占比例约为 85%,特别是在宁波 PX 事件的事态升级阶段达到了 61.54%。

(二) 新闻报道的主题

　　编码员通过阅读各新闻报道的标题,并浏览报道的全文,对人民网和 BBC 中文网的样本进行了主题分类编码,报道主题主要分为事件信息沟通、先前事实、次生事实、原因分析、事件处理及建议等,如表 2～表 3 和图 2 所示。

表 2　不同阶段新闻报道中各主题数量及所占比例统计

时间	频次及比例	事件信息沟通	先前事实	次生事实	原因分析	事件处理及建议	阶段数量小计
初始发生阶段	出现频次	6		2	3	1	12
	所占比例/%	50		16.67	25.00	8.33	
升级扩散阶段	出现频次			8	2	8	18
	所占比例/%			44.44	11.11	44.44	
消散解决阶段	出现频次		1	3	10	8	22
	所占比例/%		4.55	13.64	45.45	36.36	
合计		6	1	13	15	17	52

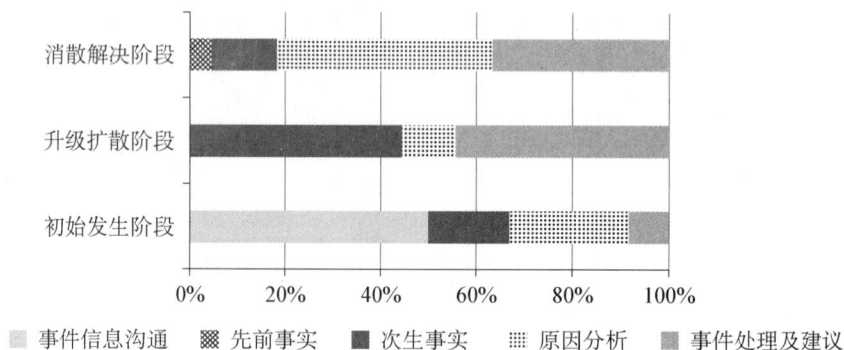

■ 事件信息沟通　▨ 先前事实　■ 次生事实　▥ 原因分析　▨ 事件处理及建议

图 2　不同阶段新闻报道中各主题报道所占比例统计

在表 2 的数据统计基础之上，笔者按照各报道议题的数量由多到少地对人民网和 BBC 中文网的报道议题进行排序统计，如表 3 所示。

表 3　不同阶段人民网和 BBC 中文网各报道议题按数量排序统计

时间	目标媒体	1	2	3	4
初始发生阶段	人民网	事件信息沟通	次生事实/原因分析	事件处理及建议	
	BBC 中文网	事件信息沟通	原因分析		
升级扩散阶段	人民网	事件处理及建议	原因分析	次生事实	
	BBC 中文网	次生事实	事件处理及建议		
消散解决阶段	人民网	原因分析	事件处理及建议	次生事实	先前事实
	BBC 中文网	原因分析/事件处理及建议			

表 2 和图 2 从整体角度展示了人民网和 BBC 中文网两个媒体在不同阶段报道宁波 PX 事件时的各议题报道数量和比例。在初始发生阶段，50% 的报道

比重都集中在事件信息沟通议题上,其次是原因分析议题占到 25%。此时事件处理及建议也提上议程,可见宁波 PX 事件迅速引起了政府部门的重视。在升级扩散阶段,新闻报道的议题主要聚焦在次生事实(比如警民冲突、谣言传播等)和事件处理及建议等方面,均达到 44.44%,其次是原因分析在报道比例中占据了 11.11%。在消散解决阶段,超过八成的媒体报道议题从最初的事件信息沟通议题转到原因分析和时间处理及建议两个方面,其次是次生事实和先前事实,其比例各占 13.64% 和 4.55%。

表 3 显示在宁波 PX 事件初始发生阶段,人民网和 BBC 中文网两家媒体都十分一致地将报道主题集中在事件信息沟通方面。不同的是,人民网和 BBC 中文网针对宁波 PX 事件的报道手法上存在差异。人民网间接提及,主要通过报道宁波镇海区人民政府办公室网络发言人发布《关于镇海炼化一体化项目有关情况的说明》一事,从中间接地提到镇海炼化一体化项目引发附近村民群体上访事件,同时表示当地区委、区政府的相关部门和领导对此事件高度重视,已经和上访村民代表广泛地进行了积极的沟通,并给出了书面答复。BBC 中文网则直击宁波 PX 事件现场,将视角转向群众抗议游行,如 10 月 24 日 BBC 中文网以"中国宁波化工项目引发当地民众抗议"为题进行了报道,同时 BBC 中文网在进行报道时还配发了群众抗议活动中抵触 PX 项目的现场照片,将事件现场情境一目了然地传递给读者。

伴随着时间的推进,宁波 PX 事件逐步升温。宁波市镇海区数千名群众在 10 月 27 日和 10 月 28 日上街示威反对化工厂扩建计划,游行示威群众数量规模明显扩大,事件进入高温阶段,新浪微博上也出现了众多镇海抗议示威相关信息。在此过程中,出现了警民冲突事件,甚至有数百市民游行至市政府外要求当局释放示威活动中被捕的市民。在升级扩散阶段,人民网和 BBC 中文网在议题设置方面出现了较大的分歧。BBC 中文网迅速采用了图文并茂的形式报道事态发展。然而人民网对宁波 PX 事件规模的进一步扩大和恶化,以及其造成的次生事实等不良影响未有提及,客观造成信息沟通不畅,为个别不法分子在网上制造"特警打死大学生"的谣言提供了机会。虽经镇海警方迅速辟谣,但谣言对事件发展和处理仍然造成了一定不良影响。

当事件进入消散解决阶段,人民网和 BBC 中文网的议题设置再次呈现出一致性,"原因分析"均被排在第一位。在政府宣布停止推进镇海炼化一体化项目前期工作,并且表示坚决不上 PX 项目的承诺后,宁波 PX 事件得到降温消散。人民网通过如《项目上马前要多听听老百姓的意见》《尊重民意的境界》《"环境敏感"考验多国大工程　民众参与事关项目成败》等等报道对事件进行原因分析和反思,并从以往厦门 PX 事件和大连 PX 事件中总结教训,对如何避免下一次"PX 事件"提出了对策建议。BBC 中文网对宁波 PX 的事件解决也给予了关注,但它对事件解决阶段的报道数量则远少于人民网的相关报道。

（三）新闻报道的信息来源

按照预先设计的编码方案，编码员对人民网和 BBC 中文网总计 52 则新闻报道进行分类，总结出主要包括国内其他新闻媒体、记者观察、党政机关及官员、一般群众、国内专家及第三方研究机构、网络和境外等共计七类信息来源。表 4、表 5 及图 3 呈现的即为 52 则样本报道中 7 种信息来源的统计结果。

表 4　人民网和 BBC 中文网各报道的消息来源数量和所占各自报道数量的比例统计

目标媒体	消息来源类型	国内其他新闻媒体	记者观察	党政机关及官员	一般群众	国内专家及第三方研究机构	网络	境外	总计
人民网	出现频次	23	3	6	3	3	5	0	43
	所占比例/%	53.49	6.98	13.95	6.98	6.98	11.63	0	
BBC 中文网	出现频次	3	0	4	4	1	3	6	21
	所占比例/%	14.29	0	19.05	19.05	4.76	14.29	28.57	
	总计	26	3	10	7	4	8	6	64

注：在确定消息来源的分类时，除明确注明此报道的通讯社来源外，其余的根据新闻报道援引消息的来源确定分类。

表 5　人民网和 BBC 中文网各报道的消息来源按数量排序

目标媒体	1	2	3	4
人民网	国内其他新闻媒体	党政机关及官员	网络	记者观察/一般群众/国内专家及第三方研究机构
BBC 中文网	境外	党政机关及官员/一般群众	国内其他新闻媒体/网络	国内专家及第三方研究机构

注：数量为零的信息来源不进入排序。

由表 4、表 5 和图 3 的统计结果可以看出，人民网和 BBC 中文网都采用了如国内其他新闻媒体、记者观察、一般群众等广泛的消息来源，但是二者消息来源比例则大不相同。人民网最主要的消息来源是新华社、宁波日报、新京报、环球时报等国内其他新闻媒体，比例达到 53.49%；其次是党政机关及官员，比例为 13.95%。前两名所占比例之和已超过六成。而新华社、宁波日报等媒体多属于党政报刊，代表政府意识形态，可见人民网对此事件的报道更多地依靠官方信息，属于官方话语。相较于人民网，BBC 中文网的消息来源比例更加均衡，其中有 28.57% 来自路透社、美联社、英国金融时报等境外通讯社或境外媒体，比例

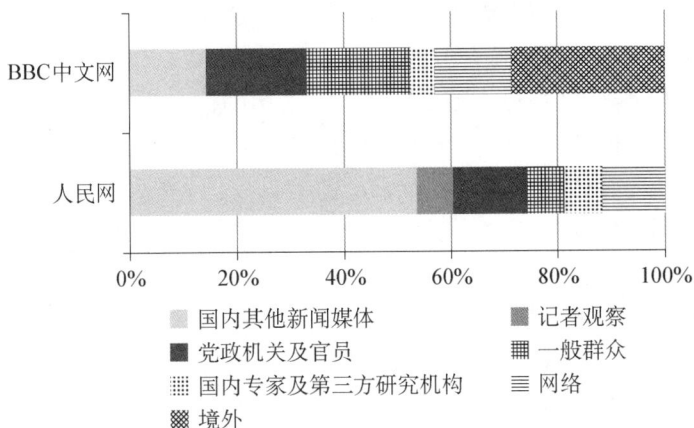

图3 人民网和BBC中文网各报道的消息来源按比例统计

最高,而中国境内其他新闻媒体和网络以各占14.29%的比例并排信息来源榜第二位。BBC中文网注意采用一般群众的信息来源,达到19.05%,明显高于人民网同类信息来6.98%的比例,从而均衡了官方信息所占的比例,与官方信息并列消息来源榜第二位。据此,我们可以推断BBC中文网的信息报道更具有更强的新闻专业主义取向,较为客观。

三、结论与讨论

通过对人民网和BBC中文网两家媒体对宁波PX事件报道的比较分析,可以发现,两家媒体在相关事件的报道上呈现出差异性,主要表现在以下方面。

第一,两家媒体在事件初始发生阶段的报道方式不同。虽然人民网和BBC中文网都在较短的时间内对此事件进行了关注报道,但是由政府资助但独立于政府监管之外,属于市场价值导向的BBC中文网采用图文并茂的方式直击事件发生现场,而由中共中央机关报《人民日报》建设的人民网则由于自身独特的性质和定位,在报道此事件时从当地政府对事件回应行为的角度出发进而侧面提及。

第二,两家媒体不仅在报道宁波PX事件时重点关注的阶段不同,而且关注的议题也有所差异。人民网关注事件的消散解决阶段,非常注重事件的处理及建议,向受众传递的是事件控制、顺从民意等信息,大量报道出现在这个阶段;而BBC中文网更关注事件发生和升级扩散两个阶段。在报道议题方面,人民网在事件初始发生阶段便将事件处理及建议迅速提上议程,在事件升级扩散阶段一度成为首要议题;而BBC中文网对事件的处理和解决关注较少,对恶化升级的次生事件关注更多。这也说明,"处在多元话语共生的社会形态中的报纸倾向于将环境议题的风险显性化，而在单一话语主导的社会形态中的报纸则更多导向于报道风险的可控性"（全燕，2012①；Giffin 等，1995②）。

第三，两家媒体在报道宁波 PX 事件时采用的信息来源具有差异性。不同媒体在消息来源的选择方面与媒体自身的定位密切相关，人民网的报道更多援引国内其他新闻媒体和党政机关及官员的信息来源，表达官方声音，BBC 中文网则更多选用境外媒体、官方信息来源和一般群众作为信息来源，兼顾做到官方声音与民间声音的均衡。

但两家媒体在报道宁波 PX 事件时也存在相似之处：一是在事件初始发生阶段的报道数量占各自报道总量的比例相等；二是在事件初始发生阶段时一致地把事件信息沟通议题设置在第一位，在消散解决阶段，再次不约而同地将原因分析议题设置在第一位。因此，可推断出我国媒体在报道突发敏感事件方面已取得一些进步，与国际一流媒体的差距在缩小。

综合两家媒体的新闻报道，我们对宁波 PX 事件的发展进程得到了较全面地了解。虽然目前宁波 PX 项目已经宣布停止进行，但是值得反思的是，为什么民众对大型项目建设频繁表现出"环境恐慌"，甚至导致群体性事件的发生？其中一个角度或许可以用城市规划学中"邻避效应"（not in my back yard，NIMBY）理论来解释。所谓"邻避效应"是指在现代化和都市化的过程中，因政府在建设垃圾处理厂、能源供应系统、污水处理中心、变电所等具有污染威胁的公共设施时，遭遇当地居民的抵制与反对，导致群众与政府间发生冲突③·④。邻避效应也存在西方发达国家中，并且大多通过政府和民众的共同努力得到有效处置。

在宁波市镇海区建设炼化一体化项目所导致的邻避冲突中，其导火索是当地居民对 PX 项目具有因 PX 有毒、有害的属性感知而导致的恐惧心理。但是，更深层次的原因在于：①在当地政府前期的项目选址决策过程中，缺少民意调查和公民参与。宁波当地政府部门在出现有群众上访之后，才被动做出《关于镇海炼化一体化项目有关情况的说明》。政府表现出的是孤立的、封闭式的决策执行，这种决策模式使得当地群众增大了对政府的不信任感，为邻避冲突的发展埋下了伏笔。②由于对 PX 项目建设科普宣传和信息公开不力，厦门和大连之前

① 全燕.风险的媒介化认知：《纽约时报》与《人民日报》对日本核泄漏报道的框架分析[J].中国地质大学学报：社会科学版，2012，12(3)：66-71.

② Griffin R J, Dunwoody S, Gehrmann C. The Effects of Community Pluralism on Press Coverage of Health Risks from Local Environmental Contamination [J]. Risk Analysis, 1995, 15：449-458.

③ 陶鹏，童星.邻避型群体性事件及其治理[J].南京社会科学，2010，(08)：63-68.

④ O'Hare, M. Not on My Block You Don't: Facility Siting and the Strategic Importance of Compensation [J]. Public Policy，1977，(4)：407-458.

均因当地居民过分放大 PX 的危害性感知而导致因 PX 项目建设发生群体性事件并被媒体持续报道引起广泛关注。宁波此次 PX 项目群体性事件的发生和升级诱因几乎重蹈厦门和大连覆辙。如果此次宁波在建设 PX 项目之前,政府利用新闻媒体全面客观地对 PX 进行介绍、宣传,或者请权威人士及时普及相关知识并介绍选址原因等,做到信息公开和民众参与决策互动,也许会最大限度地降低宁波 PX 项目建设可能导致的不稳定可能性。③群众的公民意识、环保意识和权利意识在不断提升。在社交媒体时代,群众获取信息的渠道更加广泛,对公共决策参与权有了更高的诉求。一旦出现损害公民群体利益的事件发生,便自发地表现出邻避抗议活动的参与意愿。

本研究属于探索性研究,尚存一些局限性。研究过程中,只选择了人民网和英国 BBC 中文网的新闻报道进行比较分析,如果选择更多地目标媒体对其报道进行比较,可以更好地揭示出中英媒体对宁波 PX 事件报道的区别。

作者：薛可、邓元兵、余明阳
原载《新闻大学》,2013 年第 1 期

第二章
新媒体危机传播

　　风险的不确定性使每个人都处在复杂多变的危机环境中,特别是目前我国社会处于转型时期,各种社会矛盾交织,危机事件的发生对整个社会产生了重大的影响。随着媒介技术的蓬勃发展,以网络和手机为代表的新媒体彻底改变了以往传统媒体的传播模式,带来了媒介环境以及组织传播环境的深刻变革,为品牌在新媒体语境下的危机传播研究提出了新的议题与挑战。社会化媒体自诞生以来,以惊人的速度扩充着其用户群,发挥着巨大的社会影响力,同时也被列上了品牌管理者的议事日程。与传统媒体相比,社会化媒体是一种强调社会互动性的媒体,它给予了受众极大的参与空间(Mayfield,2008)[①]。以 Web2.0 技术为基础的微博、博客、播客、维基、SNS、RSS、TAG 等各种应用,让每个用户都拥有了一个私人的传播平台,使其能够自主地发布、转发、收藏、搜索和订阅信息。因此,每个人都是一个微媒体,个人自主创造和传播内容已成为主流的传播方式之一,使得社会化媒体又被称为"大众麦克风"。[②] 在这种以每个用户个体为中心的碎片化传播模式中,受众不再是信息被动的接受者,而成为信息传播的参与者,甚至是生产者。可以说社会化媒体的到来对于组织和品牌的危机管理开说具有重大的挑战性,如何合理利用社会化媒体传播的特性,有效地应对危机与把控风险成为目前学界和业界普遍关注的热点问题。

　　新媒介形态的出现创造出的前所未有的复杂媒体环境和舆论环境不仅影响着公众的媒介参与方式,也改变着整个传媒行业的运作,同时也对企业的品牌危机传播提出了重大挑战。随着我国公众公民意识的觉醒和维权意识的增强,分析、研究如何在如此复杂的媒体环境下帮助组织更好地应对新媒体危机事件具有十分重要的意义。由于危机传播研究领域的所涉及维度的多学科性,本研究

---

① What is social media [EB/OL]. http://www.icrossing.co.uk/fileadmin/uploads/eBooks/What is Social Media iCrossing ebook. pdf,2008-01-01.

② 陈晞. 社会化媒体中的品牌危机传播研究[D]. 上海:上海交通大学,2014.

集尝试广泛借鉴传播学、信息科学、行为科学、认知心理学以及网络科学等领域的相关知识和方法,对于社会化媒体平台中的品牌危机信息的特质、受众的认知和行为,社会网络传播特性,风险防范机制等多个层面的问题展开研究,不仅拓展了传统品牌危机传播研究的视野,也对于当下新媒体语境中组织如何妥善地应对危机提出了策略性的建议。随着社会化媒体的普及和发展,博客、播客、社交媒体和视频网站等成为公关专家和危机管理者必须去思考和了解的事物,而越来越多的研究者也将目光投向了这些新兴媒体平台中的品牌危机传播。

危机传播在西方的研究时间并不长,最早的一篇由传播学者撰写的相关论文发表于 1967 年。近年来,基于传播在危机管理过程中的重要性与日俱增,危机传播在实务界已经发展为一个兴盛的产业。危机传播研究已经逐渐发展成一个基础稳固的研究方向,成为应用传播领域中极为重要的新兴研究领域①。其中国外学者较早开展了对于社会化媒体中危机传播模式的研究。例如 Jin 和 Liu(2010)②集合了危机传播、意见领袖、口碑传播,以及谣言或危机应对研究中的各种观点,提出了以博客为中介的危机传播模式,将为如何引导博客中的危机舆论,如何制定适当的回应策略来影响博客主提供了诸多建议。对于公众或消费者研究的视角是国外研究的焦点,主要集中于对危机中公众的认知和反应(如对危机严重程度的认知、对企业声誉的认知、情绪、对危机传播的参与等)及其影响因素(如媒介类型、信息可信度、企业的危机应对策略等)进行了广泛的探讨。不同的研究所采取的理论视角和关注的变量也各有不同。除此之外也有较少一部分研究者从企业或品牌的角度出发,对企业危机处理策略进行了社会化媒体范畴下的探讨,但整体而言已有研究还未系统地对品牌危机传播效果的影响机制进行深入的探讨,对于社交媒体环境下危机传播理论系统和框架的整合研究还处于初步探索的阶段。

国内的危机传播研究起步较晚,主要是在 2003 年"非典"事件后,危机管理、危机报道、网络风险管理等相关问题才逐渐成为我国新闻传播学和政治学界的一个重要研究领域。总体而言,网络危机传播主要有个案研究、技巧研究和理论研究三种研究取向,最初的网络危机传播集中在个案研究上,技巧研究是在案例研究的基础上逐步发展起来的,理论研究相对较少。③ 很多论文主要探讨组织面临危机时应该如何进行网络危机传播,一般采取案例研究方式,以描述性研究为主。由于我国的特殊国情,我国学者探讨网络危机传播的应对策略时往往以

---

① 吴小冰. 近年来危机传播之研究综述[J]. 广告大观(理论版),2009,03：68-75.

② Jin Y. , Liu B. F. The blog-mediated crisis communication model: Recommendations for responding to influential external blogs [J]. Journal of Public Relations Research, 2010,22：429-455.

③ 廖为建,李莉. 美国现代危机传播研究及其借鉴意义[J]. 广州大学学报：社会科学版,2004,(8)：18-23.

政府和媒体研究为主，对诸如营利性组织、企业或品牌的讨论比较少。

综观目前国内危机传播研究的文献不难发现，长时间以来对传统媒体的危机传播研究比较多，其主要学术关心在于传统媒体在危机传播中的角色和功能定位。对于新媒体环境下的危机传播研究目前主要是针对以互联网、微博、微信、贴吧、社区等为代表的新兴媒介形态，其学术关心多集中在以下几个领域：新媒体环境下媒体在危机传播中的角色和功能研究、新媒体传播的应对和管理策略研究等方面[1]，以描述性分析以及案例分析方法为主，鲜有较为成熟的理论体系构建与实证分析。

根据笔者对知网数据库的初步统计，得出 2003—2014 年间新媒体危机传播趋势（见图1），不难发现自 2009 年以来新媒体危机传播领域的论文呈现快速增长之势，该研究领域逐渐成为学界和业界研究的热门话题。尤其近年来随着互联网新媒体的井喷式发展，所衍生的在新媒体品牌中各种新的危机传播现象与规律，以及舆论疏导与监控等问题，都给学界、业界以及政府部门提出了新的课题。从目前研究态势来看，在社会化媒体领域内的品牌危机传播研究方兴未艾，尚处于起步阶段。

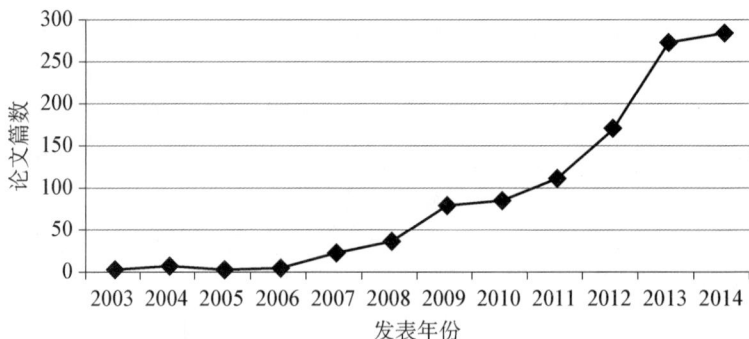

图1　2003—2014 年间新媒体危机传播研究趋势图

在本章中首先探讨了新媒体背景下的品牌危机传播。《品牌危机中微博网络与声望博文特征研究》运用社会网络分析揭示了在品牌危机中微博转发网络与回复网络的结构图，在此基础上，探索了两个网络的声望微博主的品牌危机传播博文在类型框架、主题、归因、修辞四个方面存在的差异，并提出声望微博主的属性、微博转发/回复功能特点和跟随者行为动机是影响品牌危机中博文被转发或被回复的主要原因。《复杂网络环境下的品牌危机处理策略》认为，从复杂科学的角度去看，网络世界并非毫无规律可循，而是在无序中潜藏着有序，而这些

---

① 李宁. 新媒体环境下企业品牌危机传播及其策略[D]. 沈阳：东北师范大学，2014.

"有序"的因素正是网络环境中品牌危机传播的新特性产生的基础和危机管理的依据,如能了解互联网中的"有序"因素及网络环境下品牌危机信息的传播特性,则能够控制并影响网络中集散结点的危机信息传播,并且选择有效的危机回应策略,从而缓解进而消除危机,对品牌形象进行修复。《基于社会网络的品牌危机传播"意见领袖"研究》借助社会网络的相关理论和观点,对"意见领袖"在品牌危机传播中的地位和作用加以分析,以提出相应的策略建议。

其次,对危机传播中的归因进行了深入探究。《品牌危机中归因认知与风险偏好对购买意愿的影响》以顾客对产品感知伤害度为调节变量,研究归因认知与风险偏好对购买意愿影响的作用机制及路径过程,研究发现,在产品伤害事件中,归因认知通过感知企业社会责任和品牌认同两个中介变量对品牌购买意愿产生影响,顾客风险偏好通过感知价值和品牌认同两个中介作用对品牌购买意愿产生影响,其中顾客风险偏好比归因认知对品牌购买意愿产生更大的影响;顾客对产品的感知伤害程度在归因认知与感知价值间具有显著调节作用,而在风险偏好与感知价值间的调节作用不明显。《危机传播中的归因——以蒙牛致癌事件为例》发现归因会对危机事件传播产生影响,消费者如何及为何对危机事件进行归因是我们关注的关键,在危机传播的归因中最重要的是外部环境等情境因素、企业自身及其所处行业的特质,以及消费者所具有的辨识能力。

再次,新媒体危机信息传播决策研究。《基于不确定性多属性决策方法的网络论坛危机信息传播决策研究》指出网络论坛危机信息传播决策作为应急管理的重要分支,其决策方法的研究具备重要的理论与现实价值。目前国内对于其决策方法的研究上缺乏有效的定量研究手段,并提出了基于多属性不确定性决策的论坛危机信息传播决策的定量研究方法,并利用算例数据对于多决策者主体、决策属性权重完全未知的多属性研究算例进行了评估,研究结论表明本文的研究方法可以有效地作用于论坛危机信息传播的决策过程。

最后,探究危机传播研究引用现状。《近十年国内危机传播研究者共被引网络结构透视——基于 2080 对作者共被引矩阵的实证分析》,对从 2003 年到 2012 年近十年国内关于危机传播研究的所有相关期刊文献,通过作者共被引分析法构建 65×65 的作者共被引矩阵,再利用社会网络分析的知识图谱可视化研究软件 UCINET 对作者共被引网络结构从网络密度、网络中心性、凝聚子群进行透视分析并绘制出网络结构图谱,展示了近十年中国危机传播研究现状,并对该现状产生的原因进行了思考。

品牌危机中微博网络与声望博文特征研究
——以"麦当劳过期门"为例

近年品牌危机频发,微博作为重要的舆论平台,是传者与受者身份自由转换的新传播渠道和话语情境。在这样的新平台中,如何进行品牌危机传播成为近年学界一直关注的热点问题。本研究以 2012 年 3 月 15 日的"麦当劳过期门"事件为例,通过对品牌危机中微博转发网络与回复网络的结构特点、博文特征,及它们之间是否存在显著差异等问题的分析,探讨微博中品牌危机传播的特点。

一、研究问题

微博平台上,每个微博账号都是一个生产、发布、传播信息的"自媒体",传统现实世界的受众在微博世界中转变为生产信息,运作"自媒体"的新闻工作者。相比其他微博主而言,受到高度关注的微博主是更具有媒体影响力的"自媒体"。社会网络理论认为,在一个社会网络中,某一行动者得到的提名越多(内节点度越大),表明声望越高[①]。据此,我们提出"声望微博主",在转发网络中体现为其微博被较多节点转发;回复网络中体现为其微博被较多节点回复。品牌危机中,这些声望微博主的博文在转发网络与回复网络中各有何特征? 声望微博主博文特征是否存在差异性?

据此,研究者提出三个研究问题:

品牌危机爆发后,微博评论里呈现两种主要网络,即转发网络与回复网络。袁毅,杨成明(2011)[②]曾对微博的引用网络、关注网络、转发网络、评论网络进行过比较分析,认为四种网络的核心节点高度重合,且评论网络交流的互动性与连通性不及转发网络。但细化到评论中的转发网络与回复网络的研究鲜有。这两种网络的声望节点是否也是高度重合? 两种网络中的声望微博主在属性上各有什么特征? 本文的问题为:

---

① 林聚任.社会网络分析、方法与应用[M].北京:北京师范大学出版社,2009,(04):124.

② 袁毅,杨成明.微博客用户信息交流过程中形成的不同社会网络及其关系实证研究[J].图书情报工作,2011,55(12):31—35.

RQ1：品牌危机传播中,转发网络与回复网络及其声望微博主各有什么特征?

袁毅(2011)认为,微博主的属性是影响他们信息影响力的重要因素[①]。袁毅、杨成明(2011)提出,传播时间也是影响其传播能力的另一变量,不同传播时间点上的用户传播能力不同。本研究认为,微博内容体现传者对品牌危机事件的解读及立场,同时受众会自主选择符合其偏好的博文做出回应。因此,博文内容是不可忽略的传播要素。借鉴框架分析成果,本研究从类型框架、主题、倾向性、归因、修辞五个维度分别对转发网络与回复网络中的声望微博主博文进行内容分析,主要为:

RQ2：品牌危机传播中,转发网络与回复网络的声望微博主博文特征是否有显著差异?

H2a：品牌危机传播中,转发网络与回复网络的声望微博主博文在类型框架上有显著差异。

H2b：品牌危机传播中,转发网络与回复网络的声望微博主博文在主题上有显著差异。

H2c：品牌危机传播中,转发网络与回复网络的声望微博主博文在对品牌的倾向性上有显著差异。

H2d：品牌危机传播中,转发网络与回复网络的声望微博主博文在归因上有显著差异。

H2e：品牌危机传播中,转发网络与回复网络的声望微博主博文在修辞上有显著差异。

2012 年 3 月 15 日央视 3·15 晚会曝光"麦当劳过期门"事件。1 个小时后,麦当劳在其官方新浪微博发布博文进行回应。短时间内,这条官方博文被大量转发评论,出现各种观点的交汇、碰撞,为内容分析提供多种视角。

本研究通过爬虫工具 Metaseeker,选取了发博量最大的时段,即从 3 月 15 日 22:13 至 3 月 16 日凌晨 2:13 发布的 5 812 条博文,作为样本数据。

根据社会网络分析法,笔者筛选出具有转发或回复关系的节点(既转发又回复的博文作为转发关系),共得到 855×855 的转发关系矩阵及 470×470 的回复关系矩阵。经过二值化处理,矩阵数据客观反映声望节点的跟随者个数,避免出现中心度较高但跟随者集中的声望节点。最后,用 Netdraw 软件绘制转发网络图与回复网络图(见图 1,图 2)。

---

① 袁毅.微博客信息传播结构、路径及其影响因素分析[J].图书情报工作,2011,55(12): 26-30.

二、研究过程

（一）微博网络特征

1. 转发网络的关系

由图 1 显示节点间的转发关系可以发现：转发网络节点较多，分布形态由内到外呈现"紧密—稀疏—紧密"的特点，且由多个个体网组成。部分个体网规模较大，有明显的中心节点。从箭头的传递性看，转发网络中存在大量同向箭头以连接各个节点，说明信息的流通性更强，更适合信息扩散。

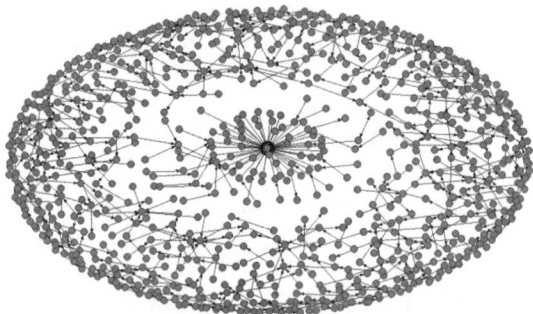

图 1　麦当劳公关微博转发网络关系

（注：箭头出发点是转发者，箭头指向点是被转发者）

2. 转发网络声望微博主的选择

转发网络中，$CDI = 0$ 的节点有 410 个（48%），$CDI = 1$ 的节点个数为 367（42.9%），$CDI \geqslant 2$ 的节点数为 78（9.1%）。因此，本研究认为 $CDI \geqslant 2$ 的 78 个节点为转发网络中的"声望微博主"，将作为属性统计与内容分析的对象。

笔者将从转发网络 78 个声望微博主的认证情况、身份背景、粉丝数量三个属性进行统计。有 83.3%（$N = 65$）的声望微博主进行实名认证。媒体（$N = 55$，42%）与媒体人（$N = 15$，19%）占转发网络声望微博主总数的三分之二；行业人士为 12 人，占比 15%；企业微博与学者微博各 3 个；草根 10 人，占比 10%。从粉丝数量看，转发网络的粉丝在 10 000 及以上的微博主占到 76%。其中，粉丝数在 10 000 到 500 000 之间的微博主占比 60%。转发网络声望微博主粉丝数最少为 402 人；最多则超过 3 980 000 人。以上分析说明转发网络以具有一定社会影响力的个人或组织为主导。

3. 回复网络的关系

由图 2 显示节点间的回复关系可见：回复网络的节点稀疏，这说明微博主更倾向于转发信息而非评论。回复网络中多数个体网仅由两个或三个节点组成,不存在中心度特别高的声望节点。连接多个节点的同向箭头也较少,说明信息的流通扩散性弱;但双向箭头比转发网络有所增多,说明回复网络中微博主的双向互动性更强。

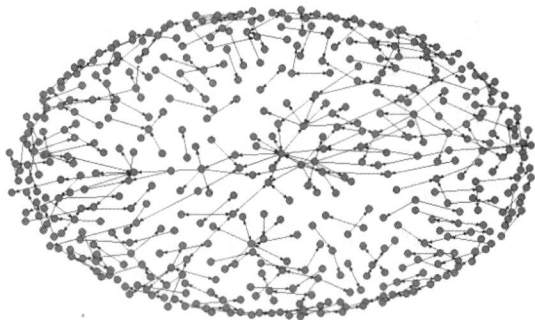

图 2　麦当劳公关微博回复网络关系

(注:箭头出发点是回复者,箭头指向点是被回复者。)

回复网络中共有 470 个节点,其中 $CDI = 0$ 的节点有 154 个(32.8%), $CDI = 1$ 的节点数为 268 个(57%),48 个节点的 $CDI \geqslant 2$,占比 10.2%。因此,取 CDI $\geqslant$ 2 的 48 个节点作为"声望微博主"进行分析。

通过对回复网络 48 个声望微博主的三个基本属性统计发现,48 人中仅有 6 人经过新浪的加 V 认证(12.5%),且均为各行业人士。换言之,未通过新浪加 V 认证真实信息的"草根"占了 87.5%。回复网络中的声望微博主鲜见媒体、媒体人、学者、企业微博。从粉丝数量级来看,相比转发网络声望微博主数万人的粉丝数,回复网络的声望微博主粉丝数多在百人至千人数量级。其中,67% 的回复网络微博主粉丝数量小于 500 人。以上数据说明回复网络中以影响力较小的"草根"微博主为主。

以上分析回答了 RQ1,转发网络以具有社会影响力的实名个人及组织为主导,呈现扩散性强、互动性弱的网络特点。回复网络,匿名"草根"微博主是话语主导者,网络呈现扩散性弱,互动性强的特点。

(二) 声望微博主博文内容分析

本研究对 126 个 ($N_{转} = 78, N_{回} = 48$) 声望微博主的博文进行内容分析。排除没有文字内容的博文,所得博文样本共 269 条,其中转发网络声望微博主博文 90 条(33.5%),回复网络声望微博主博文 179 条(66.5%)。笔者以"条"为分析单元,采用量化的方法对博文内容进行整理、归类、统计,并检验两个网络的声望微博主博文特征差异的显著性;同时,结合质化方法进行比较、解释、分析。

1. 编码

Holli A. Semetko 和 Patti M. Valkenburg（2000）用 20 个问题测量总结出在政治新闻报道中存在"人情趣味""冲突""责任归因""经济后果""道德"5 种常见类型框架[①]。孙海峰、高奕奕（2011）则首次将框架分析运用到微博研究中，从 7 个角度入手，探究主推框架对评论框架的影响[②]。喻国明、李彪（2011）则对网络事件中微博元信息文本的微观修辞进行定量研究[③]。

综合以上学者提出的分析类目，结合案例的具体情况，笔者选择类型框架、主题、倾向性、归因、修辞五个角度，分别对回复网络与转发网络中的声望微博主博文进行内容分析。本研究邀请 2 位编码员共同进行编码。在编码开始前，对这两位编码员进行培训，并随机抽样出 50 条博文进行编码检验信度。经两次培训后，通过计算 Scott's p_i，五个类目的信度分别为 0.77，0.82，0.86，0.88，0.74，均在可接受的信度范围之内。

2. 框架差异性检验

笔者采用内容分析法对博文进行研究，变量属性均属于分类变量，采用卡方检验对两个网络的差异性进行检验，结果如下。

1）类型框架

卡方检验显示，两个网络类型框架上的差异性 $p < 0.001$，即回复网络和转发网络的博文在类型框架上存在显著性差异，这说明在麦当劳"过期门"事件中，回复网络和转发网络的博文在类型框架上的分布状况差别较大。回复网络中的博文主要采用"人情趣味"（41.3%）、"责任归因"（21.8%）和"冲突"（13.4%）框架。"主要事件"在转发网络中占比达 55.6%，而在回复网络中仅占 2.8%。另外，"先前事件"在两个网络中的占比也有较大差异，在回复网络中"先前事件"占比 9.5%，在转发网络中仅占 1.1%。"道德评价"、"经济"及"其他"框架在两种网络中的占比相当。由此可见，H2a 成立（见图 3）。

2）主题

对主题进行卡方检验，$p < 0.001$，说明该案例中，回复网络与转发网络的博文主题存在显著不同。回复网络中，"食品安全"（44.7%）、"媒体/政府监管"（16.8%）与"企业管理"（15.1%）是焦点话题；而转发网络中，这三种主题的博文数量仅占转发网络博文总数的 14.4%、11.1%、5.6%。转发网络中"危机公

① Semetko H A, Valkenburg P M. Framing european politics: a content analysis of press and television news [J]. Journal of Communication, 2000,(2): 93 - 109.

② 孙海峰, 高奕奕. 对"李刚门"事件新浪微博报道与评论的框架分析[J]. 南京邮电大学学报（社会科学版）. 2011,13(1): 20 - 26.

③ 喻国明, 李彪. 网络事件中元信息文本的议题建构与微观修辞研究[J]. 现代传播,2011,11: 30 - 33.

条形图

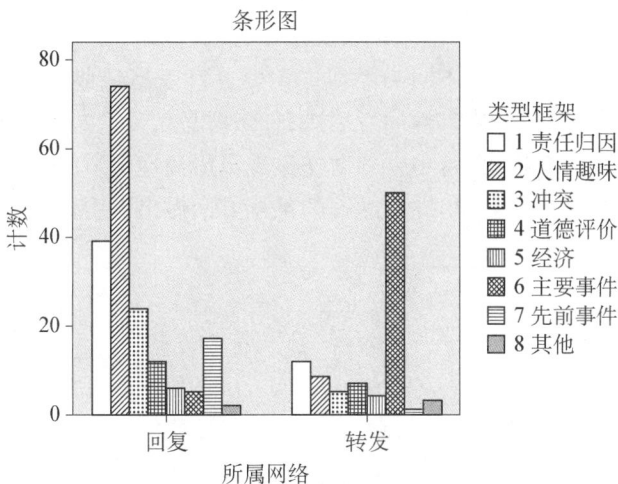

图 3　两个网络的类型框架分布

关"占比最多,高达 67.8%;回复网络中该主题仅占 6.1%。另外,回复网络中的
"其他"(17.3%)主题占比较高,说明回复网络还存在大量零散主题,讨论内容较
杂。所以,H2b 成立(见图 4)。

条形图

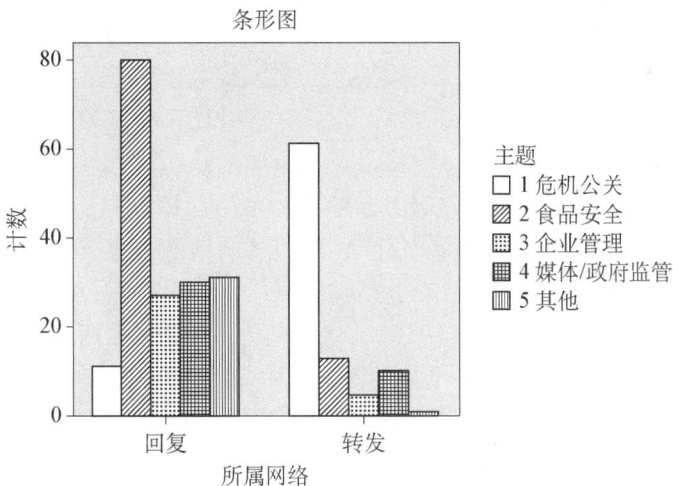

图 4　两个网络的主题分布

3)倾向性

两个网络中,品牌倾向性的分布情况相近。回复网络中,"肯定"占 33.5%,
"不明确"占 27.9%,"否定"占 22.3%,"中立"占 16.2%;转发网络中,"不明确"
(38.9%)占比稍大,其次是"肯定"(35.6%)、"否定"(17.8%)、"中立"

(7.8%)。卡方检验显示，两个网络在倾向性上的差异不显著（$p > 0.05$），H2c不成立。

需要说明的是，倾向性不明确的博文主要通过麦当劳危机事件引申到其他食品安全领域，或仅对危机事件的发展进行客观报道，没有对麦当劳品牌表现出明显的态度倾向。其次，保持中立的博文显现出平衡性报道的特点，从正反两方面对本次危机事件进行评价，即对品牌的某一方面做出肯定，另一方面做出批评（见图5）。

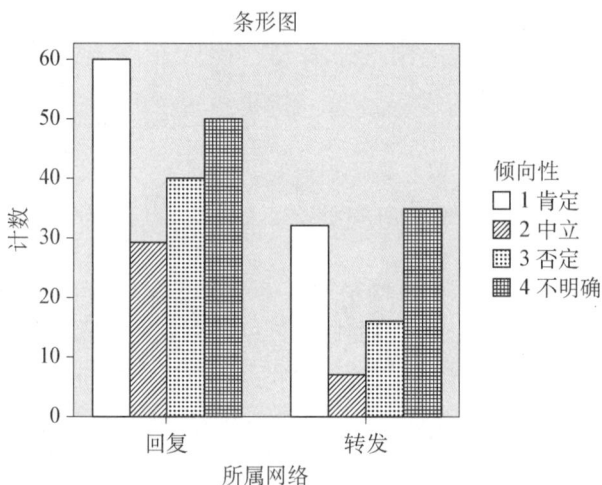

图5　两个网络的倾向性分布

4）归因

在归因方面，两个网络在归因方面的 $p < 0.05$，即存在显著差异。两个网络中，"不归因"与归因于"媒体/政府"或"企业"的博文最多，但占比差异较大。回复网络中，以上三种归因占比依次为 53.6%、19.6%、10.6%；转发网络中，占比情况为 75.6%、10.0%、10.0%。"不归因"的博文在两个网络中均占多数；而进行归因的博文中，转发网络的博文集中归因于"企业"和"媒体/政府"；回复网络的博文归因分散，"员工"、"单店"、"企业"、"餐饮业"、"社会"、"媒体/政府"均有不同程度的提及。故 H2d 成立（见图6）。

5）修辞

两个网络在修辞上的 $p < 0.001$，存在显著性差异。回复网络中，30.7% 的博文"无修辞"，该属性在转发网络中上升到 52.2%，说明转发网络中的声望微博主更倾向用平实的表达手法。相比之下，回复网络中的声望微博主偏向能表达强烈情感的修辞，如"反问"、"对比"、"示现"、"夸张"等，它们在回复网络中的占比分别是 19.0%、17.3%、7.8%、6.7%。转发网络的声望微博主偏向

条形图

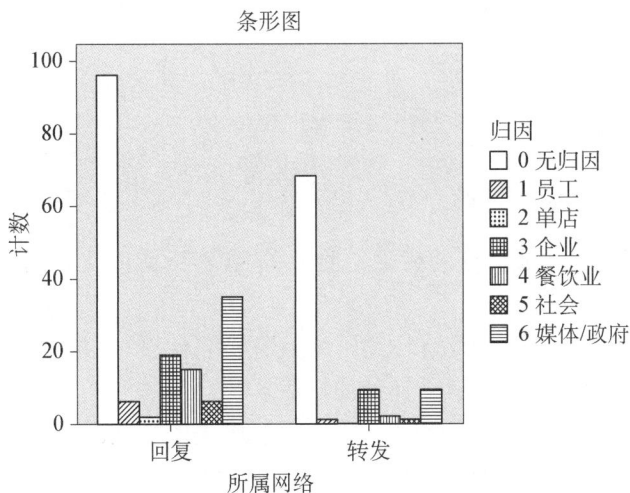

图 6　两个网络的归因分布

采用"引用"（12.2%）和"对比"（11.1%）两种修辞手法。分析表明 H2e 成立（见图 7）。

条形图

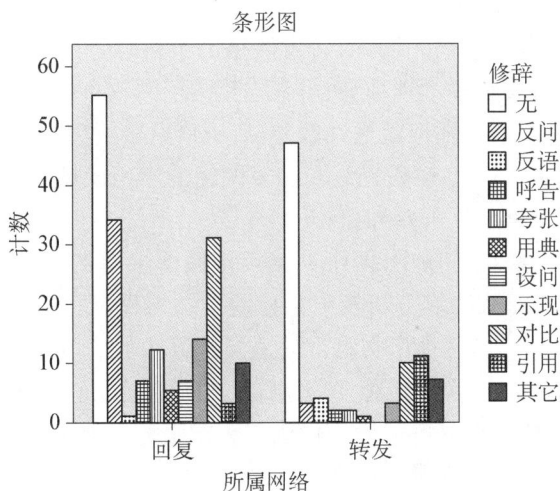

图 7　两个网络的修辞分布

以上卡方检验回答了 RQ2，即转发网络与回复网络在品牌危机传播中，选择、凸显的类型框架、主题、归因、修辞四个方面确实存在显著差异性；在对品牌的倾向性上，转发网络与回复网络并未体现出差异，甚至在分类的占比上体现出一定的共性。因此，以上分析得出，在品牌危机传播中，博文所选的类型框架、主题、归因、修辞会影响其他博主选择的互动方式，即进行转发还是回复，但博文对品牌的倾向性则不会影响跟随者行为。

三、研究结论

（一）研究结果的讨论

通过对研究问题及假设的讨论与验证，笔者对微博博文在品牌危机传播中的网络特征得出以下结论：

（1）品牌危机传播中，微博转发网络具有实名性、信息扩散型的特征；而回复网络则具有"草根"性、信息交换型的特征。

从声望节点的属性看，品牌危机传播中，两个网络的话语主导力量不同。转发网络中，76%的声望微博主是实名认证且粉丝数在 10 000 以上的媒体、媒体人、行业人士、学者。而回复网络里，极少见到媒体、媒体人、企业等的身影，反以未实名认证的"草根"微博主为主导，占比达到 87.5%。

由图 1 和图 2 的节点数可知，转发网络节点数明显多于回复网络，说明大部分微博主更倾向于转发品牌危机信息。从网络结构看，转发网络中单向箭头数量众多，说明转发网络的互动性较弱；同向箭头传递层级较多，说明网络流通性强，信息能够进行多级传播。因此，转发网络属于信息扩散型网络。相比之下，回复网络中双向箭头更多，但以同向箭头连接的子网较小，多数子网仅有两个节点，说明回复网络互动性强但流通性较差，属于信息交换型网络。

（2）品牌危机传播中，转发网络与回复网络的声望微博主博文在类型框架、主题、归因、修辞上呈现显著差异。

本研究对品牌危机传播中，两个网络声望微博主博文的类型框架、主题、倾向性、归因、修辞进行列联表分析及卡方检验。结果显示，除博文倾向性 P 值大于 0.05，差异不显著外，其他博文特征的差异显著性水平均小于 0.05，即品牌危机传播中，博文的类型框架、主题、修辞、归因在一定程度上影响跟随者选择转发还是回复博文，而博文对品牌的倾向性则不影响跟随者的互动方式。

从表 1 的对比发现，在类型框架上，转发网络声望微博主博文更关注危机事件本身，其次才是"责任归因"和"人情趣味"；回复网络声望微博主博文则注重"人情趣味"，关心个体在品牌危机中受到的影响，其次是"责任归因"，并且凸显"冲突"，增加博文戏剧性。在主题上，转发网络声望微博主博文关注品牌危机的最新进展，即麦当劳"危机公关"；回复网络声望微博主博文更关心与普通人息息相关的"食品安全"问题，同时大量"其他"主题的存在体现了回复网络中话题离散的特点。在归因方面，虽然两个网络都有一半以上的博文没涉及品牌危机的责任问题，但转发网络"不归因"比例 75.6% 明显高于回复网络的 53.6%，说明回复网络的声望微博主归因意愿更强。在做出归因判断的博文中,转发网络声望微博主认为是"企业"责任与"媒体/政府"责任的博文比例相当;但回复网络中,责任矛头直指"媒体/政府",认为"企业"有过失的博文比例低于"媒体/政府"。修辞手法上,转发网络中声望微博主"无修辞"的博文比例高出回复网络21.5%,说明转发网络声望微博主比回复网络声望微博主的语言更为平实。转发网络声望微博主博文主要采用"引用"和"对比"两种修辞,注重基于事实的评论。转发网络声望微博主博文更偏好"反问"等能传达强烈情感的修辞手法。

表1　两个网络的博文特征对比

	转发网络	回复网络
类型框架	主要事件(55.6%) 责任归因(13.3%) 人情趣味(8.9%)	人情趣味(41.3%) 责任归因(21.8%) 冲突(13.4%)
主题	危机公关(67.8%) 食品安全(14.4%) 媒体/政府监管(11.1%)	食品安全(44.7%) 其他(17.3%) 媒体/政府监管(16.8%)
归因	不归因(75.6%) 企业(10.0%) 媒体/政府(10.0%)	不归因(53.6%) 媒体/政府(19.6%) 企业(10.6%)
修辞	无修辞(52.2%) 引用(12.2%) 对比(11.1%)	无修辞(30.7%) 反问(19.0%) 对比(17.3%)

注:转发网络与回复网络在类型框架、主题、归因、修辞中排名前3的属性。

（3）品牌危机传播中,转发网络与回复网络声望微博主的博文差异性与声望微博主属性、微博转发/回复功能和跟随者行为动机有关。

本研究发现,声望微博主在"自媒体"微博上进行博文生产,及其跟随者针对不同博文选择互动方式时,会受到以下因素的影响:

① 声望微博主属性。转发网络中83.3%的声望微博主经过实名加V认证,76%的微博主粉丝数量在10 000及以上,这说明转发网络中的声望微博主多是具有一定社会影响力的个人或组织。考虑到公众形象,他们倾向于站在第三方角度理性、客观、专业地评议品牌危机。此外,"媒体"与"媒体人"在转发网络声望微博主中占比三分之二,他们将现实世界中的新闻报道方式转移至微博言论中,使转发网络的声望微博主博文呈现出传统媒体新闻报道的特点,即关注事件本身及最新动态,评论以事实为依据,语言平实。回复网络中,87.5%的声望微博主为未经实名认证的"草根",且67%的博主粉丝数量少于500人。匿名性及影响范围小,使他们更倾向于直接、自由、随意地表达观点,博文情感强烈,

主观性强。责任归因时,无须基于事实严谨推理,而是启动记忆中类似事件的知识,将品牌危机放到社会系统中批判。"草根"博主在现实生活中多为普通消费者,因此他们在品牌危机事件中,常以个人角度讨论关系切身利益的食品安全问题,凸显品牌危机中的个体或强调个人受到的影响。

② 微博转发/回复功能特点。微博的转发功能,可将他人博文转发到自己的微博上,同时附上评论,以"×××:……//@××××:……"的形式呈现。这使转发者的粉丝在阅览其评论内容的同时也可看到其评论对象(被转微博)。由于转发对象(被转博文)会成为自己微博的一部分,因此微博主更倾向于转发客观报道品牌危机的事实性博文或具有专业、权威评论的观点性博文。与转发不同,只回复不转发的博文不会出现在自己的微博页面上,即回复者的粉丝不会看到回复者与被回复者之间的对话。因此,博主可以选择任何感兴趣的博文进行回复,而内容精彩、情感强烈、主观性强的博文更能引起其他微博主的讨论兴趣与回复行为。回复功能使微博主在选择回复对象时随意性较大,谨慎程度小于转发行为。

③ 跟随者互动动机。通过分析跟随者对声望微博主的评论,本研究认为品牌危机传播中,转发者的转发动机主要有:a. 强调某个事实或认同某种观点,以转发扩散信息;b. 以声望微博主的博文观点为线索,深化发展某种观点;c. 将声望微博主博文作为评论的事实依据。以上转发动机,使转发者在转发时,倾向于客观报道品牌危机的事实性博文及专业人士评析的观点性博文。客观及时的事实性博文能为自身评论提供事件背景;专业犀利的观点性博文具有权威性及影响力,为自身观点提供支撑。回复网络跟随者的回复动机是:a. 赞同某种观点,以回复支持声望微博主;b. 反对某种观点,以回复与声望微博主协商。回复网络中,跟随者与声望微博主通过回复进行的互动,是为了达到观点上的认同、协商或对抗。因此,跟随者偏好回复联系生活实际情况及其他社会问题,扩散价值不高,却极易引起共鸣或反对的博文。

本研究是对微博博文在品牌危机传播中特点的探索性研究。由于微博社会网络的特殊性,本研究采用了集中采集麦当劳公关微博发布后 5 小时之内的评论博文,博文内容的代表性可能存在一定不足;同时微博博文的分析类目深化研究是未来的工作。

作者：薛可、卢晓晶、余明阳
原载《同济大学学报》(社会科学版),2013 年第 3 期

复杂网络环境下的品牌危机处理策略简析

一、引言

品牌代表着企业的形象，是企业与消费者的情感纽带。消费者通过品牌识别企业，进而选择产品和服务，乃至依靠品牌表现自己的品位、价值观及情感取向。可见，对于企业，一个深入人心的品牌就是一笔宝贵的财富，是企业获得可观利润的保证。然而多方面的因素都可能使企业面临品牌危机，近年来品牌危机频频发生。综观 2007 年，平均每月有 3 至 5 个品牌被卷入危机事件。其中媒介环境的改变也是一个重要原因。互联网为企业的发展提供巨大的便利和广阔的空间，但复杂的网络环境同时也成为品牌危机滋生的温床，网络中存在的各种不确定因素使品牌危机的发生率上升，影响范围不断扩大。如何把握网络环境下品牌危机传播的特性，并进行有效的危机管理，成为企业和学界都十分关注的课题。

本文"复杂网络"即指互联网。国内外关于"品牌危机传播"的研究较多且日渐成熟。互联网作为新媒介的代表兴起之后，许多学者将目光投向网络媒介。要研究互联网环境中的品牌危机传播，网络媒介环境的分析应为重点，然而由于网络传播研究既涉及自然科学领域，又涉及社会科学领域，目前立足于网络自身结构的传播研究较少。现有的网络传播研究具有一定的启发性，但仍存在一些不足，如研究的视野不够开阔，跨学科的研究较少；横向研究较多，纵向研究较少。本文引入复杂性理论，目的是通过分析互联网结构的复杂性，进一步分析互联网信息传播的复杂性，并根据复杂理论，寻找中潜藏在互联网的"无序"中的"有序"[1]，为网络环境下品牌危机的管理提出有效的建议。

二、互联网结构的复杂性

(一) 互联网结构的复杂性

对于网络的描述和研究，人们最常提到的就是其匿名性、交互性、中心缺失

---

① 谭长贵. 复杂性：包含于组织中的无序——对复杂性本质的一种解读[J]. 中国人民大学学报，2007，(01)：141 - 147.

等特点，并且认为网络是难于控制、秩序混乱的，研究者较少通过技术层面去探索互联网中存在的"有序"。本文将引入复杂科学①中的复杂网络理论②对互联网中存在的"有序"进行初步的探讨。

而今世界上对于复杂网络的研究，在大量网络现象的基础上抽象出两种复杂网络：一种是小世界（small world）网络，另一种是无标度（free-scale）网络。小世界网络具有高平均集聚程度与小的最短路径的特点。高平均集聚程度反映了网络集团化的程度，例如社会网络中总是存在一些关系圈，其中每个成员都认识其他成员。小的最短路径指网络的任意两个节点之间有都有一条相当短的路径。它反映网络实体间相互关系的数目可以很小但却能连接世界的特征③。而无标度网络④还具有幂律分布的特征。幂律分布表现为一条斜率为幂指数的负数的直线。统计物理学家把服从于幂律分布的现象称为无标度现象，即系统中个体的尺度相差悬殊。如意大利经济学家 Pareto 指出提出的 80/20 法则，即 20% 的人口占据了 80% 的社会财富⑤。Pareto 定律便是简单的幂律分布。

显然，Internet/WWW 网络具有无标度网络的特征。

（1）从互联网中的每台计算机来看，任意两台计算机之间都存在着一条相当短的路径。

（2）互联网由大量网络如局域网、广域网等互联而成。这些网络就相当于一个个的集群（cluster），它们可以与本地或异地的不同网络相连、并且可以同时与多个网络相连。可知互联网也具有高平均集聚程度。

（3）互联网具有幂律分布的特征。以网页被点击次数的分布为例，尽管中国向七千九百万网民提供的网站接近六十万个，但只有为数不多的网站能够演化为热门网站。占节点总数 5%～15% 的节点通常会拥有所有连接数的半数以上⑥。

（4）互联网系统的自组织性。自组织是复杂系统最重要的特性，即为在复杂系统其他特性开放性、非线性、耗散结构等特性基础上自我自主地组织化、有机化。指一个系统在内在机制的驱动下，自行从简单向复杂、从粗糙向细致方向发展，不断地提高自身的复杂度和精细度的过程⑦。网络泡沫破灭后，互联网的

---

① 李景平，刘军海. 复杂科学的研究对象：非线性复杂系统[J]. 系统辩证学学报，2005,（03）：60 - 65.

② 吴彤. 复杂网络研究及其意义[J]. 哲学研究，2004,（08）：58 - 63.

③ 吴彤. 复杂网络研究及其意义[J]. 哲学研究，2004,（08）：58 - 63.

④ 董献洲，胡晓峰. 无尺度网络在互联网新闻分析中的应用研究[J]. 系统仿真学报，2007,（16）：3664 - 3666.

⑤ 黄顺荣. 帕累托定律与网络环境下图书采访工作的哲学思考[J]. 图书馆学刊，2006,（01）：59 - 60.

⑥ 董献洲，胡晓峰. 无尺度网络在互联网新闻分析中的应用研究[J]. 系统仿真学报，2007,（16）：3664 - 3666.

⑦ 虢毅，方平. 网络信息自组织透视[J]. 情报理论与实践，2001,（06）：460 - 462.

发展由高度的自由走向规范和有序,这期间国家的立法和控制有起了一定的作用,但互联网的内部力量也不可忽视,正是广大网民的对网络及网络经济的认识回归理性,开始用冷静地观察网络这个虚拟社会,并理性地对待和处理各类网络信息,互联网才日益走向组织化,有机化。从最初的网络交友泛滥到后来的BBS、博客、播客,网民们的交流日渐走向有序化、理性化。

(5) 互联网有集散节点的存在。由无尺度网络幂律分布的特点可知,无尺度网络具有优先连接性。在新的节点加入网络的过程中,并不是按照随机网络理论中的假设随机选取节点建立连接,而是按照一定的优先次序、倾向性、范围或者是偏好加入到网络中来,更倾向于连接具有较多连接数的节点。由此可知,无尺度网络存在着集散节点,即那些具有大量连接的节点。实际上无尺度网络对集散节点有着较大的依赖性。一旦集散节点消失则会对整个网络造成巨大的打击。在现实生活中,那些访问量巨大的网站或网页等网络实体就可以被认为是互联网中的集散节点。企业危机发生时,这些节点就是危机信息传播的重要枢纽。对这点节点的信息进行分析和控制是缓解危机的有效方式。此时,企业网站、竞争对手网站及行业相关网站也会迅速升级为危机信息传播的集散节点,企业也应当特别注意。

(二) 互联网信息传播的复杂性

社会心理学中对"社会认知"的定义是:对各种社会刺激的综合加工过程,是人的社会动机系统和社会情感系统形成变化的基础[1]。显然,人们对品牌的态度也是一种社会认知。因此,对品牌危机的发生机理可从社会心理学理论中寻求解释。

如图 1 所示,是风险向危机转化的过程[2]。风险一旦突破 OAO'A 范围的临界,便转化为组织的危机,组织处于转折点 D,有效的危机监测和评估机制可以使企业尽快扼制事态蔓延。反之,组织的运营状态由 D 点上升至 M 点,在其所延展的时空下,组织置身于一个新的发展坐标系中。如果组织未能采取有力的危机管理策略,危机的破坏程度将进一步增强,其发展轨迹如曲线 MP 所示;反之,如果组织妥善应对危机,则危机影响逐步消解,如曲线 MQ 所示,ME' 即反映了 MQ 的发展趋势。

根据 Hammond 的基本透镜模式[3],当分属于不同系统的个体利用参考变

---

① 孙时进. 社会心理学[M]. 上海:复旦大学出版社,2003.

② 胡百精. 危机传播管理[M]. 北京:中国传媒大学出版社,2005.

③ Hannond K R,Hamm R M,Grassia J,et al. Direct comparison of the efficacy of intuitive and analytical cognition in expert judgment [J]. IEEE Transactions on Systems Man & Cybernetics,1987,17(5):753－770.

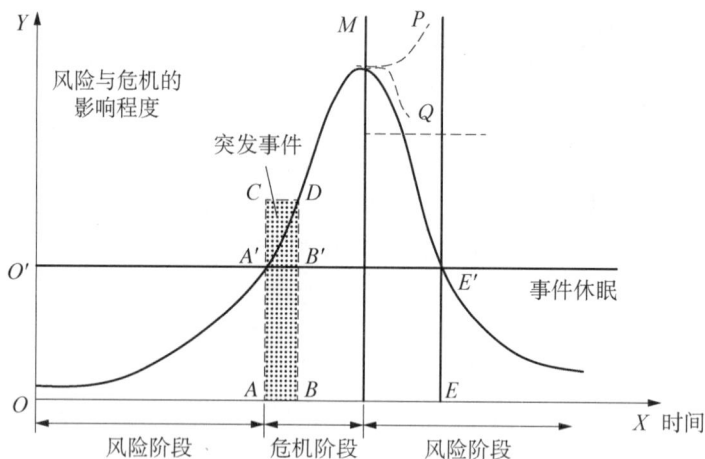

图1　危机的转化过程（来源：胡百精）

数即线索对客观的环境系统中的事物或变数（criterion，判断评准）做出判断时，由于不同个体的价值判断标准不一致，对线索的运用方式也不一致，便可能产生认知冲突。在网络环境下，互联网的"小世界"特性导致信息传播的速度大大提高，传播范围扩大。会有很多线索影响人们的判断。这些线索可能来自于正式发布渠道，也可能来自于非正式发布渠道。很显然，这些真假难辨的信息混杂在一起，再分别被企业或公众提炼为线索时，线索与实际的、客观的判断评准之间的相关程度的强弱和方向性会、不同人对线索的组合方式都有很大的差异。

　　另外，在网络环境下，人们利用线索对判断评准做判断的一致性也会大受影响。即使在传统的媒介环境下，人们对事物判断的一致性也有较大差异。有些人非常坚持自己的看法，无论外界环境发生什么变化也不改变最初的判断。而另一些人很容易受环境或他人的影响，在接收新信息后就逐渐改变自己的判断。网络环境比传统的媒介环境变化得更快，信息无时无刻地进行更新，可以说是瞬息万变。危机事件发生后，网络谣言[①]不断滋生，人们对品牌及企业的认知不断地受到各类信息流的冲击，于是很多人的决策过程受到影响，甚至可能最终的决断与最初的想法大相径庭。一般说来，企业由于组织架构庞大而复杂，决策过程比较长，而且判断的一致性比较高，常常会坚持用某种手段来保护品牌；与之相反，公众的决策是个体的判断，决策过程短，且决策中容易受环境影响，即判断的一致性较低。

　　于是危机信息便以几何级数的传播速度在网上蔓延。在网络环境下，一旦

---

① 　巢乃鹏，黄娴. 网络传播中的"谣言"现象研究［J］. 情报理论与实践，2004，（06）：586－589.

有谣言露出苗头，就可能在极短的时间内被引爆为危机，O 到 A 的时间大大缩短。

危机发生之后，由于许多企业仍未建立有效的在网络环境下的危机管理机制，企业与公众的冲突加剧。在网络虚拟社区中，使用者间可实时与多人进行线上谈话，讨论区或公布栏中，则可允许多位使用者异步交流。此时可能会有群体思考（group think）①的现象产生。群体思考的概念是指群体面临外部环境高压或在群体内部凝聚力的作用下形成的妨碍决策正确性的一种刻板思维模式。群体产生自我膨胀的现象，以为群体的决策是正确的。虚拟社区的群体思考行为使得虚拟社区成员将企业视为"敌对群体"，对其成见加深，致使品牌危机升级。

在网络环境中，危机事态在短时间内加重，D 点上升到 M 点的时间也大大缩短，组织状态进入 MP 段。一旦进入 MP 段，危机信息传播就将变得极尽复杂，网络及现实中的各种谣言甚嚣尘上，使企业蒙受巨大的损失。即使企业花费巨大的精力进行挽回，也很难使其运营状态很快回落到 E' 点。至此可见，在互联网这样一个四通八达的传播环境中，D 和 M 这两个转折点在时间轴上更加靠近。

（三）复杂网络中的有序性

互联网作为一个庞大的复杂系统，必然存在着无序的现象。网络上信息的流动完全不同于传统的单向线性结构，由于网路都是交互式的，所以传者与受者的界限非常模糊，传受双方的角色也处于不断的相互转化之中。传统的线型传播模式已经被一种全新的、开放式的非线型的传播样式所取代。而网络丰富多样的传播技术，也带来了传播者的零门槛化，由于传播者的大量介入，以及信息控制难度的加大，大量信息呈现出泛滥的态势，整个信息流也表现出一种无序化的特征。

然而同其他复杂系统一样，互联网也于无序中包含有序，因而了解互联网中的有序性才是帮助人们把握网络信息流动的有效途径。从全局角度来看，互联网是一个无标度网络，它虽然表现出很强的涌现性和生长性，即随时可能有网络实体接入，也随时可能有网络实体消失，但值得注意的是，整个互联网的骨干部分在一般情况下不会有大的变化，而联结这部分重要网路的节点可被认为是集散节点。集散节点被破坏或者通过它的信息被抑制对于网络中任意两台计算机的互联并不会产生很大的影响，但却会削弱网络中的信息。2004 年 10 月 16 和 17 日，腾讯因服务器故障导致 QQ 大规模掉线，虽然网民们可以通过 MSN 或其他即时聊天工具进行网上交流，但信息交流仍受到很大的阻碍和影响。

---

① 张德. 组织行为学[M]. 北京：清华大学出版社，2000.

互联网有着明显的局部有序特征。互联网中的有序区域可分为两类。一类是以网络结构为基础的有序。如公司局域网和校园网等。人们由于工作或学习的需要接入一个较小范围的网络，以进行信息共享和信息交流。在这样的网络里，仍有"把关人"的存在，而且这些"把关人"往往能非常迅速地对信息进行筛选或加工处理。对于违反规则的成员，"把关人"能够对其进行惩罚。

另一类则是以网络虚拟社区为基础的有序。最早的有关虚拟社区的定义由瑞格尔德（Rheingole）提出，他将其定义为"一群主要借由计算机网络彼此沟通的人们，他们彼此有某种程度的认识、分享某种程度的知识和信息、在很大程度上如同对待朋友般彼此关怀，从而所形成的团体。"[①] 可见互联网打破了传统社会关系的束缚，通过网络在对人们角色重构的基础上建构起一个个网络社区。但网络社区的形成与现实社会的"社区"有很大不同。现实中的社区更接近于一个空间上的聚合地。而在网络中，人们不需要以足够的了解和信任为基础就可以开始进行交流，只需要有一个简单的导向性因素作为向心力，就能促成部分网络人群的聚集。比较具有代表性的虚拟社区有通过大型网络游戏、异步聊天室（BBS），新闻组（Usenet）等聚集起来的网络组织。这种现象体现了互联网的自组织性的特征。在外表杂乱的网络虚拟空间中，形成了一个个有序的区域。这些虚拟社区与局域网或校园网最大的不同点就在于其"邻近"来自于感知，成员的实际距离不"邻近"；成员在现实中互相不认识，彼此之间以网络虚拟身份进行交流。在虚拟社区中，人们因为共同的志趣或需求形成一个网络集群进行交流，也需要遵守这个群体的规则。

三、网络环境下品牌危机的处理策略

（一）媒介策略

由前文的论述可知，企业在制订网络环境下的品牌危机处理策略时，原则是：①在风险阶段，即危机潜伏阶段广泛收集信息；②在危机爆发后及时扼制谣言（危机信息）的传播；③在事件休眠后总结经验和教训，以指导未来的事件处理。主要依据有两点：①控制集散结点的信息发布；②对网络虚拟社区的言论进行疏导。

网络应用可分为两类，一类是电子邮件（E-mail）、电子布告栏 BBS、即时聊天工具、博客为主的互动传播；另一类是以单向传递为主的 www、文件传输

---

① 百度百科.虚拟社区[EB/OL]. http://baike. baidu. com/view/1587. htm.

(FTP)等。两者的主要差别是互动性强弱①。由 www、BBS、E-mail 和即时聊天工具获知的信息组成了网络环境下的危机传播流中的信息流部分。主要www 网站及主流 BBS 即为网络中的集散节点。作者对国内学者巢乃鹏的网络谣言传播系统②进行改进得到图 2 所示的传播系统结构。企业可以根据公众的归因情况,通过不同的发布渠道,做出不同的危机反应。从图中可知,企业可以首先控制或影响权威信息源及传播渠道的信息发布,与 www 运营商及即时聊天工具运营商进行协调和合作(现在即时聊天工具运营商几乎都在自己的聊天工具界面中嵌入了信息发布功能),在危机发生后第一时间发布信息。对较大的BBS 的言论则进行疏导,一方面与管理者进行沟通以初步控制事态,一方面介入舆论领袖转移注意力,让人们注意到企业的积极回应。另外,在品牌危机中,企业网站的作用也不可低估,因为愤怒的公众可能会通过技术或言论攻击企业网站。因此在危机处理过程中,不仅仅要做好网站的维护工作,保证网站的安全,还应该及时安排工作人员在企业论坛、博客或客服系统中与消费者进行沟通。

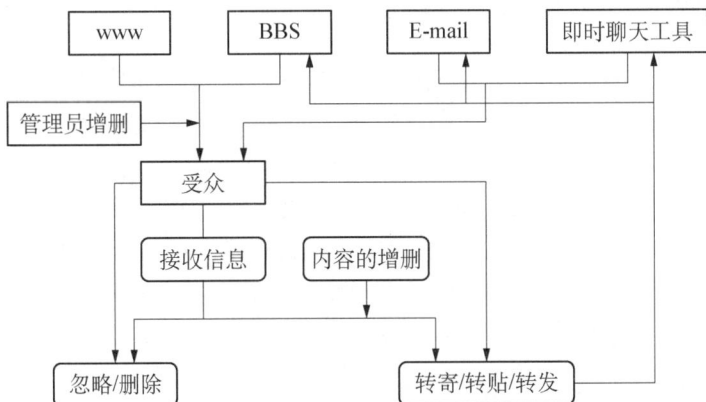

图 2　网络谣言传播系统(来源:作者绘制)

　　传统媒介方面,由于许多企业已经与一些主流媒介建立了媒介公关的关系,此时企业需要做的就是通过传统媒体表明企业的态度。必要时通过新闻发布会召集尽量多的主流媒介,通过它们与消费者对话,缓解企业与消费者间的紧张关系。或者配合媒介做一些多角度的深度报道。这个过程中要保证传统媒介与网络媒介的良好配合,有利于事态好转的信息应及时转载到网络上。先减少传统媒介流向网络媒介的危机信息,再逐步消除消费者的疑虑、平息消费者的不满情绪。

① 樊丽. 网络环境下企业经营危机预警系统研究[M]. 重庆:重庆大学出版社,2005.
② 巢乃鹏,黄娴. 网络传播中的"谣言"现象研究[J]. 情报理论与实践,2004,(06):586 - 589.

(二) 危机回应与形象修复策略

危机事件发生后,企业危机处理的第一步是"回应"或者"不回应"[①]。台湾学者黄懿慧通过多案例研究发现目标企业在受到网络攻击(即不利于企业或品牌的信息)时,其对公众的回应有以下特点：

若网络攻击讯息所指涉的事件为事实时,组织倾向采用被动回应,反之,组织则倾向于采取主动回应。或组织的确犯行时,组织倾向于采用被动回应,反之则组织倾向采用主动回应。

由此可知,企业尽量避免直面自己的错误,直到有人直接发问时才予以解释。与之相对应的是,企业不希望受到任何虚假信息造成的误会。企业的这种态度其实也是品牌危机中最常令人诟病的问题。实际上,Bradford 和 Garrett 通过实验强调,无论在何种危机情境下,企业"必须"采取"回应"途径[②]。企业一旦犯错便陷入"沉默",久而久之,公众便认为企业缺乏责任心。于是当企业遇到诽谤或误解,态度激烈地出面澄清时,公众也倾向于认为企业依然在逃避责任。

如果企业决定采取"回应"策略,那么这时信息策划的拟定,也即形象修复策略就成为重点。许多学者从不同角度提出企业的形象修复策略。Coombs 和 Holladay(1996)发现：影响危机情境与危机处理策略关联性的重要基础,在于公众对危机发生的责任归因(attribution)程度。若责任归因为企业内部,但是纯属意外,唯一的解决方法就是修护策略,道歉并尽快修复企业的形象。如果危机是因为外在因素引起的,则应强调企业是受害者的形象来博取外界的同情；至于由外界指控企业的过失,假设没有相当的证据可以证明其指控的真实性,最佳策略为否认危机存在[③]。进而他们指出,企业要维护形象,方法有二：一是改变公众对事件的三种归因方式(内在/外在造成、企业控制性高/低、发生概率高/低)；二是去影响归因之后公众所产生的情绪反应[④]。

在网络环境下,在危机处理过程中需把握以下原则：

(1) 首要原则是"快"。有人指出,在信息迅速扩散的互联网时代,传统危机

---

① 黄懿慧.网络危机管理模式初探：情境、网路传播与组织回应之关联性[C].中华传播学会研讨会论文,2004.

② Bradford, J. L. , & Garrett. The effectiveness of corporate communicative responses to accusations of unethical behavior [J]. Journal of Business Ethics, 1995,14(11)：875 - 892.

③ W. Timothy Coombs, Sherry J. Hollarday, Communication and Attribution in a Crisis: An Experimental Study in Crisis Communication [J]. Journal of Public relations Research, 1996,8(4)：279 - 295.

④ 晁钢令,王志良.企业危机处理策略、传递方式与评价问题研究[J].市场营销导刊,2006,(04)：35 - 38.

演变理论中的"黄金 48 小时"之说已经不适用了。现在一旦发生品牌危机事件，往往是要求当事方在 8 小时内快速响应。迅速的危机反应一方面可以防止虚拟连接范围扩大，导致危机影响扩大；另一方面可以防止公众对问题认知程度的加强，以及更多公众的"问题涉入感(level of involvement)增强"。

（2）主动回应优于被动回应。在互联网环境下，企业处理危机的时机更为紧迫。企业如果是迫于外界的压力才做出回应，必然会延误危机处理的时间，不仅增加了公众的猜测，还让竞争对手有可乘之机，使负面信息的数量和解释澄清的难度增加。迅速主动的回应有助于稳定公众的情绪。

（3）适时选择网络媒介进行回应。若有关企业的负面信息影响范围不大则不用或少用网络媒介进行回应，根据前文的内容，在网络中增加一个信息传播源便会增加大量的虚拟连接。

（4）企业在进行危机回应和形象修复时，首先了解公众对事件的归因。否则若企业的归因与公众的归因产生了错位，危机回应的效果只能是适得其反。在网络环境下，收集品牌危机事件发生后公众的反应并非难事，关键是企业需要提高对公众归因的重视程度。在了解公众归因后，企业则可设法从内在/外在造成、企业控制性高/低、发生概率高/低改变公众的归因。

（5）提高措辞的清晰度。在网络环境下，公众是网络行为的主要发起者，企业则更多地扮演"解释者"的角度，企业回应危机的困难加重。当企业在网络上针对危机事件提出说明时，阅听人可以相对地在网络上讨论并检验企业的回应，若企业回应不当，则可能会扩大危机事件的影响。不当的措辞、不准确的信息和有意隐瞒的细节都可能会进一步激怒公众。2007 年 5 月赛门铁克公司遭遇"误杀门"，事后赛门铁克做出的解释非常少，还采用了"自动化系统"这样一个令非专业人士费解、模糊不清的术语。大多数用户反倒记住了其竞争对手瑞星的解释：诺顿的"误杀"事件是赛门铁克公司采用的不负责任的软件测试所导致的结果。

四、结论

近几年来，频繁发生的品牌危机事件引起了不少企业的警惕，但面对日益复杂的外界环境，企业仍然难以把握危机处理的方法。本文通过对网络复杂性的分析，证实互联网并非神秘莫测、难以控制。在复杂的网络环境下，企业需要在充分了解网络媒介的特点的基础上，结合品牌危机处理的一般方法，把握品牌危机的处理原则。在媒介策略上，应通过与网络运营商展开合作，监测控制网络信息、及时疏导舆论，并借助传统媒体进行形象修复。

一个优秀的企业在危机时刻的迅速高效的表现也是其综合实力和整体素质

的体现。在复杂的网络环境下,能保持冷静,有条不紊地处理品牌危机事件的企业,也必定更善于迎接和利用瞬息万变的环境所带来的挑战。

作者:薛可、熊文霞、余明阳
原载《深圳大学学报》(人文社会科学版),2008 年第 5 期

基于社会网络的品牌危机传播"意见领袖"研究

一、品牌危机传播

斯格(1998)在《组织、传播和危机》一书中指出,危机是"一种能够带来高度不确定性和高度威胁的,特殊的、不可预测的、非常规的事件或一系列事件。"美国学者 Kathleen Feam-Banks (1996)认为,危机传播就是"在突发事件发生之前、之中和之后,介于组织和其公众之间的传播"。对危机传播的有效管理如同处理危机事件本身一样重要(Regester,1989)。

在国际上,最初的危机传播管理多集中于军事和政治等领域,管理主体主要是政府。1982 年美国制药企业强生公司遭遇的"泰诺胶囊事件"使危机管理的研究领域延伸到了经济和商业领域,管理的主体也扩大到了企业和一般的组织。随着社会发展和研究的进一步展开,危机传播从危机管理中分离出来,形成了一个单独的研究视角。

20 世纪 90 年代,品牌的概念开始被引入中国。有学者认为,品牌危机的概念并非来自国外,而是中国学者在融合品牌与危机这两个概念的基础上形成的(彭锦逵,2008)。学者吴狄亚、卢冰(2002)提出了品牌危机的定义,认为"品牌危机指的是由于企业外部环境的突变和品牌运营或营销管理的失常,而对品牌整体形象造成不良影响并在很短的时间内波及社会公众,使企业品牌乃至企业本身信誉大为减损,甚至危及企业生存的窘困状态。"由此可见品牌危机是一个比较新的研究领域,而它的出现也与中国本土的市场经济状态的变化密不可分。

在品牌研究领域,对"意见领袖"的探讨主要集中在市场营销的角度,即如何通过"意见领袖"扩大品牌传播途径和提高传播效率。目前还少有研究者从危机管理和危机传播的方面来探索"意见领袖"的作用。本文将借助社会网络的相关理论和观点,对"意见领袖"在品牌危机传播中的地位和作用加以分析,以提出相应的策略建议。

二、基于社会网络的"意见领袖"分析

(一)"意见领袖"及其确认

"意见领袖"是传播学中的一个经典概念。对于意见领袖的传统定义是:"在

将媒介信息传给社会群体的过程中,那些扮演某种有影响力的中介角色者。"(约翰·费克斯,2004)

早在 1940 年,拉扎斯菲尔德等人对美国伊里县地方选举进行选民调查。研究者在分析媒介与投票行为的相关性时,却发现,来自媒介的信息首先影响了群体中的意见领袖,然后再通过这些意见领袖将经过"翻译"的信息传递给其他人。也就是说,"观点经常从广播和印刷媒体流向意见领袖,然后再从他们流向不太活跃的人群。"(Lazarsfeld, 1948)这就是所谓的"两级流动传播",它开创了传播过程研究的一个新领域。而"意见领袖"就是两级传播过程中的那些积极、活跃的"中介者"。

卡兹(1955)在《个人影响》中认为,"意见领袖"的三项指标是生活阅历、社交性和社会经济地位。在这三项指标上占有优势的个人,才有可能成为群体中的"意见领袖"。

在半个多世纪前,研究者们就已经开始了将意见领袖从普通人群中筛选出来的研究。"意见领袖"的发现者 Lazarsfeld 和 Katz 请美国伊利诺伊州小镇 Decatur 的居民对影响他们生活各领域的人进行提名。最后,在每个领域,都有一定数量的人被重复提及。

而根据台湾几个广告公司组成的 ICP(Intergrated consumer profile)即整合性消费者分析资料库的调查表明,意见领袖可由三种方式衡量:一是向受访者询问,当他她做某种决策时会去向谁寻求忠告和情报;二是利用某一团体中的被告知者去确认意见领袖;三是由受访者自我评估其在所给予题目中的影响力。

罗杰斯(Rogers,2003)也总结了四种有效的测量意见领袖的方法:关键人物访谈法、观察法、自我报告法和社会网络测量法。其中,前三种方法都具有很强的主观性,在筛选意见领袖时,容易受个人主观意志的影响而产生偏差。而社会网络分析理论和方法的兴起,为我们研究品牌危机传播的"意见领袖"又提供了一种新的视角和途径。

(二) 社会网络中的"意见领袖"

社会网络(social network)理论起源于 20 世纪 20—30 年代,是由著名的英国人类学家 R·布朗提出。社会网络理论认为,社会是由一群行动者、这群行动者间的关系以及这些关系所构成的网络结构所组成。而信息的流传正是受社会关系与社会网络结构所影响的。社会网络理论的发展已经经历了 70 多年的历史。而今,社会网络方法已经形成了一系列专有术语和概念,成为社会科学研究的一种新的范式,并逐渐突破了社会学领域,为其他领域所广为引用。

1. 复杂网络系统

危机存在于复杂网络情境中,它是在确定的变化逼近时,事件的不确定性或状态①。品牌危机也是如此。品牌危机中的利益相关者是危机信息传播的主体。而危机信息的传播内容、速度、效果等与普遍存在于社会中的复杂网络直接相关。

1)"六度分隔"假说和"小世界"理论

1929年,匈牙利作家卡林西(Frigyes Karinthy)在小说《链》(Chains)中提出了的"六度分隔理论"(Six Degrees of Separation),即"地球上任何两个陌生人之间想要找到关系,最多只需要通过五个人(即最多不超过六个)就可以达到"②。1967年,美国社会心理学家米尔格兰(Stanley Milgram)通过实验使这一理论有了很大的发展。该理论用数学公式可以表示为

$$n = \lg N / \lg W$$

式中:n 表示复杂度;N 表示人的总数;W 表示每个人的联系宽度。

在"六度分隔"的基础上,人们又发展出了"小世界"的理论观点。1998年,美国的沃茨(Duncan I. Watts)和斯特罗加茨(S. H. Strogatz)提出了"小世界"(Small World)网络模型,用以描述从完全规则网络到完全随机网络的转变。

小世界网络反映了高平均集聚程度与小的最短路径的特点。高平均集聚程度是指网络集团化的程度,例如社会网络中总是存在一些关系圈,其中每个成员都认识其他成员。小的最短路径指网络的任意两个节点之间都有一条相当短的路径,它反映网络实体间相互关系的数目可以很小但却能连接世界的特征③。

2)无尺度网络

1999年,美国学者巴拉巴斯(A. L. Barabasi)和艾伯特(R. Albert)指出,许多实际的复杂网络的连接度分布服从幂次定律,即多数节点只拥有少数连接,只有少数节点才拥有极大的连接。由于幂律分布没有明显的特征长度,因此称其为无尺度网络④。从一定意义上说,"无尺度网络"的发现印证了人际活动中"两级传播"现象的存在基础。

目前,"小世界"与"无尺度"现象已经被实证为普遍存在的。而危机信息传播也是一个典型的复杂系统的演化过程。在危机情境下,有大量影响传播的不确定因素,体现出社会网络的复杂性与不确定性特征。以研究信息传播,通常是把社会网络看成是规则网络。而近年来,随着"小世界"和"无尺度网络"研究的

---

① Fink Steven. Crisis management: planning for the invisible [M]. New York: American Management Association, 1986: 23.

② Stanley Milgram. The Small World Problem [J]. Psychology Today, 1967,1(1): 60 - 67.

③ 吴彤. 复杂网络研究及其意义[J]. 哲学研究,2004,(8).

④ Barabasi A. L, Albert R. Emergence of Scaling in Random Networks [J]. Science, 1999,286: 509 - 512.

深入,有学者利用复杂网络研究方法,对危机信息传播进行研究,例如对"流言传播的小世界网络特性"的研究以及对"基于小世界的舆论传播模型"的研究等。这些研究也为我们研究品牌危机传播的现象和规律提供了启示。

2. 社会网络理论

1) 社会行动者及其关系

社会网络指的就是社会行动者(actor)及其间的关系(tie)的集合。也可以说,一个社会网络是由多个"点"(nodes,即社会行动者)和各点之间的连线"边"(edge,即行动者之间的关系)组成的集合,如图 1 所示。

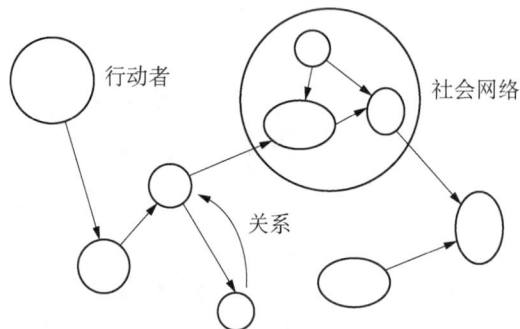

图 1　社会网络①

社会行动者可以是社会中的任何一个个体、组织甚至国家。社会行动者是有意识的行为主体,但其行为受社会网络的制约。社会网络结构中的"关系"是复杂多样的,行动者之间的复杂联系形成了多元关系网络。在品牌危机信息传播研究中,"点"可以表示为信息传播主体,而"边"可以被理解为信息传播的路径。"主体"和"关系"共同构成了品牌危机信息传播的"场域"。

2) 弱关系和强关系

弱关系倾向于连接与行动者本人具有较高异质性(heterogeneity)的人群。由于关系疏远,这些人之间信息沟通很不充分,弱关系则充当了"关系桥"(local bridge)。因此,弱连接能够传递对于行动者来说是新鲜的,因而也是有价值的信息②。而强关系(strong ties)则连接同质性(homogeneous)的人群。行动者之间来往密切,信息交流充分,因此,容易形成一个封闭的系统,信息冗余量也相应较大。

---

① 图片来源：王伟,靖继鹏. 公共危机信息传播的社会网络机制研究[J]. 情报科学,2007,25(7)：979 - 982.

② Mark Granovetter. The Strength of Weak Ties [J]. American Journal of Sociology, 1973,78(6)： 1360 - 1380.

但美国学者克雷克哈德(David Krackhardt，1992)提出"强关系的强势"(strength of strong ties)假设，认为强关系特别适用于不确定性的情境，在面临风险或危机时，强关系是可以依赖的对象。处于不安全位置的个人极有可能通过建立强关系获得保护，以降低其所面临的不确定性[1]。一般说来，弱关系具有信息传递的优势，而强关系则适于传递情感、信任和影响力。

华裔学者林南(Lin，1982)则认为，无论是强关系还是弱关系，关系人本身的社会地位都是决定关系所能摄取的资源数量和质量的重要变量，关系的作用最终是由关系人的能力与意愿的合力所决定的[2]。

3) 结构洞

1992年，美国社会学家伯特(Ronald S. Burt)提出了另一新概念——"结构洞"(structural hole)，即"非冗余联系之间的分割"。两个行动者之间的非重复性关系，被定义为"结构洞"(structural holes)。结构洞是人际网络中普遍存在的现象。在具有结构洞的网络中，占据中心位置的个体可以获得更多、更新的非重复信息，具有"保持信息"和"控制信息"两大优势。结构洞中的经纪人是一种可以带来新思想和新行为的"意见领袖"(Burt 和 Ronald，1999)[3]。

如图2所示，(a)网络中由于B、C、D三个行动者之间没有联系，只有行动者A同时与这三个行动者有联系，因此A有三个结构洞，分别是B–C、B–D、C–D。相对于其他三个人，A处于中心位置，起"意见领袖"的作用。而另三个行动者则必须通过A才能与对方发生联系，行动者A明显具有竞争优势。由于A在个人网络结构中的位置优势决定了其在信息传播中经常成为沟通的纽带。

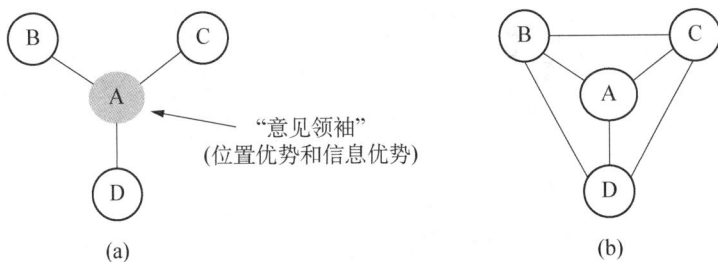

图2　个体结构洞示意图[4]

---

① Krackhardt David. The Strength of Strong Ties：The Importance of Philos in Organizations［A］. in Nitin NOHRIA，Robert G. ECCLES，eds，Networks and Organization，1992：216 – 239.

② Lin Nan. Social Resources and Instrumental Action，in Marsden，P. and Nan，L. (eds.)［A］. London：Sage Publications，Social Structureand Network Analysis，1982.

③ Burt，Ronald. The Social Capital of Opinion Leaders［J］. Annals，1999，566：37 – 54.

④ 图片来源：王伟，靖继鹏. 公共危机信息传播的社会网络机制研究［J］. 情报科学，2007，25(7)：979 – 982.

但是这种信息的传播并不一定都是正面的。意见领袖也极有可能成为危机信息（流言）的核心扩散者。当结构洞中的"意见领袖"有意控制信息的流动时，结构洞的存在也有可能会成为阻绝信息流通的瓶颈和制造蓄意竞争的空间。因此，在危机情境下，加强对"意见领袖"的管理、引导和控制是进行危机信息管理的关键。

而图 2 的(b)网络中各行为者之间各自建立互相联结，不存在结构洞。在这样的网络结构中，"熟人效应"使得网络成员之间多属"强关系"，因此所获得的信息同质性较高。这种网络结构比较稳定，但却弱化了"意见领袖"的作用，制约了新信息的传播和扩散，不利于"创新"思维的形成。

图 3 则表示，在品牌危机信息传播的社会组织网络结构中，原本相互间并无联系 A、B、C 三个网络，在品牌危机事件突发的特定情境下，通过图中网络 A 中的"意见领袖"（A_1）把相互独立的三个群体联系起来，形成一个整体网。行动者 A_1 及其所在网络成员具有明显的位置优势，是整体网中最核心的"意见领袖"，在信息获得和传播方面起到了"桥"（bridge）的关键作用。以此进行推演，则极有可能以"意见领袖"为节点，形成品牌危机信息传播的庞大网络，表现出信息扩散的"涟漪效应"。

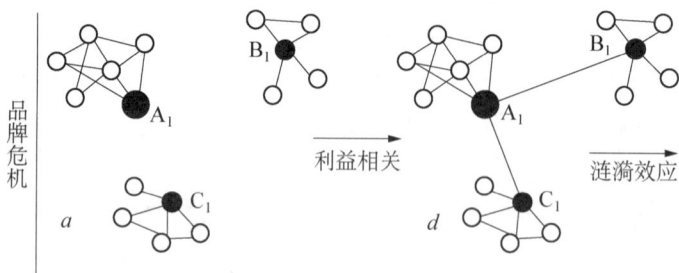

图 3　品牌危机情境下整体网结构洞示意图[①]

3. 小结

品牌危机信息传播是一个典型的符合"小世界"和"无尺度网络"特点的复杂系统的演化过程。

从社会网络的视角来看，在品牌危机信息传播研究中，"点"可以表示为品牌危机信息的传播主体，即社会的行动者；而"边"，也就是行动者之间的关系，可以被理解为信息传播的路径。"主体"和"关系"共同构成了品牌危机信息传播的"场域"。社会行动者之间的关系是复杂、多元的。弱连接有利于创新价值的信

[①]　图片来源：王伟，靖继鹏. 公共危机信息传播的社会网络机制研究[J]. 情报科学，2007，25(7)：979 - 982.

息的传递；而强关系倾向于传递情感、信任和影响力，特别适用于危机情境，以降低人们所面临的不确定性。

在具有结构洞的网络中，占据中心位置的人是"意见领袖"。"意见领袖"占有"保持信息"和"控制信息"两大优势。因此，"意见领袖"可以成为沟通的纽带，传达化解危机的正面信息，也可以成为阻碍沟通的屏障，或者制造流言，成为危机的扩散者。因此，加强对"意见领袖"的管理、引导和控制是进行品牌危机信息管理的关键。而"强关系"的网络结构相对会弱化"意见领袖"的地位和作用。

在整体网当中，连接各个独立群体的人是最核心的"意见领袖"，承担起信息传播的"桥"的职能。如果"意见领袖"在品牌危机信息传播中起到的是散播危机信息的作用，那么以各"意见领袖"为节点，将表现出信息扩散的"涟漪效应"，形成巨大的品牌危机信息传播网络。因此，对"意见领袖"的管理是决定信息扩散的关键。

三、品牌危机传播中的"意见领袖"策略

(一) 识别"意见领袖"

要在对"意见领袖"进行管理，首要的步骤就是从社会群体网络中识别出"意见领袖"。对"意见领袖"的识别如前面所述，有各种不同的方法，其中最主要的几种方法包括关键人物访谈法、观察法、自我报告法和社会网络测量法等。一般来说，访谈法、观察法和自我报告法等方法便于操作，但往往带有较强的主观性。而社会网络测量法是借助社会网络分析来测量群体中的"意见领袖"，首先需要通过寻找关系者之间的连接来了解群体内的社会结构。用这种方法来辨别"意见领袖"主要依靠两个指标，即其在网络中的中心性和中介性。前者包括网络中程度中心度和中介中心度，后者是指连接其他行为者的能力。社会网络测量法的操作相对来说比较复杂。各种不同的方法适用于不同类型社会群体、不同情境下的"意见领袖"识别。具体使用哪种方法需要研究者结合具体的分析对象和环境作出判断。当然，研究者也可以根据不同的需要，发展其他更适合实际操作的技术和方法。

识别"意见领袖"是在品牌危机中进行"意见领袖"危机信息传播管理的前提。但值得注意的是，群体中的"意见领袖"并不是一个人，而是一群人。将这些"意见领袖"从社群普通成员当中识别出来以后，还要对这个群体进行更深入的结构分析，寻找到那些具有核心地位的"核心意见领袖"。因为"意见领袖"在群体中的结构优势的差异也将导致其影响力的差异。而对要对"意见领袖"进行引

导，必须要找到那些最有价值，能够影响其他"意见领袖"的"意见领袖"。

（二）引导"意见领袖"

识别出"意见领袖"后，品牌危机管理者应当建立资料库，并发展一系列针对"意见领袖"的品牌危机传播和危机公关策略，来引导"意见领袖"在品牌危机中的观点和言论，切断流言的传播渠道，为化解危机赢得舆论支持。

对于"意见领袖"的引导必须是建立在对"意见领袖"的分析的基础上的，即了解"意见领袖"对于品牌危机事件的观点和态度、对于品牌形象、信誉和忠诚的态度改变等等。而其主要的目标是要在危机事件发生后，加强与"意见领袖"的双向互动和沟通，以缓解或消除"意见领袖"对品牌形象的负面态度，进一步保证在人际传播渠道中阻断不利于品牌形象的流言传播。与"意见领袖"的沟通必须秉持"主动、快速、真实、真诚"等这样一些危机反应的基本原则。而沟通的具体策略包括媒体策略，如可以选择"意见领袖"经常接触的媒体与其进行沟通，或采用直接接触的方法进行沟通等；公关策略，如在沟通过程中采用何种统一的措辞，由谁出面进行沟通等；形象策略，如品牌在危机中采取何种应对性的形象定位，如何针对"意见领袖"进行品牌形象的维护和修复等等。

（三）培养"意见领袖"

除了对既有的"意见领袖"的引导，品牌管理者还应当具备"未雨绸缪"的眼光，在长期的品牌传播管理过程中注意对"意见领袖"的培养。培养"意见领袖"最主要的就是促成品牌忠诚消费者、品牌代言人，以及品牌营销人员等这样一些品牌传播中的关键群体向人际传播中的"意见领袖"的转化。对"意见领袖"的培养是一个长期的过程，但是一旦品牌危机来临，"意见领袖"在人际传播中的特殊优势就可以显现出来。通过"意见领袖"的人际传播所形成的舆论造势不但可以与通过大众媒体进行的品牌危机传播相辅相成，而且也可以在社群网络中的关键节点上阻断流言扩散的"涟漪效应"。

参考文献

［1］薛可,熊文霞,余明阳.复杂网络环境下的品牌危机处理策略［J］.深圳大学学报：人文社会科学版,2008,25(5)：90-95.

［2］罗家德.社会网分析讲义［M］.北京：社会科学文献出版社,2010.

［3］刘军.社会网络分析导论［M］.北京：社会科学文献出版社,2004.

［4］宋海燕."意见领袖"新探［J］.沈阳师范大学学报：社会科学版,2003,(04)：45-47.

［5］Barbara Lyons, Kenneth Henderson. Opinion Leadership in a computer-mediated environment［J］. Journal of Consumer Behaviour, 2005,5：319-330

［6］ Coombs W T. Teaching the crisis management/communication course ［J］. Public Relations Review，2001，(27)：89 - 101.

［7］ Steven Fink. Crisis management ［J］. American Management Association，1986.

作者：薛可、陈晞、王韧
原载《新闻界》,2009 年第 4 期

品牌危机中归因认知与风险偏好
对购买意愿的影响

一、引言

近年来,随着企业间市场竞争更加激烈,越来越多的产品出现了以质量危机为核心的产品伤害事件,从三鹿的三聚氰胺、双汇的瘦肉精到强生的召回门等,可见产品伤害事件变得更加频繁。同时,随着媒体尤其是网络媒体透明度和关注度的加强,产品伤害事件也更容易被公众较全面的了解和感知,这必然会对消费者的品牌购买意愿产生明显的影响。因此,关于产品伤害事件的相关研究便成为近年来研究的热点。虽然有学者对此做过相关研究,但相关研究多集中在品牌资产、消费者的选择及品牌忠诚度等内容上。然而,顾客对产品伤害事件的归因认知,也直接影响了他们对一个企业社会责任意识及其品牌形象的认知和态度改变,进而影响他们对该产品的购买意愿。除了顾客对危机归因识别外,不同的风险喜好程度也对他们的品牌购买态度和行为产生重要影响,因此,研究归因认知与风险偏好对品牌购买意愿影响的作用机制及路径过程,具有重要的理论价值和现实意义①。在现有文献中,尚无文献把顾客对品牌危机的归因认知、风险偏好及感知伤害程度同时置于产品伤害事件背景下进行研究。因此,在此背景下将尝试探索如下问题:①在品牌危机事件中顾客对危机事件的归因认知对品牌购买意愿如何产生影响?②在品牌危机事件中顾客风险偏好对品牌购买意愿如何产生影响?③在品牌危机传播中顾客感知伤害程度在品牌购买意愿的路径过程中是否具有调节作用?

二、理论背景与研究假设

(一)归因认知与感知企业社会责任

归因是指个体根据有关信息、线索对行为原因进行推测与判断的过程,每个人都有一套从其本身经验归纳出来的关于行为原因以及行为之间联系的看法和观点,他们根据这些看法和观点对事物从内部与外部、稳定性与非稳定性、可控

---

① 方正.可辩解型产品伤害危机对顾客购买意愿的影响研究[D].成都:四川大学,2007:1-3.

制与不可控制三个维度上进行归因认知。将行为归因于个人特征，称之为内归因；将行为原因归于外部条件，称之为外归因。当顾客认为发生的产品伤害事件是由企业内部原因时，他们则认为企业在其商业运营中对其利益相关者未具相关的责任意识，他们对企业的感知社会责任感就低；当把危机事件产生的根源归咎于外部不可控因素造成时，认为危机不是因企业行为而导致，对企业的感知社会责任不会造成很大影响，则感知责任感就较高（Weiner，2012）[①]。基于此，可提出如下假设：

H1：在品牌危机事件中内部归因程度与感知企业责任感存在显著负向相关。

（二）风险偏好与感知价值

风险偏好是人们对风险的不同态度倾向，包括风险喜好、风险中立和风险厌恶三种类型，而顾客的感知价值是顾客对产品利得与所付成本进行权衡之后，对产品或服务的整体评价。风险喜好型表明顾客在进行产品品牌选择时对所存在风险的喜好状态，其边际效用呈递增趋势，效用的期望值大于期望值的效用，他们将选择具有较小确定性结果的投机方式；对于风险厌恶型，感知边际效用随风险的增加而递减，在风险成本与报酬的权衡过程中，将选择具有较大确定性结果的投机方式，他们在相同的成本下更倾向于做出低风险的选择（Zou，2014）[②]。在产品伤害事件中，顾客对危机的相关信息是否会积极主动地去搜寻、了解以及是否继续购买该品牌这本质上属于风险决策过程，因此，面临同样的产品伤害，风险厌恶型顾客对此较为敏感，形成较低的感知效用，即较低的感知价值；而风险喜好型顾客对此敏感度较低，产生相对较高的感知效用，即较高的感知价值。基于此，可以提出如下假设：

H2：在产品危机事件中顾客风险偏好对感知价值有显著正向影响。

（三）感知企业社会责任与品牌认同

企业社会责任包含了在特定时期内，社会对经济组织经济上、法律上、伦理上自行裁量的期望，为了让顾客感知到企业的高度责任感，企业在进行自我形象塑造时，应从企业的经济形象、法律形象、道德形象和慈善形象四方面出发，表达企业价值取向，而且也代表一个企业的历史、风格、追求和向往，是企业责任

---

① Weiner B. An attribution theory of motivation [J]. Handbook of theories of social psychology, 2012, (1)：135 – 155.

② Zou X, Scholer A A, Higgins E T. In pursuit of progress：Promotion motivation and risk preference in the domain of gains [J]. Journal of personality and social psychology, 2014,106(2)：183.

感高度综合性概括的表现，也是社会公众和消费者判断和评价企业形象优劣的一个重要标尺，而顾客对企业形象的优劣评价在很大程度上正反映了他们对该企业产品品牌的认同程度的大小（Wheeler，2012）[①]。基于此，可提出如下假设：

H3：在品牌危机事件中感知企业责任感与品牌认同程度间存在显著正向相关。

（四）感知价值与品牌认同和购买意愿

在消费过程中，当顾客感知到品牌具有较大价值性时，即包括品牌象征价值和产品物理性价值，他们则倾向于将自己归类于该品牌消费集合，然而个体一旦认为自己属于该品牌消费集合，他们就会在心理上将之与自我相互联结，使得该品牌的某些属性特征成为自我概念的一部分，从而这些顾客对该品牌消费集合在认知和情感上形成依附状态，即认同感。因此，顾客的高感知价值能产生更大程度的品牌认同感（He，2012）[②]。

购买意愿是指消费者愿意按照产品市场均衡价格购买该产品的程度大小，他们在进行是否愿意购买的权衡过程中，品牌的感知价值及所付成本是其中最重要的两个因素，而当所付成本一定时，感知价值便成为顾客购买意愿的唯一决定因素，此时他们的购买意愿会随着感知价值的增加而增加（Hung，2011）[③]。基于此，可以提出如下假设：

H4a：顾客感知价值对品牌认同有着显著正向作用。

H4b：顾客的感知价值对品牌购买意愿产生显著正向影响。

（五）品牌认同与购买意愿

品牌认同表明消费者所期望购买的品牌能够代表消费者本身的个性、想法及价值观。一般地，品牌个性跟消费者个性越接近，品牌愈能代表自我概念，越容易得到消费者共鸣，使消费者对其产生强烈认同感，满足消费者的情感需求，从而拉近品牌与消费者之间的距离。在此心理状态下，若同类产品与替代品的价格相差不大时，顾客更倾向于选择认同程度高的品牌进行消费，以

---

① Wheeler A. Designing brand identity：An essential guide for the whole branding team [M]. Wiley，2012：136 - 138.

② He H，Li Y，Harris L. Social identity perspective on brand loyalty [J]. Journal of Business Research，2012,65(5)：648 - 657.

③ Hung K，Chen A H，Peng N，et al. Antecedents of luxury brand purchase intention [J]. Journal of Product & Brand Management，2011,20(6)：457 - 467.

满足内心的情感诉求,获得某种支付溢价(Kumar,2009)①。基于此,可以提出如下假设:

　　H5:顾客的品牌认同度对品牌购买意愿存在显著正向相关。

(六) 感知伤害程度调节作用

　　在产品危机事件中,产品可能会给顾客造成时间、功能、身体、财务、社会和心理等方面的风险和损失,顾客在搜寻和获取品牌相关危机信息的过程中,会对产品伤害形成感性认识。当顾客在一定程度上把危机归因于企业内部行为时,他们认为企业对此应负有责任,在此情况下,若顾客对危机的感知伤害程度较大,这就强化了企业未尽社会责任感的认知,认为企业社会责任感较低;相反,则感知到的企业责任感就较高(Bilali,2012)②。同时由于内部归因程度与感知企业社会责任之间存在负向相关,因此感知伤害程度在其中起着负向调节作用。

　　然而,由于人们对伤害具有天生的规避性,因此无论是风险喜好型还是风险厌恶型顾客,当他们对危机事件的感知伤害程度较大时,感知危机给他们造成的损失较大,感知价值就较小;相反,则感知价值较大(Gray,2011)③。同时由于风险喜好程度与感知价值正向相关,因此感知伤害程度在其中起着负向的调节作用。基于此,可提出如下假设:

　　H6a:顾客的感知伤害程度在内部归因程度与感知价值之间存在负向调节作用。

　　H6b:顾客的感知伤害程度在风险喜好程度与感知企业责任感之间存在负向调节作用。

三、理论框架

　　在产品危机的传播语境下,以顾客对产品的感知伤害度为调节变量,以感知企业社会责任、感知价值和品牌认同度为中介变量,研究顾客的危机归因认知及风险偏好对品牌购买意愿的影响。其理论框架如图1所示。

---

① Kumar A, Lee H J, Kim Y K. Indian consumers' purchase intention toward a United States versus local brand [J]. Journal of Business Research,2009,62(5):521－527.

② Bilali R, Tropp L R, Dasgupta N. Attributions of responsibility and perceived harm in the aftermath of mass violence [J]. Peace and Conflict:Journal of Peace Psychology,2012,18(1):21.

③ Gray K, Ward A F. The harm hypothesis:Perceived harm unifies morality [J]. Manuscript submitted for publication,2011.

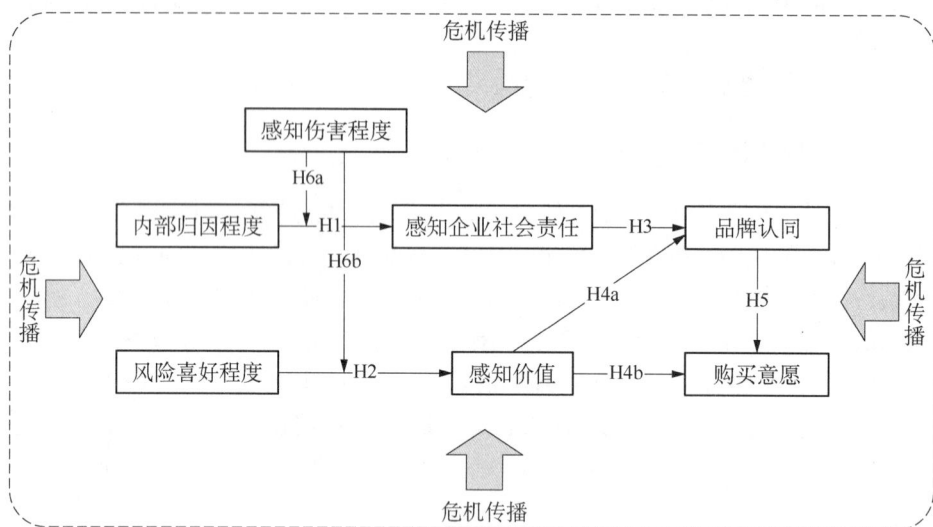

图 1　理论框架图

四、研究方法与设计

(一) 研究方法

因为顾客对品牌危机中的危机归因识别、风险偏好、感知企业社会责任、感知价值、品牌认同、品牌购买意愿和感知伤害程度不能直接和准确测量,只能通过一些具体指标从不同维度去反映它们,然而这些变量往往存在大量的测量误差,而传统的多元回归方法只能处理观测变量而且还需假设其观测值不存在测量误差。而结构方程模型(SEM)可同时考虑多个内生变量,可以同时估计模型中的测量指标、潜在变量以及测量误差,也可以评估测量变量的信度和效度,因此选用 SEM 模型进行数据处理更具有优势。

(二) 量表与问卷设计

因变量:购买意愿,主要采用 Chen (2010)[①]开发的量表,共 3 个测项。

自变量:内部归因程度,主要采用 Försterling (2013)[②]开发的量表,共 3 个

---

① Chen Y H, Hsu I, Lin C C. Website attributes that increase consumer purchase intention: A conjoint analysis [J]. Journal of business research, 2010,63(9): 1007 - 1014.

② Försterling F. Attribution: An introduction to theories, research and applications [M]. Psychology Press, 2013: 164 - 165.

测项;风险喜好程度,主要采用 Reynaud（2012）[1]设计的心理学量表,共设 3 个题项。

中介变量:感知企业社会责任,主要采用 Werther（2010）[2]开发出的量表,共 7 个测项;感知价值,主要采用 Moliner（2009）[3]开发的顾客感知价值量表,共 3 个测项;品牌认同度,借鉴 Burmann（2009）[4]的研究成果,共设 3 个测项。

调节变量:感知伤害程度,主要根据 Szalay（1993）[5]研究成果,共设 3 个题项。

以上变量的测量均采用李克特五点度量法,"1"表示非常不同意,"5"表示非常同意。

(三) 数据收集

数据收集采用问卷调查法,问卷共设三类,分别以三鹿的"三聚氰胺"、双汇的"瘦肉精"、农夫山泉的"标准门"作为的产品危机事件调查主题,它们涵盖了不同伤害程度、广泛知情以及事件最近性等特点。为了进行问卷设计的效度和信度分析,在上海交通大学进行了预测试,各类问卷为 30 份,共 90 份,回收了 53 份。对回收的问卷进行处理分析,其中纠正条款相关系数(CITC)在题项 Q9 上小于 0.50,其余题项均大于 0.50;各潜变量的 Cronbach's α 和量表总 α 值均大于 0.70;因子检验中,每个变量均不存在单维度,因此删除题项 Q9,其余均保留。

采用修改后的问卷,利用上海交通大学媒体与设计学院计算机辅助电话调查系统(CATI)完成本次问卷调查和数据收集,调查主要采用随机拨号(RDD)法进行抽样设计,先确定电话号码的局号,然后以随机方式生产用户号。以上海市所有居民电话号码为抽样总体,随机产生 999 个样本,由系统等量、随机地把三类不同问卷分配至各抽样中,为了提高受访率,调查选择在晚上 7:00—9:00 进行,按抽样号码逐一进行。最后有效受访人数为 226 人,占样本的 22.62%,其中"瘦肉精"事件为 63 份占 27.88%,"三聚氰胺"事件为 89 份占 39.38%,"标

① Reynaud A, Couture S. Stability of risk preference measures: results from a field experiment on French farmers [J]. Theory and Decision, 2012,73(2): 203 – 221.
② Werther Jr W B, Chandler D. Strategic corporate social responsibility: Stakeholders in a global environment [M]. Sage, 2010: 85 – 86.
③ Moliner M A. Loyalty, perceived value and relationship quality in healthcare services [J]. Journal of service management, 2009,20(1): 76 – 97.
④ Burmann C, Jost-Benz M, Riley N. Towards an identity-based brand equity model [J]. Journal of Business Research, 2009,62(3): 390 – 397.
⑤ Szalay L B, Inn A, Strohl J B, et al. Perceived harm, age, and drug use: perceptual and motivational dispositions affecting drug use [J]. Journal of drug education, 1993,23(4): 333 – 356.

准门"事件为 74 份占 32.74%；男性为 129 人占 57.08%，女性为 97 人占 42.92%；年龄 20~29 岁为 39 人占 17.26%，30~49 岁为 124 人占 54.87%，50~60 岁为 63 占 27.87%。该人口统计学特征与上海市整体情况相差不大，能够代表抽样总体特征用于研究分析。

五、数据分析与假设检验

(一) 效度与信度分析

量表结构效度。在对各变量进行探索性因子(EFA)前，先进行 KMO 测定和 Bartlett 球形检验，其中 *KMO* 值为 0.814，大于 0.70，Bartlett 检验的 p 值均为 0.000，小于 0.001，拒绝原假设，说明该测量问卷存在显著的内部相关性，适合进行 EFA 分析。在 EFA 分析中，结果显示可以提取 6 个因子，该 6 个因子累积所能解释的方差为 76.19%，同时除了测项 Q12 的因子负荷为 0.34 外，其他各项在对应变量上的因子负荷均大于 0.50，说明量表具有良好的结构效度，同时删除题项 Q12，其余项均保留。

量表信度。使用 SPSS13.0 进行问卷各题项内部一致性检验，经数据处理，内部归因程度、风险喜好程度、感知企业社会责任、感知价值、品牌认同、品牌购买意愿和感知伤害程度各分量表的 Cronbach's α 分别为 0.76、0.81、0.87、0.81、0.73、0.79、0.82，整个问卷的总 Cronbach's α 为 0.81，所有 α 值均大于 0.70 的标准，说明该问卷的信度较佳。

利用验证性因子分析(CFA)对收集的数据进行内敛效度和判别效度检验，如表1所示，各测量题项与所度量的潜在变量间的标准负荷系数均大于 0.60，其对应的 t 值均大于 3.31($p = 0.001$) 的临界值。同时各变量 *AVE* 值大于 0.50，复合信度(CR)均大于 0.70，表明测量变量能有效反映其潜变量的特质，各组测量指标间具有较好一致性，说明该调查问卷具收敛性较佳。对所有变量进行描述性分析，其结果见表2，所有潜变量 *AVE* 值的平方根(对角线上的值)均大于对应潜变量所在列所有相关数的绝对值，表明各潜变量间具有较好的判别效度。

表1　验证性因子分析结果

变量	观测项	标准负荷	t 值	*AVE*	*CR*
内部归因程度	Q1	0.76	4.27		
	Q2	0.68	3.84	0.62	0.79
	Q3	0.87	5.92		

（续表）

变量	观测项	标准负荷	t 值	AVE	CR
风险喜好程度	Q4	0.81	7.64	0.73	0.81
	Q5	0.62	9.23		
	Q6	0.78	4.77		
	Q7	0.69	6.58		
	Q8	0.82	10.37		
感知企业社会责任	Q10	0.78	12.01	0.58	0.87
	Q11	0.85	5.89		
	Q13	0.64	7.14		
	Q14	0.76	8.81		
感知价值	Q15	0.84	5.36	0.67	0.76
	Q16	0.78	9.04		
	Q17	0.73	7.59		
品牌认同	Q18	0.81	9.46	0.55	0.84
	Q19	0.79	6.92		
	Q20	0.89	11.75		
购买意愿	Q21	0.74	6.91	0.69	0.89
	Q22	0.83	8.26		
	Q23	0.77	7.44		
感知伤害程度	Q24	0.81	5.17	0.63	0.78
	Q25	0.65	8.39		

表 2　判别效度检验

变量	1	2	3	4	5	6	7
内部归因程度	0.79						
风险喜好程度	−0.51	0.85					
感知企业社会责任	−0.49	0.63	0.76				
感知价值	−0.35	0.57	0.41	0.82			
品牌认同	−0.42	0.51	0.54	0.59	0.74		
购买意愿	−0.35	0.42	0.59	0.48	0.67	0.83	
感知伤害程度	0.46	−0.34	−0.67	−0.52	−0.64	−0.53	0.79

注：对角线上的数值为 $\sqrt{AVE}$，其余的数值均为相关系数。

（二）路径分析及假设检验

1. 初始模型路径

对初始假设模型进行估计，其输出结果为：χ^2 值为 71.65，p 值为 0.000，小于 0.05 的显著水平,拒绝原假设,表明初始假设模型与观察数据无法适配,需要对初始模型进行修正,根据修正指标(MI),需在 Q7 与 Q15 误差变量间建立共变关系,从而至少可以减少卡方值 35.54。

2. 修正模型路径

对修正模型进行估计,此时估计结果为:χ^2 值为 461.87,df 为 214($\chi^2/df=$ 2.2),NFI 值为 0.94,GFI 值为 0.95,AGFI 值为 0.98,CN 为 817,RMSE 值为 0.036,均达到模型可适配标准。同时 MI 中没有提供需修正的参数,表明修正模型是可接受的路径模型。路径系数如图 2 所示。

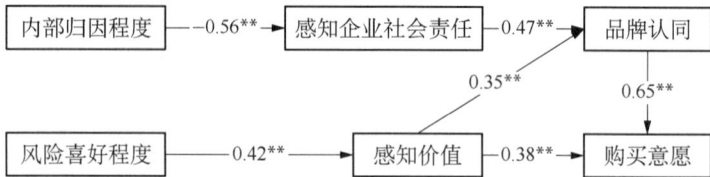

图 2　模型的路径系数图

注：** 表示 $p < 0.05$。

由图 2 可知,除了内部归因程度与感知企业社会责任之间路径系数为负值外,其余路径系数均为正值,且均达到 0.05 的显著水平,这表明 H1 至 H5 的五个假设均得到支持。其中内部归因程度通过感知企业社会责任和品牌认同两个中介变量对购买意愿产生的总效应为 -0.17,风险喜好程度通过感知价值和品牌认同两个中介变量对购买意愿产生的总效应为 0.25。

3. 调节作用

在对模型主效应估计后,将顾客的感知伤害程度作为调节变量添加到相关的主效应路径中,用于出互动效应检验。在检验各相关调节作用前,先对互动效应模型中的各变量进行标准化处理,然后再进行多元逐步回归分析,其检验结果如表 3 所示。

表 3　调节作用检验

模型 1 (因变量为感知企业社会责任)			模型 2 (因变量为感知价值)		
变量	β	t	变量	β	t
内部归因程度	-0.35	4.81	风险喜好程度	-0.29	3.62
感知伤害程度	-0.36	7.03	感知伤害程度	-0.48	2.74
内部归因程度×感知伤害程度	-0.28	5.93	风险喜好程度×感知伤害程度	-0.13	0.97

由表 3 可知,模型 2 中对应交互项 $|t| < 1.96$,而模型 1 中 $|t| > 1.96$,说

明顾客感知伤害程度调节效应在模型 1 中显著,在模型 2 中不显著,即假设 H6a 成立,而 H6b 未获支持。

根据上述对主效应及调节效应的检验,将假设检验结果汇总如表 4 所示。

表 4　假设检验结果

假设	路径	标准化系数	t 值	检验结果
H1	内部归因程度→感知企业社会责任	−0.56	8.24	支持
H2	风险喜好程度→感知价值	0.42	2.13	支持
H3	感知企业社会责任→品牌认同	0.47	7.51	支持
H4a	感知价值→品牌认同	0.35	6.73	支持
H4b	感知价值→购买意愿	0.38	1.99	支持
H5	品牌认同→购买意愿	0.65	5.08	支持
H6a	感知伤害程度调节(1)	−0.28	5.93	支持
H6b	感知伤害程度调节(2)	−0.13	0.97	不支持

六、研究结论与启示

以顾客对危机事件的归因识别和风险偏好为自变量,感知企业社会责任、感知价值和品牌认同感为中介变量,感知伤害程度为调节变量,对产品伤害事件中品牌购买意愿的影响做了实证分析,得出如下结论:①在产品伤害事件中顾客对危机事件的归因认知通过感知企业社会责任和品牌认同两个中介变量对品牌购买意愿产生影响,顾客风险偏好通过感知价值和品牌认同两个中介变量对品牌购买意愿产生影响,其中顾客风险偏好比归因认知对品牌购买意愿产生更大的影响;②在危机事件中,顾客对产品的感知伤害程度在归因认知与感知企业社会责任间具有显著调节作用,而在风险偏好与感知价值间的调节作用不明显。

基于以上研究结论,在产品伤害事件中,顾客不同的归因认知和不同风险偏好类型对品牌购买意愿有着不同程度的影响,感知伤害程度会对顾客的品牌购买意愿起着缓冲或加剧作用,因此产品危机事件发生后,企业应有针对性地采取应对措施,以最大程度维持顾客品牌购买意愿,减小企业造成的损失。

(1)区分不同归因类型的顾客群体,采取不同危机公关策略。由于在产品危机事件中内部归因程度对产品购买意愿有着负向影响,内部归因的顾客将会对品牌购买意愿造成较大的损害,所以在危机事件出现后企业应以最快速度针对这部分群体采取相关措施,减少他们在心理上的伤害和担忧,发布客观而透明的相关信息,做出适当的承诺和补偿,最小化危机事件对他们的购买意愿造成损害,最大限度地维持他们的品牌忠诚度。对于外部归因的顾客可以采取一般的危机处理办法，把最宝贵的公关时间放在对危机事件进行内部归因的顾客群体上。

（2）根据受众不同的表现特征，区别不同风险偏好群体，采取不同危机应对策略。由于在产品危机事件中，风险规避型的顾客群体对风险具有较强的敏感性，边际效用较低，对品牌购买意愿会产生更大的负向影响，这部分群体是企业危机公关的重点，企业可以采取一些实实在在的行动向顾客表明企业具有强烈社会责任感，而危机的出现可能完全是一种意外，让这部分群体感觉到虽然已造成了损失但仍能获得相关的补偿，从而降低他们在事件中的风险和不确定性感知。

（3）迅速采取应对策略，营造良好、和谐的危机传播环境，降低人们对产品伤害程度的感知。产品危机事件发生后，企业可以根据各媒体的不同传播特征，结合传播学和公共关系学中相关理论知识，针对不同受众群体，采取有效、高效的危机传播策略，营造平静、和谐的传播环境，让受众感知到危机中信息的透明度和企业强烈的责任意识，从而降低受众对危机的感知伤害程度。

在研究过程中，虽然已尽力使研究更完善和可靠，但仍存在如下局限性：①在进行电话调查过程中，受访者可能会认为调查属于骚扰电话，或担心调查者出于某种恶意或探测自己隐私而致使受访率低，在后续的相关研究中，可以考虑在现实人群中进行抽样调查，以提高问卷的回收率和准确性；②由于本研究仅在上海市范围内以市民固定电话进行抽样调查，虽然研究的样本涵盖了不同的人口特征群体，也遵循了随机抽样原则，但样本特征仍然难以充分代表中国的总体人口特征，希望未来能扩大研究调查范围，提高研究发现的普适性。

作者：薛可、阳长征、余明阳

原载《西南民族大学学报》（人文社会科学版），2014 年第 11 期

危机传播中的归因

——以蒙牛致癌事件为例

一、理论沿革

归因,也就是对事物的原因进行归纳总结与判断。它是我们对社会的信念和判断的一种,它回答了一个问题:我们如何对他人的行为进行解释。如何归因对我们如何对事物进行反应和进一步的行动有着直接的影响。

一般来说归因可以分为两类:即情境归因和特质归因两种。情境归因也就是倾向于把原因推为主体所处的情境,认为是由外因导致了行为的发生;而特质归因则是把原因推为主体所具有的某种特质,认为是内因导致了行为的发生。而归因理论中一个关键的结论是:人在归因的时候往往低估了情境的作用,而高估了主体特质的作用,这也就是基本归因错误。

基本归因错误会导致各种相关的错误认知,其中重要的一种便是自我服务偏见。自我服务偏见的主要表现为认为自己比别人强。这里除了涉及个人归因、情境归因这种分类之外还涉及另外一种归因的分类,也就是根据归因的稳定性分为稳定和不稳定两种。稳定的归因指的是这种原因具有长期效力,不稳定归因相反。这导致了四种不同的归因组合:第一种是稳定的个人归因,也就是认为是个人具有的某种长期作用的特质导致了行为的产生,比如解释为一个人的能力就是这种归因;第二种是不稳定的个人归因,也就是个人相对短期具有的某种内因导致了行为的发生,比如一个人说他是因为努力而取得某次考试的好成绩就是这种归因;第三种是稳定的情境归因,也就是稳定的外部因素是导致事物发生的原因,比如归因为一家公司的面试一贯很难,也就是说对任务平均难度的归因;第四种是不稳定的外部归因,也就是不稳定的外部因素导致行为,比如运气,一个人的运气好坏是偶然的。

归因理论最早是1958年由海德提出的,他在自己的著作《人际关系系理学》中,从普通心理学的角度提出了归因理论,其理论主要解决一个问题:人们在日常生活中如何找到事物的原因。海德认为人有两种强烈动机:一种是理解周围环境的需要;一种是对环境进行控制的需要。而要满足这两种动机,人们必须能够解释跟预测他人的行动。因而他认为,每个人都实际上在做出解释他人行为的努力,并且都具有对他人行为的一整套解释逻辑。海德还认为,人们在归因时遵循两个重要原则:一个是共变原则,指的是一个特定原因在不同的情境下和某个特定的结果相联系，当这个原因不存在时，结果也不存在，所以我们就可以把这个结果归因这一原因，此为共变原则；二是排除原则，指的是如果内外因某一方面的原因能够解释事物，我们就可以排除另一方面的归因。海德的理论作为归因理论的开山之作，奠定了归因理论的基础。

二、文献综述

中国对于归因理论的研究更多集中于应用层面，基础理论的研究相对较少，而应用方面更多的集中于教育理论、公关与品牌、政治理论等方面。

理论研究比如有张爱的《归因理论研究的新进展》[①]，对归因理论发展的过程及变化进行了归纳总结。其主要观点是，归因理论的贡献概括起来主要有：首先，现代归因理论为我们提供了大量的有关归因问题研究的新成果。其次，新近的动机归因理论将动机和归因两大心理学领域有机地结合起来，并取得突破性进展。另外，该理论的各个组成部分都经过逻辑分析和实验验证，从而增加了理论的说服力。最后，归因理论在社会生活实际中还具有更加广泛的应用前景。

而在应用研究方面，归因理论应用最广泛的为教育领域的研究，其次为营销与公关领域的研究，其中营销活动、组织形象和危机传播为其最主要关注层面。比如赵姗华《"自我效能"在运动品牌广告中的运用》[②]一文中从"自我效能"这一心理学角度着手，对时下的运动类品牌广告进行细致分类和剖析，阐述其发展中存在的问题，并提出解决策略。在《品牌偏好对消费者"后悔"的影响研究》[③]一文中，元明顺从反事实思考和归因的视角，研究了不同的品牌偏好对后悔的影响。在《消费情绪归因及其对顾客忠诚的影响》[④]一文中，李华敏，王丹丹从营销者和消费者视域建立不同归因的消费情绪对顾客忠诚度影响关系的概念模型。而在公关与影响研究中还存在很重要的一个方面，即危机传播的归因研究。比如在《不同产品伤害归因情境下顾客的情绪反应及行为意向研究》[⑤]一文中，汪兴东，景奉杰通过模拟现场实验对此进行了探讨，研究结果表明，在外部归因下，顾客容易出现愤怒情绪，在情景归因下，顾客倾向于产生沮丧情绪，在内部归因下，顾客容易表现出后悔情绪。在《服务补救方式对消费者服务失误归因及行为

① 张爱卿. 归因理论研究的新进展[J]. 教育研究与实验，2003，(01)：38-41.

② 赵姗华. "自我效能"在运动品牌广告中的运用[J]. 新闻世界，2012，(05)：142-143.

③ 元明顺. 品牌偏好对消费者"后悔"的影响研究[J]. 商业时代，2009，(03)：28-29.

④ 李华敏，王丹丹. 消费情绪归因及其对顾客忠诚的影响[J]. 商业研究，2011，(07)：194-199.

⑤ 汪兴东，景奉杰. 不同产品伤害归因情境下顾客的情绪反应及行为意向研究[J]. 消费经济，2011，(03)：18-22.

意向的影响研究》①一文中,叶泽川、李燕燕采用情景法,以饭店服务失误为例,测评了服务补救方式对消费者服务失误归因和行为意向的影响,结果发现,服务补救方式对消费者服务失误归因和行为意向的影响存在显著差别。在《基于归因理论的顾客对供应链其他成员服务失误的反应研究》②一文中,银成钺、徐晓红基于归因理论视角探讨了顾客对供应链其他成员服务失误的反应所以之前的研究更多的是从危机传播中归因所导致的效果进行的,更多地关注如何归因所产生的后果,较少涉及归因的产生机制及原因。

三、案例陈述

本文选取了 2011 年蒙牛致癌事件的危机传播,结合归因理论进行分析探究。2011 年 12 月 24 日,蒙牛被抽查出牛奶中黄曲霉毒素 M 1 不符合标准的规定。国家质量监督检查检疫总局 2 月 2 日向内蒙古自治区质量技术监督局发出公函,要求该局责令蒙牛公司禁止向"特仑苏"牛奶添加 O M P 物质。蒙牛集团已经向卫生部提交了相关材料,等待卫生部的批准;"有害无害现在还不知道,但企业自己做了实验证明'特仑苏'中添加的 OMP 是没有问题的,不过一切都要听卫生部的。"内蒙古质检局监督处陈处长表示。24 日,国家质监总局公布近期对全国液体乳产品抽检结果公告,一批次产品被检出黄曲霉毒素 M 1 超标 140%,为蒙牛乳业(眉山)有限公司生产。25 日,蒙牛乳业公司连发两份道歉声明。但在声明中并未说明奶中含有黄曲霉毒素 M 1 的原因。蒙牛集团相关负责人表示,造成产品不合格的原因,是当地奶牛饲料因天气潮湿发生霉变,奶牛在食用这些饲料后,原奶中的黄曲霉毒素超标。"黄曲霉毒素超标的发生是小概率事件,这次确实是在最初原奶质检上的疏忽导致了问题的发生。"其表示,"在 19 日这一问题被查出后,蒙牛在全国的工厂已经实行自查,没有查出类似问题。"黄曲霉毒素是可致肝癌的。乳业专家王丁棉 2011 年 12 月 25 日表示,牛奶中的黄曲霉毒素来源于奶牛的饲料中,即使超量一点点,随着人在食物中的摄入,慢慢在人体积累也会致癌。而此次蒙牛牛奶中检测出黄曲霉毒素 M 1 超标超过 100%,如产品已上市,那必须要下架处理。据了解,由于黄曲霉毒素 M 1 相当稳定,巴氏灭菌法也无法将其杀灭,所以检测黄曲霉毒素 M 1 不仅要在饲料原料中检测,而且在最终产品中也需要进行鉴定。蒙牛道歉,封存销毁该批次

①　叶泽川,李燕燕. 服务补救方式对消费者服务失误归因及行为意向的影响研究[J]. 商业时代,2012,(06):38-41.

②　银成钺,徐晓红. 基于归因理论的顾客对供应链其他成员服务失误的反应研究[J]. 管理学报,2011,(08):1213-1220.

产品;高管称未销售,不涉及召回;蒙牛称抽检的问题产品尚未出厂。对于这一检测结果,蒙牛在其官网发布《关于蒙牛眉山工厂产品抽检的情况说明》承认这一检测结果并"向全国消费者郑重致歉"。2011年12月25日记者联系蒙牛乳业副总裁卢建军,他表示,该批次产品为福州质检机构到蒙牛的四川眉山工厂里检测出来的,所以产品都还没销售出去;在检测出有问题后企业进行了封存和销毁处理,因此不涉及召回等一系列问题。2011年12月25日晚21时30分,蒙牛乳业对此事件再次发布声明强调,该批次产品在接受抽检时尚未出库。

四、案例分析

蒙牛在黄曲霉素检验后,表示产品还未出库,表明了负责的态度,但是后来又表示问题是由于天气潮湿导致的,这种理由显然是有回避责任的嫌疑。而且蒙牛虽然声称对产品进行封存和销毁,但是依然在推卸责任,其继续宣传"一杯奶强壮中国人"显然并不能挽回企业失去的信任。

根据 Weiner 对归因的划分,可以从三个方面来分析此案例:发生地(内部和外部)、稳定性(稳定和不稳定)、可控性(可控和不可控)。但在危机传播中,大多数事件都是不稳定(偶发)的。所以我们关心的是发生地和可控性,根据这两个归因维度把产品伤害的责任归因划分为三类:外部归因即企业归因、内部归因、情景归因。消费者如何及为何对危机事件进行这三种归因是我们关注的关键。在此次事件中,蒙牛更多的是在进行常规性的操作,但并没有给出合理的解答,所以其自身所付出的真诚沟通的努力并不足。另外食品行业尤其是乳业长期以来公信力的缺失也是蒙牛不能完全服众的原因。而作为认知主体的消费者更多地扮演危机传播中的决定者的角色,所以其所具有的辨识能力和相关知识也是非常重要的因素。

从这一案例中可以看出,在危机传播的归因中最重要的是外部环境等情境因素、企业自身及其所处行业的特质,以及消费者所具有的辨识能力。而这三者在其中发挥最重要的作用,构成整个的危机传播的机制。

作者:陈慧谦、薛可
原载《调查研究》,2013年第12期

基于不确定性多属性决策方法的网络论坛
危机信息传播决策研究

一、引言

　　"突发事件管理"（public emergency management）又被称为"危机管理"（public crisis management）等，在国内外学术界有着悠久的研究历史。美国学者 Kathleen Feam-Banks（1996）认为，突发事件传播就是"在危机发生之前、之中和之后，介于组织和其公众之间的传播"。对传播的有效管理如同处理突发事件本身一样重要（Regester，1989）。早在 20 世纪 80 年代，国外学者便开始了对于危机传播理论的研究，1884 年 Grunig Hunt 提出了危机传播 4 种模式——新闻宣传模式、公共信息模式、科学劝说模式、双向对称模式，此后，由 Duggan 等提出的危机信息传播模式，对于理解危机信息传播的影响因素起到重要作用。自 2001 年"9.11"事件之后，国外的突发事件传播与管理的研究迎来了一个高峰。

　　网络论坛以各种公共议题讨论而著称，是突发事件信息传播的重要媒介之一。2011 年我国的论坛网民规模达 14 469 万，使用率达到 28.2％（CNNIC，2012）。由于其开放性和自由性，网络论坛已经成为"民意表达最汹涌的平台，是民众舆论的最大集散地"（闵大洪，2009）。而随着网络的普及和网络论坛在突发事件信息传播中发挥的作用日益增强，网络论坛中的危机信息传播决策相关研究也具备了日益重要的理论和现实意义。

二、网络论坛危机信息传播

　　自 20 世纪 90 年代以来，国外学者对于信息的传播模式进行了系统而深入的研究①。经典的信息传播模式分为三个阶段的研究：线性模式、控制论模式和社会系统模式。线性模式以 Hardd Lasswel（1948）的 5W 模式和 Clavde Shannon 以及 Weaver（1949）提出的信号传播模式为代表。Shannon-Weaver 模式基于信号发送——接收所提出的噪声、冗余、熵等概念对于后来的信息传播理论的发展有着非常重要的参考价值；控制论模式由 M. Defleur（1970）等学者提

---

① F. Duggan and L. Banwell. Constructing a model of effective information dissemination in a crisis [J]. Information Research，2004,5(3)：178-184.

出，以控制论为指导思想研究信息传播模式，其最大的贡献为加入了反馈机制，弥补了线性模式的不足；社会系统模式最早可追溯至 Barnard（1938）的研究，他以系统论为指导，研究了信息传播过程中人所组成的系统在"威胁"和"诱因"作用下的传播过程。

网络论坛的特殊传播模式使传统的信息传播模式并不能直接套用在网络论坛的危机信息传播中。在危机信息传播网络中，信息运动模式为"辐聚型"和"随机型"[①]。前者描述的是"强关系"连接。即在高度不确定性情境下，处于不安全位置的个人倾向于通过建立强关系获得保护，以降低其所面临的不确定性。强关系连接社会特征较为相似、具有同质性（homogeneous）的人群，行动者彼此之间具有高度的互动，在某些存在的互动关系形态上较亲密，这些人之间由于来往较为密切，信息交流较为充分，因此，信息的重复度（冗余度）也很大，而且容易自成一个封闭的系统，交流双方获取的有效信息量相应地也较少。后者描述的是"弱关系"连接。弱关系倾向于连接与行动者本人具有较高异质性（heterogeneity）的人群，由于这些人之间关系疏远，因此信息沟通很不充分，此时，由于弱关系充当了沟通不同群体的"关系桥"（local bridge），故此在信息的扩散传播方面，弱连接能够传递对于行动者来说可能是未知和新鲜的信息。由于弱连接比较容易在不同的团体间传递非重复性的信息，使得网络中的成员能够增加修正原先观点的机会，有利于联合其他网络位置的人来减低社会结构的限制以取得结构利益。

对于网络论坛的危机信息传播而言，网络论坛的参与者由于不需要实名制，且在现实生活中往往互不相识，网络论坛仅仅是其获取和交换信息的场所，大部分网民之前并不存在强关系连接，弱关系的连接在网络危机信息传播中占了主导地位，因此，在网络危机传播中由 Raz Rumsfeld（1944）提出，Klapper（1960）、Rogers（1962）予以发展的传播流理论更为适用。传播流理论提出了"意见领袖"的观点，将信息传播的过程拓展为多级传播，并分解为信息流、影响流和噪音流，这对于网络论坛危机信息流的传播研究有着非常重要的指导作用。之后，Fiona Duggan 和 Linda Banwell（2004）[②]构建的网络危机信息传播模式中，就以多级传播模式为基础，加入编码规则和同质性作为调节因素、信息类型和获取知识意愿作为中介变量建立了网络危机信息的传播模式[③]。

---

① Granovetter Mark. The strength of weak ties [J]. American Journal of Sociology, 1973,78(6)：1360 - 1380.

② F. Duggan and L. Banwell. Constructing a model of effective information dissemination in a crisis [J]. Information Research, 2004,5(3)：178 - 184.

③ Julie A. Ruth, Anne York. Framing information to enhance corporate reputation：The impact of message source, information type, and reference point [J]. Journal of Business Research. January 2004,57(1)：14 - 20

对于网络论坛来说,论坛的活跃分子(高级会员、版主等)往往是信息的主要发布者,且其发布的信息有着较高关注度、信任度和影响能力,以"天下足球网论坛"为例,其注册会员达到 31W,平均在线超过 5 000,主题帖达到 19W,回复达到 269W。其中版主所发资源帖平均点击达到 3W 次以上,回帖数量达到 1 000;而普通会员所发资源帖平均点击不到 1 000,回帖数量不到 20。其他各种类型的网站也都存在类似的现象,即版主和高级会员成为信息主要的发布者和中转站,个人影响权和专长权赋予了他们在网络论坛中的领导力,在危机事件信息传播中他们即是多级传播的意见领袖。

就网络论坛的危机事件阶段的内容传播而言,在危机事件的爆发期主要传播的内容是作为信息传播过程的信息流,即论坛网民对于危机事件的事实判断;在危机事件的持续期,主要传播的内容是作为效果形成和发散过程的影响流,即论坛网民对于危机事件的价值判断;在危机事件的消退期,论坛网民对于危机事件的价值判断已基本定型,这个阶段需要注意对于噪音流的控制与引导。在网络论坛的危机事件信息传播过程中,应该控制信息流、引导影响流、消除噪音流(强化有利信息,弱化不利信息)。但是在这个过程中,如何确定危机信息传播决策标准成为一个难题,对于危机信息的传播决策而言,它需要考虑多个方面的效果,对于危机信息传播过程的各个属性进行有选择的控制,如何应用已有的数学方法和技术手段提出科学的定量决策方法,即是本文所要研究的重点内容。

三、危机信息传播决策

突发事件传播决策属于西蒙(Simon,1947)所提出的一种"有限理性"决策模式[1],即"在危急情境下决策者并不具有有关事件的全面信息;可利用的时间和资源有限,难以在短时间内识别事件的根源;信息处理能力有限,紧急状态下的特殊环境会使决策团体的内在群体压力升高,以致出现群体盲思,影响决策质量"。但是目前突发事件决策还没有被有效开发,累积的研究成果并不多(Seeger,1998)。

在突发事件传播决策(危机决策)的理论模型研究方面,国外也已经出现了一些研究成果[2]。目前已经的大部分研究集中在危机决策中的信息分享环节和基于多 agent 的人工智能系统,即集中于应急管理的"反应"环节的应用层面,但是对于危机决策的支撑理论环节,比如多 AGENT 人工智能系统中的反应规则

---

① 郭瑞鹏,孔昭君. 危机决策的特点、方法及对策研究[J]. 科技管理研究,2005,(8).

② Krackhardt David. The strength of strong ties The importance of philos in organizations [A]. Boston:Harvard,Networks and Organizations:Structure,Form,and Action.

等并没有公认权威的研究结论。有些学者借鉴其他领域的模型对其进行了研究，如 John Cosgrave（1996）在描述了危机决策问题特性（的基础上，运用弗鲁姆和耶顿的领导规范模型（什么时间？）建构了危机决策的理论模型，建议决策者依据决策问题的特型，采用不同的授权程度对事件进行决策。Kelian（1997）将军事战斗的经验决策模型引入危机研究中，允许下属在充分理解任务和目标的情况下，根据先前经验对当前环境进行评估，依据经验找出类似的应对做法，从而对决策方案进行修订等等。

在突发事件传播决策（危机决策）研究方面，国内的研究多集中于理论层面。如刘霞，吴应会，严晓（2011）[1]总结分析了危机事件信息的特点，以及基于"情景—权变"的危机决策分析框架[2]·[3]；郭瑞鹏和孔昭君（2005）详细阐述了危机决策的特点、方法及对策研究；钟开斌（2008）在信息流的框架上讨论了危机决策的效果问题[4]；朱华桂等人（2009）进行了基于危机受众个体视角的危机决策研究等。相对来说，国内关于突发事件传播决策的规范性研究较少。已有研究所采用的大多是个案分析或批判分析的定性研究方法，缺乏相应的理论支撑与定量研究的佐证。近年来虽然也有一些国内学者开始采用数理模型等方法对突发事件传播决策问题进行了研究，如黄谦等人（2001）在分析突发事件决策对抗模拟特点的基础上，提出了基于双层黑板模型的突发事件决策对抗模拟问题求解框架；秦大国等人（2007）提出了一种基于多 Agent 的突发事件决策模拟方法，并通过该方法在某具体事件决策模拟中进行了应用[5]。但这些研究也依然还未提出一个有效的能量化评估的决策模式。

现有的危机信息传播决策研究存在着共同的问题，即将"评估"、"授权"、"经验"等定性的因素作为了其理论模型或研究方法的核心组成部分，由于不同的个人在不同的时间段、面临不同的事件、处于不同的外部环境下，其主观判断的标准和行为都会存在很大的差异，因此其研究成果并不具备足够的普适性。

危机信息传播决策的相关研究存在上述的种种限制，原因是多方面的。其中最主要的是危机事件信息的复杂性，由于其复杂性导致难以将其具体量化进行研究。由此本文拟从决策的角度出发，寻求突发事件的危机决策模式解决方

① 刘霞，吴应会，严晓.危机决策：一个基于"情景—权变"的分析框架[J].北京航空航天大学学报（社会科学版），2011,24(1).

② 刘霞，吴应会，严晓.危机决策：一个基于"情景—权变"的分析框架[J].北京航空航天大学学报（社会科学版).2011,24(1).

③ 刘霞，严晓，刘世宏.非常规突发事件的性质和特征探析[J].北京航空航天大学学报（社会科学版），2011,24(3).

④ 钟开斌.危机决策：一个基于信息流的分析框架[J].江苏社会科学，2008,(4).

⑤ 张维平.突发公共事件预警机制的体系构建[J].中国地质大学学报（社会科学版），2006,6(5).

案,从数学上来看,突发事件背景下的网络论坛信息传播决策是一个多属性决策
(multi-attribute decision making,MADM)问题。即有限方案多目标决策,是在
考虑多个属性的情况下,选择最佳备选方案或进行方案排序的决策问题。对于
不确定性多属性决策而言,经常面临的困境之便是权重未知、属性值和方案偏好
不确定的问题,往往需要以专家意见为基础进行定权计算完成后续研究。而关
于实数型多属性决策问题的理论与方法已较为完善,可以在权重完全未知或为
偏好值的情况下得出决策结果,是很符合本文研究需要的研究方法。

(一)危机信息传播决策目标

危机事件指的是作为一个动态情景下应对主体与事件本身相互作用、相互
影响的过程,自身表现出难预测性(发生原因)、不确定性(演变过程)和严重的社
会危害性(影响后果)。

论坛危机信息的传播除了造成论坛网民的心理恐慌、政府等公共机构公信
力下降外,最为严重的影响就是引起一些对社会造成危害的公众群体行为。由
公共信息所引致的公众行为的具体形式大都表现为一些超出现行社会规范的群
体性事件,随着信息技术的发展,群体性事件已经在社会上造成了很大的危害,
影响了社会的稳定。本文危机信息传播决策的控制目标便是针对公众群体行为
的相关属性,对其影响进行控制和削弱。

(二)危机信息传播决策对象

针对网络论坛危机信息的传播,本文所研究的决策对象为其信息传播的控
制方式(策略)。

(三)危机信息传播决策的属性集

为了确定属性集,本文将基于计划行为理论和认知行为理论对群体行为进
行机理分析。Ajzen(1991)的计划行为理论认为,非个人意志完全控制的行为
不仅受到行为意向的影响,还受到行为人实际控制条件的制约;在实际控制条件
充分的情况下,行为意向直接决定实际行为。在行为意向的三个前因变量(主观
规范、知觉行为和行为态度)中,主观规范和知觉行为控制是不会受到其信息传
播渠道的信息传播控制影响的(前者是一个环境作用下长期的形成过程,后者是
客观存在,难以改变的)。受到较大影响的便是行为态度。对于态度的形成,目
前影响较大的是认知一致论,认知一致论强调人在认识总是寻求一种平衡的、
一致的、协调的状态。一个人如果有几种信念或观点彼此不协调,他将感受到
心理上的压力,进而引起认知结构的重新组合,态度的不同成分之间有趋向一
致的压力。由认知行为理论可得,行为态度的形成过程是由感知、情绪到态

度。由于信息的传播过程可知，对于网络论坛的危机信息传播而言，论坛网民对于危机信息的传播感知主要可分为三个维度：信息属性、信源属性、传播渠道属性。

对于信息属性维度，本研究主要采取社会学的分析视角，选择信息类型、信息有效时间、信息加工程度为信息属性维度衡量变量。信息类型是影响公众关注的关键因素（Inder Jeet Taneja，Pranesh Kumar，2004），Julie A. Ruth，Anne York（2005）通过对信息源、时效性、信息类型等三个信息特征对利益相关者的态度影响进行研究，发现了高关联度的信息类型与其他两个信息特称交互作用对利益相关者的态度产生正向影响[①]；公共信息的时效性可以用公共信息的有效期或生命期来描述（Willis R. Greer Jr.，Dean H. Kropp 1983），时效性长的信息对于公众行为也更为显著的正向影响[②]（Michael Firth，Oliver M. Rui，Xi Wu 2009）；已有的研究也表明，信息的加工程度对人们来说意味着价值上的差异（Luis Martínez，2006）。人们自由地获取信息的情况下，信息的加工程度会明显的影响人们对信息本身的信任程度（Brenda Major，1980）。

对于信源属性，Morten Hertzum（2002）认为：公众的信息来源的偏好只是一个与已知或易于确定可信赖来源的偏好，因为它是一个信息，方便选择。信任是至关重要的，因为信息质量是一个自觉的财产。因此信源的可信度会对公众行为产生正向影响。

对于传播渠道属性而言，集体行为理论和需求层次理论都指出社会群体中的公众信任和相关的公众心理需求是群体行动的重要指示器。当社会公众群体的信息网络是密集的、成员间存在着大比例的强信息联结，就容易达成集体行为（Kraekhardt，1992）。而个体与他人之间信息传播的渠道越规则，那么越容易发展为合作习惯和集体行为（Marwell 和 Oliver，1988）。强的信息连接和规则的信息传播媒介与渠道为公众行为的改变与群体习惯的产生提供了重要的条件（Wellman 和 Wortley，1990）。

综上所述，本文危机决策所采用的属性集为：信息类型、加工程度、有效期、传播渠道、信源。

（四）危机信息传播决策的方案集

要利用多属性不确定性决策（multi-attribute decision making）方法对论坛

---

① Julie A. Ruth, Anne York. Framing information to enhance corporate reputation: The impact of message source, information type, and reference point [J]. Journal of Business Research. January 2004,57(1): 14-20.

② Michael Firth, Oliver M. Rui, Xi Wu. The timeliness and consequences of disseminating public information by regulators [J]. Journal of Accounting and Public Policy. 2009,28(2): 118-132.

的危机信息传播进行决策,首先需要确定对于论坛的危机信息传播控制的备选方案确定方案集,根据库姆斯(Coombs)[1]"危机情境—反应策略"和"责任归因论"。根据危机事件发生的内在/外在、组织操作性、发生率,人们会对危机事件的责任有着不容的归因。同时根据危机事件的发展阶段、公众对于信息的需求程度,以及对于危机信息传播的控制策略有着不同的需求。本文的危机信息传播控制策略分为:完全信息传播(无控制)、部分信息传播(控制虚假信息和形式、内容不当的信息)和零信息传播(完全控制危机信息的传播),以此作为论坛危机信息传播决策的方案集。

四、属性权重完全未知的网络论坛危机信息传播模式决策研究

在决策过程中,往往需要为传播决策的控制策略对于属性的影响权重予以赋值,可以采用的方法为德尔菲法、专家访谈法等,但是在实际情况中,因为危机决策的时间紧迫性、危机事件的难以预测性能原因,往往会出现无法得到权值的情况。这时论坛危机信息的传播决策问题属于一个有限信息下的条件决策问题,本文通过 OWA 算子和 CWAA 算子的构造寻求该决策问题的解决方案。

(一) 问题描述

对于论坛危机信息传播决策的多属性决策问题,设危机决策属性集为 U,警源指标为方案集 X。属性权重完全未知,但是存在决策群体,他们的权重向量为,其中;设决策者给出决策方案在属性在下的属性值,从而构成决策矩阵 A_k,若 A_k 中元素的物理量纲不同,则需要对其进行规范化处理,规范化处理后得到规范化矩阵 $R_k = (r_{ij}^k)_{n \times m}$

(二) 决策原理和方法

令 $M = \{1, 2, \cdots, m\}$,$N = \{1, 2, \cdots, n\}$

设 $OWA: \mathbf{R}^n \rightarrow \mathbf{R}$;若 $OWA_W(a_1, a_2, \cdots, a_n) = \sum_{j=1}^{n} w_j b_j$,其中 $w = (w_1, w_2, \cdots, w_n)$ 是与函数 OWA 相关联的加权向量,$w_j \in [0, 1]$,$j \in \mathbf{N}$

$\sum_{j=1}^{n} w_j = 1$,且 b_j 是一组数据中 $(a_1, a_2, \cdots, a_n)$ 第 j 大的元素,$\mathbf{R}$ 为实数

① W. Timothy Coombs. Ongoing Crisis Communication-Planning, Managing, and Responding [M]. London:Sage Publication,1999,54 - 57.

集，则称函数 OWA 是有序加权平均算子，也称 OWA 算子。

设 WAA：$\mathbf{R}^n \rightarrow \mathbf{R}$，若

$$WWA_W(a_1, a_2, \cdots, a_n) = \sum_{j=1}^{n} w_j a_j，其中 \boldsymbol{w} = (w_1, w_2, \cdots, w_n) 是一组数$$

据 $(a_1, a_2, \cdots, a_n)$ 的加权向量，$w_j \in [0, 1]$，$\sum_{j=1}^{n} w_j = 1$。则称函数 WWA 是有序加权平均算子，也称 WWA 算子。

设 $CWAA$：$\mathbf{R}^n \rightarrow \mathbf{R}$，若

$$CWWA_W(a_1, a_2, \cdots, a_n) = \sum_{j=1}^{n} w_j b_j，其中 \boldsymbol{w} = (w_1, w_2, \cdots, w_n) 是与$$

$CWAA$ 相关联的加权向量，$w_j \in [0, 1]$，$w_j \in [0, 1]$，$\sum_{j=1}^{n} w_j = 1$，且 b_j 是一组加权数据 $(nw_1a_1, nw_1a_2, \cdots, nw_1a_n)$ 中第 j 大的元素，这 $\boldsymbol{w} = (w_1, w_2, \cdots, w_n)$ 是数据组 $(a_1, a_2, \cdots, a_n)$ 的加权向量，n 是平衡因子，则称函数 $CWWA$ 是有序加权平均算子，也称 $CWWA$ 算子。

利用 OWA 算子对决策矩阵 $\boldsymbol{R}_k$ 中第 i 行的属性值进行集结，得到决策者 dk 所给出的方案 x_i 综合属性值：

$$z^k(w) = OWA_W(r_{i1}^k, r_{i2}^k, \cdots, r_{im}^k) = \sum_{j=1}^{n} w_j b_{ij}^k$$

其中 $\boldsymbol{w} = (w_1, w_2, \cdots, w_n)$ 是 OWA 算子的加权向量。

利用 $CWAA$ 算子对 t 位决策者给出的方案 x_i 的综合属性值进行集结，得出方案 x_i 的群体综合属性值。

采用的决策方法首先利用 OWA 算子对单一决策者给出的某一方案的所有属性值进行纵向集结，然后利用 $CWAA$ 算子对不同决策者得到的同一方案综合属性值进行集结。对于常规的论坛危机信息传播的决策过程中，往往会出现个别决策者受到个人情感等主观因素的影响，对于某些方案做出过高或过低的评价，因而导致不合理的决策结果，$CWAA$ 算子不仅能充分考虑决策者自身重要程度，而且尽可能地消除这些不公正因素的影响，并增加中间值的作用，从而增强决策结果的合理性。

（三）相关算例

由上文分析所得结果，选定 5 指标属性数据库如下：

信息类型（U_1）、信息有效时间（U_2）、信息加工程度（U_3）、信息传播渠道（U_4）、信息来源（U_5）。本文采用 4 位决策者的数据算例，建立决策矩阵 $\boldsymbol{R}_1 \sim \boldsymbol{R}_4$：

表1　决策矩阵 $\boldsymbol{R}_1 \sim \boldsymbol{R}_4$

	U_1	U_2	U_3	U_4	U_5
X_1	6	4	2	5	4
X_2	8	2	3	2	2
X_3	8	5	9	3	7
X_1	4	3	3	1	6
X_2	3	9	3	3	9
X_3	2	8	7	7	5
X_1	1	7	8	7	5
X_2	1	9	6	8	1
X_3	3	5	4	8	9
X_1	1	9	8	3	7
X_2	6	9	7	9	1
X_3	8	1	1	5	5

利用 OWA 算子中的方法确定 OWA 算子的加权向量为 $\boldsymbol{W} = (0.093, 0.051, 0.082)$，对决策矩阵 $\boldsymbol{R}_k$ 中第 i 行的属性值进行集结，得到决策者 dk 所给出的决策属性 x_i 综合属性值：$z_1^1(w) = 8.45$。

类似的可得：

$$z_2^1(w) = 8.2,\ z_3^1(w) = 8.3$$
$$z_1^2(w) = 7.9,\ z_2^2(w) = 7.9,\ z_3^2(w) = 8.25$$
$$z_1^3(w) = 7.5,\ z_2^3(w) = 8.0,\ z_3^3(w) = 8.95$$
$$z_1^4(w) = 8.0,\ z_2^4(w) = 8.3,\ z_3^4(w) = 8.75$$

利用 $CWAA$ 算子，对4位决策者提出的决策属性 X_i 的综合属性值进行后集结，首先利用 λ，t 求解。

可求决策方案 x_i 的群体综合属性值为

$$z_1(\lambda,\ w') = 7.917$$
$$z_2(\lambda,\ w') = 7.987$$
$$z_3(\lambda,\ w') = 6.436$$

利用对3种决策方案进行排序，结果为：$X_2 > X_1 > X_3$，即在决策属性权重完全未知的情况下，综合4位决策者的意见分析得出，方案2是当前最佳的决策方案。研究结果表明，在算例中4名决策者对于决策方案与属性的影响关系意见不一致（见表1），且决策属性的权重完全未知时。根据本文所采用的不确定性多属性决策的方法可以得出决策方案的优劣次序，这样在信息不完全、需要快速反应的条件下可以快速地得到合理的决策结果。

五、结论

作为论坛危机信息传播决策的研究而言，针对特定突发事件能够在保证快速反应的基础上尽可能的采取科学的量化手段进行决策时非常重要的，采用完全定性的方式进行危机决策的选择难以保证决策结果的合理性和可靠性，且在现实研究中，往往还会面临无法及时得到专家意见或专家无法完全对信息进行评估或者专家意见出现偏差等问题。对于设置多 AGENT 的自反应信息系统而言，有适当的决策策略时必不可少的，本文所采用的多属性不确定性决策方法能够有效地解决这一问题。

本文进行案例研究时选择了属性的权重信息为完全未知的情况，在实际情况中，还有可能出现属性的权重信息以偏好形式、区间形式未知或者部分未知的情形，对此 MADM 方法作为一套成熟的数学方法都可以提出稳定的解决方法，可见 MADM 方法对于论坛危机信息传播决策的应用具有普适性。

由于研究方式和所采用方法的限制，本研究也存在一些不足之处，主要表现在：

（1）对于决策方案和决策属性集的确定，对于具体的决策环境而言可能会存在各异的实际情况，本研究仅从理论角度出发，提出了供参考的决策集和属性集，当进行实际应用时，还需要大量的补充完善工作。

（2）本研究对于决策过程的研究并未考虑危机信息传播周期的影响，不同周期的决策重点、信息完善程度和决策目标可能存在差异，这是在未来的研究中需要进一步予以完善之处。

（3）本研究所采用的决策方案需要依靠专家对于方案集与属性集的相关关系做出确切的判断，当专家无法做出准确的判断，或者判断为区间值时，本研究所采用的方法如何进行改进以适用于这种情况也是在未来的研究中需要重点解决的难点之一。

综上所述，尽管还存在一定的缺陷和不足，但是总体而言，基于多属性不确定性决策方法所获得的论坛危机信息预警决策方案，可以客观地度量危机决策方案的合理性，该方法对于网络论坛危机信息传播决策是一个有效的解决方案。

作者：薛可、黄晶、余明阳
原载《上海交通大学学报》，2012 年第 11 期

近十年国内危机传播研究者共被引网络结构透视

——基于 2080 对作者共被引矩阵的实证分析

一、引言

风险的不确定性使每个人都处在复杂多变的危机环境中,特别是目前我国社会处于转型时期,各种社会矛盾交织,危机事件的发生对整个社会产生了重大的影响。2003 年突发的 SARS 事件之后,"危机传播"的理念引入我国,国内学术界开始有越来越多的学者关注危机传播的研究。危机传播所研究的"危机"通常是政府、企业、社会团体等组织危机。危机传播重在最大限度地向内外公众以及媒体告知事件的信息,在危机发生的各个阶段与公众进行沟通(廖为建,2004)[①]。在西方,传播学者 E. Pakarinen 发表第一篇危机传播研究的文章是在1967 年,然而危机传播的研究呈现繁荣状态是在 1982 年。当年,强生公司对"泰诺"胶囊危机事件的成功应对引得众多学者的关注,掀起了美国危机传播研究的高潮[②]。此后,危机传播研究也吸引了来自管理学、公共关系学等学科的学者加盟,危机传播的研究日趋成熟。

近年来我国在危机传播研究领域也取得了丰硕成果,为探索该领域的研究现状,笔者尝试从作者共被引分析的文献计量分析法角度出发,结合社会网络分析法对近十年国内危机传播研究学者之间的相互引用关系进行可视化研究。最终识别出中国危机传播研究领域的主要研究者,并对他们形成的作者共被引网络结构进行分析。

二、研究方法

(一) 样本选择

本文所选文献样本和引文数据均来自 CNKI 中国学术期刊网络出版总库和中国引文数据库。中国引文数据库收录了中国学术期刊(光盘版)电子杂志社出

---

① 廖为建,李莉. 美国现代危机传播研究及其借鉴意义[J]. 广州大学学报(社会科学版),2004,(08):18.

② 史安斌. 危机传播研究的"西方范式"及其在中国语境下的"本土化"问题[J]. 国际新闻界,2008,(06):22-27.

版的所有源数据库产品的参考文献，并揭示各种类型文献之间的相互引证关系。① 本研究在"新闻与传媒"子库进行检索，以"被引题名包含危机传播"为条件检索期刊类型引文，年份限制在 2003 年至 2012 年。从而获得被引题名中含有"危机传播"的文献，获取文献 465 篇，其中被引频次在 1 次及以上的论文共计 267 篇（不包括学位论文和会议论文），总被引频次 1 844 次。

（二）处理方法

本文将采用作者共被引分析和社会网络分析法展开研究。所谓作者共被引分析（author co-citation analysis）是指当两位作者发表的文献同时被第三人引用时，那么这两位作者称为共被引作者。共被引频次越高，表明二者之间的研究越相近。作者共被引分析的研究步骤主要包括确定研究作者、检索作者之间共被引频次、建立作者共被引矩阵等。

建立作者共被引矩阵后，本文拟采用社会网络分析法进行分析研究。社会网络分析法（social network analysis）是一种社会关系研究方法，社会网络代表着一种结构关系，它可反映行动者之间的社会关系。这种社会关系是资源传递或者信息流动的"渠道"。目前，社会网络分析法已经被广泛应用在社会学、心理学、管理学、信息科学、传播学等学科。本文所指的社会网络是由危机传播研究领域各个被引作者所形成的整体网络。

本文的主要研究框架（见图 1）：

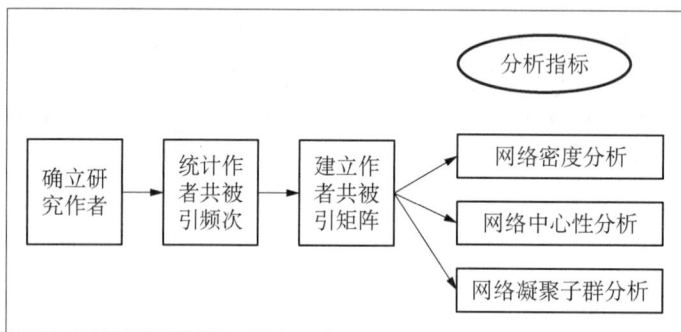

图 1 本文研究框架

（三）构建作者共被引矩阵

对由这 267 篇论文所组成的数据样本进行统计分析，可以得到以第一作者

---

① 中国引文数据库［EB/OL］. http://www.cnki.net/jianjie/jj7.htm.

身份发表文章的学者共 235 人。其中,被引 1 次的作者有 62 位,被引 2 次至 5 次的作者 91 位,被引 5 次以上的作者 82 位,其中被引频次前 20 的作者如表 1 所示。根据文献计量中的洛特卡定律可以知道,少数的人做了大部分的工作。其中这些少数人即为核心工作者。类似地,少部分的高被引作者也可以反映出大部分的被引情况(邱均平等,2011,2012)[①]。本文选择了被引频次不小于 8 次的作者进行分析(相同作者合并),从而建立了 65×65 的作者共被引矩阵(见表 2)。

表1　被引频次排名前 20 的作者

作者姓名	被引频次	作者姓名	被引频次	作者姓名	被引频次	作者姓名	被引频次
廖为建	188	洪瑾	45	张宁	30	张杰	28
程曼丽	72	李志宏	36	田大宪	30	邵培仁	24
郑保卫	54	史安斌	35	王伟	29	袁勇	24
王想平	49	张任明	35	喻国明	29	杨至聪	24
谈悠	47	秦志希	31	吴廷俊	29	龚新琼	23

表2　作者共被引矩阵(部分)

姓名	廖为建	程曼丽	郑保卫	王想平	谈悠	洪瑾	李志宏	史安斌
廖为建		1	1	1	1	2	0	6
程曼丽	1		1	0	0	0	0	3
郑保卫	1	1		1	1	1	0	3
王想平	1	0	1		1	2	0	2
谈悠	1	0	1	1		1	0	1
洪瑾	2	0	1	2	1		0	3
李志宏	0	0	0	0	0	0		0
史安斌	6	3	3	2	1	3	0	

注:对角线值为作者自身的被引频次,此处不在同被引频次研究范围内,视为缺失值。

通过对建立的 65×65 作者共被引矩阵进行初步分析发现,矩阵中的 2 080 对作者(不包括对角线上的作者组合)所形成的总共被引次数为 424 次,平均被引次数为 0.2 次/对。可见,近十年国内危机传播研究领域的高被引作者没有形成稳定的、具有影响力的研究群体,他们的共被引程度十分低。

---

① 邱均平,张晓培.基于 CSSCI 的国内知识管理领域作者共被引分析[J].情报科学,2011,10:1441—1445.;邱均平,吴慧.基于 SNA 的国际科学计量学作者共被引关系研究——以 SCIENTOMETRICS 期刊 2000—2010 年数据为例[J].情报科学,2012,02:166—172.

三、共被引网络结构分析

根据作者共被引矩阵,利用社会网络分析软件 UCINET 绘制出作者的共被引网络(见图 2)。网络图中的一个节点表示一位作者,节点的大小代表作者的中心度大小,节点之间的连线表示两位作者之间的共被引情况,连线越粗表示共被引次数越多,连线越短表示作者之间的共被引关系越密切。

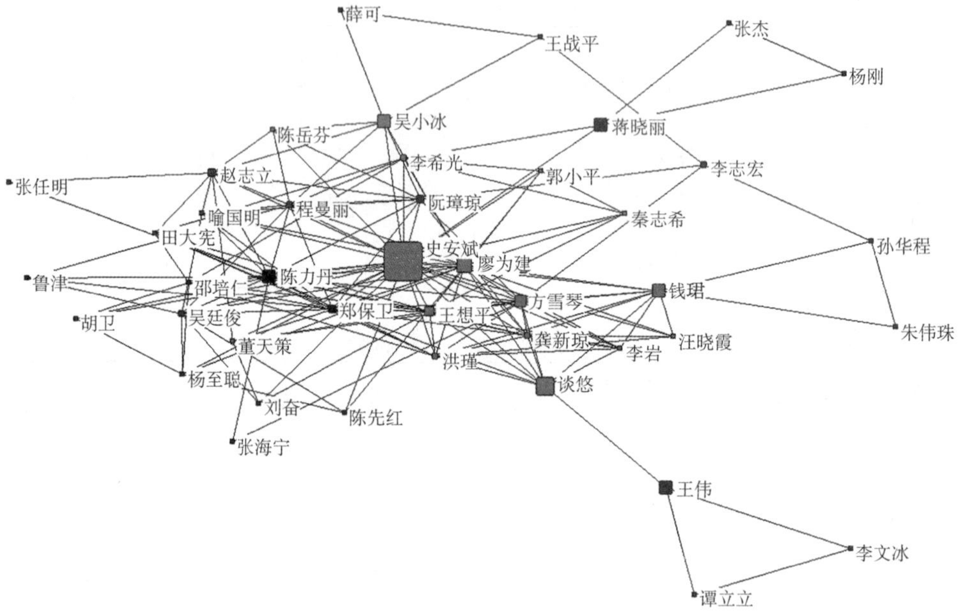

图 2　作者共被引网络

(一) 网络密度分析

从整体网角度出发,社会网络的密度描述的是图中各节点之间关联的紧密程度。在作者共被引网络中,网络密度越大说明作者的研究越接近,联系越密切,越具有群体影响力。通过 UCINET 软件计算图 2 的网络结构密度为 0.1097,网络比较稀疏。这与上文中对作者同被引矩阵的初步分析是一致的(见图 2)。

(二) 网络中心性分析

"中心性"是社会网络分析中的重要研究对象之一,它可以用三类中心度来进行测度,分别是:度数中心度、接近中心度和中间中心度。节点的度数中心度越高说明其在社会网络中的权力越大,与其他点的联系也越多。节点的接近中心度是一种针对不受他人控制的测度,如果一个点与网络中其他节点的距离都很短,那么该点具有较高的整体中心度及接近中心度。节点的中间中心度测量的是这一行动者对资源控制的程度。如果一个节点处于许多其他点对的最短路径上,就说明该点具有较高的中间中心度(刘军,2009)[①]。

通过测度作者共被引网络结构图的中心性(见表 3),我们发现史安斌、廖为建、陈力丹、郑保卫等学者在三种中心性的测度中重复出现,说明他们是国内危机传播领域的核心研究人员,具有较大的影响力。特别是学者史安斌和廖为建在度数中心度、接近中心度和中间中心度的排名中都稳居前两名,可见,二位学者居于网络的核心位置,在危机传播研究中具有较大的影响力,在推动危机传播的研究中也起着重要作用。同时,也说明史安斌和廖为建在危机传播研究网络中的权力最大,他们对危机传播领域相关信息资源的流动和获取具有较高的控制权,不易受他人控制。

表 3　作者共被引网络节点的中心性排名(TOP10)

排序	姓名	度数中心度	作者	接近中心度	作者	中间中心度
1	史安斌	43.75	史安斌	4.699	史安斌	15.915
2	廖为建	32.813	廖为建	4.665	廖为建	6.486
3	陈力丹	28.125	王想平	4.641	谈悠	6.139
4	郑保卫	25	方雪琴	4.638	王伟	4.167
5	王想平	25	郑保卫	4.634	蒋晓丽	4.167
6	方雪琴	21.875	陈力丹	4.634	陈力丹	3.897
7	洪瑾	20.313	洪瑾	4.631	钱珺	3.684
8	程曼丽	18.75	龚新琼	4.628	吴小冰	3.629
9	龚新琼	18.75	谈悠	4.624	赵志立	3.27
10	钱珺	17.188	程曼丽	4.621	方雪琴	2.77

(三) 凝聚子群分析

将作者共被引矩阵进行二值化处理,在 UCINET 软件中将派系的最小成员数量设置为 3 个进行派系分析,得到 34 个派系。派系数量过多,结果难以解释,所以进一步采用 Kadushin 提出的“社会圈”概念整合派系。首先,如果各个派系的三分之二成员完全相同,就把这些派系合并为一个圈。其次,合并共享三分之一成员的派系。采用这种方法最终可得到一个或者多个圈、一系列独立的派系和一些孤立点,每一个社会圈中的研究者的研究问题或所属研究领域较

---

① 刘军.整体网分析讲义[M].上海:格致出版社,上海人民出版社,2009:107/133/148-153.

为接近①。

通过派系整合后，舍去作者共被引网络中孤立存在的节点，得到 12 个社会圈（见表 4），其中廖为建、史安斌、王想平、洪瑾、郑保卫、陈力丹等五位学者的共享次数最多，说明这五位研究者在危机传播研究领域的研究兴趣广泛，与其他更多的研究者的研究领域较接近。与此同时，表 4 显示在 12 个社会圈中只有 24位作者出现，与最初构建的作者共被引矩阵相比较，多数学者的研究问题只是偶尔涉足危机传播研究。

表 4　中国危机传播研究者"社会圈"

1	廖为建	王想平	谈 悠	洪 瑾	史安斌	龚新琼	钱 珺	李 岩	方雪琴
2	廖为建	郑保卫	王想平	谈 悠	洪 瑾	史安斌	龚新琼	方雪琴	
3	廖为建	郑保卫	王想平	洪 瑾	史安斌	龚新琼	陈力丹	方雪琴	
4	廖为建	王想平	史安斌	秦志希	郭小平				
5	廖为建	程曼丽	郑保卫	史安斌	喻国明	吴廷俊	陈力丹		
6	廖为建	程曼丽	史安斌	李希光	吴小冰				
7	廖为建	史安斌	吴廷俊	杨至聪	陈先红				
8	廖为建	史安斌	秦志希	郭小平	李希光				
9	廖为建	洪 瑾	史安斌	龚新琼	钱 珺	汪晓霞			
10	郑保卫	王想平	洪 瑾	史安斌	邵培仁	陈力丹			
11	史安斌	邵培仁	陈力丹	胡 卫	杨至聪				
12	史安斌	邵培仁	李希光	蒋晓丽					

四、结语

本文采用作者共被引分析方法，结合社会网络分析软件 UCINET 得到近十年危机传播研究领域的可视化图谱，揭示了该领域内作者共被引之间的关系，并从网络密度、网络中心性、凝聚子群三个角度展开分析。

通过分析，发现近十年危机传播研究领域作者被引频次较高，但是作者共被引频次普遍较低。进一步思考，这个现象是由如下原因造成：第一，部分学者较早在国内开始研究危机传播（如廖为建），他将西方的研究介绍到国内，起到启蒙作用。而后续涉足该领域的学者开始注重研究危机传播的其他方面，而不是重复引入危机传播这一概念，与最初的学者研究侧重方向不同，所以导致即使最初进入该领域的研究作者被引频次较高，但是共被引频次却较低。第二，共被引频

---

① 喻国明，宋美杰. 中国传媒经济研究的"学术地图"——基于共引分析方法的研究探索［J］. 现代传播（中国传媒大学学报），2012，(02)：30－38.

次较低是人文学科普遍面临的问题,这些学科的研究多为思辨性研究,重在思想的深化和推进。以国际学术圈内 SSCI 传播学类期刊的影响因子(impact factor)为例来说,影响因子大于 2.0 的期刊少之又少,引用情况不佳,与生命科学等其他学科门类的引用频次相比是微乎其微,所以传播研究领域的共被引频次自然就更低,危机传播也不例外。第三,国内危机传播研究的群体规模较小且研究问题分散。关注的话题比如危机传播中的媒体作用、政府角色、政府形象、传播模式、应对策略等,涉及面广,但是不够深入,没有形成规模化的权威研究团体,所以共被引频次较低。但是值得注意的是,在危机传播的总体领域内已经拥有了自己的核心研究作者。但整体而言,作者共被引网络密度较小,团体集群现象不明显,尚未出现具有深远影响力的研究团体。

通过度数中心度分析,我们发现史安斌是该领域的核心人物,他在该领域具有权威性,在构建危机传播研究团队他具有学科带头人的资质;通过接近中心度和中介中心度分析,我们也发现史安斌位于中心位置,他与许多其他研究学者有较为密切的联系,在信息资源流动和共享方面具有较大权力。根据凝聚子群分析,我们得到 12 个派系,但是目前他们在学术界还尚未形成权威的、具有影响力的研究团队,通过社会网络分析可以促进他们在未来的研究实践中加强合作和交流。

本文针对近十年国内危机传播研究领域研究者的共被引关系进行研究,探索作者之间在过往研究历史中所形成的潜在研究关系网络结构。在以后的研究中,笔者将对该领域的国内外作者合作关系进行比较研究,以期对促进危机传播研究领域的发展有所启发。

作者：薛可、邓元兵
原载《中国社会科学院研究生院学报》,2013 年第 4 期

第三章

新媒体积极传播

从催人奋进的励志演讲到传递正能量的公益广告;从战争年代的作战动员广播宣传,到和平时代的亲社会行为新媒体传播;从中国传统神话故事的善良与美德,到美国迪士尼卡通电影的快乐与希望。在人类传播史的长河,始终有一股积极向上的力量在涌动。积极传播在传承人类文明积极面的同时,也给当代人传递一种积极的力量。从这个层面来讲,积极传播是人类社会跨越时代和国界的共同活动之一,其核心要旨便是坚持认为积极的传播能够带来积极的社会影响。随着社交媒体的日趋发展与普及,基于互联网技术的新媒体传播,极大地改变了人类获取信息与交流情感的方式,同时也极大地拓展了积极传播的时空。新媒体一方面为积极传播带来进一步扩展传播范围,提升传播效果等机遇,另一方面也给积极传播带来了负面效果扩大化,网络群体极化等挑战。新媒体背景下积极传播发生了哪些新的演变? 又有何特征? 积极传播的效果如何? 不一而足,这些疑问需要我们全新的思考。

尽管在人类传播史中,积极传播的实践由来已久,而且十分丰富,但对积极传播的学理研究则显得严重不足。早期积极传播研究,多为关注老师、学生、情侣(Martin S & C. 1997; Atwood N. 2003)[1,2] 以及父母(Pickhardt C. E. ,2009)[3]之间,如何建立良好关系的具有实操性建议的手册或指南,并没有进行深层次的学理研究。自 2009 年以来,得益于积极心理学发展,积极传播终于找到了理论根基,在传播学研究领域发展迅猛(T. J. Socha and G. A. Beck,

① Martin S & C. Talk to Me: How to Create Positive Loving Communication. New York, Williamsville, Positive Publ. , 1997. p151.
② Atwood N. Soul Talk: Powerful, Positive Communication for a Loving Partnership [M]. New York, Nina Atwood Enterprises, 2003. p240.
③ Pickhardt C. E. Stop the Screaming: How to Turn Angry Conflict With Your Child Into Positive Communication. New York, Palgrave Macmillan, 2009. p237.

2015)①,研究文献开始快速增长,成为 ICA、SSCA、WSCA 等各级传播学会议的年度议题,旋即成为传播学研究热点之一。国外积极传播大多从人际传播视角切入,关注人际沟通中积极元素的运用及效果,主要议题涵盖人际传播的积极方面研究(T. J. Socha et al.,2012)②、健康行业的积极人际传播研究(Margaret J. Pitts et al.,2013)③;传播、希望和抗压研究(Gary A. Beck et al.,2015)④、人际传播与品德研究(Vince Waldron et al.,2105)⑤、沟通与宽恕研究(Vincent R. Waldron,2008)⑥和积极人际传播模式研究(Julien Mirivel,2008)⑦。此外,还有很多研究并没有直接使用"积极传播"这一术语,但其内容也涉及积极传播领域,如共鸣性沟通(Ronald D. Gordon,1985)⑧、真诚对话(Ryan Montague,2012)⑨、支持性的倾听(Graham Bodie et al.,2013)⑩和亲社会沟通(T. A. Kinney et al.,2009)⑪。总体来看,国外积极传播研究正处于快速发展的阶段,研究活动与成果已初具规模,尤其是随着新媒体日益发展与普及,新媒体积极传播(Lee,Ah Ram,2014)⑫日益成为研究者关注的热点。

　　国内方面,积极传播研究还处于引进阶段,积极传播的概念界定尚不明确,与"正向传播"、"正面传播",尤其是近年来的"正能量传播",所指均为同一概念,

---

① Thomas J. Socha & Gary A. Beck. Positive Communication and Human Needs: A Review and Proposed Organizing Conceptual Framework [J]. Review of Communication, 2015,15: 3,173 – 199.

② Socha T J, Pitts M J. The positive side of interpersonal communication [J]. Peter Lang, 2012.

③ Margaret J. Pitts and Thomas J. Socha, eds. , Positive Communication in Health and Wellness [M]. New York: Peter Lang, 2013.

④ Gary A. Beck and Thomas J. Socha, eds. , Communicating Hope and Resilience across the Lifespan [M]. New York: Peter Lang, 2015.

⑤ Vince Waldron and Douglas Kelley, eds. , Moral Talk Across the Lifespan: Creating Good Relationships [M]. New York: Peter Lang, 2015.

⑥ Vincent R. Waldron and Douglas L. Kelley, Communicating Forgiveness [M]. Thousand Oaks, CA: Sage, 2008.

⑦ Julien Mirivel, The Art of Positive Communication [M]. New York: Peter Lang, 2015.

⑧ Ronald D. Gordon, Dimensions of Peak Communication Experiences: An Exploratory Study [J]. Psychological Reports. 1985,(57): 824 – 826.

⑨ Ryan R. Montague. Genuine Dialogue: Relational Accounts of Moments of Meeting [J]. Western Journal of Communication, 2012,76(4): 397 – 416.

⑩ Graham D. Bodie, Andrea J. Vickery, Christopher C. Gearhart. The Nature of Supportive Listening, I: Exploring the Relation between Supportive Listeners and Supportive People [J]. International Journal of Listening, 2013,27(1): 39 – 49.

⑪ Terry A. Kinney and Maili Porhola, eds. , Anti and Prosocial Communication: Theory, Methods, and Applications [M]. New York: Peter Lang, 2009.

⑫ Lee, Ah Ram. The effect of social media communications on positive youth development: An analysis of 4-H Facebook pages and 4-H'ers' positive development [EB/OL]. http://search. proquest. com/docview/1658771956? accountid=13818

笔者根据这些关键词统计了在中国知网上 2006 年到 2015 年(截止时间为 11 月 1 日)期间的论文数,初步得出国内积极传播研究的趋势,(见图 1)。总体而言, 已有研究大体可分为两类:一是直接使用"积极传播"这一概念的研究,如李英 莉(2012)[1]在分析当前电视节目传播中存在问题及其原因,从积极传播的视角 探讨了观众需要什么,并提出电视节目制作的改变之路,钟蕾(2008)[2]通过分析 迪士尼理念和迪士尼全球化现象,论证了积极传播的力量带给个人和社会的积 极影响和效果,认为这正是迪士尼全球化的成功之'道',并在此基础上,借鉴迪 士尼的启示探讨中国电影市场化、产业化、国际化之路的定位和方向。二是并没 有直接使用"积极传播"这一概念界定,但其探讨的内容均和积极传播相关的研 究,如正能量传播研究(陈彧,2013)[3]、正面宣传(徐明明,2005[4];张勇锋, 2011)[5]、舆论导向(徐蓉,2009)[6]等。

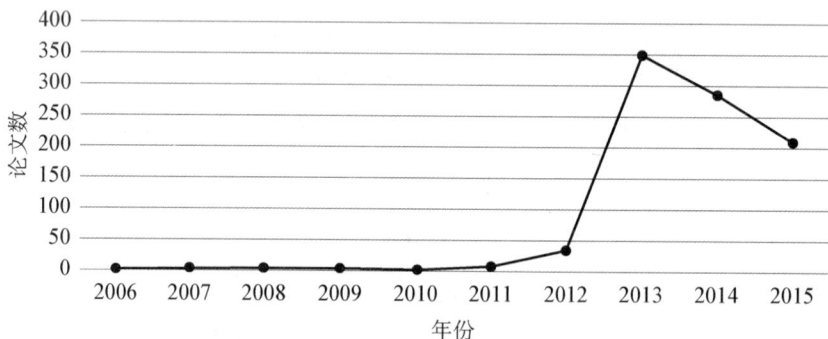

图 1　2006—2015 年国内积极传播研究论文数

通过梳理国内外积极传播研究,笔者有如下的几点发现:首先,从全球范围 内来看,积极传播研究起步较晚,尚处于探索阶段,还没有形成成熟的研究范式, 但随着相关背景学科的发展以及大量积极传播的实践,尤其是积极心理学的发 展,学者们开始关注积极传播基本概念的厘定和理论体系的建构(T. J. Socha

① 李英莉. 积极传播与电视节目制作[J]. 青年记者,2012,(06):67.
② 钟蕾. 论积极传播的力量:迪士尼全球化现象给中国电影市场化、产业化、国际化的启示[C]. 中国传媒大学第二届新闻学与传播学博士生学术研讨会,2008.
③ 陈彧. 重点报道须体现"正能量"的价值取向——以《新民晚报》近年的实践为例[J]. 新闻记者,2013,(3):84-88.
④ 徐明明. 媒体议程设置与正面宣传[J]. 中国广播电视学刊,2005,(6):35-36.
⑤ 张勇锋. 舆论引导的中国范式与路径——"坚持正面宣传为主的方针"新探[J]. 现代传播(中国传媒大学学报),2011,(09):26-31.
⑥ 徐蓉. 社会主义核心价值体系引领舆论导向研究[J]. 社会主义研究,2009,(02):56-60.

and G. A. Beck，2015)①，积极传播已初具规模。其次，国内外积极传播研究路径不一，相对国外更多基于人际传播的视角，国内偏向以大众传播视角切入积极传播研究，这本身也是很值得我们思考的问题。这既与国内注重大众传播的舆论导向功能的传统有关，也与积极传播理论溯源与西方积极心理学研究有关。最后，新媒体为积极传播研究提供广阔的平台，新媒体传播语境下积极传播的特征、模式与机理，新媒体积极传播效果等，都是值得思考的议题。笔者在国内较早进入积极传播领域，研究脉络经历了从自发的正能量传播研究再到积极传播研究的这一过程，一开始就以新媒体视角切入积极传播研究，重点关注了新媒体领域的积极传播现象与问题，大致可分为以下三个领域：

第一，高校网络舆论领袖的积极传播研究，关注高校网络论坛意见领袖的在网络传播中所发挥的积极导向的作用研究。《高校 BBS 中的"舆论领袖"问题探析》在回顾"舆论领袖"相关文献的基础上，分别对高校 BBS"舆论领袖"的定义、特征、作用和管理加以探讨，《高校网络舆论领袖——大学文化建设新样态》分析了高校网络舆论领袖具有占据结构洞优势，充当把关人角色，强大人际影响，力促掌握话语权的特点。《中国大学生网络伦理道德的认知与行为研究》发现，移动网络对于大学生知识产权、社会影响和信息安全方面产生了新的伦理道德问题，理工科和文管科专业的大学生对网络伦理的态度与行为均有差异，由社会道德压力感知导致的从众心理与网络伦理教育的缺失是导致大学生知行偏差的主要原因，并建议高校可适时地引入素养教育、平台建设、网络监管和法律法规，营造与优化校园的网络环境，有效改善大学生网络伦理的现状。

第二，网络突发危机事件的正能量传播研究，依托国家社科基金项目"基于大数据的突发危机事件的非官方正能量信息的挖掘与传播"的研究基础上，开展了危机事件正能量传播的系列研究。《突发危机中非官方正能量信息的概念形成与维度分析》，在梳理道德伦理、社会情绪、传播效果等理论成果的基础上，扩展和丰富非官方正能量信息的定义，筛选和确立测量标准和归类准则，通过结构维度的探索性分析，最终形成突发危机中非官方正能量信息的概念模型。研究结果证实，在突发危机的网络传播过程中，非官方正能量信息具有道德性、认知性、情感性、行为性 4 个维度和 12 个类目。《突发危机中非官方正能量信息的挖掘与演化分析——以"上海外滩踩踏事件"为例》发现，虽然非官方正能量信息的演化态势与舆情发展基本相符，但关键热词的分布存在差异（道德性和认知性维度最强，情感性维度最弱）。在结构性特征方面，公众对网络谣言的态度趋于理

① Thomas J. Socha & Gary A. Beck. Positive Communication and Human Needs: A Review and Proposed Organizing Conceptual Framework [J]. Review of Communication，2015,(15：3)，173 - 199.

性,明确的责任归因能够提升公众的正向认知,安全感和转发有助于他人的信息分别最主要的正面情感和网络行为。《我国目前意识形态工作面临传播技术的挑战与应对》,分析了新媒体的技术特征带来意识形态工作的新媒体技术减少了受众与主流意识形态之间的距离,新媒体传播机制有助于主流意识形态引导社会舆论和新媒体平台有利于促进主流意识形态的全球传播三个新变化,进而指出我国意识形态建设在新媒体传播下面临的功利性的碎片化信息冲击着主流意识形态的主导权,非理性的网络言论弱化了主流意识形态的影响力和部分消极的舆论领袖干扰了主流意识形态的正向传播三大挑战。

第三,广告语公关的积极传播研究,关注商业传域中的积极传播。《卷入度、论据强度及赞助商对公益广告效果影响研究》以 ELM 模型为理论基础,以赞助商 LOGO(企业与非营利组织标识)作为边缘线索,通过实验法,探讨了不同卷入度以及论据强度下消费者对赞助商及对公益广告与相应社会事业的态度与行为意向,研究发现:赞助商为企业,高卷入度与弱论据的广告态度与安全行为意向最为积极,同时对品牌态度及购买意向最为积极,这与 ELM 的卷入度与论据强度的作用机制略有出入;非营利组织赞助公益广告效果好于企业,但赞助未对企业品牌态度及购买意向产生显著影响;赞助商为非营利组织,高卷入度时,强论据较之弱论据,消费者对公益广告的态度会更好,验证了 ELM 模型。

高校 BBS 中"舆论领袖"的作用及其管理探析

——以上海交通大学"饮水思源"BBS 为例

BBS 是高校校园网络中最为开放、活跃的一个互动区域,并且已经成为高校网络舆论的主要集散地。而近年来,一些高校相关危机事件的爆发也都在网络上激起了剧烈的反应,网络舆论成为推波助澜的工具,导致危机事件愈演愈烈,甚至危及高校的声誉和形象。如中国政法大学屠师事件、上海海事大学女生自杀事件等。针对这种情况,高校思政工作者们必须运用先进的教育理念,研究校园 BBS 的特点,努力消除其负面影响。

高校网络"舆论领袖"研究,就是其中的一个主要的着力点。"舆论领袖"是在大学生网民中具有优势"话语权"的一个群体,他们是网络舆论得以形成的重要枢纽。对高校网络"舆论领袖"的研究,将有助于我们掌握舆论的特征和规律,为塑造健康、文明的高校网络文化,开辟思政教育的新局面做出贡献。

一、BBS 中的"舆论领袖"

"舆论领袖"(opinion leader)是最早由哥伦比亚大学应用社会研究所的研究者拉扎斯菲尔德等人在 1940 年政治选举研究中发现并提出的一个概念,研究者认为存在一种"两级传播模式",即信息通常从大众媒介传播到"舆论领袖",再从"舆论领袖"散布到其追随者[①]。此后,罗杰斯和休梅克等人通过"创新扩散研究"不断对此理论进行了丰富。罗杰斯和休梅克以及库普勒梳理了几百项研究,从人口统计学指标、社会经济指标、媒体接触等方面勾勒了"意见领袖"的特征。"虚拟舆论领袖"概念的诞生,则源起于互联网的普及。当网络论坛逐渐成为"民意的集散地",人们开始把研究视野从现实转向虚拟世界,并将一些传统的概念进行了延伸。

目前,国内外已有不少研究者对"虚拟舆论领袖"的特征进行了研究。曾凡斌认为,"虚拟舆论领袖"是热衷于传播消息和表达意见的人,他们或是比同伴更多地接触媒介或消息源,或者同时是某一方面的专家,他们的意见往往左右周围的人。周裕琼通过对"强国论坛十大网友"进行分析后发现,他们在论坛中大量

---

① Paul F. Lazarsfield, Bernard Berelson & Hazel Gauset. The People's Choice: How the Votes Makes Up His Mind in a Presidential. New York: Columbia University Press, 1948. P151.

发帖和回帖，并且有许多精华帖。Barbara Lyons & Kenneth Henderson 从营销学角度研究"虚拟意见领袖"，发现他们拥有更多经验和产品知识，并且在网上投入时间长，深入讨论某个话题，展示出更多的解释行为。美国 Burson-Marsteller 公司 2002 年的调查将互联网重度使用者定义为"虚拟舆论领袖"，发现他们"通过在聊天室、论坛、公司网站和博客上进行的信息传播而创造或改变舆论、建构潮流、引领时尚、左右股市"①。

总的来说，"虚拟舆论领袖"与现实中的"舆论领袖"在基本特征上有较大的相似性。我们可以总结出以下三个主要方面：

首先，"虚拟舆论领袖"是群体中的活跃分子：他们是积极的信息交换者，在论坛中就表现为大量地发布帖子，参与讨论。

其次，"虚拟舆论领袖"是群体中的焦点人物：他们能够引起较多的关注，表现为发布的帖子具有高浏览量和高回复量。并且，对他们的回复来自群体中较大一部分的人群，因此他们的意见能扩散到较大的范围，影响较多的人。

最后，"虚拟舆论领袖"是群体中的意见导向：他们的发言往往能获得较高的支持和认同，表现为在所有回复中，支持、认同较多，反对、驳斥较少。

二、BBS 中"舆论领袖"的作用

(一)"舆论领袖"的积极作用

对于"舆论领袖"的角色和作用，以往也有不少学者已经加以探讨。如王丽认为，"舆论领袖"在虚拟社群传播中的角色和作用，是与虚拟社群的存在价值密切相连的。主要表现为：首先，"舆论领袖"是消费决策的信息参照；其次，"舆论领袖"是网络经营品牌化的必要条件；再次，"舆论领袖"是维系虚拟社群存在的动力；最后，"舆论领袖"排斥商业化的角色蜕变。辛蔚峰等认为，在网络学习社区中，"舆论领袖"是"信息的加工者"、"信息的扩散者"、"舆论的引导者"、"虚拟社区的维系者"，占有绝对的话语权优势。王陆等人发现，"舆论领袖"群体在网络教学社区中形成了一个具有强关系、直接的、紧密的和互惠的基础团体。而且，"舆论领袖"群体对网络属性特征值（如网络密度、互惠性、连通性和网络效率等）有很大影响，是构成虚拟学习社区社会网络信息通路的重要人物，他们对网络属性特征值有很大的影响。

总的来说，"舆论领袖"是社群中的核心成员，是信息扩散的关键节点，他们

---

① Reid Goldsborough. The Influence of Active Online Users. Black Issues in Higher Education，2002，19(5)：30-31.

的存在具有紧密维系社区、传播重要信息、引导群体舆论的重要作用。

（二）"舆论领袖"的消极作用

"舆论领袖"在群体结构中的优势位置，决定了其成为信息传播的纽带。但是这种信息的传播并不一定都是正面的，在一定情况下，"舆论领袖"也有可能成为危机信息（流言）的核心扩散者。由于"舆论领袖"在舆论传播中所处的核心地位及其个人强大的号召力，他们所能造成的流言传播危害可能要远远大于其他普通的成员。同时，台湾学者罗家德也指出，当"舆论领袖"有意控制信息的流动时，有可能会成为阻绝信息流通的瓶颈和形成蓄意竞争的空间。可见，在危机情境下，"舆论领袖"的存在虽然可能帮助化解危机，但如果没有加以适当引导，则也可能使得流言四处扩散，危机进一步升级。因此，对于"舆论领袖"的作用，必须辩证地加以看待，有效地加以引导。

（三）"舆论领袖"影响力的扩散与制约

对于"舆论领袖"影响力（作用）的扩散路径，学者周裕琼[①]认为，传统的"舆论领袖"通过人际交往或职业行为对追随者施加影响，而在虚拟的网络社区中，"舆论领袖"的影响力借助以下技术和管理机制得到发挥：首先，有见地的帖子往往能得到很多人的回复，吸引大量点击，迅速成为网上的热点；进一步，如获版主垂青，可获"加精"，成为精华帖；再有，论坛通常有"置顶"功能，以突出引发深入、长久争鸣的精华帖；最后，有些帖子会被其他论坛或媒体所转载，获得广泛的社会关注。

而社会网络理论中的"强关系"（strong ties）理论认为，强关系连接具有同质性（homogeneous）的人群，行动者之间联系密切，信息交流充分，信息冗余量大，容易形成一个封闭的系统。这样的结构弱化了"舆论领袖"的地位和作用，制约了信息的传播和扩散。而林南的"社会资本理论"（social capital theory）的观点是，无论是强关系还是弱关系，关系人本身的社会地位都是决定关系所能摄取的资源数量和质量的重要变量。关系的作用最终是由关系人的能力与意愿的合力所决定的。

三、BBS中"舆论领袖"的管理

对高校 BBS"舆论领袖"的研究，最终目的是要为高校网络"舆论领袖"和舆论管理提供一些相应的策略建议和思路。根据现有的研究结果，本研究将从以

---

① 周裕琼. 网络世界中的意见领袖——以强国论坛"十大网友"为例［J］. 当代传播，2006，（3）：49－51.

下三个方面为此提供一些相应的建议：

（一）高校 BBS"舆论领袖"的判别

"舆论领袖"是网络中的意见导向，对舆论的演化结果起到一些决定性的作用。因此必须对高校网络论坛社群进行梳理，判别出其中最有"能量"的核心成员——"舆论领袖"，进而对他们的行为进行观察和调节。

1. 判别的方法和指标体系

罗杰斯曾总结了测量"舆论领袖"的四种传统的有效方法，包括自我报告法（self-designating/report techniques）、社会计量法（sociometric techniques）、关键人物访谈法（interviews with key informants）和观察法（observation）[①]。这四种传统的方法主要倾向于对现实"舆论领袖"的筛选，当筛选在网络论坛中进行时，可以而且应当采用某种更加适合网络交流环境的方法。

虽然目前国内外的传播学研究者大多仍沿用了传统的方法，但也有一些学者对新的筛选技术进行了探索。如清华大学的毛波、尤雯雯利用数据挖掘技术，对论坛中所发表的文章进行定量分析，提出了知识共享型虚拟社区的成员分类模型，并将成员归纳为五种类型。另一位研究者余红在日本学者所创的"影响力扩散模型"的基础上，发展出了"网络论坛舆论领袖筛选模型"[②]。"影响力扩散模型"主要通过提取"词语"的方法来量化测量论坛参与者的活动，该学者通过该模型提取出"有影响力的活跃分子"，再借助"正、负响应值"等指标将"舆论领袖"从中筛选出来。本研究认为，聚类分析是一种新颖而有效的数据挖掘方法，借助"发帖量"、"回复量"、"扩散度"和"认同值"等具体指标可以既简便、又准确地达到筛选目的。

在实际工作中，不同的论坛类型和功能设置可能会对指标的选择产生一些影响。一般来说，以上四个指标在大多数论坛都是通用的，更可能存在的情况是指标的增加。比如某些论坛可能具有浏览量统计等工具，能够精确到对每个成员帖子浏览量的计算，那么就可以再设立一个"浏览量"的指标，使指标体系更丰富、更全面。因此这也需要管理者具体问题具体分析，根据监测对象的特征和自身需求，对指标体系进行相应的调整。

2. 监测工作组织和软件

对舆论和"舆论领袖"的监测应当是定期、长期进行的，因为在不同时期，舆论都可能会出现波动、变化。"舆论领袖"的地位也不是固定的，不同时期可能会出现不同的"舆论领袖"。当突发事件爆发时，管理者可以根据定期监测所收集

---

① Rogers E. M. Diffusion of Innovations (5th Ed.). New York：Free Press，2003.

② 余红. 网络时政论坛舆论领袖研究——以强国社区中日论坛为例[D]. 武汉：华中科技大学，2007.

到的数据对事件发展过程中的"舆论"进行分析,以服务于管理决策。

　　管理者可以成立专门的舆论监测小组对论坛各版面上活跃的成员进行测量,也可以利用现有版主、管理员的职能展开版面内的监测。一般来说,网络言论比较自由,论坛信息量也很大,此时,采用一般的统计工具已经无法满足全面监测的要求(日常工作中不宜采用抽样的方式,应当进行全面监测),可以开发一套相应的"舆论领袖"筛选软件,根据设定的指标体系进行监测和判别。

　　"舆论领袖"筛选只是工作的基础,而非目的,对筛选出的"舆论领袖"还要进行后期的观察和跟踪,并开展相应的管理工作。

(二) 高校 BBS"舆论领袖"的管理

1. 建立数据库

　　在判别"舆论领袖"后,管理者应当建立数据资料库,对"舆论领袖"进行长期的跟踪和观察。在危机情境下,当"舆论领袖"作为正面的信息提供者出现时,可以较为有效地缓解由信息需求所带来的压力,发挥平息非议、安抚情绪的作用。此外,管理者还可以借助社会网络分析(SNA)等方法绘制出"舆论领袖"的社会网络结构图,以便对其在群体中的位置、与其他成员间的互动关系,以及在舆论引导中所能发挥作用的程度进行分析,以协助管理者更好地做出决策和判断。

2. 建立沟通机制

　　对于网络论坛中的"舆论领袖",可以采用网上网下相结合的方式与其进行沟通。高校网络"舆论领袖"往往是高校中的大学生,对这些群体的引导就必须考虑到其本质属性和自身特点。总的来说,对"舆论领袖"的引导应该注意一些基本原则:如平等对待,注意沟通;密切注意,预防在先;正面鼓励,宣扬典范等等。工作者应当以"润物无声"的方式达到"春风化雨"的成效。

　　此外,还应当定期开展网络安全教育,推广网络应用的规范性,并建立起有效的网络舆论安全管理机制。对于具有榜样作用的网络"舆论领袖",也要利用各种途径进行宣传,树立典范,鼓励更多大学生养成积极健康的上网习惯。

(三) 高校 BBS"舆论领袖"的培养

　　除了对既有的网络"舆论领袖"进行积极的干预和引导外,培养更多新的代表高校大学生进步向上的精神风貌和思想言论的"舆论领袖"也是促进高校思政教育工作发展,建立网络舆论导向的一个可行之道。

1. 促成转化

　　培养"舆论领袖"最主要的就是要促成一些核心成员,如"参与者"、"扩散者",以及版主、管理员等"把关人"向"舆论领袖"的转化。对"舆论领袖"的培养是一个长期的过程,但是相对于僵硬的制度、规范来说,通过"舆论领袖"来引导舆论走向更符合新时代教育人性化的发展特点，也更有利于维持高校网络舆论环境的开放与和谐。

2. 突出地位

对有成为"舆论领袖"资质的成员的地位要加以肯定和突出。对于他们有见地、有代表性的发言，可以通过版主、管理员的权限或论坛的相关机制用醒目的字号和色彩加以强调，放在网页的突出位置——如置顶或置底，还可以被推荐上论坛的首页，以强化主流舆论，孤立不良言论。

参考文献

［1］许平.高校学生"意见领袖"问题初探[J].学校党建与思想教育高教版，2003，(08)：46-47.

［2］菲斯克.关键概念[M].北京：新华出版社，2004.

［3］柯惠新.传播统计学[M].北京：北京广播学院出版社，2003.

［4］Rogers E M, Shoemaker F F. Communication of innovations：a cross-cultural approach. 2nd ed. [M]. New York Free Press，1971.

［5］Katz E. The Two-Step Flow of Communication：An Up-To-Date Report on an Hypothesis [J]. Public Opinion Quarterly, 1957,21(1)：61-78.

［6］Lyons B, Henderson K. Opinion leadership in a computer—mediated environment [J]. Journal of Consumer Behaviour, 2005,4(5)：319-329.

［7］Katz E. & Lazarsfeld P. F. Personal Influence [M]. New York：Free Press，1955.

［8］Rogers E M, Cartano D G. Methods of Measuring Opinion Leadership [J]. Public Opinion Quarterly，1962,26(3)：435-441.

［9］惠恭健.大学生QQ群聊中"意见领袖"探析[J].南京邮电大学学报：社会科学版，2008，10(1)：41-45.

作者：薛可、陈晞

原载《新闻记者》，2011年第2期

高校网络舆论领袖

——大学文化建设新样态

伴随数字化校园建设的深入推进,互联网已成为高校师生获取信息、丰富知识、学习交流的重要渠道。一种融合了网络文化和传统校园文化的新文化形态——校园网络文化应运而生。把握网络环境下校园文化建设的新特征,充分发挥校园网络文化的管理、服务、育人功能,已成为高校教育者乃至社会关注的焦点。

在校园网络中有这样一类特殊群体,他们高度活跃,积极发表意见,并通过强大的人际影响力和号召力成为校园网络舆论风向标。他们多为高校网络"草根"中崛起的"意见明星",却对校园网络文化建设有着举足轻重的影响力。我们称之为高校网络舆论领袖。

一、占据结构洞优势、充当把关人角色

"舆论领袖"(opinion leader)最早由拉扎斯菲尔德(Lazarsfeld)等人提出。他们认为,媒介信息首先抵达舆论领袖,然后由他们有选择地传递给不太活跃的受众或跟随者。

网络舆论领袖是在互联网背景下对"舆论领袖"这一传统概念的延伸。高校网络舆论领袖因其所处的校园环境和文化氛围较为特殊,比一般的虚拟舆论领袖更具"领袖"特质。他们大都为高校师生,受过良好高等教育,对事物有着敏锐的洞察力和独特的观察视角,在部分专业领域具备一定的权威性,同时具备极强的信息获取和加工能力,这些品格折射到校园网络舆论的传播过程,实现了传播信息的个性化和理想化,对高校其他师生的心理和行为可能造成很大影响。

美国社会心理学家库尔特·卢因认为,信息流动是在一些含有关口的渠道里进行的,在这些渠道里,把关人对信息有选择与过滤作用。1992 年,美国社会学家伯特提出另一个与此相关的新概念——"结构洞"(structural hole),即两个行动者之间的非重复性关系。在具有结构洞的网络中,占据中心位置的个体即舆论领袖,他可以获得更多、更新的非重复信息,具有"保持信息"和"控制信息"两大优势。但当舆论领袖有意控制信息的流动时,结构洞的存在也有可能成为阻绝信息流通的瓶颈和制造蓄意竞争的空间。

高校网络舆论领袖占据着结构洞的优势地位,从多渠道收集到大众媒体的

信息,并根据自己的意愿进行"筛选"和整合,然后基于自己的利益和所属群体的利益在群体内进行传播和公开表达,实际上也充当了一种"把关人"的角色。

二、强大人际影响力促掌握话语权

除了充当"把关人"外,舆论领袖还是信息的"加工者"。在收集到信息后,舆论领袖根据经验进行加工和整合,然后基于自己的利益和所属群体的利益在群体内进行传播和公开表达,最终传递到"一般受众"的信息中大多附加了舆论领袖的个人观点,成为有别于原始信息的二次加工产品。而"一般受众"根据这些经过加工过的二手信息来判断现实、形成观点或指导行动。这一现象在我们针对上海交大校园 BBS"饮水思源"的实证研究时有大量证据上的发现,在该案例中,有超过 70% 的舆论领袖在发布信息时并非简单转载原始媒体信息,而是附加了各种个人意见。

作为舆论领袖,其权力不仅在于控制信息的流动范围和附加信息内容,还在于他们在"一般受众"中的强大人际影响力,由此,他们得以成为舆论话语权的掌握者、引导者。

三、发掘引导培育力促校园网络文化建设

校园网络文化建设的根本目的是用先进理论和知识,通过校园网络文化活动形式,以之为载体,引导大学生实现人格现代化。而高校网络舆论领袖的号召力将直接影响校园网络文化建设的引导成效。因此,加强对高校网络舆论领袖的有效管理和培养,已成为校园网络文化建设的当务之急。

首先,坚持与时俱进,基于科技手段发掘舆论领袖。近年来,风靡一时的高校 BBS 论坛、SNS 社交网站、微博等成为高校网络舆论领袖的发源地和集散地,管理者可借助数据挖掘技术等现代信息科技手段发掘各类舆论领袖。我们在对"饮水思源"中的舆论领袖的实证研究中,借助聚类分析筛选出了特征吻合的校园网络舆论领袖:他们发帖量大、回复率高、转载量大、影响范围广。

其次,创新监督体系,加强对舆论领袖的引导和管理。舆论领袖并非在一个真空环境中发挥其舆论影响力,他们的个人特质、"把关机制"、群体构成及外部社会环境等内外因素都可能影响到舆论影响效果(见图 1)。因此,加强对他们的引导和管理,建立一套有效监督其舆论的长效机制,是确保校园文化建设有序开展的基础。一方面,管理者应当建立数据资料库,对校园网络舆论领袖进行长期跟踪和观察;另一方面,也可采用网上网下相结合的方式与其进行沟通。由于他们是大学生,对这些群体的引导就必须考虑到其本质属性和自身特点,以"润

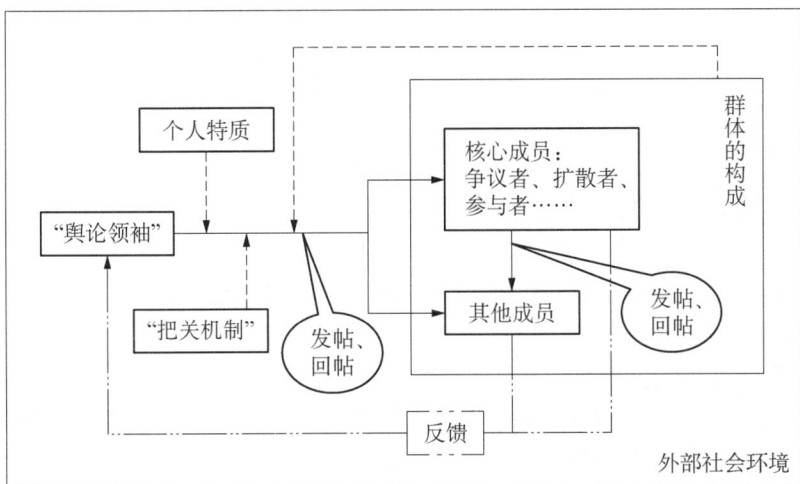

图1　"舆论领袖"影响力传播模型

物无声"的方式达到"春风化雨"的成效。

　　最后,从源头抓起,建立舆论领袖培养体系。社会进步已使校园网络舆论从
"围追堵截"的时代过渡到"参与引导"的时代,有效培育出合格的校园网络舆论
领袖是对校园网络文化建设提出的更高要求。培养舆论领袖最主要的是要促成
一些核心成员,如"参与者"、"扩散者",以及版主、管理员等"把关人"向"舆论领
袖"的转化。同时,对有成为舆论领袖资质的成员地位加以肯定和突出,以强化
主流舆论,孤立不良言论、净化校园网络环境,确保良好校园网络文化氛围的逐
步形成。

作者:薛可、陈晞

原载《中国社会科学报》,2011年8月16日第214期

中国大学生网络伦理道德的认知与行为研究

一、网络伦理的概念界定与研究现状

"网络伦理"最初源于 Robert Wiener (1950)在其专著 *The Human Use of Human Being* 所提出的计算机伦理(computer ethics)一词。20 世纪 70 年代,随着微型计算机的推广与应用,计算机伦理学成为应用伦理学的独立分支。到20 世纪 90 年代,学者们相继提出了信息伦理(information ethics)、网络伦理(internet ethics)和赛博伦理(cyber ethics),旨在描述与剖析网络社会各类问题的根源。虽然关于网络伦理的概念国内外尚无统一界定,但学者们普遍认同,网络伦理是探讨人们在数字虚拟环境下所表现出的新型道德关系,以及在网络活动中应该遵守的道德准则与伦理规范(黄寰 2003)①。

近年来,国内外的相关研究主要集中在网络伦理原则、网络道德行为、网络规范措施三个方面。①网络伦理原则的研究关注计算机伦理道德的自主原则、无害原则、知情同意原则和规范性原则(Walter Manner,1999,Richard W. Severson 1997②,理查德·A·斯皮内洛,2007③),在此基础上,Sonia Bodi (1998)④倡导学生在使用信息技术时应遵循:尊重所有权、尊重隐私权、尊重社会责任、尊重自己的四项原则。②网络道德行为的研究主要是指针对违反网络伦理行为,如学术不端、侵害知识产权、网络欺骗等进行测量与分类(Aysen Gurcan Namlu,2007⑤,Nor Shahriza Abdul Kari,2009⑥),以及参与者的性别差异、个人经历、社会环境等都会对网络不道德行为产生的重要影响

---

① 黄寰.网络伦理危机及对策[M].北京:科学出版社,2003.

② Severson Richard W. The principles of Information Ethics [M]. NewYorkM. E. Sharpe, Inc, 1997.

③ 理查德·A·斯皮内洛,世纪道德:伦理技术的伦理方面[M].北京:中央编译出版社,1999.

④ Bodi S. Ethics and information technology: Some principles to guide students [J]. Journal of Academic Librarianship, 1998,24(6): 459 – 463.

⑤ Namlu A G, Odabasi H F. Unethical computer using behavior scale: A study of reliability and validity on Turkish university students [J]. Computers & Education, 2007,48(2): 205 – 215.

⑥ Karim N S A, Zamzuri N H A, Nor Y M. Exploring the relationship between Internet ethics in university students and the big five model of personality [J]. Computers & Education, 2009,53(1): 86 – 93.

(CarlosAlberto Dorantes，2006[①]，Roberts，2007[②]，YavuzAkbulut，2008[③]）。③网络规范措施的研究是通过政府立法、行业规范、教育引导，防范青少年和大学生网络不道德行为的发生(李伦 2002[④]，刘丽平 2007[⑤])。

　　由此可见，国内外学者已经意识到网络社会的发展所带来的伦理风险和道德困境，并取得了一定的阶段性成果，但对于受众，特别是大学生伦理的实证研究较少。当代大学生不仅是网络平台最活跃的参与者，更是未来社会与科技的引领者。他们的网络表现正向与否，影响并决定了未来整个社会的道德价值观。因此，对于大学生参与网络过程中的网络伦理认知与行为研究，是现代社会科学研究需要解决的重要课题。

二、研究设计

　　本次研究从网络伦理的角度，采用问卷调查、深度访谈与个案分析相结合的研究方法，探讨在校大学生的网络道德意识与使用行为。

(一) 研究对象

　　本次调查对象为上海交通大学、复旦大学、华东理工大学、华东师范大学4 所高校全日制在读本科生和研究生 2 843 名，专业涉及经、管、文、法、理、工、艺等七大学科门类，其中计算机科学技术、信息安全、软件工程专业等理工科学生占 62.53%，英语、法学、传播、艺术设计专业等艺文法类学生占 19.62%，男生比例略高于女生，学科门类比较齐全且均衡分布(见表 1)。

表 1　调查样本情况统计表

类别 ($N = 2$ 843)		频数	频率/%
学生层次	本科生	2 048	72.04
	研究生	795	27.96

---

① Dorantes C A，Hewitt B，Goles T．Ethical Decision-Making in an IT Context：The Roles of Personal Moral Philosophies and Moral Intensity [C]．System Sciences，2006．HICSS'06．Proceedings of the 39th Annual Hawaii International Conference on．IEEE，2006：206c–206c.

② Roberts P，Anderson J，Yanish P．Academic Misconduct：Where Do We Start？[J]．Age Differences，1997：27.

③ Akbulut Y，Ömer Uysal，Odabasi H F，et al．Influence of gender，program of study and PC experience on unethical computer using behaviors of Turkish undergraduate students [J]．Computers & Education，2008,51(2)：485–492.

④ 李伦. 虚拟社会伦理与现实社会伦理[J]. 上海师范大学学报：哲学社会科学版，2002,(2)：7–11.

⑤ 刘丽平. 西方国家经验对我国大学生网络道德教育的借鉴[J]. 黑龙江高教研究，2007,(08)：44–46.

（续表）

类别（$N = 2\,843$）		频数	频率/%
专业类别	理科类（信息安全、软件工程、数学与应用数学等 18 个专业）	837	29.44
	工科类（材料科学与工程、建筑学、环境科学与工程等 20 个专业）	941	33.09
	文科类（汉语言文学、英语、传播学等 7 个专业）	303	10.66
	艺术类（艺术设计、工业设计 2 个专业）	192	6.75
	经管类（会计学、行政管理、经济类、国际经济与贸易等 5 个专业）	507	17.83
	法学类（法学 1 个专业）	63	2.21
性别	男	1 675	58.91
	女	1 168	41.08

（二）研究方法

类目构建。根据 Namlu（2007）就大学生计算机不道德行为的测量与分类结果，我们将大学生违反网络伦理行为分为 5 个类别 60 个条目。抽取上海交通大学 50 位不同专业的大学生对此进行访谈，通过前测分析与排序，共计获得 3 个类别、20 个条目的量表结构（见表 2）。此外，参考 Roberts（1997）[1]和 Underwood（2003）[2]有关影响因子的研究结果，将学生的性别、专业、网络使用类型与频率、后果预知作为 4 项影响因子纳入此次研究范围。

表 2　大学生不道德网络行为的类目构建编码

类别：知识产权	编码	类别：社会影响	编码	类别：信息安全	编码
1. 从 Internet 上下载过未经授权的软件	A_1	8. 恶意灌水或刷屏	B_1	15. 未经允许，将网络广告推送至他人邮箱、社交平台、手机	C_1
2. 通过特殊手段破译未经授权的软件	A_2	9. 在网络上散布不实信息	B_2	16. 以技术支持的名义获得不正当收入	C_2
3. 采用过"翻墙"方式浏览未经许可进入中国的国外网站	A_3	10. 在网络上以文字或语音方式攻击他人	B_3	17. 未经允许在网上泄露他人身份	C_3

---

[1]　Roberts P, Anderson J, Yanish P. Academic Misconduct：Where Do We Start?. [J]. Age Differences, 1997：27.

[2]　UnderwoodJ, Szabo, A, Academic offences and e-learning：Individual propensities in cheating [J]. British Journal of Educational Technology, 2003,（34）：467 - 477

（续表）

类别：知识产权	编码	类别：社会影响	编码	类别：信息安全	编码
4. 为完成学习任务,使用过未经所有者许可的网络资源:图片、文字、动画等内容	A_4	11. 网络金融(或购物)交易不诚信	B_4	18. 远程访问其他人个人电脑,获取信息资料	C_4
5. 引用他人文献或成果,而不注明出处	A_5	12. 网络交友不诚实,欺骗他人感情	B_5	19. 通过网络黑客破坏他人个人电脑系统	C_5
6. 通过 Internet 或网络社交平台分发 MP3 或其他影音文件	A_6	13. 在网上购置或参与暴力游戏	B_6	20. 恶意发送病毒邮件	C_6
7. 在网上销售未获销售许可的软件、光盘、音乐 CD 等电子产品	A_7	14. 浏览色情网站、图片	B_7		

样本采集。借助前测的结果分析,采用分层随机抽样方法,面向四所高校的 3 000 名在校生进行《大学生网络伦理现状调查问卷》正式调研和开放式访谈。调查时间从 2013 年 9 月到 12 月,共发放问卷 3 000 份,回收 2 937 份,其中有效问卷 2 843 份,问卷有效率为 94.77%,调查所采集的数据均由分析软件 SPSS 16.0 版进行梳理,使用 Excel 软件绘制相关分析图表。

编码与信度检验。本研究由 4 名研究生负责样本编码,随机抽取 100 份样本的编码情况检验,显示编码员间的平均信度系数为 0.97,符合编码员信度的一般要求。同时对有效问卷量表的信度检测,显示系数为 0.94,验证了此次大学生网络伦理问题的调查具有一定的普遍性。

三、研究结果分析

（一）移动网络成为大学生网络生活的重要支撑

调查显示 95.67% 的在校大学生拥有个人电脑,其中手提电脑占 77.68%。在移动设备方面,智能手机和掌上电脑的普及率达到了 73.79%,使大部分学生具备了使用移动网络的硬件条件。此外,受访大学生的平均网龄约为 6 年,每天上网时间平均为 237.5 分钟,而零散在移动网络的时间则达到 159.36 分钟,学生借助无线网络搜寻或下载资料、浏览新闻、在线购物、及时通信或是社区交互,约占所有上网时间的 67.1%(见图 1)。究其原因,除了学生的个人需求以外,学校在校园无线网络的全覆盖也为师生的移动生活创造了技术环境,使基于移动网络的各类教学信息、学习信息、师生交流成为学生校园生活的主要方式。虽然当代大学生已将自己牢牢地粘附于移动网络的节点上，但仍不可忽视任何网络媒体的出现，在创造新的生活方式的同时，也会增加信息传播的风险性和网络行为的不可测性(Heath 1998)[①]。

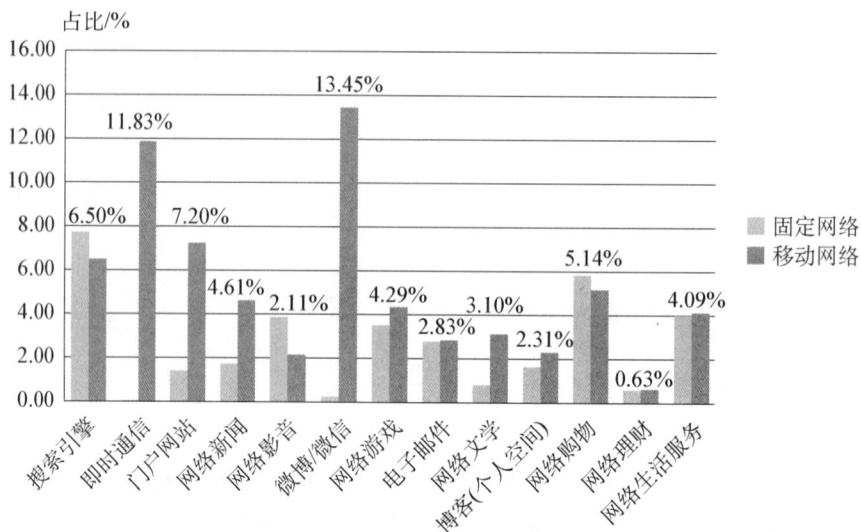

图 1　网络使用情况分布对照

（二）现实社会道德对规范大学生网络行为有积极的作用

Lori (2004)[②]的研究证实，社会环境是影响受众计算机伦理困境的主要因素。作为一种新型的社会形态，虽然网络社会对大学生意味着交互更便捷、言论更自由、环境更宽松，但 96.31％的大学生都赞同"网络行为与其他社会行为一样，需要相应的道德规范和行为准则"，73.58％的学生认为现实社会的道德规范对规范约束网络生活有一定的积极作用，只有 4.71％的学生处于道德真空状态，在网络生活中无所顾忌。同时，67.39％的学生认为与现实社会相比，目前网络社会的道德与法律规范不够健全，但当问及"是否了解现有的网络安全法律法规"时，近 80％左右的学生表示并不清晰，在受访学生列举造成这一现象的 6 项原因中，"学校没有提供网络伦理的教育""政府缺少健全的网络伦理法规""社会

---

① Heath R L. Crisis management for managers and executives: Business crises, the definitive handbook to reduction, readiness, response, and recovery [M]. Financial Times/Pitman Pub. ,1998.

② Leonard L N K, Cronan T P, Kreie J. What influences IT ethical behavior intentions—planned behavior, reasoned action, perceived importance, or individual characteristics? [J]. Information & Management, 2004,42(1): 143-158.

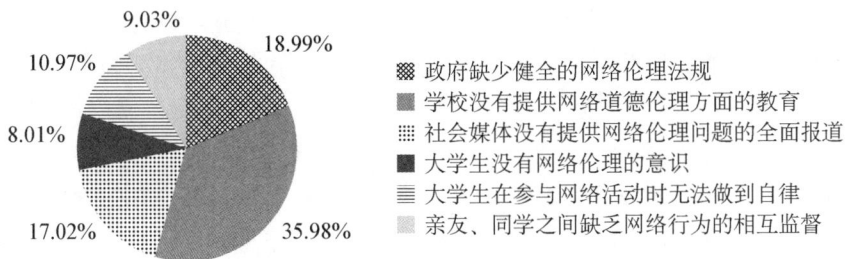

图 2　大学生不了解现有网络伦理法规的 6 大原因

媒体缺乏该方面的全面报道"依次成为最主要的三项原因(见图 2),可见社会、学校、媒体在网络伦理教育与宣传的缺失使大学生不得不面对网络道德的困境。

(三) 移动技术引发大学生知识产权、信息安全、自律自控的伦理新问题

James H. Moor (1985)在文章"What is computer ethics"中指出计算机技术在创造人类行为的丰富性的同时也会导致伦理意识与道德约束的真空。调查显示,大学生对网络伦理的意识普遍正确,但某些具体行为却表现不同。在 20 项不道德行为类目中,认同度和参与度都较高的主要集中在类目 A_1、A_3、A_4、A_5,97.26%的大学生普遍都参与的网络盗版、89.8%有学术不端行为(见图 3),由此可见,大学生在"知识产权"类别下的行为出现了较为严重的知行偏差。

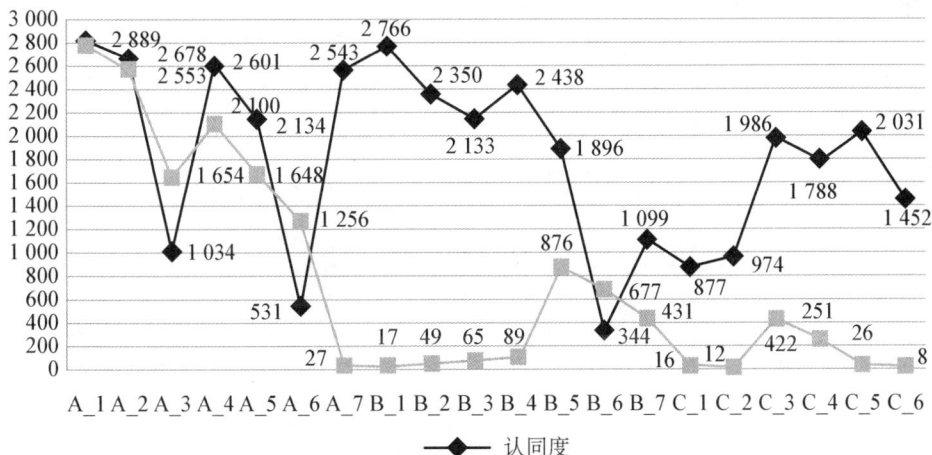

图 3　不道德网络行为的认同度与参与度比对

不仅如此,新型网络伦理问题在移动技术环境下不断得以延伸。92.6%拥有智能手机的大学生都曾利用手机网络上传随手拍摄的照片、转发视频影像、共

享电子音乐或转发他人评论等，近95％的被访学生对此并不以为然，而实际上，未经他人允许的资源共享和泄露他人信息都属于不道德的网络行为。借助移动网络频繁散布私人信息，更是给大学生的个人隐私、财产安全带来隐患，2.36％的学生被不法分子借助 qq、短信、飞信等通信工具遭受经济损失。此外，移动网络的广泛应用也给大学生带来更为严重的自律自控问题，63.8％的学生在移动网络服务的适度享用、网络使用时间的有效节制、网络社区言论的情绪管理等难以做到有效控制。

（四）大学生网络伦理的知行偏差受到从众心理的影响

图3显示大学生在"社会影响"和"信息安全"类目的知行较为一致，但在"知识产权"类目的知行偏差却较大，究其原因，主要是受到不同程度社会道德压力的影响。Fishbein 和 Ajzen（1975）的理性行为理论提到社会压力感知，即来自身边家人、朋友的对执行某种行为的看法会影响人们的行为控制。根据大学生受到同学对其不道德网络行为的压力均值的测量结果，在参与 B_2、B_3、B_4、C_3、C_4 行为时学生会感受到较大的道德压力，而参与度较低的正是受到道德压力较大的网络行为。

Berkowitz（1957）和 Deutsch（1955）在从众效应的研究中发现，群体成员间的彼此依赖、群体行为的规范制定会导致频率较高的从众行为。由于大学生担心会遭到来自友人的厌恶、谴责甚至反攻击，因而在涉及社会影响和个人安全的网络行为中谨言慎行；而当前在网络侵权行为方面的政策处罚并未对大学生群体形成鲜明的警示作用，周边的学术抄袭、网络盗版、侵权转发等现象非常普遍，使其伦理意识淡化而产生盲从行为。这也进一步验证了 Lori（2004）的研究结果，当大学生获知违反网络伦理的行为所带来的后果，如受到更大的道德压力、社会舆论甚至政策惩罚，则会增加大学生正向的伦理决策。

表3　不道德网络行为的社会压力感知统计表

类目编码	均值	标准差	类目编码	均值	标准差	类目编码	均值	标准差
A_1	3.70	.768	B_1	2.70	.537	C_1	3.20	.665
A_2	2.65	.276	B_2	2.34	.498	C_2	2.23	.465
A_3	3.60	.433	B_3	1.63	.297	C_3	1.74	.370
A_4	3.42	.847	B_4	1.51	.346	C_4	1.70	.265
A_5	3.37	.696	B_5	1.70	.382	C_5	1.85	.250
A_6	3.80	.640	B_6	3.10	.620	C_6	2.15	.231
A_7	1.68	.245	B_7	2.83	.354			

（五）理工与文管专业大学生网络伦理行为的异同比较

　　大学生的学科差异对道德判断会有直接的影响（Roberts 1997；Yavuz Akbulut 2008）。有关资源共享、网络技术、个人隐私、网络舆论的个案调查发现，不同专业知识背景学生在个人态度和行为控制方面存在一定程度的异同（见图4）。

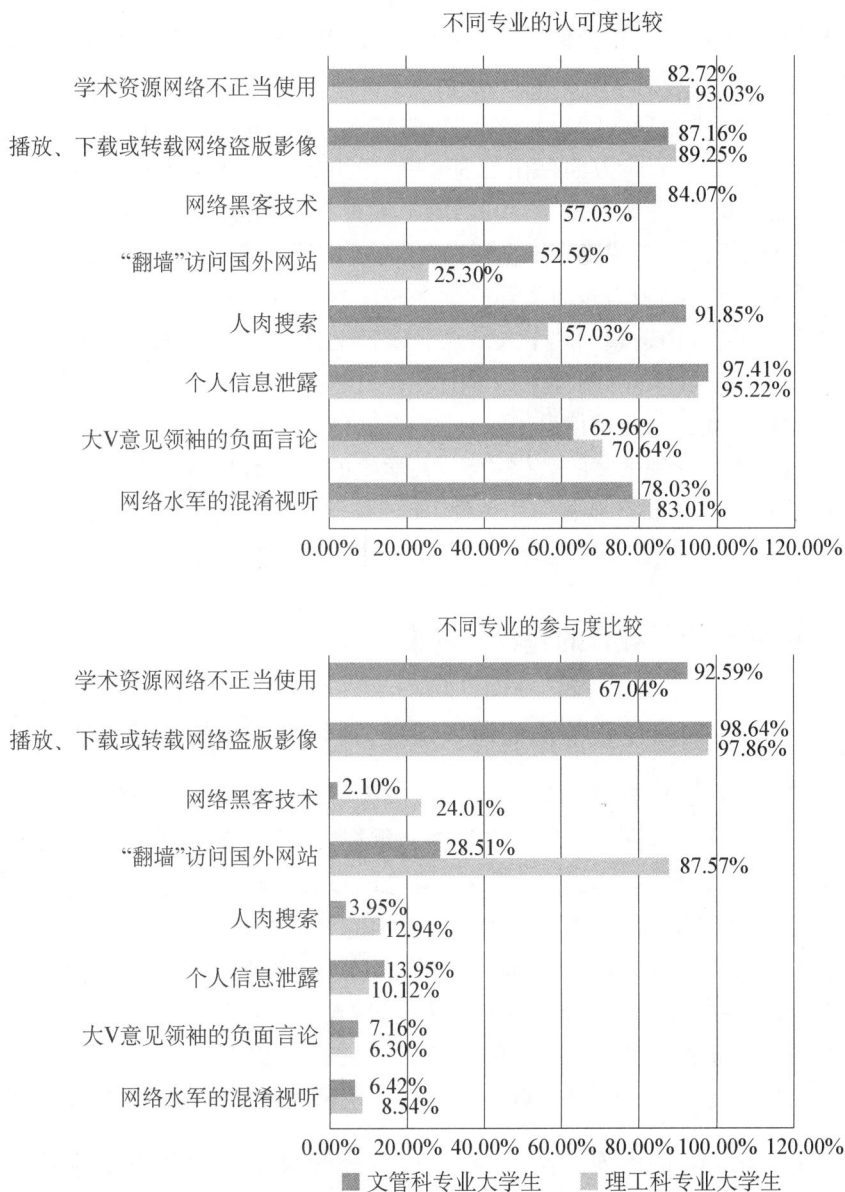

图4　基于个案不道德网络行为的认可度、参与度比较

对"使用网络盗版影像资料"、"个人信息泄露"、"大 V 意见领袖"和"网络水军"等热点问题,文理科一致。92.97%学生赞同影视作品应该受到知识产权的保护,36.51%的人认为应该"禁止以牟利为目标的资源共享"。在"个人信息泄露"问题上,96%左右的文理科学生都表达了零容忍态度。77.47%文理科学生在社会舆论问题上表现出对网络公信力的质疑,由于无法分辨网络舆论事件背后的真实性,因此"网络舆论对解决现实问题有一定的局限性"。

根据"学术资源不正当使用"、"网络黑客技术"和"翻墙"参与度的数据显示,文理科学生的伦理行为有显著的差异。文管科学生更容易产生学术不端的现象,相比理工科学生(67.04%),92.59%的文管科学生曾有学术抄袭经历。而理工科学生则在信息安全方面存在更多道德失范的可能,74.02%的理工科学生认为"网络黑客技术"并非难事,93.03%的学生曾有过"翻墙"行为,最主要的三项原因是"国内媒体屏蔽或隐瞒网上资源"、"想了解国际对中国某些问题的真实看法"、"网络交友遇到阻力",而文管科学生的这一比例仅为28.51%。同样,在涉及个人隐私的"人肉搜索"和"个人信息泄露",文管科学生持"反对"和"中立"的人数占75.06%,而14%的理工科学生表示如果能借此够伸张正义,会使用技术手段帮助搜寻和公开此类信息。

通过这 8 项伦理个案的数据检测,大学生的伦理表现与他们的性别、年龄、网络的活跃程度并没有显著的相关性,文理科学生的学科环境、学习目标、思维习惯、知识技能是造成道德判断与行为决策差异的主要原因。

四、加强网络伦理教育的建议与对策

(一) 开设网络伦理的高校通识课程,强化大学生的道德价值观

网络伦理的学校教育与宣传,能够缓解大学生面对网络道德的困境。国内大学没有给予大学生网络伦理教育足够的重视,即便是在信息技术课程的教学中也略微提及,未能深入展开。高校网络伦理教育的缺失是造成学生网络伦理的意识模糊和行为失范的重要原因。而美国的杜克大学在 1996 年就正式开设"伦理学与国际互联网络"课程,波特兰州立大学、麻省理工学院和匹兹堡大学等也相继开设了同类课程。因此,不妨参照国外院校已有的经验,将网络伦理课程纳入高校通识教育系列,作为大学生的必修课程,内容涵盖网络技术、信息传播、社会伦理和法律法规等,帮助学生正确使用计算机网络,并树立起正确的道德价值观。

(二) 构建网络素养的高校培育平台,提升大学生的网络自律意识

来自社会道德的压力感知会增强大学生网络自律的意识。修正大学生网络

伦理的知行偏差,不仅需要增强自身对道德认知与行为管控,更需要将他人道德评价体系引入网络素养的培育过程,因此,构建基于在线技术的网络素养教学平台,开设网络素养的课程教学、网络技术的创新孵化、网络伦理的道德评价、网络德育的师生交互等频道的综合网络素养平台。大学生不仅可以通过平台获取网络伦理的信息,也能从他人的道德评价中不断总结和提升自己的网络行为,同时,理科学生还能发挥学科优势,借助技术创新的孵化培育提升自己的专业素养,真正实现将网络伦理的"他律"变为"自律"。

(三) 加强高校网络监管与舆论引导,优化大学生的网络环境

当大学生对违反道德伦的后果有一定预知的情况下,会更倾向于正向的伦理决策。因此,加强校园网络的监督与管理对规范学生的网络行为有极大的促进作用。学校网络技术中心可细化 IP 地址和网络端口的管理、实行实名制交互、制定网络使用的规章制度,通过多种方式向学生广泛宣传,预防学生不道德行为的发生;过滤与筛查各类网络信息,凸显校园网络的自净功能,为学生营造安全、健康的网络环境;做好校园网络舆情的搜集与分析,热点事件的潜在危害,可有效化解即将出现的隐患,在网络社区中积聚起正面的舆论导向,优化大学生的舆论环境。

(四) 推行校园网络的伦理规范,改善大学生的网络行为

多数大学生在遇到网络伦理问题时,会按照现实社会的道德规范来约束自己的网络行为,所以,利用法律法规是改善网络道德问题的另一有效方法。美国计算机伦理协会发布的十条戒律旨、新加坡的《网络行为法》英国的《五条信息伦理法则》、我国的《中国青少年网络文明公约》、《计算机软件保护条例》、《关于维护互联网安全的决定》网络道德法规。高校也可根据大学生的实际情况,制定涉及网络抄袭、网络滥用、网络安全等方面的校园网络规范,并将此纳入校园管理制度和学生行为守则,定期开设专题讲座举办主题活动,营造遵守网络规范的校园氛围,促使大学生改善网络道德行为。

本次研究虽然对目前大学生网络伦理情况做了较为全面的梳理,但不足之处在于调查的对象主要集中在上海的四所高校,未来可将研究范围进一步扩展至上海的其他高校或外省市高校以便得出更具有普遍意义的研究结果。

作者：薛可

我国目前意识形态工作面临传播
技术的挑战与应对

新中国历代领导人都很重视意识形态工作,习近平总书记强调意识形态工作是党的一项极端重要的工作。当然,所着时代的发展,意识形态工作呈现出不同的现状与问题,也需要不同的应对策略。从新闻传播学角度来看,目前我国意识形态工作面临着以互联网中心的传播技术带来的挑战。

一、新媒体的技术特征带来意识形态工作的新变化

随着网络技术和电子技术的不断发展,媒体传播发生深刻的革命,以互联网和数字化为物质基础的新媒体,为社会各界提供了丰富的文化信息及互动交流方式,使得政府与公众之间、媒体与公众,以及公众与公众之间都可以建立一种横向与纵向交织的多元化交流关系,从而彻底改变了我们身处的信息传播环境,为我党的意识形态工作带来许多的新变化[1]。

(一)新媒体技术减少了受众与主流意识形态之间的距离

从新媒介技术来看,传统媒体(包括报纸、杂志、电视与广播)均采用着由上而下的传播方式,作为宣传我党意识形态工作的重要组成部分,遵循由媒体到受众、由上到下、由点到面的传播形式,有利于促进意识形态宣传的统一效果。然而,在新媒体时代,以互联网为技术特征的传播形式则全然不同,遵循着由下而上的传播形式,显示出由点到点、由点到圆(意见领袖)、多点多圆的碎片化、去中心化的传播状态。近些年,中国网民借助新媒体参与政事的现象日益增多,并对公共政策产生了较大的影响。比如,公众在网络空间以虚拟身份就宁波 PX 事件发表观点,进行平等交谈,针对 PX 事件发出了理性而不可忽略的声音,并最终影响了公共决策[2]。适时地了解和分析公众的合理诉求,是意识形态工作者的职责所在,也是我党和政府工作的重要组成部分。

---

[1] 薛可,阳长征,余明阳.新媒体语境对受众价值取向影响的研究[J].西南民族大学学报:人文社科版,2015,(3):166-172.

[2] 薛可,邓元兵,余明阳.一个事件,两种声音:宁波 PX 事件的中英媒介报道研究——以人民网和 BBC 中文网为例[J].新闻大学,2013,(01).

（二）新媒体传播机制有助于主流意识形态引导社会舆论

新媒体增强了意识形态主客体之间的互动。这不仅包括了意识形态主体与客体之间的互动,既包括了网民、网络共同体与政府、意识形态工作者之间的互动,也包含了意识形态参与者之间的互动。此外,新媒体提升了公众素养,拓展了公众的社会知识领域,不仅如此,在话语表达方面为普通的公众提供了更大的空间,为有效的公众参与提供了多样化途径,借助现代的通信工具与网络媒体,社会动员效率得到很大程度上的跃升,通过主客之间交流与互动,促进公众与主流意识形态达成共识,进而使主流意识形态逐步引导社会舆论向更正面、更理性和更客观的方向发展[1]。

（三）新媒体平台有利于促进主流意识形态的全球传播

在新媒体所营造的全球化传播平台,信息传播具有更强的广泛性与跨空间性,也有利于跨国界地宣传我国的文化传播、治国理念和价值观念,优化国家形象的塑造[2]。随着我国经济的迅速发展,国力日益强盛,世界各国越来越关注中国的经济、政治、文化等各个方面,中国的国家形象已经不仅仅是中国经济水平的代表,意识形态所代表的文化和思想特征更受到了世界范围的重视[3]。如何借助新媒体平台有效地促进主流意识形态的全球传播,以塑造良好的国家形象是值得我国政府关注的课题。

二、我国意识形态建设在新媒体传播下面临的挑战

新媒体时代的到来,互联网时代开放性的话语权、自由的言语表达方式、海量的信息在为社会主义意识形态发展创造良好条件的同时,也给主流意识形态建设带来了严峻的挑战。

（一）功利性的碎片化信息冲击着主流意识形态的主导权

传播的平等性在网络传播中得到了充分的体现,但在缺乏主流意见引导的网络碎片化时代,公众的实用性与功利化思想取向更为明显,主要表现在道德判断力削弱、价值取向紊乱,自我中心化、功利化以及人格扭曲、诚信危机、责任感

① 薛可,王丽丽,余明阳.自然灾难报道中传统媒体与社交媒体信任度对比研究[J].上海交通大学学报:哲学社会科学版,2014,22(4):88-95.
② 薛可,黄炜琳,鲁思奇.中国国家形象个人代言的传播效果研究[J].新闻大学,2015,(02).
③ 薛可,邓元兵,余明阳.突发自然灾难报道中的国家形象理论评估模型研究[J].现代传播:中国传媒大学学报,2013,35(12):21-24.

缺失等。这些负面现象的出现和凸显，给社会稳定及管理带来了极大的冲击和挑战，成为新媒体时代冲击主流意识形态主导权的主要因素。

（二）非理性的网络言论弱化了主流意识形态的影响力

网络信息良莠不齐，在开启全民参与方式的同时，也必然会充斥着各种虚假信息与非理性言论。我们曾以新浪微博末日谣言（中央电视台新闻中心官方微博"央视新闻"播报了一条小行星"战神"到达近地点的消息，引发网友的末日猜想及担忧为例）为例，通过问卷调查的方式，对微博用户的转发行为和转发动机进行了分析，研究结果表明，用户对于末日谣言微博的转发行为更多的是出于一种娱乐心理和吸引他人注意的心理，而对于转发行为的道德责任意识严重缺失。由此可见，非理性的网络言论在快速散播的同时，也弱化了主流意识形态的影响力[①]。

（三）部分消极的舆论领袖干扰了主流意识形态的正向传播

由于"舆论领袖"在舆论传播中所处的核心地位以及个人强大的号召力，他们在社会化网络空间中所制造的消极的意识流，所造成的社会危害可能远远大于其他普通成员[②]。当舆论领袖有意控制信息流动时，会成为阻碍和干扰主流意识形态的正向传播。尤其是在危机情境下，"舆论领袖"的存在虽然可以在某种程度上帮助化解危机，但如果没有加以适当引导，则也可能使消极言论四处扩散，危机进一步升级，从而对整个社会的意识形态和价值取向发生偏离的现象。

三、利用新媒体加强我国意识形态建设的举措

（一）借助新媒体消减在意识形态领域的"第三人效果"

我们的研究已经证实，微博上确实存在的"第三人效果"现象，公众对末日谣言微博的转发行为，一方面是由于道德责任意识的缺失，另一方面，"第三人效果"也在其中起着作用。大多数公众在面对大众媒介的劝服信息时，往往会认为自己受到的影响很小，而自己以外的"他们"所受的影响更大。在转发行为上，即使明知是虚假信息的情况下，不少公众也抱着自己不转别人也会转发的心理，撇开自己的责任，为博人眼球而转发虚假或是谣言微博。因此，合理地使用新媒

---

① 王舒瑶，薛可. 从第三人效果看新媒体受众伦理——以新浪微博末日谣言为例[J]. 新闻世界，2014，(11)：135-136.

② 薛可，梁海，陈晞，等. 网络论坛公共表达与议题上升的结构研究[J]. 上海交通大学学报：哲学社会科学版，2013，(02)：61-69.

体,消减"第三人效果"在意识形态领域的影响,使公众获取网络信息更加便捷的同时,提高公众对意识形态领域"什么是对错"的判断能力。

(二) 重视网络意见领袖在意识形态形成中的辐射作用

新媒体环境下,由网络信息引发的社会突发事件呈上升趋势。危机酝酿与发展的过程不仅表现为演变进程快、社会破坏性强,而且从点状信息发展成线状信息,尤其是在进入网络群体事件阶段后,就已经给网络舆论引导工作和社会危机管理工作带来了巨大挑战。

利用互联网做意识形态工作需要遵循由下而上形成观点与舆论的规律。这一规律需要对碎片化的观点进行对话、争锋与整合,然后形成我们意识形态话语。为了达到这一目标,就需要在互联网社区里有我们的意见领袖,然后通过传统媒体的议程设置功能,进一步就互联网社区中的话题进行进一步讨论,再进一步形成我们的意识形态话语,以引导舆论。这方面我们有成功的尝试,比如各大媒体与媒体人进驻新浪微博,在平时或突发事件中发声,引领话题等都有较好的效果①。

(三) 利用社会化媒体的传播媒介提高意识形态的正向引导力

正能量信息是指在网络信息传播过程中,符合社会基本的道德规范,满足公众的信息需求,促使公众产生全面客观的事实认知、积极健康的社会情绪,以及与之相应的公众行为,并最终使意识形态向理性、稳定、积极的方向发展的信息类型。如:阐述危机真相的事实类信息、公正和不带偏见的评论类信息,有益于救助他人或疏导负面情绪的公共类信息等。目前,我党正处于全面转型期,改革开放以来所积攒的矛盾和问题正逐步显现,公众的意识形态越来越活跃,利益诉求也更加多样化,解决这些问题,除了控制负能量的扩散以外,适时地引导正能量信息的网络传播,促使公众形成理性、积极、健康的意识形态。

(四) 加强官方媒体对社会化媒体环境中意识形态的引领作用

我们在突发危机网络传播的研究中发现,社会化媒体环境下的正能量信息的阶段性波动受到了官方媒体的重要影响。其中,在非官方正能量信息波峰形成的时间点分别都与官方信息(如,危机事件导致的后果、发生的原因和调查报告)的集中转发有着密切的关系,官方媒体的信息发布依然是影响网民的道德判断和正向认知的重要因素。因此,在突发危机日益常态化的当下,我党充分重视

---

① 薛可,陈晞. BBS 中的"舆论领袖"影响力传播模型研究——以上海交通大学"饮水思源"BBS 为例[J]. 新闻大学,2010,(4):87 - 93.

官方媒体的力量，加强意识形态的正向引导，不仅可以有效控制社会矛盾的扩散和激化，也能改善公众的道德意识和自身行为，激发公众参与社会活动的热情，引领我们国家向"和谐社会"的方向发展。

以网络技术和数字化技术为主的新媒体时代以无以阻挡的趋势向前发展，它积极地影响了公众在虚拟及现实环境中呈现的意识形态和价值导向，虽然任何一个社会组织和机构都无力去改变新媒体时代向前发展的潮流，但人们却可以根据新媒体对公众影响的客观规律制定相关法规政策去正确引导新媒体时代的发展方向，积极影响公众在新媒体语境下产生的意识和态度，预防和避免社会不期望的行为结果。针新媒体语境对公众意识形态的具体影响，我们可以通过借助新媒体消减在意识形态领域的"第三人效果"、重视网络意见领袖在意识形态形成中的辐射作用、利用社会化媒体的传播媒介提高意识形态的正向引导力，以及加强官方媒体对社会化媒体环境中意识形态的引领作用，从而使新媒体所构建的社会网络成为一个有益于主流意识形态的确定、社会稳定和谐发展以及公众心理健康的传播环境。

作者：薛可

突发危机中非官方正能量信息的
概念形成与维度分析

随着网络环境、社交媒体与信息交互方式的不断变化,原本在突发危机的信息传播中处于主导地位的官方媒体,受到了以互联网为主要媒介的非官方传播(unofficial communication)的强烈冲击。虽然突发危机的非官方传播无法避免会产生不实信息、负面情绪甚至过激行为,但非官方正能量信息对改善公众的风险认知、积聚社会力量和提升防护救援效果仍然具有积极的促进作用。2008年墨西哥、美国等地出现的H1N1流感疫情、2011年日本东北部海域由地震引发的海啸和2012年北京特大暴雨等突发事件,公众通过社会化媒体获取危机防护信息、联系失散亲友、寻求精神和情感支持,以及向被困人员提供帮助,政府也充分借助社会化媒体,调动社会各项资源,迅速开展有效的救援行动。

由此可见,非官方正能量信息已经在危机传播领域展现出独特的优势,然而,究竟什么样的信息才能称作非官方正能量信息? 判定的依据该如何确立? 对公众会产生怎样的影响等问题都尚未有明确的答案。因此,对突发危机中非官方正能量信息的概念界定与维度特征做出全面、科学和客观的诠释,为此后的研究提供理论基础和方向指引就显得尤为重要。

一、相关研究评述

(一) 突发危机的非官方传播

我国2007年发布的《中华人民共和国突发事件应对法》,将突发事件分为自然灾害、事故灾难、公共卫生事件和社会安全事件四类。突发危机中的信息传播,实质上是政府、组织、媒介和公众关系之间信息交流的过程。Winerman(2009)将其分成官方传播(official communication)和非官方传播(unofficial communication)两种类型,其中官方传播主要包括了从政府、组织、行业等正式传播渠道发布信息,而非官方传播则是通过网络媒体、人际传播等非正式渠道向公众传递的信息或言论[①]。社会化媒体(social media)不仅是非官方传播的主要媒介,也已经成为公众获取危机信息的重要方式,并在推动危机信息的传输、扩

---

① L Winerman. Crisis Communication [J]. Nature,2009,457(22): 376 - 378.

散和反馈方面仍然发挥着日益显著的重要作用。

（二）非官方传播的正能量信息

"正能量"最早源自于物理学科的专业术语，随着近年来语义的逐渐泛化，也成为心理学、社会学、传播学、政治学等研究领域的学术用语。心理学认为，人体内蕴涵着自信、开朗和乐观等正面能量，又有着狭隘、怀疑和颓废等负面能量[①]；社会学认为，"正能量"是精神愉悦、积极向上的社会动力，而消极被动的社会态度则是负能量[②]；传播学认为，"正能量"代表了积极健康、催人奋进、给人力量、充满希望的人和事[③]。尤其是在网络危机环境下，除了建立健全预防机制和加大监管力度以外，提供带有正面疏导作用的"正能量"信息，才能有效缓解社会矛盾，从根本上消除网络谣言的负面效应[④]。

总之，非官方正能量信息在危机传播的积极意义已经得到国内外学者的普遍认同，但相关的理论研究刚刚兴起，尤其是对非官方正能量信息未能形成统一和科学的界定。因此，如何在综合社会道德、认知心理和信息传播等领域的研究成果基础上，丰富和完善非官方正能量信息的概念界定将是本研究的主要内容。

二、非官方正能量信息的概念与维度

虽然有关"正能量"的研究主题各不相同，但其核心价值都反映了培养道德意识、引导正面情绪和凝聚社会力量的积极意义。因此，我们从危机传播所涉及的道德伦理、社会情绪、传播效果三个方面对此做出界定。

（一）非官方正能量信息的概念界定

1. 道德伦理

从宏观层面来看，伦理学研究是人与人、人与自然得以和谐相处的原则。而微观层面则更多是涉及个人、机构、组织或国家有关"什么是对错"的基本问题[⑤]。此外，道德是以善恶正邪荣辱为评价标准，依靠社会舆论、传统习俗和内

---

① Wiseman R. The As If Principle: The Radically New Approach to Changing Your Life [J]. Library Journal, 2012,137(20): 76 - 76.

② 宋海芽."正能量"一词的翻译和语义延伸的认知阐释[J].郑州航空工业管理学院学报：社会科学版，2013,(03): 110 - 112.

③ 张春泉."正能量"：科学术语中的一个"高能"热词——基于认知语义的语域渗透理据分析[J].江汉学术,2013,(06): 101 - 106.

④ 郑晓燕.网络谣言的负效应与社会正能量应对[J].江西社会科学,2013,(10): 240 - 243.

⑤ James A. Jaska, Michael S. Pritchard. Communication ethics: Methods of analysis [M]. CA: Wadsworth, 1994: 204.

心信念来维系人与人之间关系的心理、规范和行为的总和①。Rozin 等人发现坚持正确的社会规范能够鼓励公众接受正向的信息,从而使其对事件做出客观的评判②。

2. 社会情绪

Hareli 等人认为社会情绪是公众在进行社会评价时所体验到的情绪状态,可以分为个体情绪、集体情绪和社会成员共有情绪③。在 12 种情绪特征中,包括了积极情绪(满意、希望、自豪、愉悦、感激、受尊敬)和消极情绪(生气、害怕、厌恶、担忧、内疚、愤怒)。不论哪类情绪,都会受到认知模式的影响,社会认知模式又调节着社会需要和期望,因此,社会需要、期望和社会认知共同成为影响社会情绪的主要因素④。

3. 传播效果

媒介效果是社会个体在受到媒介影响之后而产生的态度和行为变化。公众从官方媒体、专业人士和亲朋好友所获得的风险感知,会导致不同的风险判断和行为选择⑤。有效应对危机事件的关键因素是要及时满足公众在不同危机周期下的信息需求。如突发事件发生后快速的情况调查报告能够为控制突发事件的扩散提供有效支持,以使危机处置救援的响应速度得到提升⑥。

综上所述,我们认为突发危机下非官方正能量信息是指在那些在突发危机的网络传播中,能够符合社会基本的道德规范,满足公众的信息需求,促使公众产生全面客观的危机认知、积极健康的社会情绪,以及与之相应的公众行为,并最终减弱或消除危机事件的负面影响,使危机势态向理性、稳定、积极的方向发展的信息类型。如:阐述危机真相的事实类信息、公正和不带偏见的评论类信息,有益于救助他人或疏导负面情绪的公共类信息等。

(二) 非官方正能量信息的维度分析

为了进一步确立非官方正能量信息概念的维度,我们结合上述研究成果,针

① 王泽应. 伦理学[M]. 北京：北京师范大学出版社,2012：23 - 24.

② Rozin P, Royzman E B. Negativity Bias, Negativity Dominance, and Contagion [J]. Personality and Social Psychology Review, 2001,5(4)：296 - 320.

③ Hareli S, Parkinson B. What's Social About Social Emotions? [J]. Journal for the Theory of Social Behaviour, 2008,38(2)：131 - 156.

④ 孙德梅,王正沛,康伟. 群体性事件管理的一个心理学视角——基于社会心态、社会行为理论的研究[J]. 华东经济管理,2014,(2)：143 - 149.

⑤ Pennings J M E, Smidts A. The Shape of Utility Functions and Organizational Behavior [J]. Management Science Journal of the Institute for Operations Research & the Management Sciences, 2003,49(9)：1251 - 1263.

⑥ Perez-Lugo M. Media Uses in Disaster Situations: A New Focus on the Impact Phase [J]. Sociological Inquiry, 2004,74(2)：210 - 225.

对非官方正能量信息在道德规范、危机认知、公众情绪和行为方面的特点做出维度划分。

1. 道德性

Christians 认为信息的传播伦理（communication ethics）中蕴含了三个主要因素，分别是事实、公正和人的本性，其中真相是最核心的道德问题，也是所有信息传播过程的基础①。此外，就网络行为的道德性而言，网络技术使用者应遵循尊重所有权、尊重隐私权、尊重社会责任、尊重自己的规范性原则，以维护知识产权、社会影响、网络安全和信息完整在网络传播中得以实现②。

2. 认知性

公众的危机认知是通过危机信息的需求和检索，从而达到认知平衡的动态过程。根据危机发展阶段，公众的信息需求可分为结构化、调节性和内在化信息三类。结构化信息包括危机事件造成的环境污染、人员伤亡或财产损失等信息，使公众能够全面了解突发危机的社会影响；调节性信息是指危机后果发生的可能性、可预测性和可控性等信息，公众以此决定如何调整心理状态和加强防护防御；内在化信息则是公众表述对于组织和管理者处理危机的态度和评价③。多项研究结果表明，公众对危机风险发生的可能性、易感性和严重性的认知与其防护性行为呈正相关性。

3. 情感性

社会情绪理论往往将公众情绪分为微观的个体情绪和宏观的社会共有情绪两个层面。个人情绪在向社会共有情绪的转换过程中，会受到情感氛围的影响，其中与他人相关的正面和负面情绪氛围分别是安全和团结，恐惧和敌意，而与自身相关的正面情绪氛围是满意、希望、自信和稳定④。采用调节负面的情感氛围和增强正面情绪的方式，能够给予突发危机的冲突双方更多的希望、安全和信任，使之逐步形成正向社会情绪共振。

4. 行为性

在突发危机的情境下，信息的行为性则是指公众转发危机进展的相关信息、发表个人评价或评论、提供救助或救援信息、传递危机防护的信息等参与性行

① Clifford Christians, Kaarle Nordenstreng. Social Responsibility Worldwide [J]. Journal of Mass Media Ethics Exploring Questions of Media Morality, 2004,19(1): 3 - 28.

② Akbulut Y, Ömer Uysal, Odabasi H F, et al. Influence of gender, program of study and PC experience on unethical computer using behaviors of Turkish undergraduate students [J]. Computers & Education, 2008,51(2): 485 - 492.

③ Barton L. Crisis in organizations: managing and communicating in the heat of chaos [J]. Bulletin of the Association for Business Communication, 1993.

④ Joseph D R, Darío P. Emotional Climate, Human Security, and Cultures of Peace [J]. Journal of Social Issues, 2007,63(2): 233 - 253.

为。已有的研究表明，面对自然灾害等非人为因素所导致的突发危机，公众更愿意借助社会化媒体发布提醒、倡议、捐助、祈福等有助于其他社会成员的信息[①]。相比个人来源，在重大公共危机事件中，以官方媒体和第三方专家评论为主导的信息来源会对公众的行为导向产生更重要的影响[②]。

基于上述分析，我们将非官方正能量信息的概念界定划分为道德性、认知性、情感性和行为性的四个维度，分别为"道德性"维度下信息的事实、完整、公正、保护个人隐私和宗教信仰等的 10 项类目；"认知性"维度的危机事件类型、责任归属、发生频率、危机后果的严重性、可预测性和可控性等的 11 项类目；"情感性"维度的平静、愉悦、希望、自信、团结、满足、自豪和安全等共 10 项类目；"行为性"维度的分享转发、评论回复、祈福告慰、帮困救助、危机防护等 11 项类目。由此，我们为非官方正能量信息的概念模型共得到了 4 个维度和 42 项类目，用以检测信息的道德性、认知性、情绪性和行为性与非官方正能量信息之间，以及各维度之间的关联性。

三、非官方正能量信息的探索性因子分析

(一) 量表开发与预测试

我们在对陈述条目的措辞做了细微修正后，形成含有 42 项类目的非官方正能量信息的初始量表，随机抽选了 30 名上海交通大学在校生参与前测。参照 Thomson 等人[③]的做法，在向受访者阐述了非官方正能量信息的概念之后，采用 Likert 七点量表（1＝"完全不相关"，7＝"非常相关"），要求受访者评估 42 项类目的描述与非官方正能量信息的相关性。

根据前测的结果，保留平均值大于 4.0 的测量类目共计 32 项，道德性类目 6 项，认知性类目 11 项，情感性类目 6 项和行为性类目 9 项，去除涉及"知识产权（3.96）"、"个人隐私（3.89）"、"人身攻击（3.93）"和"宗教信仰（2.93）"的 4 项道德性类目，"平静感（3.64）"、"兴奋感（3.71）"、"自信感（3.04）"和"自豪感（2.75）"的 4 项情感性类目，以及由个人发布的"危机防护（3.79）"和"危机预防（3.86）"的 2 项行为性类目。此外，我们聘请 2 位专家从语义分析的角度，评估

①　Dowling G R, Staelin R. A Model of Perceived Risk and Intended Risk-handling Activity [J]. Journal of Consumer Research, 1994,21(1): 119 - 34.

②　于丹,王蕾蕾.2009 年国内重大事件的传播渠道与效果分析——基于京、沪、穗城市居民的调查[J].现代传播:中国传媒大学学报,2010,(09): 35 - 41.

③　Thomson M, Macinnis D J, Park C W. The Ties That Bind: Measuring the Strength of Consumers' Emotional Attachments to Brands [J]. Journal of Consumer Psychology, 2005,15(1): 77 - 91.

32 项类目在文本表达上的相似性，将一致认为语义极为相似的类目进行归纳统一，最终得到 21 个测量类目（道德性类目 4 项，认知性类目 6 项，情感性类目 6 项，行为性类目 5 项）。

（二）样本选取与数据收集

将得到的 21 个测量类目作为正式量表，参照 Schmitt 等人[①]的实验方法，依据探索性因子分析与结构方程适配度计算对样本数量有效性的具体要求（测量类目的 5～10 倍），重新召集了 200 名上海交通大学在校生进行评估，其中包括 113 名（56.5％）全日制学生和 87 名（43.5％）非全日制在职学生（如：EMBA、MBA 和继续教育学院学生），受访者在年龄、性别、职业和学科背景等方面均存在一定的差异。

根据我国官方对突发事件的界定，参考中国人民大学舆论研究所发布的《中国社会舆情年度报告（2014）》[②]和上海交通大学舆情研究实验室发布的《中国社会舆情与危机管理报告（2014）》[③]，从中选取从 2012 年至 2014 年 3 年内具有重大舆论影响力的 4 个类型 8 个突发危机事件为研究样本。通过新浪微博的 API 端口，抓取了 8 个危机事件在发帖高峰当日的共计 357 823 条数据。Cha 等人的研究结果表明，转发量越高的网络信息越具有社会价值和影响力[④]，因此，在对文本数据的转发量进行排序并去除重复信息之后，我们选取了转发量最高的前 10 条文本数据，内容主要涉及危机事实的转述、危机发生原因的问责、危机发生前后的防护、网络谣言的回应与危机响应活动的参与等。将 8 个突发危机分别制成 8 个版本的调查问卷，每份调查问卷中包含有某一危机事件的 10 条博文和 21 项测量类目的 Likert 七点量表（1＝"非常不同意"，7＝"强烈同意"），受访者会收到随机的 8 个版本中的一个调查问卷，在浏览博文内容之后对 21 条类目做相应的评分，最终回收得到有效的调查问卷共 187 份，有效回收率 93.5％。

（三）量表优化与信度检验

从 21 项类目的评分结果中，再次去除 9 项均值小于 4.0 的类目，如危机发生频率、与自身的相关性、信息的易获取性和转发数量等，优化并得到适用于探

① J. Jos̆ko Brakus, Schmitt B H, Zarantonello L. Brand Experience: What Is It? How Is It Measured? Does It Affect Loyalty? [J]. Journal of Marketing, 2009,73(3): 52-68.
② 喻国明. 中国社会舆情年度报告[M]. 北京：中国人民大学出版社，2014：96-130.
③ 谢耘耕. 中国社会舆情与危机管理报告[M]. 北京：社会科学文献出版社，2014：221-276.
④ Cha M, Benevenuto F, Haddadi H, et al. The World of Connections and Information Flow in Twitter [J]. Systems Man & Cybernetics Part A Systems & Humans IEEE Transactions, 2012,42(4): 991-998.

索性因子分析的 12 项类目,其中道德性、认知性、情感性和行为性维度下各有 3 项。将 187 份有效问卷中涉及这 12 项类目的 2 244 个相关数据导入 SPSS 22.0 做信度检验。四个维度的信度检测 Cronbach Alpha 和基于标准化项目 Cronbach Alpha 的系数均未超过 90%(见表 1),这反映了含有 12 项类目的非官方正能量信息量表具有较强的内部一致性,信度水平较为理想。

表 1　非官方正能量信息的信度检验

维度	Cronbach's Alpha	基于标准化项目 Cronbach's Alpha
道德性	.720	.728
认知性	.798	.794
情感性	.877	.890
行为性	.863	.896

(四) 探索性因子分析与结构模型

运用最大方差旋转法,对四个维度下的 12 项类目做探索性因子分析 (exploratory factor analysis),分析结果显示 KMO 检验系数 0.753(>0.50) 和 Bartlett 球形检验系数 945.196,显著为 0.000(<0.05)。借助旋转元件矩阵分析又从 12 个类目中提取出 3 个主成分,分别用来诠释 50.764%、63.659% 和 75.311% 的数据,此时,非官方正能量信息的因子结构已经清晰呈现。危机相关信息的真实性、公正性和来源的可信度归属于道德性维度,危机的可控性、责任归因和社会救援的认知性信息,以及传递希望感、安全感和团结感的情感类信息则同属于认知和情感维度,这主要是因为信息的认知性与情感性之间的关联性较强,因此,在读取和判定数据时往往会被归在一类。为了能够验证认知与情感之间的关系,我们还是将这两个维度进行了较为明确的划分。最后的行为性维度下包括了公众的防护型建议的采纳意愿、转发以救助他人的意愿以及参加哀悼、祈福或捐助等公共响应活动的意愿(见表 2)。

表 2　非官方正能量信息的探索性因子分析

类　目	因子		
	道德性	认知性/情感性	行为性
危机的事实性信息(或谣言澄清)让我对是非做出正确的判断	.647	.340	.276
信息来源的可信程度(或权威性)让我对是非做出正确的判断	.899	−.092	−.647
发帖人对危机的客观性(或公正性)评价让我对是非做出正确的判断	.622	.523	−.292

（续表）

类　目	因子		
	道德性	认知性/情感性	行为性
危机可控性（或可转变性）信息让我对危机化解有正向的认知	.135	.914	.071
危机归因类（发生原因）信息让我对化解危机有正向的认知	.050	.845	.019
社会各方的危机应对类信息让我对危机化解有正向的认知	.063	.688	.364
表达希望感的信息内容会让我产生正面的情感	.214	.611	.583
表达安全感的信息内容让我产生正面的情感	.181	.755	.453
表达团结感的信息内容会让我产生正面的情感	.180	.610	.512
我愿意采纳由官方发布的危机预防和防护类建议	—.119	.471	.783
我愿意转发对救助他人有益的危机相关信息	.138	.129	.938
我愿意参加突发危机的响应活动（如哀悼、祈福、捐助等）	.171	.056	.880

注：因子分析使用最大方差旋转法，加粗显示的数值是指该因子与所属维度之间的相关性最大。

不仅如此，我们对 8 个危机事件的各维度评分进行统计分析（见表 3）。在道德性维度下，自然灾害类事件（"云南鲁甸地震"、"7.12 北京暴雨"）所呈现的事实性、权威性和客观性信息给受访者带来较大的正能量（5.71，5.73），也因此强有力地促进了公众祈福、捐助和救助他人的行为性倾向。与之相比，正能量总体评分最低的是民生司法类突发事件中的"复旦林森浩投毒案"（5.04），虽然有关这一危机事件的各种评论和观点都不尽相同，但大部分受访者对事件所引发的社会危害性都表示认同。

表 3　8 项危机事件的非官方正能量信息的评测

危机类型	危机事件	道德性	认知性	情感性	行为性	总计
自然灾害	云南鲁甸地震	5.75	5.42	5.67	6.00	5.71
	7.21 北京暴雨	5.58	5.42	5.92	6.00	5.73
公共卫生	H7N9 禽流感	5.58	5.43	4.42	6.00	5.36
	台湾地沟油事件	5.08	5.58	5.67	5.75	5.52
事故安全	马航失联事件	4.93	5.40	4.73	5.33	5.10
	上海外滩踩踏事件	5.27	5.47	4.60	5.27	5.15
民生司法	昆明火车站暴恐案	5.25	5.42	5.25	4.92	5.21
	复旦林森浩投毒案	5.17	5.33	4.92	4.75	5.04

为进一步验证概念模型中 12 项类目与 4 个维度之间的从属关系，以及各维度之间的关联性，借鉴 Bagozzi 等人[①]的方法，采用结构方程模型（structure

---

① Richard P. Bagozzi, Todd F. Heatherton. A general approach to representing multifaceted personality constructs: Application to state self-esteem [J]. Structural Equation Modeling A Multidisciplinary Journal, 1994,1(1): 35 - 67.

equation modeling，SEM)进行概念模型的适配度测算。运用 Lisrel 8.8 统计软件，将 12 项类目的 2 244 个数据、外生观测指标(12 项类目)和外生潜变量(4 个维度)导入 Lisrel 生成框架图，在执行操作命令后呈现出指标和变量之间的路径系数(见图 1)。该模型的拟合优度指数(GFI) $=.93$，比较拟合指数(CFI) $=$ $.91$，均优于 0.9，近似误差均方根($RMSEA$) $=.063$，$\chi^2(48) = 173.30$，$p <.001$，表明模型拟合较为合理。除了道德性维度下的第三项类目的标准化路径系数为 0.45，介于 0.3 和 0.5 之间，为中度效果的从属关系，其他类目的标准化路径系数均大于 0.5，与维度之间的从属关系较为紧密。不仅如此，维度之间的标准化路径系数表明，道德性与认知性、情感性和行为性、认知性与情感性，以及情感性与行为性之间的相关性较为显著，但认知性与行为性之间的路径系数仅为 0.22(<0.3)，这意味着非官方正能量信息的认知性并不会直接影响其行为性，反之亦然。

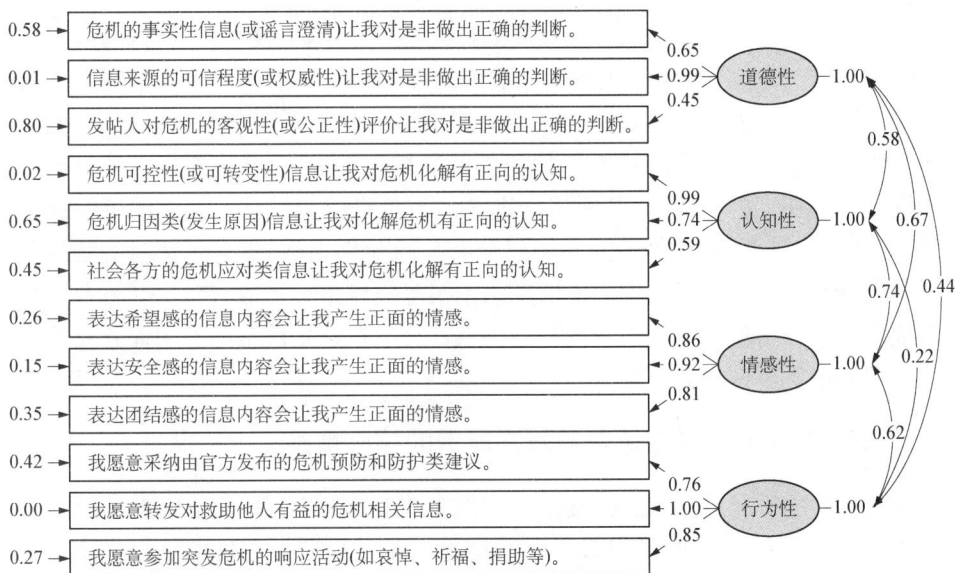

图 1 突发危机中非官方正能量信息的四维度模型

四、研究结论

通过上述的研究分析，我们发现在突发危机的网络传播中，道德性、认知性、情感性和行为性的四大维度共同构成了非官方正能量信息的基本概念，各维度既具关联性又有以下特点：

（一）信源真实性与客观性是形成道德判断的基础

突发危机中非官方正能量信息在道德性维度上表现最为强烈的是信息来源的权威性、真实性和客观性，这与 Christians 提出的传播道德应首先具备事实性和公正性的观点保持一致。结构方程模型的数据证实，道德性维度与非官方正能量信息的其他三个维度，即认知性、情感性和行为性维度都具有不同程度的关联性，简而言之，真实和可靠的信息内容对公众的认知、情感和行为都会产生一定的影响。然而，在本研究的前测中，受访者并不认为保护个人隐私（3.89）、维护知识产权（3.96）、防止人身攻击（3.93）和尊重宗教信仰（2.93）与他们的是非判断有一定的相关性，因此，培养公众尊重他人的道德意识在任何社会环境下都应得到重视。

（二）危机可控性和责任归因是产生正向认知的依据

非官方正能量信息的认知性维度的调查结果显示，突发危机的可控性、危机发生的原因、社会各界对危机的积极响应最能使公众产生正向认知，此外，危机事件所造成后果的严重性和可逆转性决定了该事件是否会个人造成影响，尤其是在公共卫生、民生司法、安全事故类型的危机事件中，公众更希望了解自己是否属于易感性人群，并以此判断该危机事件与自身的相关性。危机的可控性信息，如上海踩踏事件，微博信息中不仅公布公众死伤人数，更是迅速对后续的责任归属、相关处罚、类似大型活动的应急预案等信息进行扩散，与之相似，台湾地沟油事件的微博信息也呈现出同样的特点，因此，在认知性维度上的评分相比其他类型的危机事件显得更高。

（三）安全感和希望感是激发正能量的核心情感

由突发危机非官方信息传播所产生的各类正面情感中，安全感是最能激发正能量的情感之一，其次是希望感和团结感。尤其当这类危机事件与公众自身关联度较高的情况下，突发危机的风险控制就显得尤为重要。如在 H7N9 禽流感事件中，除了死亡人数、涉及区域等信息，公众始终无法了解禽流感的传染渠道和防护方法，因此，在情感性测量评分仅为 4.42，位列 8 个突发危机的末位。同时，受访者也表示突发危机的相关信息并不能产生兴奋、愉快、自信和满足等正面情感，他们能感受最多的还是负面情绪，但在这些情绪的背后，受访者也同样传递了好好生活、珍惜生命、对未来充满希望及对周围的人或事存有的感恩之情，如自然灾害事件的相关信息中祝愿、祈福、鼓励类的微博数量占比就超过60%，希望感和团结感也由此成为促使正能量积聚的主要情感。

（四）积极情绪是提升危机响应参与度的主要因素

非官方正能量信息在促进公众参与防护型行为、危机响应和对他人给予救助活动的行为意愿方面的统计结果较为一致。从四个维度的综合评分情况来看，行为性维度的均值最高 5.5（道德性 5.33、认知性 5.46、情感性 5.15），这反映了突发危机中非官方正能量信息对公众行动意愿的正面影响更为显著。同时，从各维度之间的路径系数结果来看，行为性维度与情感性维度的关联度最强（0.62）（道德性维度 0.44 和认知性维度 0.22）。简而言之，相比认知性与道德性维度，积极正面的情感是提升公众危机参与行为的主要因素。此外，公众也表示并不太愿意采纳"来自个人发布"的危机防护性和预防性信息（3.79，3.86），因此，官方媒体和专业人士在非官方正能量信息传播中的作用仍不容小觑。

五、研究展望

本研究作为非官方正能量信息研究的有益尝试，仍存在不足之处，尤其是在选取案例样本方面，仅限于公共危机事件，并未涉及具体的企业、组织、品牌或产品危机，后续的研究可以将界定的范围向外延伸，在概念界定和结构维度分析的基础上做进一步的深入探讨，以使非官方正能量信息在危机传播领域有更广泛的适用性。

作者：薛可、山峰

原载《现代传播（中国传媒大学学报）》，2015 年第 10 期

突发危机中非官方正能量信息的挖掘与演化分析

——以"上海外滩踩踏事件"为例

　　随着网络信息技术的快速发展与社会化普及,突发危机的非官方传播(unofficial communication)(L. Winerman,2009)[①]已经成为公众获取、分享和评论危机信息的主要渠道。大量的研究表明,不同于报纸、电视、广播和门户网站等官方传播渠道,移动互联环境下的社会化媒体(social media)(如 Facebook、Twitter、YouTube 和新浪微博等)作为非官方传播的主要媒介,在推动危机信息的传播、扩散和反馈,实现迅速交互机制等方面发挥着日益显著的重要作用(Barnett,2011)[②]。如 2008 加利福尼亚大火、2009 年孟买袭击和伊朗选举抗议、2011 年日本地震海啸和 2012 年北京特大暴雨等突发危机,社会化媒体为公众的即时通讯、资讯共享、情感支持和互帮互助等方面提供了公共对话的平台,在改善公众风险认知的同时,更快速地积聚和调配社会力量,开展防护、疏导和救援行动,从而使危机势态得到有效控制。

　　值得注意的是,虽然研究者们普遍认同非官方传播在危机领域的积极作用,但事实上,在近年来发生的多起突发危机中,非官方传播平台上的负面、消极和非理性信息仍然占多数,而正能量信息不仅界定模糊,且总体数量依然较少,并没能充分体现其传播优势和社会效应。因此,究竟什么样的信息才能称为非官方正能量信息?随着危机势态的发展,非官方正能量信息的演化进程会出现哪些变化?在时间节点上又有哪些结构性特征?是什么原因影响了非官方正能量信息的传播?我们又该如何扩大非官方正能量信息的社会效应?这些都是本研究需要深入探讨的问题。

一、相关研究评述

(一)非官方正能量信息

　　"正能量"最早源自于物理学科的专业术语,随着语义的逐渐泛化,也成为心

---

①　L Winerman. Crisis Communication [J]. Nature, vol. 457, no. 22,2009. pp. 376 - 378.

②　Barnett, G. A. 2011, 'Communication and the Evolution of SNS: Cultural Convergence Perspective' [J], Journal of Contemporary Eastern Asia, vol. 10, no. 1, pp. 43 - 54.

理学、社会学、传播学、政治学等研究领域的学术用语。虽然"正能量"在不同的研究领域有着不同的主题内容,但其核心价值都反映了培养道德意识、引导正面情绪和凝聚社会力量的积极意义。

传播伦理(communication ethics)指出,事实(真相或阐明真相)、公正和人的本性是信息伦理中的三大要素,其中真相是所有信息传播过程的核心要素,也是公众做出正确判断的基础(Christians,2004)①;认知平衡理论(cognitive balance theory)发现,公众对危机事件的认知是通过危机信息的需求和检索,从而达到认知平衡的动态过程,当公众对结构化、调节性和内在化信息的需求得到满足时,会使公众产生正向的认知(Tyler,1993)②;社会情绪理论(social emotion theory)认为,在危机情境下,通过调节负面情感氛围和增强正面情绪的方式,能够给予冲突双方更多的希望、安全和信任,使之逐步形成正向社会情绪共振(Rviera,2007)③;媒介效果理论(media effect theory)是指社会个体在受到媒介影响后会产生态度和行为变化(Dowling,1994)④,在非人为因素所导致的突发危机中,公众更愿意积极参与有助于他人的危机响应活动,如提醒、倡议、捐助、祈福等。

因此,在综合传播伦理、认知平衡、社会情绪、媒介效果理论在信息传播领域的相关研究成果基础上,我们认为突发危机下非官方正能量信息是指那些在突发危机的网络传播中,能够符合社会基本的道德规范,满足公众的信息需求,促使公众产生全面客观的危机认知、积极健康的社会情绪,以及与之相应的公众行为,并最终减弱或消除危机事件的负面影响,使危机势态向理性、稳定、积极的方向发展的信息类型。如:阐述危机真相的事实类信息、公正和不带偏见的评论类信息,有益于救助他人或疏导负面情绪的公共类信息等。

不仅如此,突发危机中非官方正能量信息还应具有道德性、认知性、情感性、行为性的四个维度。其中,道德性维度是指在基于信息来源的权威性、真实性和客观性,公众所形成的正确判断;认知性维度包涵了公众对危机事件的认知过程,如突发危机的可控性、危机发生的原因、社会各界对危机的积极响应;情感性维度是由突发危机所产生的各类情感中属于正面的情感类型,如安全感、希望感

① Clifford Christians, Kaarle Nordenstreng. Social Responsibility Worldwide [J]. Journal of Mass Media Ethics Exploring Questions of Media Morality, 2004,19(1): 3-28.

② Barton L. Crisis in organizations: managing and communicating in the heat of chaos [J]. Bulletin of the Association for Business Communication, 1993.

③ Joseph D R, Darío P. Emotional Climate, Human Security, and Cultures of Peace [J]. Journal of Social Issues, 2007,63(2): 233-253.

④ Dowling G R, Staelin R. A Model of Perceived Risk and Intended Risk-handling Activity [J]. Journal of Consumer Research, 1994,21(1): 119-34.

和团结感；行为性维度则反映了公众参与防护型行为、危机响应和对他人给予救助活动的行为意愿。

(二) 危机信息生命周期

有关信息生命周期(information lifecycle)的研究始于 20 世纪 80 年代。从生物学的角度，信息作为呈现事物内部结构与外部联系的运动状态，具有抽象性、多样性、阶段性和周期性的特点(索传军，2010)[①]。尤其是在社会化媒体环境下，信息生命周期的变化显得尤为复杂。以新浪微博为例，其"热点话题"的生命周期曲线中成熟期非常短暂(梁芷铭，2014)[②]，与之相比，其他类型的微博信息的生命周期则持续时间较长，扩散高峰期相对更为集中，且具有明显的截止日期效应(于静，李君轶，2013)[③]。

美国学者 Fink (1986)最早从危机信息管理的角度，将危机信息的传播过程分为征兆期、突发期、延续期和痊愈期四个阶段。Jeffrey (1997)在此基础上做了扩展，根据公众在不同时期对危机信息的需求，分为危机前、危机中和危机后三个阶段[④]。同样，王来华等(2005)、史波(2010)、兰月新(2013)分别以群体性突发事件、公共危机事件和非常规突发事件为例，将危机信息的演变过程划分为事前、事中、事后三个阶段。不仅如此，李志宏(2007)从信息传播的阶段、各阶段的主导传播媒介、信息流的强弱以及噪音对信息的影响程度四个维度，用前兆阶段、爆发阶段、蔓延阶段、缓解阶段和终止阶段五个阶段来清晰阐述突发性公共危机信息传播的时段性特征[⑤]。随着网络媒体在危机传播领域的渗透，李彪(2011)以危机信息传播中网民关注度变化为依据，分为潜伏期、爆发期、蔓延期、反复期、缓解期、长尾期的六个阶段[⑥]。

更多的研究表明，非官方信息的生命周期演化会受到突发危机的事件类型、责任归属、可预测性和可控性等方面的影响(Coombs，2004)[⑦]，也会由于信息的重要性、来源的可信度和网络关系的强弱等属性变化而发生改变(Kwak.

---

① 索传军.试论信息生命周期的概念及研究内容[J].图书情报工作，2010，13：5-9.

② 梁芷铭.基于新浪微博的网络信息生命周期实证研究[J].新闻界，2014，(03)：60-64.

③ 于静，李君轶.微博营销信息的时空扩散模式研究——以曲江文旅为例[J].经济地理，2013，(09).

④ Klenk J S. Emergency information management and telecommunications [J]. Sistemas De Informação，1997.

⑤ 李志宏，何济乐，吴鹏飞.突发性公共危机信息传播模式的时段性特征及管理对策[J].图书情报工作，2007，(10)：88-91.

⑥ 李彪.网络事件传播阶段及阈值研究——以 2010 年 34 个热点网络舆情事件为例[J].国际新闻界，2011，(10)：22-27.

⑦ Coombs W T. Impact of Past Crises on Current Crisis Communication Insights From Situational Crisis Communication Theory [J]. Journal of Business Communication，2004，41(3)：265-289.

H，2010)①。此外，传播主体的权威力、传播欲望和信息发布频率，尤其是官方媒体的介入程度、公信力和危机响应的积极与否都会直接影响非官方信息生命周期的波动势态(迟准，2012)②。

综上所述，危机信息生命周期的相关研究诠释了在突发危机情境下，信息作为危机传播的载体，从危机形成到缓解阶段性过程中的运动轨迹和内在规律，并最终成为制定危机应对策略的行动基础(Lombardi，1997)③。因此，不同于对负面信息的发现与管控，探究非官方正能量信息在危机生命周期里的演化规律，从中发现影响其传播的主要原因，为突发危机的化解和社会舆论的正向指引提供新的策略，不仅是本文研究的主要问题，也将成为未来危机管理发展的新方向。

二、突发危机中非官方正能量信息的挖掘

本文以 2014 年 12 月 31 日发生的"上海外滩踩踏事件"为研究对象，运用文本挖掘、分词算法、短语匹配和词频统计等方法，对突发危机非官方正能量信息进行采集与处理。

(一) 数据采集与清洗

为了能准确和科学地描述突发危机正能量信息生命周期规律，本文参照廉捷等(2011)④提出的新浪微博本文挖掘方案，以"上海外滩踩踏事件"做关键词搜索，利用新浪微博的数据应用接口 API（App-plication Programming Interface)获取了共计 47 019 条新浪微博信息。在剔除了重复信息、无效信息以及由官方媒体(认证媒体、认证政府、认真网站和认证企业)直接发布的 4 368 条信息之后，最终得到 42 651 条非官方信息样本，包括了用户的地域、身份认证、粉丝数、关注数和已发布微博数、发帖时间、信息来源、转发数和评论数等具体信息。其中，发帖人的相关数据显示，普通用户占比最多(81.99%)，充当意见领袖的达人和认证个人分别占比 11.33% 和 6.68%，大多数用户集中在上海(5 788 人，占比 13.57%)、北京(4 224 人，占比 9.9%)、广东(3 371 人，占比 7.9%)、浙

① Kwak H，Lee C，Park H，et al. What is Twitter，a social network or a news media? ［C］. Proceedings of the 19th international conference on World wide web. ACM，2010：591－600.
② 迟准，王昌伟，梁静国，等. 网络危机信息传播仿真研究——基于政府干预的传播[J]. 情报杂志，2012，(11)：23－29.
③ M. Lombardi. Media Studies ［J］. International Journal of Mass Emergencies and Disasters. 1997，15(1)：103－116.
④ 廉捷，周欣，曹伟，等.新浪微博数据挖掘方案[J]. 清华大学学报(自然科学版)，2011，(10)：1300－1305.

江(1 943 人,占比 4.56%)和海外(1 377 人,占比 3.22%),此外,使用 iPhone、Android 系统的手机用户发帖总量为 17 065 条,占比 40.01%,移动互联网已经成为突发危机中非官方传播的重要媒介。

(二) 信息演进的阶段划分

根据李彪(2011)危机信息网络传播周期的出现期、爆发期、蔓延期、缓解期、长尾期六阶段模型①,以及唐超(2012)在测量危机事件的网民发帖量时发现,网络情绪在演化的同时还会在各阶段中呈现从低谷、高峰再到低谷的波形特点②。我们在结合两者关于危机信息传播阶段划分的基础上,通过统计"上海外滩踩踏事件"新浪微博平台上的公众发帖量,对该突发危机事件的网络信息生命周期做了如下设定(见图1)。

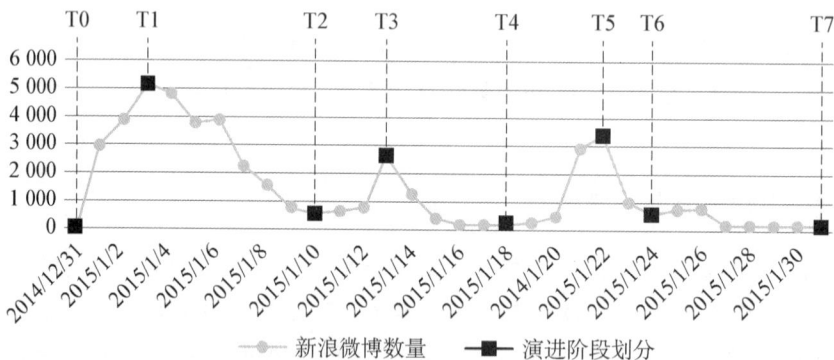

图 1　"上海外滩踩踏事件"网络信息演进阶段划分(新浪微博平台)

从突发危机发生(2014 年 12 月 31 日)之后 30 天的微博数量走势图来看,整个过程共计出现了三个阶段的舆论热议期,因此,我们将处于这三个阶段的波峰和波谷事件进行统一划分,依次分为爆发的起始期(T0~T1)、高峰至低谷期(T1~T2)、蔓延高峰期(T2~T3)、蔓延低谷期(T3~T4)、缓解高峰期(T4~T5)、缓解低谷期(T5~T6)和长尾期(T6~T7)七个时间段,分别对应了 12 月 31 日、1 月 3 日、10 日、13 日、18 日、22 日、24 日和 30 日共计 8 个时间点。

(三) 关键词提取与筛选

本文首先基于层叠隐马尔可夫模型(hierarchical hidden markov model)的

①　唐超. 网络情绪演进的实证研究[J]. 情报杂志,2012,(10): 48 - 52.
②　喻国明. 基于语料库方法的舆论热词数据库的构建——以 2011—2013 年全国两会舆情中心词和关联词的发现与分析为例[J]. 新闻与写作,2014,(1): 54 - 60.

第三章　新媒体积极传播　**163**

文本分词算法,调用 Ictclas2.0 软件对 42 651 条非官方信息做分词(segmentation)处理,共计得到 45 536 个主题词。在去除介词、指代词、单个词等无意义词后,从中提取出具有实际意义的核心主题词 12 914 个,并根据每个核心词在文本信息中出现的频率做排序,参照喻国明(2014)[①]有关国家二会舆论热词数据库的建构方法,选取了词频在 100 以上的 2 847 个关键词作为这一突发危机事件非官方信息的热词。其次,采用人工编码的方式,分别由 3 名研究生参与关键热词的归类,根据我们之前有关突发危机中非官方正能量信息的概念界定和维度划分,编码人员分别将筛选后的 783 个关键热词分别归至道德性、认知性、情感性和行为性的四大维度,最终采取一致性的分类结果,构建了非官方正能量信息的核心热词库,继而为突发危机非官方正能量信息生命周期的计量分析提供数据支持。

为了能清楚地看到关键热词的关联性分布,借助 Ucinet6.0 社会网络分析软件的矩阵分析功能,对"上海外滩踩踏事件"的非官方正能量信息的关键热词做子群分析,得到了四个不同维度的热词分布可视图(见图 2)。与其他三个维度相比,道德性维度热词(包括真实性、权威性、公正性三个类型)数量最多,共计 184 个。其中,危机事件事实性描述热词 103 个,由权威人士对官方媒体信息的

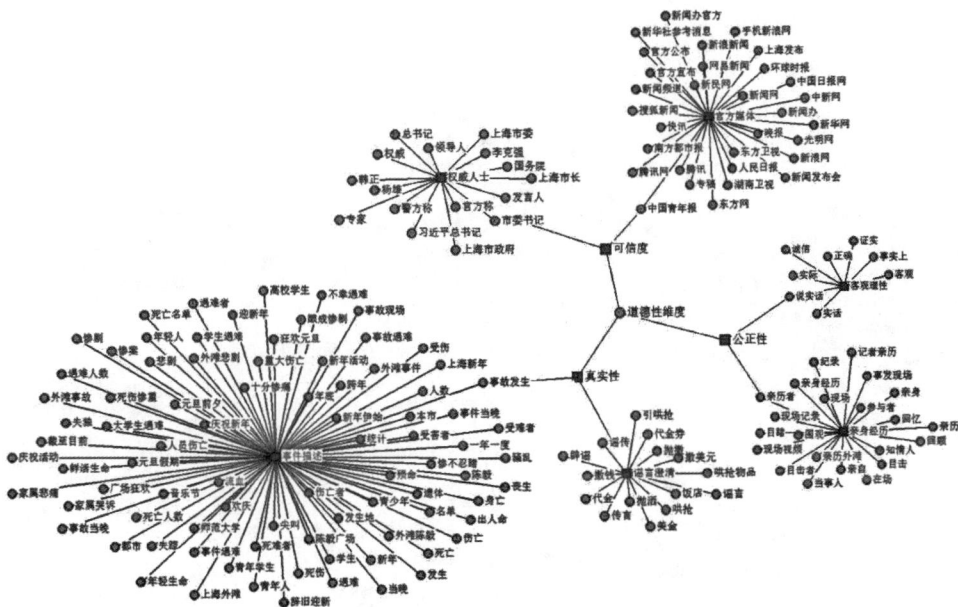

① Bollen J, Mao H, Pepe A. Determining the public mood state by analysis of microblogging posts [J]. A life, 2010: 56-65.

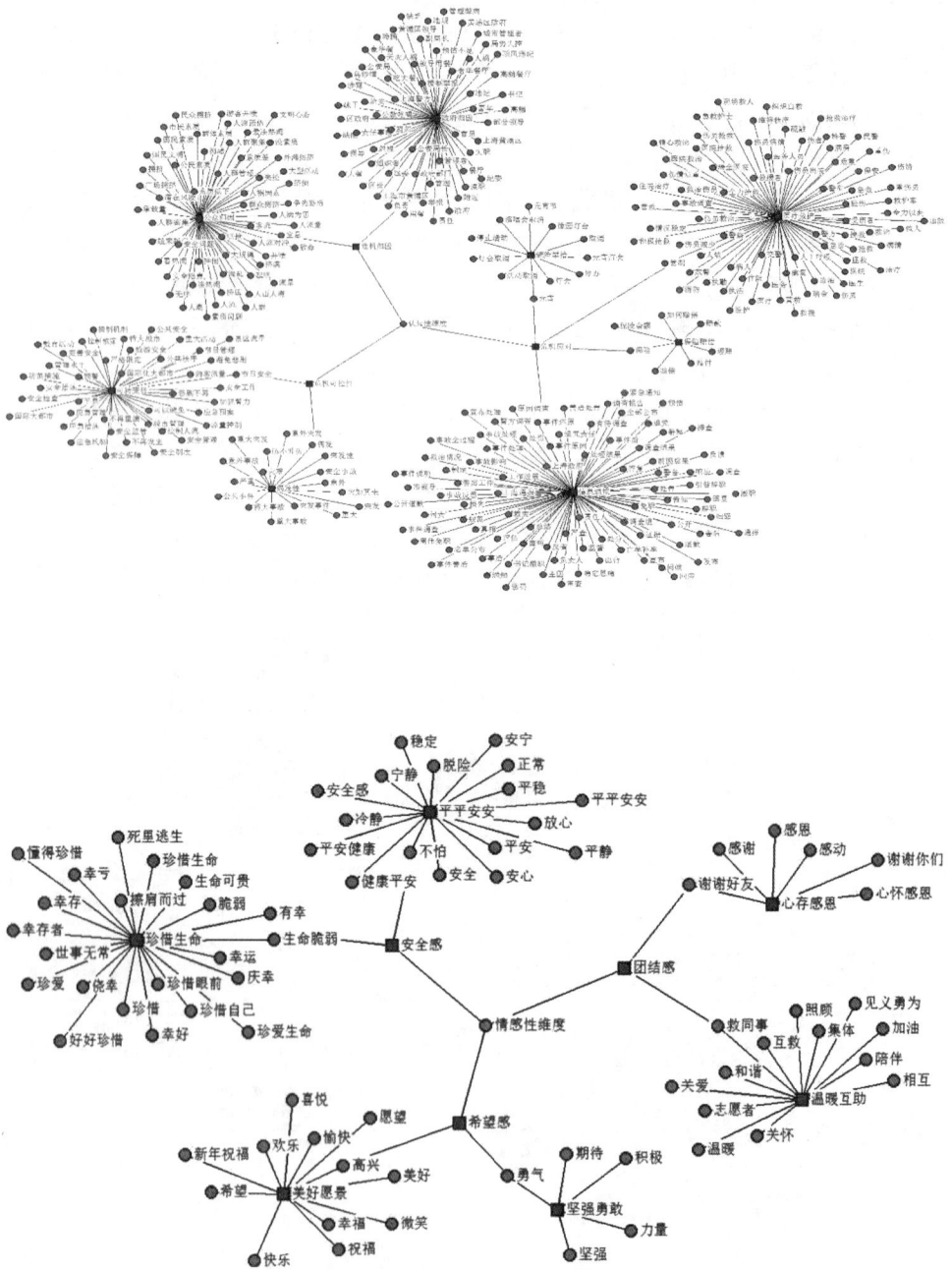

情感性维度

安全感 — 平平安安：稳定、安宁、脱险、正常、宁静、平稳、平平安安、安全感、冷静、放心、平安健康、不怕、平安、平静、健康平安、安全、安心

珍惜生命：懂得珍惜、死里逃生、幸亏、珍惜生命、生命可贵、幸存、擦肩而过、脆弱、有幸、幸存者、生命脆弱、世事无常、幸运、庆幸、珍爱、侥幸、珍惜眼前、珍惜、珍惜自己、好好珍惜、幸好、珍爱生命

生命脆弱

团结感 — 心存感恩：感谢、感恩、谢谢好友、感动、谢谢你们、心怀感恩

温暖互助：救同事、照顾、见义勇为、互救、集体、加油、和谐、陪伴、关爱、志愿者、相互、温暖、关怀

希望感 — 美好愿景：喜悦、愿望、新年祝福、欢乐、愉快、高兴、美好、希望、幸福、微笑、快乐、祝福

勇气：期待、积极、坚强勇敢、力量、坚强

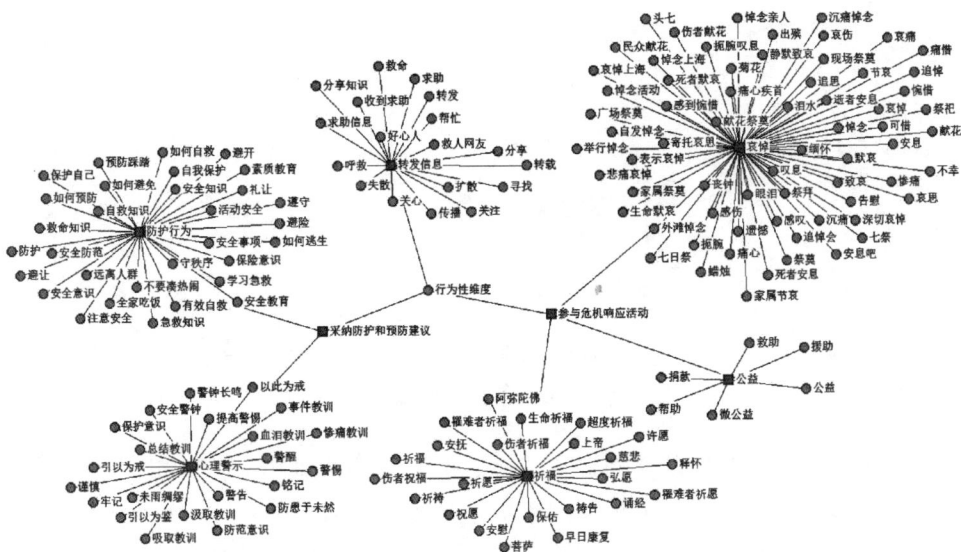

图2　非官方正能量信息的核心热词网络(四项维度)

转发或评论热词47个,公众鉴于亲身经历或站在客观公正的视角发表的个人言论热词30个。此外,认知性维度涉及了危机的可控性、责任归因和危机应对共计345个热词,由于该危机事件造成了人员伤亡的严重后果,所以危机认知维度的热词大部分都集中在医疗救护(72个)和进展通报(85个),政府和公众的责任归因(58个和54个),其次是危机的可转变性(41个)和偶发性(19个)。同时,对危机的认知也给公众的正面情感和行为意愿带来一定的影响。如行为性维度中参与哀悼、祈福和公益等危机响应活动的热词数量最多(共计108个),危机防护行为和心理警示的53个热词也传递了公众从此次突发危机中所获得的安全防范意识。相较而言,正面的情感性热词是四个维度热词中数量最少的一个维度,仅有75个。其中,以珍惜生命和祈求平安为主体的安全感热词39个,表达新年愿景和鼓励人们坚强勇敢的希望感热词17个,以及充满感激和温暖互助的团结感热词19个。

(四) 关键词匹配与效度检验

在得到突发危机非官方正能量信息的关键词分类之后,通过短语匹配技术,将同类型的核心热词再次回归至微博信息中分别进行提取,最终统计得到道德性、认知性、情感性和行为性四个维度的783个热词每天出现的微博数,以此组成了"上海外滩踩踏事件"非官方正能量信息演进的30天周期图(见图3)。

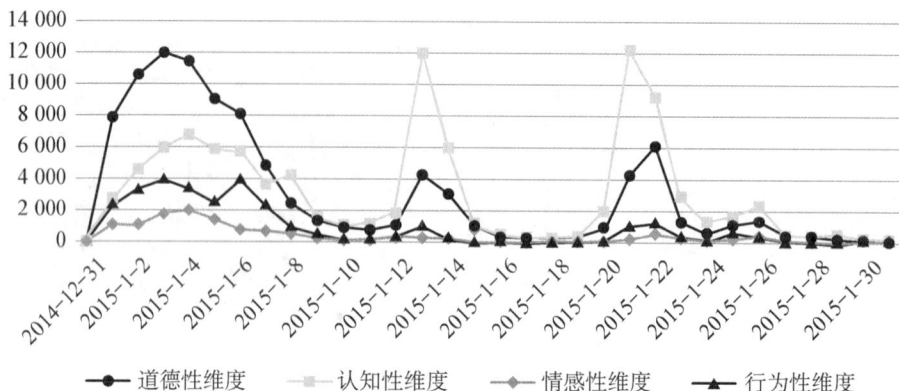

图 3　非官方正能量信息的演进周期

　　为了检验非官方正能量信息的热词分类的实证效度,采用 Bollen 等 (2010)[①]分析微博客社会情绪与现实事件对应关系的检测方法。首先,按照时间序列将 2014 年 12 月 31 日—2015 年 1 月 30 日"上海外滩踩踏事件"的官方信息进行排序,转发量排名前十位的信息主要集中在新浪新闻网 1 月 3 日发布的"上海外滩踩踏事故致 35 人死亡 42 人受伤"、凤凰新闻网 1 月 13 日发布的"上海黄浦区部分领导踩踏事件当晚在外滩吃大餐",网易新闻网发布 1 月 22 日"上海发布外滩拥挤踩踏事件调查报告"等 14 条新闻内容。其次,将新闻内容与非官方正能量信息的演化趋势进行比对分析。图 3 显示,随着危机后果的公示和原因调查的不断深入,认知性维度的热词持续上升,直至缓解高峰期(T5)达到最高点,对事实的客观评判热词也紧随其后,这也促使了公众的正面情感的减少,从而影响公众在危机蔓延期和缓解期(T3～T7)参与危机响应活动的积极性。鉴于上述结果,本研究所构建的非官方正能量信息四个维度的热词词库与事件发展存在密切的相关性,表明这种基于非官方正能量词库,结合微文本的短语匹配技术在分析"上海外滩踩踏事件"的非官方正能量信息方面是有效的。

(五) 关键词的频次计算

　　不仅如此,非官方正能量信息的演进周期还是一个复杂的过程,信息传播的每个阶段中关键词的构成比例都有所不同。根据 Lansdall 等(2012)[②]分析微博情绪变化趋势的做法,首先统计出含有非官方正能量信息四个维度下 783 个热

① Luisa G H, Maria Adelaida G G, Dietbert N, et al. The PP1-R6 protein phosphatase holoenzyme is involved in the glucose-induced dephosphorylation and inactivation of AMP-activated protein kinase, a key regulator of insulin secretion, in MIN6 β cells [J]. Faseb Journal, 2010,24(12): 5080 - 5091.

② Lansdall-Welfare T, Lampos V, Cristianini N. Effects of the Recession on Public Mood in the UK [C]. World Wide Web Conference Series, 2012: 1221 - 1226.

词的微博数量,之后将每个词每天出现次数除以该维度关键词当日的微博数,得到的比值即为每个关键词的频次,频次的高低代表着其重要性,出现频次高的热词对正能量传播的作用更大(见表1)。通过进一步对各时间阶段的每类热词进行频次统计,使非官方正能量信息在四个维度下的演进过程得以清晰呈现(见图4)。

$$Y = \sum X/C$$

式中:Y 表示某个维度热词的日频次;X 表示每个热词的日出现次数;C 是当天同一维度热词出现的微博总数。

表1 非官方正能量信息四个维度的描述性统计结果表

	词汇数量	均值	标准差	偏度	峰度	最小值	最大值
道德性维度	184	0.358 2	0.084 0	0.750	−0.153	0.237 2	0.549 0
认知性维度	345	0.462 2	0.130 4	−0.204	−0.571	0.196 8	0.688 5
情感性维度	75	0.062 8	0.026 1	−0.045	0.383	0.013 6	0.128 5
行为性维度	179	0.116 8	0.046 0	0.179	−0.162	0.021 3	0.214 4

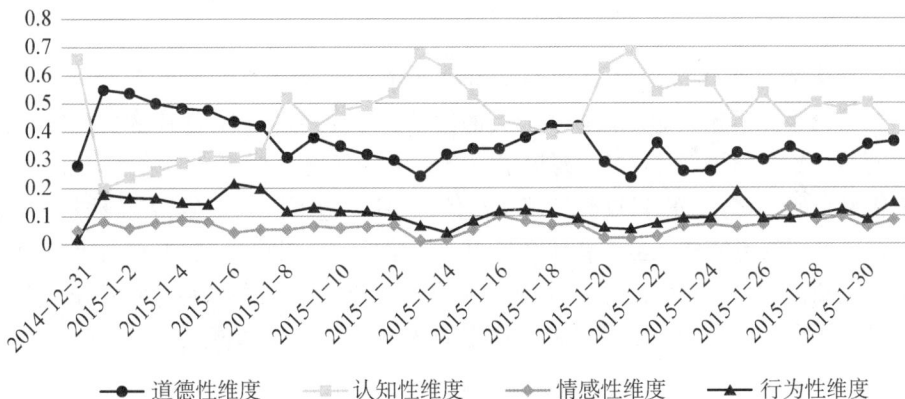

图4 非官方正能量信息的词频统计周期

三、突发危机中非官方正能量信息的演化分析

(一) 道德性维度:网络谣言不再干扰公众对危机事实的正确判断

突发危机中非官方正能量信息的道德性维度,反映了公众从信息来源的真实性、客观性和权威性中所形成的正确判断。其中包括了危机的事实描述、谣言澄清、专业人士,以及普通用户从自身体会所发表的言论,含有这些高频词的微

博动态体现了公众寻求危机客观事实的过程。

由图 5 可以看到，公众更偏重于对事实性信息的转发与评论，与之相比，在整个事件引发讨论的 30 天内，唯一一则"拥挤踩踏事件系有人在外滩 18 号抛撒疑似'美金'引发"的网络谣言，在 1 月 1 日散布后的 24 小时内得到了官方澄清，在尚未引起公众关注的同时就被淹没在了大量的事实性信息。这与王灿发（2010）①关于谣言传播与消除的研究结果相一致，无中生有类型的谣言在形成阶段，一旦用明确事实予以澄清，便不会演变为树状的大范围传播。在经历了多个由谣言引发的突发危机事件（如由日本核泄漏引发的全市抢盐事件等），公众在网络谣言或不实信息面前表现更为从容，对突发危机客观事实的正确判断的能力也在不断提升。

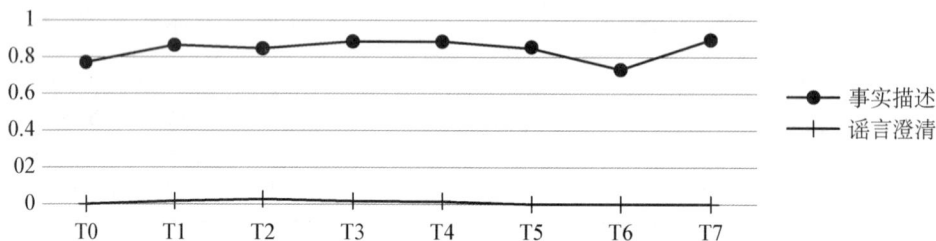

图 5　道德性维度的事实性信息演进

另从客观性和权威性热词的演进图来看，在突发危机的爆发期内（T0～T2），公众发布的亲身经历占据了最大的比重（47.82%）。官方媒体的信息转载在之后的蔓延期（T2～T4）和缓解期（T4～T6）中呈现出逐步上升的趋势，而由专业人士发布的"上海外滩踩踏事件"事实性信息，其中包括医疗卫生、安全防护、城市管理等领域的专家意见虽然总体平稳但占比略低，并未在这一突发危机事件中凸显意见领袖的力量。由此可见，相比网络意见领袖，官方媒体的信息转发和个人的亲身经历在引导公众形成客观评价的过程中有着更重要的影响力（见图 6）。

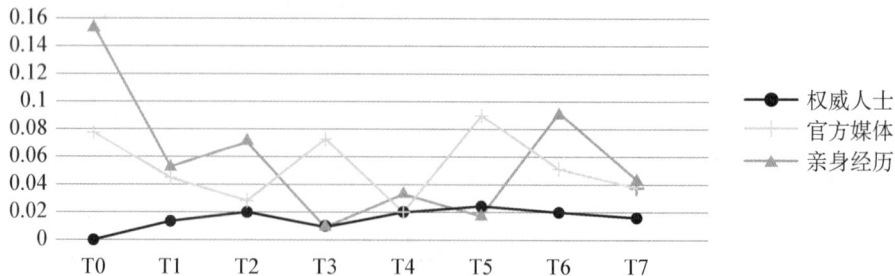

图 6　道德性维度的权威性和客观性信息演进

---

① 王灿发. 突发公共事件的谣言传播模式建构及消解[J]. 现代传播：中国传媒大学学报,2010,(6):45-48.

（二）认知性维度：明确责任归因能够提升公众对危机可控性的正向认知

非官方正能量信息在认知性维度的研究结果表明,突发危机的可控性、危机发生的原因、社会各界对危机的积极响应最能使公众产生正向认知。此次事件的认知性维度热词主要涉及突发危机的偶发性、可转变性、责任归因,以及事故通报、医疗救护、保险赔偿和防范措施等危机应对。

相较危机可控性和危机应对,"上海外滩踩踏事件"责任归因热词词频占比更多(40.87％)。不同于以往公共危机中政府归因一边倒的局面(吴小冰,2010)[①],公众对此次危机发生原因的认知更趋于理性,在危机爆发期(T0～T2),除了城市管理者"预估不足"、"公款吃喝"和"管理缺陷"等政府归因以外,节日期间景点游客所表现出的"凑热闹"、"拥挤无序""人群积聚"、"素质问题"和"文明心态"等公众归因也成为诱发突发危机的又一重要因素(见图7)。但在进入危机传播的蔓延期后(T3～T7),政府归因逐步替代了公众归因,成为危机的主要责任方。

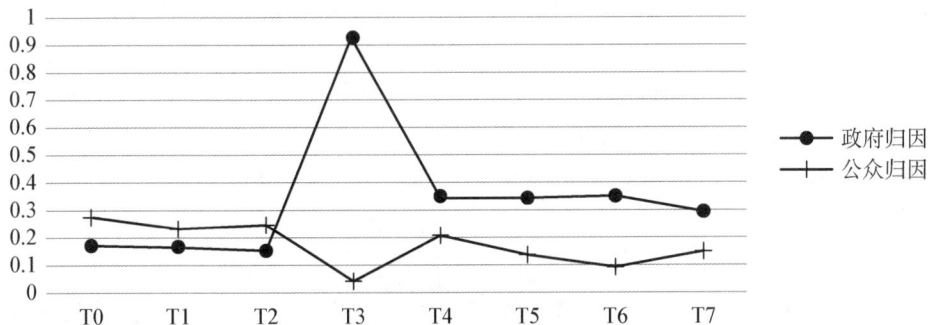

图 7 认知性维度的责任归因信息演进

随着危机责任归因的逐步明确,公众反而对危机可控性有了更多的正向认知。由于"上海外滩踩踏事件"的突发性,在危机爆发的起始阶段,公众尚未了解事件发生的原因,因此"偶发性"占据了主导地位,而当政府责任归因的网络信息得到扩散和蔓延时,对危机的"可转变性"认知逐渐上升,直至到长尾期表现最为强烈(见图8)。简而言之,公众普遍认为这类突发事件的发生概率极小,若政府采取适合的预防措施,危机后果能够得到有效控制,同时,在加强防控及提高公

---

① 吴小冰. 政府公共危机沟通策略探讨——归因理论与形象修复理论的视角[J]. 东南传播,2010,(06):28－31.

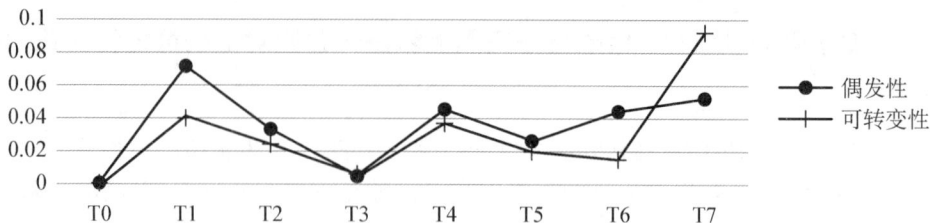

图 8　认知性维度的危机可控性信息演进

众文明素养的情况下,类似危机也能避免再次发生。随着 1 月 22 日"上海发布外滩拥挤踩踏事件调查报告"的信息受到广泛关注的同时,更加深了公众对这类突发事件的可治愈性、可转变性和可控性的正向认知。

(三) 情感性维度:安全感是最能表达公众在突发危机中的正面情感

在突发危机非官方正能量信息的情感性维度下,安全感、希望感和团结感是最能激发公众正能量的情感类型。此次"上海踩踏事件"造成 36 人遇难的严重后果,公众在表达"愤怒"、"惊讶"、"惋惜"等负面情绪的同时,也产生了"坚强勇敢"、"新年祝愿"、"平平安安"、"珍爱生命"、"心怀感恩"等正面情绪。

从情感维度的热词演进(见图 3)可以看到,在事件发生一周后,正面情感在爆发期高峰期内(T0~T2)呈现出较大的波动,但在随后的蔓延期和缓解期则趋于平稳,总体而言,与希望感和团结感相比,安全感始终是正向情感占比最大的类型(见图 9)。在危机结果发布的当天,与"平平安安"相关的主题词出现的频率最高,其次是"珍惜生命"和"新年祝福"等对美好愿景,以及对危机受害者"坚强勇敢"的精神鼓励。随着第一波情绪高峰期过后,虽然危机责任的原因调查、追责惩罚或社会救助等信息形成了第二波和第三波热潮,但公众的正面情感在逐步减少并趋于稳定的同时,并没有发生明显的波动,对生命的敬畏依然是正面积极情感的主要情感。唐超(2012)在网络负面情绪演进的研究结果却与之相反,各类负面情绪在随着危机事件推移会逐步放大,并从有序变为无序[18]。因此,在突发危机事件中,相较负面情绪,正面情感的构成往往更趋于一致,发展态势也更为有序。

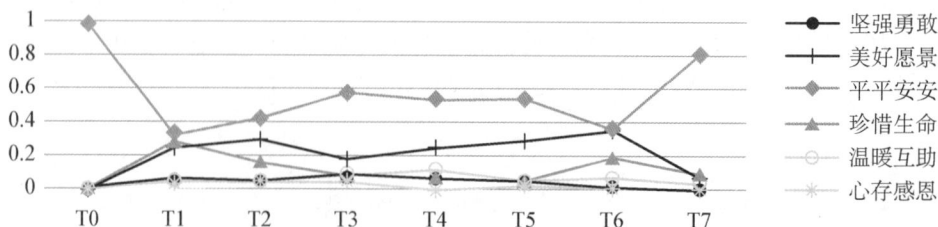

图 9　情感性维度的信息演进

（四）行为性维度：转发有助他人信息是公众积极参与的网络行为

非官方正能量信息能够促进公众在突发危机中的行为意愿，如采纳预防和防护的建议、转发对救助他人有益的信息、参与祈福、哀悼和捐助等危机响应活动。在"上海外滩踩踏事件"的微博热词中也同样涵盖了以上的信息内容。

行为性维度在事件发生的不同时间点仍然有着鲜明的特征。在突发危机的爆发高峰期（T1），"36位遇难者名单公布"使表达悼念之情的关键词（如"逝者安息"、"生命默哀"、"深切哀悼"等）成为网络行为的主导热词，此后逐步降温，直至蔓延高峰期（T3），"转发有助于他人信息"（如"求助信息"、"寻找"、"失散"等）取而代之达到峰值。而当进入缓解高峰期（T5），"捐款"、"援助"、"救助"等公益活动也快速上升，与悼念类和助他类热词一起构成了公众的主要网络行为。值得注意的是，虽然"心理警示"和"预防和防护行为"热词出现的频次并不多，在突发危机的热议期也一直处于底部状态，但当危机传播进入缓解期和长尾期（T5～T7）时，"安全防范"、"学习自救"、"预防踩踏"等危机防护性热词，以及"引以为鉴"、"警钟长鸣"、"防患于未然"等心理预警类信息却得到了公众的共识，呈现上升趋势（见图10）。

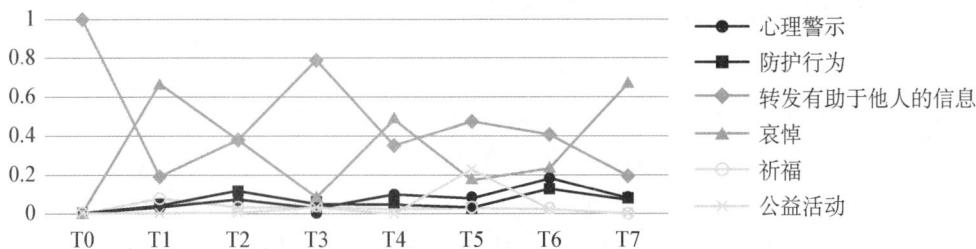

图 10 行为性维度的信息演进

正如陈华（2011）在研究中指出的那样，网络动员除了一般社会动员的共性外，还具有动员范围更广、参与者互动性更强、公众认可度与参与程度更高等特点[1]，公众在"上海外滩踩踏事件"中也确实表现出了较为积极的行为倾向。当此次事件尚未成为舆论热点时，公众的危机参与就已经开始，包括为对已故人员的悼念、转发利他信息、参与援助等公益活动、获取危机预防和防护知识，以及建立心理预警的意识。虽然各类行为在每个时间节点上的构成并不完全相同，但"转发有助于他人信息"占比最高，足以体现公众在突发危机中对他人的救助意识。

---

① 陈华. 互联网社会动员的初步研究[D]. 中共中央党校, 2011.

四、结论

尽管突发危机的非官方传播无法避免地会含有不实信息或消极言论,但通过"上海外滩踩踏事件"新浪微博的数据挖掘与分析,依然能够发现为数不少的非官方正能量信息。我们以正能量信息的关键热词为主导,在剖析非官方正能量信息的演化态势、结构性特征和影响因素的基础上,提出非官方正能量信息的扩散与引导途径。

(一)非官方正能量信息的热词分布

经过对新浪微博 42 651 条数据的文本挖掘、数据清洗和关键词归类,最终形成非官方正能量信息的关键词词库,这 783 个关键词在四个维度下呈现出分布不均的状态。其中,道德性维度和认知性维度的关键词数量最多,波动也更为激烈,与之相反,正向的情感性维度则表现最弱。由此可见,虽然公众能够避开网络谣言的干扰,对危机事件产生客观、理性和正向认知,但突发危机所造成的严重后果还是很难给予公众更多积极向上的正面情感。

(二)非官方正能量信息的演化态势

本次突发危机中非官方正能量信息的演化同样经历了爆发期、蔓延期、缓解期和长尾期,从每一阶段的高峰期和低谷期的时间分布来看,基本与突发事件的舆情走势保持一致。在为期 10 天的爆发期内,非官方正能量信息的道德性维度下含有事实性信息的微博数量波动最为显著,反映出公众在危机爆发初期急于了解事实真相的信息需求。当进入蔓延期,危机认知的相关热词呈快速上升趋势,尤其是责任归属由爆发期的公众归因转变为政府归因,从而导致正面情感的逐步减少。此后,随着官方媒体有关事件调查报告的出台,非官方正能量信息又形成一波小高潮,而此时正向的情感维度和行为维度却未受其影响,始终保持平稳状态,并最终与其他维度一同进入非官方正能量信息的长尾期。

(三)非官方正能量信息的结构性特征

虽然非官方正能量信息的演化态势与舆情发展基本相符,但在传播过程中仍然表现出鲜明的结构性特征。就非官方正能量信息的道德性而言,极少数的网络谣言被海量的事实性信息所覆盖,使其不再成为干扰公众是非判断的主要因素;在认知性方面,不论是公众归因,还是政府归因,危机责任的归属是责任归属越明确,越能够提升公众对危机可控性的正向认知;而在为数不多却发展态势平稳的正面情感中,安全感是在此次突发危机中公众出现频次最多的正面情感;

为此,公众积极参与转发有助于他人的信息和网络悼念的危机响应活动,并从中树立起安全防范和心理预警的意识。

(四) 非官方正能量信息演化的影响因素

非官方正能量信息的演化过程受到了公众信息需求和官方媒体介入的双重影响。一方面,公众需求在信息演化过程中具有一定差异性,如突发危机爆发初期的危机真相和发生原因,到蔓延期的社会救援和政府态度,以及缓和期的危机响应和预警防护等。只有在信息需求得到满足的情况下,公众才会对突发危机产生正向的感知。另一方面,非官方正能量信息在演化周期中所形成的三个波峰,都是官方信息被集中转发的时间节点。如危机伤亡情况的发布,激起了公众传递精神鼓励的正面情感及参与危机响应的行为意愿;危机原因的调查,消除了非官方信息的不确定性,使网络谣言影响力变得微不足道;危机之后的追责和处罚,更是加强了公众对危机可治愈性和可控性的认同度不断增加。因此,官方媒体不仅是回应公众信息需求最具影响力的媒介,也是影响非官方正能量信息演化的重要因素。

(五) 非官方正能量信息的扩散与引导路径

正如之前所述,非官方正能量信息在公众的客观评判和正向认知方面占据重要地位,但在正面情感、危机防护观念与公益活动参与度等方面仍显不足。为改善这一现状,我们可以采取以公众需求为导向,在突发危机爆发期内,加大官方媒体的信息介入程度,并与网络意见领袖相配合,充分发挥非官方信息在正向认知方面的引领作用;随着突发危机的逐步蔓延,以增强公众的正面情绪为导向,扩大危机预防和防护行为方面的信息普及,使公众关注点从危机责任的归属问题转变为对自身安全的思考,从而提升非官方信息在正面情感方面的积极作用;与之相比,危机的缓和期各类信息都较为平稳,此时以促进公众的危机响应参与为导向,再次体现网络媒体和意见领袖的信息扩散优势,推送各类社会公益活动的信息,激发公众社会参与的热情,使之成为公众转载和热议的焦点,这将加快危机事件向理性、积极和平稳的方向发展;此外,突发危机的长尾期虽然信息的总体数量并不多,但其对今后同类危机的影响却不容小觑,因此,尽可能在长尾期累起正能量信息,如政府部门为杜绝此类事件所做的各类改进措施、公众得到的防护知识和经验教训,以及社会公益活动所带来的积极效应等。

综上所述,本文为突发危机中非官方信息传播的研究提供了一个新的研究视角,将基于文本挖掘的计量方式应用于非官方正能量信息的词库构建与演化分析,以此剖析特定危机事件中的非官方正能量信息的走势、特征、影响因素和提升社会效应的路径。然而,本文选取的"上海外滩踩踏事件"属于故事安全类突发危机,尚未涉及自然灾害、公共卫生和民生司法等其他类型,因此,在研究样本上存在一定的局限性;非官方正能量信息在不同类型的危机事件中是否会存在差异,影响其传播的因素是否会有不同等都尚未得到验证,这也将成为我们下一步深入研究的方向。

作者：薛可、山峰
原载《情报杂志》,2015 年第 10 期

卷入度、论据强度及赞助商对
公益广告效果影响研究

一、文献综述

拉夫尔提等(Lafferty,2009)采用广告态度、品牌态度及购买意向测量广告效果,在公益广告中行为意愿成为重要测量指标[①]。

(一) 赞助商对广告效果的影响

消费者在加工公益广告时会参考信源[②],信源影响广告说服力与注意力[③]。除了广告中模特与代言人,广告主也是一种信源[④]。

当企业赞助社会事业或公益广告,同样的信息较之非营利性赞助者被看作拥有较少的可信性[⑤],消费者对广告态度较为消极,会较少的采取行动。但有研究指出消费者对社会事业的熟悉度[⑥]以及社会事业的目标性[⑦],是影响其对相关社会事业态度最重要的因素,而非来自赞助商[⑧]。

企业赞助公益事业是为了建立积极的品牌形象提供消费者的品牌评价及购

---

① Flora J A, Maibach E W. Cognitive Responses to AIDS Information The Effects of Issue Involvement and Message Appeal [J]. Communication Research, 1990,17(6): 759 - 774.

② Jones L W, Sinclair R C, Courneya K S. The Effects of Source Credibility and Message Framing on Exercise Intentions, Behaviors, and Attitudes: An Integration of the Elaboration Likelihood Model and Prospect Theory1 [J]. Journal of Applied Social Psychology, 2003,33(1): 179 - 196.

③ Craig C. Item nonresponse in mail surveys: Extent and correlation [J]. Journal of Marketing Research, 1978,15.

④ Goldberg M E, Hartwick J. The Effects of Advertiser Reputation and Extremity of Advertising Claim on Advertising Effectiveness [J]. Journal of Consumer Research, 1990,17(2): 172 - 79.

⑤ Szykman L R, Bloom P N, Blazing J. Does Corporate Sponsorship of a Socially-Oriented Message Make a Difference? An Investigation of the Effects of Sponsorship Identity on Responses to an Anti-Drinking and Driving Message [J]. Journal of Consumer Psychology, 2004,14(1): 13 - 20.

⑥ Baghi I, Rubaltelli E, Tedeschi M. A strategy to communicate corporate social responsibility: cause related marketing and its dark side [J]. Corporate Social Responsibility & Environmental Management, 2009,16(1): 15 - 26.

⑦ Chang C T. Guilt appeals in cause-related marketing: the subversive roles of product type and donation magnitude [J]. International Journal of Advertising, 2011,30(4).

⑧ Baghi I, Gabrielli V. For-profit or non-profit brands: Which are more effective in a cause-related marketing programme [J]. Journal of Brand Management, 2013,20(3): 218 - 231(14).

买意向①。通过赞助将企业与相关的事业或事件建立联系，使消费者将对社会事业积极的感知转嫁到了企业②，获得长期或者短期的利益。企业赞助公益事业，消费者会提高对其产品评价，产生更好的品牌态度以及更强的购买意向，同时树立自身形象、提升信誉③。国内研究也表明企业赞助公益广告可提高组织的美誉度及消费者对其的认同感，拉近企业与消费者的距离和沟通情感，提升形象吸引消费者④。

但有研究给出不同观点，如赞助活动并没有改变消费者对企业的态度，也没有增加企业声誉。甚至由于消费者对其赞助动机的利己意向的揣摩，长期而言会给赞助企业带来负面的影响⑤。广告不能很好地激起对品牌积极态度及购买意向⑥。

(二) 卷入度对广告效果的影响

卷入度是信息加工动机的重要指标。信息与被试间相关性、消费者对广告刺激物的注意度和理解能力⑦、说服情境⑧等都会影响消费者卷入度。

卷入度是影响企业赞助社会活动效果的重要因素，其可以解释为何消费者对不同赞助活动反应截然不同。同时卷入度在消费者对赞助商的态度起调节作用，卷入度越高消费者对赞助商态度越积极⑨。

(三) 论据强度对广告效果的影响

论据强度是说服研究中重要影响因素，指观点的强弱程度，同样字数的论

① Barone M J，Miyazaki A D，Taylor K A. The influence of cause-related marketing on consumer choice：Does one good turn deserve another？[J]. Journal of the Academy of Marketing Science，2000,28(2)：248 - 262.
② Crimmins J，Horn M. Sponsorship：From management ego to marketing success [J]. Journal of Advertising Research，1996,36(4)：11 - 21.
③ Nora J. Rifon，Sejung Marina Choi，Carrie S. Trimble，et al. CONGRUENCE EFFECTS IN SPONSORSHIP：The Mediating Role of Sponsor Credibility and Consumer Attributions of Sponsor Motive [J]. Journal of Advertising，2004,33(1)：30 - 42.
④ 曾振华，汪青云，熊一坚. 公益广告与企业形象塑造[J]. 企业经济，2003,(05)：57 - 59.
⑤ Szykman L R，Bloom P N，Blazing J. Does Corporate Sponsorship of a Socially-Oriented Message Make a Difference? An Investigation of the Effects of Sponsorship Identity on Responses to an Anti-Drinking and Driving Message [J]. Journal of Consumer Psychology，2004,14(1)：13 - 20.
⑥ Lafferty B A，Goldsmith R E，Hult G T M. The impact of the alliance on the partners：A look at cause-brand alliances [J]. Psychology & Marketing，2004,21(7)：509 - 531.
⑦ Celsi R L，Olson J C. The Role of Involvement in Attention and Comprehension Processes [J]. Journal of Consumer Research，1988,15(2)：210 - 224.
⑧ Cacioppo J T，Petty R E. THE ELABORATION LIKELIHOOD MODEL OF PERSUASION [J]. Advances in Experimental Social Psychology，1984,11(4)：673 - 675.
⑨ Meenaghan，Tony. Understanding sponsorship effects [J]. Psychology & Marketing，2001,18(2)：95 - 122.

据,强论据能激起消费者积极的品牌认知[①]与更好的品牌评价[②],更加令消费者信服更有说服力。在高精细加工可能性时,强论据较之弱论据,能够激起更多更显著的态度并促使消费者信念转变。

综上,不同赞助商赞助公益广告效果并无一致性结论。理解信息特征以及消费者如何加工这些信息是提高信息的有效性的方式[③],信息内容与消费者对活动的卷入程度对赞助效果起调节作用。

二、研究假设

依据 ELM 模型,在低卷入度的情境下,消费者会对边缘线索进行加工并形成态度,信源是重要的边缘性线索。信息的可信度与信源的可信度评价相关[④]。当企业赞助社会事业或公益广告,同样的信息较之非营利性赞助者被看作拥有较少的可信性[⑤]。而当信息的可信度比较高的时,观众卷入会比较高,产生较强的情感反应。

H1a:在低卷入度情境下,消费者对非营利性组织赞助的公益广告卷入度显著高于企业赞助的公益广告。

H1b:在低卷入度情境下,消费者对非营利性组织赞助的公益广告的广告态度会显著高于企业赞助的广告态度。

在低卷入度时,消费者对广告主的认知会在瞬间形成或改变,包括赞助动机以及信誉度[⑥]。动机或者信誉度的感知会转化为其他的反应[⑦]。

消费者对广告的态度会影响到其对品牌的态度。对广告较好的态度容易导

---

① Petty R E, Schumann D. Central and Peripheral Routes to Advertising Effectiveness: The Moderating Role of Involvement [J]. Journal of Consumer Research, 1983,10(2): 135 - 46.

② Petty R E, Wegener D T. The elaboration likelihood model: Current status and controversies [C]. In S. Chaiken and Y. Trope (Ed.), Dual process theories in social psychology, 1999: 41 - 72.

③ Fishbein, Martin and Joseph N. Cappella. The Role of Theory in Developing Effective Health Communications [J]. Journal of Communication, 2006,56(8): 1 - 17.

④ Austin E W, Dong Q. Source v. Content Effects of Judgments of News Believability [J]. Journalism & Mass Communication Quarterly, 1993,71(4): 973 - 83.

⑤ Szykman L R, Bloom P N, Blazing J. Does Corporate Sponsorship of a Socially-Oriented Message Make a Difference? An Investigation of the Effects of Sponsorship Identity on Responses to an Anti-Drinking and Driving Message [J]. Journal of Consumer Psychology, 2004,14(1): 13 - 20.

⑥ Nora J. Rifon, Sejung Marina Choi, Carrie S. Trimble, et al. CONGRUENCE EFFECTS IN SPONSORSHIP: The Mediating Role of Sponsor Credibility and Consumer Attributions of Sponsor Motive [J]. Journal of Advertising, 2004,33(1): 30 - 42.

⑦ Goldberg M E, Hartwick J. The Effects of Advertiser Reputation and Extremity of Advertising Claim on Advertising Effectiveness [J]. Journal of Consumer Research, 1990,17(2): 172 - 79.

致其对广告品牌较好的态度与较强的购买意向[①]。

H1c：在低卷入度情境下，消费者由于对企业赞助的公益广告态度较差，受其影响，较之未赞助之前其品牌态度变得消极。

H1d：在低卷入度情境下，较之未赞助之前其品牌购买意向变得消极。

在高卷入度时，在信源相同情况下，当论据较强时会产生较强的说服性，而当论据较弱时，其说服力会减弱[②]。根据 ELM 模型，在前者时其会根据说服信息形成自己的广告态度，即使是由企业赞助的公益广告。

H2a：在高卷入度情境下，强论据较之弱论据，强论据时消费者对公益广告态度会更好。

H2b：在高卷入度情境下，强论据较之弱论据，强论据时消费者安全行为意向更高。

在赞助活动时，当消费者对该社会事业有较高的好感时，其也容易对赞助商产生积极的态度[③]。

H2c：在高卷入度的情境下，强论据较之弱论据，消费者对品牌的态度较好。

H2d：在高卷入度的情境下，强论据较之弱论据，消费者对品牌购买意向较高。

当被试处于高卷入度的状况下，而论据较弱的时候，其会找出广告中的不合理之处。赞助商与所赞助活动之间的匹配度是消费者评价时重要衡量标准。尤其当由企业赞助公益广告时，这种匹配度问题常发生在信息与广告主之间。当赞助商与赞助事件不匹配时将会对两者的品牌联想带来负面的效应[④]。

企业是以特定利益为目的的经济组织，具有商业性或营利性，其发起的广告是为了广告主自身的利益着想[⑤]。而公益广告以满足社会长远利益的需要，赞助公益广告是企业向消费者阐明它对社会的功能和责任。企业的商业性质与公益广告的社会性质这种不一致，容易导致消费者的消极态度。

H3a：在高卷入度、弱论据情境下，消费者对企业赞助的公益广告的态度

① Celsi R L, Olson J C. The Role of Involvement in Attention and Comprehension Processes [J]. Journal of Consumer Research, 1988,15(2): 210－224.

② Coulter K S, Punj G N. The effects of cognitive resource requirements, availability, and argument quality on brand attitudes: a melding of elaboration likelihood and cognitive resource matching theories [J]. Journal of Advertising, 2004,33(4): 53－64.

③ Meenaghan, Tony. Understanding sponsorship effects [J]. Psychology & Marketing, 2001,18(2): 95－122.

④ Kinney L, Mcdaniel S R. Strategic Implications of Attitude-Toward-the-Ad in Leveraging Event Sponsorships [J]. Journal of Sport Management, 1996,10(3): 250－261.

⑤ Osgood C E, Tannenbaum P H. The principle of congruity in the prediction of attitude change [J]. Psychological Review, 1955,62(1): 42－55.

最差。

H3b：在高卷入度、弱论据情境下，消费者对企业赞助的公益广告的行为意向最差。

H3c：在高卷入度、弱论据情境下，消费者对品牌态度最差。

H3d：在高卷入度、弱论据情境下，消费者对品牌购买意向最差。

三、实验设计

（一）实验控制

以 360 名湖州师范学院学生作为被试，45 人一组随机地分成 8 个小组参加 2（论据强弱）×2（卷入度高低）×2（赞助商 LOGO 性质：企业与非营利性组织）的实验，刺激物为遵守交通安全的公益广告。被试独立做题，不相互影响。获得有效样本 347 份。

为控制其他干扰因素，实验前通过问卷的方式排除了自己或家人朋友发生过交通意外的同学，通过信息加工能力量表测试，被试间不存在显著差异。实验用的广告、虚拟品牌通过了真假测试。

（二）自变量控制

1. 卷入度

（1）实验前控制：高卷入度情境，被试阅读一组关于当地交通事故的数据及事件资料，让被试相信交通事故发生的频率较高，唤起安全危机意识，提高被试对相关广告卷入程度。低卷入的被试组观看其他地区水资源危机的相关资料。

（2）实验中控制：高卷入度被试组观看的广告信息将出现"当地城市以及1—3 月内发布"字样，低卷入度被试组观看的广告信息将出现"较远区域及一年后发布"字样。

2. 论据强度

通过前测选出强弱论据。从国内外已经发布的交通安全挑选 50 条广告论据，采用赵与斯特拉瑟等[①]（Zhao 和 Strasser et al.，2011）的公益广告论据质量的七点量表，确定强弱论据各 3 条作为正文，各 1 条作为广告语。

3. 赞助商

某虚拟汽车企业（锐达汽车）LOGO 与交通局的 LOGO 作为公益广告的边

---

① Xiaoquan Zhao，Andrew Strasser，Joseph N. Cappella，et al. A Measure of Perceived Argument Strength：Reliability and Validity [J]. Communication Methods & Measures，2011,5(1)：48 - 75.

缘性线索,将 LOGO 与中英文名称一起放在广告中。

（三）因变量测试

1. 公益广告的态度

采用托里斯等①(Torres,Sierra 和 Heiser,2007)七点态度量表即:不能打动人的/打动人的;不可信的/可信的;印象不深刻的/印象深刻的;无吸引力的/有吸引力的;不吸引眼球的/吸引眼球的;总体不喜欢/总体喜欢。

2. 安全行为意向

采用弗洛拉等②(Flora 和 Maibach,1990)在艾滋病公益广告中研究所使用的量表:使我想了解更多、使我思考自己的行为、使我想改变自己的行为。

3. 企业赞助品牌的态度

采用洪瑞云等③(Swee Hoon Ang,2006)的品牌情感与态度七点量表:不能打动人/能打动人的;无趣的/非常有趣;不喜欢/喜欢;好/坏。

4. 品牌购买意向

采用米切尔与奥尔森④(Mitchell 和 Olson,1981)购买行为评价七级量表:好/坏;愚蠢/明智的;有益处的/有害处的。

（四）实验操作

被试随机分成 8 组,每组被试分别阅读相应的广告册,广告册共 12 则广告,其中实验广告在位置 6,广告册中另有其他两则公益类广告插入。在观看广告后,分发给每位被试调查问卷,要求独立作答,不得前翻。

四、数据分析

（一）操纵性检验

卷入度与论据强弱这两个自变量的操作均是成功的。

问卷中设置了七点量表检验论据说服强弱感知"说服力强弱、论据的可信

---

① Torres I M,Sierra J J,Heiser R S. THE EFFECTS OF WARNING-LABEL PLACEMENT IN PRINT ADS [J]. Journal of Advertising, 2007.

② Flora J A,Maibach E W. Cognitive Responses to AIDS Information The Effects of Issue Involvement and Message Appeal [J]. Communication Research,1990,17(6):759-774.

③ Swee Hoon Ang Ph. D,Elison Ali Ching Lim Ph. D. The Influence of Metaphors and Product Type on Brand Personality Perceptions and Attitudes [J]. Journal of Advertising, 2013,35(2):39-53.

④ Mitchell A A,Olson J C. Are Product Attribute Beliefs the Only Mediator of Advertising Effects on Brand Attitude? [J]. Journal of Marketing Research,1981,1(1):318-332.

性、令人信服度"，暴露于强论据的被试在该题目的得分显著高于弱论据被试组（$t = 3.202$，$p = 0.001 < 0.05$）。

广告内容的记忆度方面，高卷入度组显著高于低卷入度组（$t = 8.328$，$p = 0.000$），同时使用在科诺夫斯基（Zaichkowsky，1986）PII量表测量消费者的卷入度，高卷入组的被试得分显著高于低卷入被试组（$t = 2.458$，$p < 0.05$）。

（二）多自变量对因变量的影响

表1　多自变量对因变量的影响

	广告态度		安全行为意向		品牌态度		品牌购买意向	
	F	*Sig.*	*F*	*Sig.*	*F*	*Sig.*	*F*	*Sig.*
卷入度×论据强度×赞助商性质	9.501	.002	5.209	.023	8.916	.003	2.682	.102
卷入度×论据强度	7.036	.008	6.315	.012	0.137	.712	1.053	.306
卷入度×赞助商性质	5.008	.026	3.174	.076	3.615	.076	1.452	.229
论据强度×赞助商性质	1.929	.116	.030	.862	4.443	.036	0.829	.363

1. 对广告态度的影响

首先，卷入度×赞助商性质对广告态度具有显著交互影响（$F = 5.514$，$p = 0.026$）。在低卷入度情境下，消费者对非营利性组织赞助的公益广告卷入度（$M = 6.5805$）显著高于企业赞助的广告（$M = 6.3892$，$F = 4.199$，$p = 0.042$），研究假设 H1a 被验证。在低卷入度情境下，消费者对非营利性组织赞助的公益广告的广告态度（$M = 4.4725$）会显著高于企业赞助的广告态度（$M = 4.1412$，$F = 14.579$，$p = 0.000$）。研究假设 H1b 被验证。

其次，论据强度×卷入度也对广告态度存在着交互作用（$F = 7.036$，$p = 0.008$），在弱论据与低卷入度情况下，广告态度最消极（$M = 4.403$），而在高卷入度与弱论据的情境下，广告态度最积极（$M = 4.607$）。研究假设 H2a 未被验证。

最后，卷入度×论据强度×赞助商性质三者对广告态度具有显著交互影响（$F = 9.501$，$p = 0.002$）。当赞助商为非营利性组织时，在强论据与高卷入度的情境下，消费者对广告产生积极的态度（$M = 4.4865$），而弱论据与高卷入度的情境下，消费者对广告的态度最为消极（$M = 4.3488$）。而当赞助商为企业时，在弱论据与高卷入度的情境下，消费者对广告产生积极的态度（$M = 4.3588$）；而弱论据与低卷入度的情境下，消费者对广告的态度最为消极（$M = 3.6339$），其显著低于以上组别。研究假设 H3a 未被验证。

2. 对安全行为意向的影响

首先，卷入度×论据强度×赞助商性质三者对消费者的安全行为意向具有显著交互影响（$F = 4.209$，$p = 0.023$），八组实验组间存在显著差异（$F = 2.912$，$p = 0.006$）。当赞助商为企业时，在弱论据与高卷入度的情境下，消费者产生积极的行为意向（$M = 5.806\,2$），而弱论据与低卷入度的情境下，消费者的行为意向最为消极（$M = 4.680\,6$，$p = 0.000$），这点与消费者的广告态度呈现一致性，假设 H3b 未被验证。

其次，卷入度×论据强度对行为意向也有显著影响（$F = 6.740$，$p = 0.010 < 0.05$），在高卷入与弱论据的情境下，消费者产生积极的行为意向，而低卷入度与弱论据的情境下，行为意向最为消极，这也与之前的广告态度相一致，假设 H2b 未被验证。

最后，卷入度×赞助商性质、论据强度×赞助商性质均未对消费者的安全行为意向产生显著交互影响。

3. 对赞助企业品牌态度的影响

首先，卷入度×论据强度×赞助商性质三者对广告态度具有显著交互影响（$F = 8.916$，$p = 0.003$）。当企业赞助公益广告时，高卷入度弱论据的情境下容易促使其对品牌产生积极的态度（$M = 4.121$），显著高于高卷入度强论据（$M = 3.578$，$p = 0.005$）。研究假设 H3c 未被验证。

其次，当赞助商为企业时，卷入度×赞助商性质对赞助企业品牌态度并无显著交互影响（$F = 3.174$，$p = 0.076$）。在低卷入度情境下，消费者对赞助企业的态度与其他组别并无显著性差异，研究假设 H1c 未被验证。

最后，论据强度×卷入度对赞助企业品牌态度并无显著交互影响（$F = 0.137$，$p = 0.712$），在高卷入度情境下，论据强度未显著影响被试对企业品牌的态度。H2c 未被验证。

4. 对赞助企业品牌购买意向的影响

首先，卷入度×论据强度×赞助商性质三者对品牌购买意向未有显著影响（$F = 2.682$，$p = 0.102$）。当企业赞助公益广告时，高卷入度、弱论据的情境下容易促使其对品牌产生积极的购买意向（$M = 3.264$），其与高卷入度强论据下并无显著差异（$M = 3.185$，$p = 0.741$），研究假设 H3d 未被验证。

其次，卷入度×赞助商性质对赞助企业品牌购买意向未有显著交互影响（$F = 1.452$，$p = 0.229$）。在低卷入度情境下，消费者对赞助企业的购买意向与其他组别并无显著性差异，研究假设 H1d 未被验证。

最后，论据强度×卷入度对赞助企业品牌购买意向并无显著交互影响（$F = 1.053$，$p = 0.306$），在高卷入度情境下，论据强度未显著影响消费者对企业品牌的购买意向，研究假设 H2d 未被验证。

五、讨论与总结

（一）卷入度、论据强度及赞助商性质对公益广告效果影响

1. 对公益广告态度影响

赞助商的性质会显著影响消费者对广告的态度（$F=8.698$，$p=0.003$），当赞助商为企业时，消费者对公益广告的态度更为负面。其中在高卷入度的情形下，赞助商性质的不同并没有造成广告态度的显著差异（$F=0.221$，$p=0.639$），这主要是论据强度在起调节作用。但在低卷入度情形下，消费者对企业赞助的公益广告态度会显著低于非营利性组织。根据 ELM 理论模型，在低卷入度的情形下，消费者广告态度主要受边缘线索即赞助商标识的影响。由于在赞助公益广告方面商业性企业的可信度要远低于非营利性，而高可信度信源的公益广告能获得更积极的广告态度。此外于消费者对赞助商动机的判断与怀疑成为解释企业赞助社会事业效果的重要理由[①]，消费者对公益广告的归因以及信息的可信度的感知会受赞助商性质的影响，当赞助商为企业时，该广告信息的利己动机（$t=-2.498$，$p=0.013$）与可信度（$t=-2.188$，$p=0.029$）会显著低于非营利性组织。

考虑论据强度因素，三个自变量会对广告态度产生显著交互影响。而当赞助商为企业时，在弱论据与高卷入度的情境下，容易促使消费者对广告产生积极的态度（$M=4.3588$），显著高于其他组别；而弱论据与低卷入度的情境下，消费者对广告的态度最为消极（$M=3.6339$），其显著低于以上组别。这与 ELM 模型已有的理论不同，ELM 模型认为在高精细加工可能性的过程中，消费者态度主要取决于其原来的态度及广告中论据说服力，当论据说服力较强时其会在论据基础上形成持久的态度。当论据的说服力较弱时，其会努力找出广告中不合理之处形成新的态度。但是该实验表明在高卷入度弱论据情境下较之高卷入度强论据情境，消费者更易形成积极的广告态度。造成此种状况的原因是：①海德（Heider，1958）与费斯廷格（Festinger，1957）提出的认知平衡理论与认知失调理论认为在人们的认知系统中，存在着某些情感或评价趋于一致的压力，当认知主体一旦失去这种平衡，其态度可以凭借这种不平衡关系而形成或者改变。企业的商业性质与公益广告的社会服务性之间存在不协调性，其易导致消

---

① Barone M J，Miyazaki A D，Taylor K A. The influence of cause-related marketing on consumer choice：Does one good turn deserve another? [J]. Journal of the Academy of Marketing Science，2000，28(2)：248-262.

极态度的产生。②通过对消费者对赞助商利他动机的检测发现,在高卷入度与弱论据说服的情况下消费者对利他动机的感知显著低于高卷入度强论据说服的情况($\Delta M = 0.535\,2$, $p = 0.037$)。③在该公益广告论据使用中,涉及恐惧诉求如强论据中的"在国内每年有 10 万人死于车祸",欧文与费什巴赫(Irving & Feshbach, 1953)发现在公益宣传中使用恐惧诉求,伴随着恐惧程度的加深,被试采纳劝诫的程度反而不断降低。强论据中消费者对信息的恐惧感知显著高于弱论据组别($\Delta M = 0.431\,1$, $p = 0.042$)。结合以上三点可知:企业与社会信息的不一致、对企业动机怀疑以及企业过度利用恐惧信息引发了消费者消极的广告态度。

当赞助商为非营利组织,高卷入度时,强论据较之弱论据,消费者对公益广告的态度会更好,与 ELM 模型相一致。

因此,当企业赞助公益广告时,应该尽量避免弱论据与低卷入度的情况,同时尽量选择高卷入度的情境并避免一些恐惧性的诉求。

2. 对安全行为意向的影响

赞助商的性质不同并没有影响到消费者的安全行为意向。卷入度×论据强度×赞助商性质三者对消费者的行为意向具有显著交互影响。而当赞助商为企业时,在弱论据与高卷入度的情境下,容易促使消费者产生积极的行为意向,而弱论据与低卷入度的情境下,消费者的行为意向最为消极,这点与消费者的广告态度呈现一致性。

(二) 卷入度、论据强度对赞助企业的影响

在中国目前环境下,商业性组织在发起或者赞助公益广告的时候,需要三思而后行。

1. 对品牌的态度影响

消费者并不会因为企业发起赞助活动,而对品牌产生更为积极的态度($F = 0.028$, $p = 0.868$)。这与塞兹库曼等(Szykman, Bloom 和 Blazing, 2004)的研究相一致,其表明"消费者会对于企业赞助的动机更多的归结为以自我服务为目的,但是对于企业的态度并没有显著影响。但由于被试对于企业动机的负面评价,从长期看企业赞助公益广告对于企业态度会产生负面影响"。通过对企业赞助公益广告的动机分来看,在利己动机与利他动机之间存在着显著差异性($t = -13.520$, $p = 0.000$),即消费者更多认为企业赞助公益广告是为了其自身的利益,而非社会公共利益。

当企业选择赞助公益广告时,在高卷入度弱论据的情况下易获得比强论据更为积极的品牌态度。除了受广告态度影响外,通过访谈得知在高卷入度的情形下消费者对广告信息进行的深入的加工,强论据中企业使用的恐惧性诉求会引起消费者的反感,这是由于企业利己的动机以及具有恐吓性死亡的数字,使企业有过度"剥削""消费"社会事业的嫌疑。

2. 对品牌购买意向影响

消费者并不会因企业发起公益广告,而对品牌产生更为积极的购买意向($F=0.453$,$p=0.501$)。各个组别中该项的平均得分均少于平均分 3.5 分(七级量表),表明其对该品牌的购买意向较弱。通过后期访谈得知陌生(虚拟)汽车品牌很难调动消费者的购买意向。同时汽车对于中国学生而言,较高的价格与较高的购买风险难以让消费者产生较强的购买欲望。

当企业赞助公益广告时,四个组别之间的品牌购买意向并无显著性差异。究其原因是作为一项大宗的购买物件,品牌的购买意向难以被单则广告所影响,消费者需要更多的信息综合加工来确定。

(三) 小结

公益广告最好由非营利性组织来赞助以此获得消费者正向的广告态度以及行为意向。对赞助企业而言,消费者并不会因为企业发起这样的活动,而对品牌产生更为积极的态度及购买意向。当企业出于社会责任选择赞助公益广告时,应尽量选择高卷入度弱论据的情形。

六、研究局限及后续研究设想

本实验中的刺激物选择了汽车品牌与遵守交通规则的社会事业,而汽车在交通事故中的扮演"肇事者"的角色,这种关系可能会影响实验的结果。

在以后的实验研究中,将加入其他变量如赞助企业与社会事业关系(酒品牌与酒驾,节能品牌与保护环境)等变量,探究企业赞助不同契合度的公益广告时,在不同的论据强度以及边缘线索的情况下,消费者的广告态度及品牌态度的差异。

作者:薛可、王丽丽

原载《新闻与传播研究》,2013 年第 7 期

第四章
新媒体健康传播

　　随着新媒体的不断发展,人们开始越来越多地利用以网络为平台的新媒体上获取各种健康信息,同时,人们也会在各种论坛、社交网络中通过分享自身经历、在线寻求帮助等方式传播和分享健康信息。这些新媒体平台包括微博、微信、论坛、贴吧、在线小组等。新媒体健康传播的概念和实践出现,并得到了发展。新媒体健康传播中,成员不仅体现出健康诉求,也体现出了社交诉求,这是新媒体时代和新媒体平台赋予健康传播的重要变革。

　　健康传播作为一个独立的研究领域,最早源起于 20 世纪 70 年代初的美国。学术界普遍认为,1971 年的"斯坦福心脏病预防计划"(Stamford Heart Disease Prevention Program,SHDPP)是健康传播理论和实践研究的一个起点。而学术界对"健康传播"这一名称的首次使用始于 1975 年国际传播学芝加哥年会。根据 Rogers (1994)[①]的定义:健康传播是一种将医学的研究成果转化为大众的健康知识,并通过态度和行为的改变,以降低疾病的患病率和死亡率,有效地提高一个社区或国家生活质量和健康水准为目的的行为。Rogers (1996)[②]又对健康传播做了如下定义:凡是人类传播的类型涉及健康的内容,就是健康传播。Rogers 的这一定义因为其简洁明了、易于理解,引文被大多数人所接受和引用(张自力,2005)[③]。

　　随着互联网技术的不断发展和网络的日渐普及,对健康传播的研究逐渐延伸到网络层面,Eng (2002)[④]提出了对网络健康传播的定义:网络健康传播是通

---

① Rogers E M. The Field of Health Communication Today [J]. American Behavioral Scientist,1994,38 (2):208 - 214.

② Rogers E M. Up-to-Date Report [J]. Journal of Health Communication International Perspectives, 1996,1(1):15 - 24.

③ 张自力. 健康传播研究什么——论健康传播研究的 9 个方向[J]. 新闻与传播研究,2005,(3):42 - 48.

④ Eng T R. Health research and evaluation: challenges and opportunities [J]. Journal of Health Communication,2002,7(4):267 - 72.

过网络媒介传播与健康相关的知识和信息,使目标人群或个体(受传者)能够接受所传递的健康信息(思想、感情和行为),从而促进健康。互联网使大量的健康和医疗信息随手可得,全世界数以百万计的人使用互联网进行健康信息的寻求。皮尤互联网和美国生活项目(The Pew Internet & American Life Project)的研究报告称,61%的美国成年人会使用互联网查找健康信息(Fox 和 Jones,2009)[1]。国外网络健康传播的相关研究主要集中在五个方面:网络健康传播的服务能力和潜力,对网络健康传播的潜在影响进行评估和功能预测;网络如何为提高健康促进和疾病预防提供支持,包括在线信息资源、多媒体教育材料以及利用电脑制定健康决策的支持计划等;探讨网络健康信息使用的频率和原因,分析用户在网络上寻找健康信息的方式,需要的信息类型、用户寻求健康信息尤其是利用电子邮件和在线咨询进行的医患互动对其健康所产生的影响;网络健康信息的评价;工作对健康信息的理解能力和检索能力(周文瑜,2010)。对于网络在促进健康信息传播中所发挥的重要作用,有学者进行了理论分析,Michael 等人(1998)对通过网络进行公共健康干预措施的说服力进行了研究。McMillan(1999)[2]从健康网站的角度,从网站创办机构、网站内容及创建目的三个角度对1 050 个健康相关的网站的交互水平进行了分析。

国内对于健康传播的研究起步相对较晚。1987 年在北京举行的全国首届健康教育理论学习研讨会上,第一次系统地介绍了传播学理论,并提出了传播学在健康教育中的运用,同时还探讨了宣传、教育与传播的关系等问题(郭玥,2011)。在 1989—1993 年联合国儿童基金会与中国政府的第四期卫生合作项目中,增加了健康教育项目,旨在广泛传播妇幼保健知识。健康信息的传播和传播技巧等方面的培训工作得到加强,由此,健康传播的概念在项目执行过程中从完整意义上得到了确认(郭玥,2011)。郭纲(2004)对 1991 年 2002 年间,主要发表健康传播相关研究成果的大陆学术期刊进行了回顾和分析,发现大陆刊登的健康传播学术论文主要是在医学、卫生的专业期刊上,而主要的研究着是医学、卫生专业(包括研究与实务)人员,传播学者的缺席是这 12 年来大陆健康传播研究的一个重要特征。随着时间的推移,新闻传播学者在健康传播领域的研究开始蹒跚起步。清华大学国际传播研究中心(2012)的研究表明,传播学者已经告别了过去在健康传播领域较少涉及的历史,并且逐步将传播学领域的研究重点与公共健康相结合。目前国内健康传播研究较为成熟的是关于特殊病症的健康传

---

[1]　Fox S. Jones. The social life of health information [J]. Pew Internet,2009.

[2]　Sally J. McMillan. Health Communication and the Internet: Relations Between Interactive Characteristics of the Medium and Site Creators, Content, and Purpose [J]. Health Communication,1999,11(4): 375 - 390.

播研究,如艾滋病、肺病、抑郁症等的研究(顾燕,2012)①。国内对于网络健康传播研究的议题主要包括：网络途径对大众保健预防的影响,健康网站的用户特征,网民对健康信息的需求以及对网络健康信息质量的评估等,侧重于对网络就诊、健康网站的内容分析和使用行为的的研究(周文瑜,2010)②。还有学者对网络在健康传播中发挥的作用进行了论证,如冯浩羽和叶一舵(2012)③对网络健康传播中的互动性进行了解读,认为网络健康传播相较于传统媒体有着无法比拟的优势,主要表现在网络健康传播具有多元互动性、渠道容量丰富性、实时性和隐匿性四大特征,而互动性是网络健康传播成功的关键。鄂琼(2013)④对国内外政府健康网站的内容进行了比较分析。随着社交网站的兴起,国内学者对社交网站中的健康传播业开展了一些研究,例如刘京京和王一涛(2012)⑤对收集了新浪微博上7类共70名营养信息传播者的资料并进行了社会网络分析。

综上所述,国内外研究均已表明,以网络为平台的新媒体因其独特的互动性、实时性、丰富性、匿名性等特征,以及其良好的说服特质,能够在健康传播中发挥非常重要的作用,更好地帮助人们提高健康认知促进健康行为。因而,健康传播研究中,对于网络健康传播的研究应该成为一个关注重点,而相较于热门的社交媒体,网络社区同样应该得到关注,对健康信息如何在网络社区中的传播进行研究分析,帮助网络成员更好地在社区中进行交流获得信息。国内新媒体健康传播的研究呈现出明显的上升趋势(见图1),但相对于新媒体健康传播的实

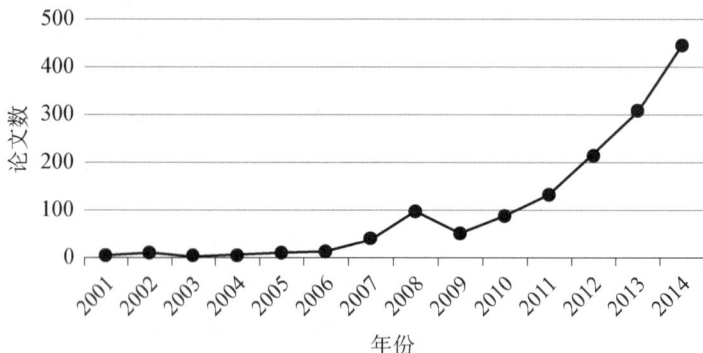

图1　2001—2004年国内新媒体健康传播研究论文

①　顾燕.健康传播视角下主流网络新闻媒体的控烟报道研究[D].苏州：苏州大学,2012.

②　周文瑜,兰小筠.中美网络健康传播研究的热点和启示[J].中国健康教育,2010,26(09)：709 - 711.

③　冯浩羽,叶一舵.网络健康传播中的互动性解读[J].南京医科大学学报：社会科学版,2012,(02)：87 - 91.

④　鄂琼.国内外政府健康网站健康信息比较研究[J].中国健康教育,2013,29(03)：262 - 264.

⑤　刘京京,王一涛.营养信息传播者在新浪微博上的影响力及关系网络[C].2012年度中国健康传播大会优秀论文集,2012.

践来说,其学术价值和社会意义尚未得到充分挖掘和释放。

本章首先关注各大新媒体平台上的健康传播实践,通过个案分析的路径,探讨了新媒体健康传播的机理。《网络社区健康传播的网络特征及社会支持研究——以豆瓣网"我们都有一口烂牙"小组为例》通过社会网络分析法和内容分析法,对小组成员中的社会支持内容及网络关系形态进行了分析。研究发现,在"我们都有一颗烂牙"这一网络社区中,网络成员间交换最多的社会支持内容为信息支持,其次为情感支持和陪伴支持;从网路特征来看,该小组整体上密度很低,网络成员之间的关系比较松散,因而在信息的传播和知识共享方面能力有限,并且少数人具有极强的信息操纵能力,有可能会导致信息在网络间的传递不够流畅;在不同的社会内容所形成的网络中,信息支持所形成的网络结构较为松散,成员参与话题讨论的互动性不高,而情感支持和陪伴支持所形成的网络,成员间的关系更为紧密,大家参与的积极性更高;在由牙医发起的话题所形成的网络中,网络成员之间交换的全部为信息支持内容,而由患者发起的网络,除了信息支持的提供,成员间相互还会提供情感支持和陪伴支持,并且患者网络之间的联系更加紧密;人们参与网络社区的讨论,更多是希望获得健康信息和资讯,但情感型的内容在为患者提供情感慰藉和团队归属感方面也发挥着十分重要的作用。《献血政策在微博上传播效果研究》基于 O-S-R-O-R 模型对目前无偿献血信息在微博上的传播进行有效的评估,得出了在微博上看到献血信息有助于受众了解献血知识、对献血知识的了解会增加用户的线上讨论行为、对献血知识的了解会正向影响线下与献血相关的行为、微博上对献血信息的讨论参与能促进用户的献血意愿等结论。

其次,也关注健康传播效果研究,通过实证量化研究,分析了健康传播对公众的影响。《议程注意周期模式下中美主流媒体对突发公共卫生事件的报道框架——以〈人民日报〉和〈纽约时报〉对禽流感的报道为例》对《人民日报》和《纽约时报》对禽流感的报道进行比较分析,发现中美主流媒体在对禽流感议题的关注趋势呈现相同的特征,但在关注程度上有所不同,并以议题注意周期、框架理论为基础,揭示出由于办报理念的不同和文化背景的差异,中美主流媒体对禽流感议题关注重点和选取视角、报道议题等方面不同特征。《"非典"认知对当代大学生健康生活方式的影响研究》探讨了"非典"十年之后,"非典"认知对当代大学生健康生活方式产生了怎样的影响,研究发现"非典"认知对健康信念理论中的感知罹患性、感知严重性、感知利益性三个维度具有正向影响,对大学生健康生活方式有显著的正向促进作用。《风险偏好对感知风险信息劝说效果的影响——基于食品营养标签的实证研究》发现不论是高感知风险信息还是低感知风险信息,信息的劝说方式对消费者态度的影响均受到个体风险偏好调节效应的影响,从风险偏好与劝说方式的态度来讲,风险规避者更乐于接受感知风险信息的避害劝说，而风险追求者更乐于接受感知风险信息的趋利劝说；从风险偏好与劝说方式的交互效应来讲，风险规避者在高感知风险信息条件下受到的影响更大，风险追求者在低感知风险信息条件下受到的影响则更大。

网络社区健康传播的网络特征及社会支持研究

——以豆瓣网"我们都有一口烂牙"小组为例

一、绪论

随着互联网的快速发展,人们越来越多地通过互联网来满足自身对信息、交流及娱乐的需求。互联网的快速扩张被称为"前所未有的信息革命"(Jadad 和 Gagliardi,1998,p. 611)[1]。根据我国互联网信息中心于2014年1月发布的《第33次中国互联网络发展状况统计报告》,截至2013年12月,我国网民规模已经达到6.18亿。与此同时,随着我国经济的发展,人民生活水平的不断提高,人们的健康意识也在不断提高,对健康信息的关注和健康知识的需求程度也在不断上升。而网络作为人们获取信息的重要渠道之一,在健康信息的传播上也发挥着越来越重要的作用。《2009年中国健康传播普及调研》中发现,目前网络成了人们获取健康信息的最主要渠道。过去的研究同样表明,互联网在向大众传递健康信息方面有着很大的潜力(Fox 和 Fallows,2003[2];Cotten,2001[3];Brodie et al.,2000)。网络虽然不能直接取代医生,但可以使病人了解更多的信息,从而能更好地医生进行交流,并能够帮助人们保持健康的生活方式。除了通过各大门户网站健康频道以及健康类垂直网站了解健康咨询外,伴随着论坛的普及和近年来 SNS 社交网站的广泛流行,具有相同病症的网民往往会联合起来,聚集在一个网络社区,通过分享自身经历、在线需求帮助等方式分享健康信息。与门户网站相比,网络社区除了在线分享健康信息之外,网民们通过相互间的沟通交流,还能相互提供社会支持。健康传播在我国的研究历史虽然较短,但也取得了不少研究成果。而对于网络健康传播的研究仍然处于起步阶段,对网络社区中的健康传播的研究更是较为少见。具有相同病症的网民们如何在网络社区交流健康信息以及相互间提供哪些社会支持都是今后研究关注的方向。本研究的

① Jadad A R, Gagliardi A,. Rating Health Information on the Internet: Navigating to Knowledge or to Babel? [J]. Journal of the American Medical Association, 1998,279(8): 611 - 614.

② Fox S, Fallows D. Internet health resources——Health searches and email have become more commonplace, but there is room for improvement in searches and overall Internet access [C]. Washington D. C.: Pew Internet & American Life Project, 2003.

③ Shelia R. Cotten. Implications of Internet Technology for Medical Sociology in the New Millennium [J]. Sociological Spectrum: Mid-South Sociological Association, 2001,21(3): 319 - 340.

主要目的在于通过社会网络分析及内容分析等方法，探讨健康信息如何在网络社区成员中进行传播以及这些成员的关系形态如何，并且进一步了解基于共同病症的网络社区成员之间所提供的网络社会支持。同时，对于未来如何更好地运用网络社区进行健康传播提供可行性建议。

二、研究文献回顾

(一) 健康传播

健康传播作为一个独立的研究领域，最早源起于 20 世纪 70 年代初的美国。学术界普遍认为，1971 年的"斯坦福心脏病预防计划"(Stamford Heart Disease Prevention Program, SHDPP)是健康传播理论和实践研究的一个起点。而学术界对"健康传播"这一名称的首次使用始于 1975 年国际传播学芝加哥年会。根据 Rogers (1994)[1]的定义：健康传播是一种将医学的研究成果转化为大众的健康知识，并通过态度和行为的改变，以降低疾病的患病率和死亡率，有效地提高一个社区或国家生活质量和健康水准为目的的行为。两年后，Rogers (1996)[2]又在另一篇文章中对健康传播做了如下定义：凡是人类传播的类型涉及健康的内容，就是健康传播。接着，Rogers 对这一定义进行了补充说明：健康传播是以传播为主轴，借由四个不同的传递层次将健康相关的内容发散出去的行为。这四个层次分别是：自我个体传播、人际传播、组织传播和大众传播。Rogers 的这一定义因为其简洁明了、易于理解，引文被大多数人所接受和引用 (张自力，2005)[3]。随着互联网技术的不断发展和网络的日渐普及，对健康传播的研究逐渐延伸到网络层面，Eng (2002)提出了对网络健康传播的定义：网络健康传播是通过网络媒介传播与健康相关的知识和信息，使目标人群或个体(受传者)能够接受所传递的健康信息(思想、感情和行为)，从而促进健康。[4] 本研究中，对网络健康传播的界定为，以网络作为媒介，进行与人体健康相关的知识与信息的传播，并通过这些健康信息，促进健康认知和行为。

健康传播研究最早起源于美国，而我国对于健康传播的研究起步相对较晚。1987 年在北京举行的全国首届健康教育理论学习研讨会上，第一次系统地介绍

---

[1] Rogers E M. The Field of Health Communication Today [J]. American Behavioral Scientist, 1994,38 (2): 208-214.

[2] Rogers E M. Up-to-Date Report [J]. Journal of Health Communication International Perspectives, 1996,1(1): 15-24.

[3] 张自力. 健康传播研究什么——论健康传播研究的 9 个方向[J]. 新闻与传播研究,2005,(3): 42-48.

[4] 沈菲飞. 高校 BBS 的网络健康传播研究[D]. 合肥：中国科学技术大学,2009.

了传播学理论,并提出了传播学在健康教育中的运用,同时还探讨了宣传、教育与传播的关系等问题(郭玥,2011)。在 1989—1993 年联合国儿童基金会与中国政府的第四期卫生合作项目中,增加了健康教育项目,旨在广泛传播妇幼保健知识。健康信息的传播和传播技巧等方面的培训工作得到加强。由此,健康传播的概念在项目执行过程中从完整意义上得到了确认(郭玥,2011)。然而,大陆健康传播的研究中,很长一段时间处于传播学者缺席的状态。郭纲(2004)发现大陆刊登的健康传播学术论文主要是在医学、卫生的专业期刊上,而主要的研究着是医学、卫生专业(包括研究与实务)人员,传播学者的缺失是这 12 年来大陆健康传播研究的一个重要特征。随着时间的推移,新闻传播学者在健康传播领域的研究开始蹒跚起步。清华大学国际传播研究中心(2012)的研究表明,传播学者已经告别了过去在健康传播领域较少涉及的历史,并且逐步将传播学领域的研究重点与公共健康相结合。在健康传播的相关研究中,传播学者与新闻工作参与者所占的比例甚至高于了医学学者和卫生工作者。

目前国内的关于健康传播的研究较为成熟的是关于特殊病症的健康传播研究,例如艾滋病、肺病、抑郁症等的研究(顾燕,2012)①。例如张自力(2004)②通过对《人民日报》《北京青年报》《南方周末》《河南日报》四家报纸在 1988 年、1995 年和 2002 年中关于艾滋病报道的内容分析,对这四家媒体为代表的国内媒体如何构建与呈现艾滋病相关议题进行了观察研究。然而,目前的对于病症的健康传播研究中,对于特殊病症,例如难治愈的病症、传染性的病症、慢性疾病等关注较多,而对于日常常见的普通病症的研究则相对较少。事实上,在日常生活中,人们不仅仅是对一些特殊病的健康知识非常关注,对于日常疾病的相关知识需求也很多,因此,这一类疾病的健康传播也值得我们关注。除此之外,对于控烟类话题和突发公共卫生事件的研究也是健康传播领域关注的重点。在控烟研究方面,袁军 & 杨乐(2010)③对 1996 年至 2008 年期间《人民日报》控烟主题报道进行了分析,对《人民日报》控烟报道的变化趋势进行了探究,同时深入探讨了我国主流媒体在控烟议题中的报道特点与建构策略。陈虹和郝希群(2012)④则进一步从恐惧诉求的视角出发,对《人民日报》2006 年—2011 年的控烟报道进行分

---

① 顾燕.健康传播视角下主流网络新闻媒体的控烟报道研究[D].苏州:苏州大学,2012.
② 张自力.媒体艾滋病报道内容分析:一个健康传播学的视角[J].新闻大学,2004,(02):45-51.
③ 袁军,杨乐.健康传播中的控烟议题研究——以《人民日报》控烟报道为例[J].当代传播,2010,(02):104-106.
④ 陈虹,郝希群.恐惧诉求视角下看媒体的控烟报道——以《人民日报》控烟报道为例[J].华东师范大学学报:哲学社会科学版,2013,(01).

析。在突发公共卫生事件研究方面，王贵斌（2004）[①]对《人民日报》建构"非典"报道的真实框架进行了探讨，研究媒介如何表达"非典"新闻事件，并且对"非典"新闻的报道量、使用的图表、照片、分布版面、报道场所、报道主题以及消息来源和诉求取向等进行了描述分析。马昱（2010）[②]等人在 7 个城市开展较大规模的电话调查，对我国政府在甲型 H1N1 流感期间根据风险沟通的原则进行的信息传播进行了效果评估。此外，随着新媒体的飞速发展，与新媒体相关的研究开始成为健康传播领域研究的一大趋势。清华大学国际传播研究中心（2013）对 2013 年国内外健康传播的相关研究进行了梳理分析。

综上所述可以看出，目前我国的健康传播研究中，更多的是关注于容易引起人们关注的话题，例如一些严重病症、控烟话题、突发公共卫生事件等，这些问题在日常生活中人们关注讨论较多，并在媒体中有大规模报道，然而对于一些潜在问题，目前虽不是热门话题，但对于社会大众而言仍是十分重要并需到得到大家关注的话题，同样也需要进行深入的研究探讨。此外，新媒体作为未来媒体的发展方向，关注新媒体健康传播业也同样重要。

（二）网络健康传播

互联网使大量的健康和医疗信息随手可得，全世界数以百万计的人使用互联网进行健康信息的寻求。皮尤互联网和美国生活项目（The Pew Internet & American Life Project）的研究报告称，61％的美国成年人会使用互联网查找健康信息（Fox 和 Jones，2009）。国外对于网络健康传播的相关研究主要集中在五个方面：网络健康传播的服务能力和潜力，对网络健康传播的潜在影响进行评估和功能预测；网络如何为提高健康促进和疾病预防提供支持，包括在线信息资源、多媒体教育材料以及利用电脑制定健康决策的支持计划等；探讨网络健康信息使用的频率和原因，分析用户在网络上寻找健康信息的方式，需要的信息类型、用户寻求健康信息尤其是利用电子邮件和在线咨询进行的医患互动对其健康所产生的影响；网络健康信息的评价；工作对健康信息的理解能力和检索能力（周文瑜，2010）[③]。对于网络在促进健康信息传播中所发挥的重要作用，有学者进行了理论分析，Michael 等人（1998）对通过网络进行公共健康干预措施的说服力进行了研究。随后，从健康网站的角度，McMillan

① 王贵斌,陈全明. 从 SARS 新闻报道看《人民日报》之媒介真实建构[J]. 贵阳学院学报：自然科学版, 2004,(1)：29－34.
② 马昱,钱玲,佟丽,等. 风险沟通在我国应对甲型 H1N1 流感中的运用[J]. 中国健康教育,2010,(01)：13－15.
③ 周文瑜,兰小筠. 中美网络健康传播研究的热点和启示[J]. 中国健康教育,2010,26(09)：709－711.

(1999)①从网站创办机构、网站内容及创建目的三个角度对 1 050 个健康相关的网站的交互水平进行了分析。此外,还有一些研究对于线上和线下的健康传播进行了对比。例如 Cotton 等人(2004)对于美国线上和线下健康信息寻求者(online and offline health information seekers)进行了对比分析。

我国对于网络健康传播研究的议题主要包括:网络途径对大众保健预防的影响,健康网站的用户特征,网民对健康信息的需求以及对网络健康信息质量的评估等。侧重于对网络就诊、健康网站的内容分析和使用行为的研究(周文瑜,2010)②。我国学者同样对网络在健康传播中发挥的作用进行了论证。冯浩羽和叶一舵(2012)对网络健康传播中的互动性进行了解读,认为网络健康传播相较于传统媒体有着无法比拟的优势,主要表现在网络健康传播具有多元互动性、渠道容量丰富性、实时性和隐匿性四大特征,而互动性是网络健康传播成功的关键。从传统网站的角度,鄂琼(2013)③对国内外政府健康网站的内容进行了比较分析。此外,随着社交网站的兴起,国内学者对社交网站中的健康传播业开展了一些研究,例如刘京京和王一涛(2012)④对收集了新浪微博上 7 类共 70 名营养信息传播者的资料并进行了社会网络分析,梁力凡等(2013)以武汉市七家医院的慢性病患者作为研究群体,对他们进行了问卷调查,探查慢性病患者社交网站使用情况。

综上,国内外研究均以表明,网络媒体因其独特的互动性、实时性、丰富性、匿名性等特征,以及其良好的说服特质,能够在健康传播中发挥非常重要的作用,更好地帮助人们提高健康认知促进健康行为。因而,健康传播研究中,对于网络健康传播的研究应该成为一个关注重点,而相较于热门的社交媒体,网络社区同样应该得到关注,对健康信息如何在网络社区中的传播进行研究分析,帮助网络成员更好地在社区中进行交流获得信息。

(三) 网络社区健康传播

国外研究表明,网络社区在健康传播方面发挥着十分重要的作用,并对如何更好地发挥在线健康社区的作用进行了探讨。Aarts (2013)⑤等人认为虽然网

① Sally J. McMillan. Health Communication and the Internet: Relations Between Interactive Characteristics of the Medium and Site Creators, Content, and Purpose [J]. Health Communication, 1999,11(4): 375 – 390.

② 周文瑜,兰小筠. 中美网络健康传播研究的热点和启示[J]. 中国健康教育,2010,26(09): 709 – 711.

③ 鄂琼. 国内外政府健康网站健康信息比较研究[J]. 中国健康教育,2013,29(03): 262 – 264.

④ 刘京京,王一涛. 营养信息传播者在新浪微博上的影响力及关系网络[C]. 2012 年度中国健康传播大会优秀论文集,2012.

⑤ Aarts J W, Faber M J, den Boogert A G, et al. Barriers and facilitators for the implementation of an online clinical health community in addition to usual fertility care: a cross-sectional study [J]. Journal of Medical Internet Research,2013,15(8): 324 – 327.

络健康社区对患者和专业人士而言都有很大的帮助，然而，要实现网络健康社区融入日常生活仍然具有一定的挑战性。如何是患者积极参与，是发挥网络健康社区作用的关键因素，因而研究对影响用户订阅网络健康社区的因素以及如何调动用户的积极性进行了探讨。Nima 和 John（2014）认为在网络健康社区中，网络成员讨论个人健康信息是支持相互间交流活动的一部分。Priya（2011）对参加了美国三个大型学术医学中心的网络健康社区使用者/病人进行了问卷调查，以此来评估病人对于网上社区的体验以及保健组织的态度对患者的影响。Mei 等人（2013）①对美国互联网牙科论坛上的 14 576 条消息进行了检索分析，并从中提取出了实质性的短语和关键字，通过编码和主题分析确定除了讨论话题中反复出现的主题。Frances（2012）认为社交网络作为传统渠道的补充，能够为患者提供更加整合的信息，能够使患者更加方便地与专业人士进行对话。此外，Frances（2012）提出，未来还需要进一步研究健康社交网络中的网络结构并结合的动力学，探讨社交网络结构如何影响信息的流动以及医疗资源的分配。此外，目前国内的研究中，对网络社区的健康传播的研究并不多。已有的研究有沈菲飞（2009）②对以中国科技大学浩瀚星云 BBS 的个案分析，从环境、群体和议题三个方面来解构高校 BBS 健康传播的生态系统，并选取国内 76 家高校的官方 BBS 为研究对象，进行了开设时间和主体统计分析。陈丹（2010）③通过对乙肝患者论坛"肝胆相照"进行内容分析同时结合个人访谈，对网络社群媒介如何进行抗击歧视、反话语的维权斗争进行了描述，并表明了网络社区媒介在去污名化和构建和谐社会所起的积极作用。

三、理论基础及研究问题

（一）社会网络分析

社会网络分析是对社会关系结构及其属性加以分析的一套规范和方法。主要分析的是不同社会单位（个体、群体或社会）所构成的关系结构及其属性（林聚任，2009）④。社会网络的概念是由社理论和应用与形式数学、统计学和计算方

---

① Mei S, O'Donnell J A, Bekhuis T, et al. Are dentists interested in the oral-systemic disease connection? A qualitative study of an online community of 450 practitioners [J]. Bmc Oral Health, 2013,13(39)：2800 – 2805.

② 沈菲飞. 高校 BBS 的网络健康传播研究[D]. 合肥：中国科学技术大学,2009.

③ 陈丹. 与疾病的隐喻抗争：网络社群媒介"肝胆相照"论坛的健康传播实践研究[D]. 上海：复旦大学,2010.

④ 林聚任. 社会网络分析[M]. 北京：北京师范大学出版社,2009.

法论有机结合而来的。社会网络的先驱们大都来自社会学、社会心理学和人类学领域(沃瑟曼,2011)[①]。对于"社会网络"这一术语的首次使用,目前较为认同的是 Barnes 在 Class and Committees in a Norwegian Island Parish (1954)一文中提出。社会网络是由行动者(actors)以及连接行动者之间的纽带(ties)所形成的关系,行动者可以是个人、国家或组织等。不同参与者之间可以根据不同的特性进行连接,例如基于从属关系,或是基于资源的交换(Pfeil 和 Zaphiris,2009)[②]。Garton 等人(1997)[③]指出,节点(nodes)之间的关系可以基于以下三个特征来定义:内容、方向和强度。两个节点之间交换的信息或资源即是对关系内容的描述。在网络社区中,关系的内容多种多样,这取决于两个人之间交换的信息类型,例如工作相关问题、个人问题、情感支持等。在社会网络中,关系可以有但并不是一定要有一个方向。例如,当资源被一个人给予到另外一个人时,关系的方向是存在的(Garton 等,1997)[④]。而关系的强度则可以从不同的方面去定义,比如沟通的频率(Granovetter, 1973)[⑤],交换信息的重要性,以及交换信息的数量都被认为是界定关系强度的重要指标(Garton 等,1997)[⑥]。目前健康传播领域,运用社会网络分析对网络健康社区的研究并不多,对于网络健康社区的信息交往结构及特征如何还需要进一步的探究,因此,本文将对一下问题进行深入探讨和研究:

RQ 1:基于健康传播的网络社区成员间的网络特征如何?

(二) 社会支持

1. 社会支持

社会支持(social support)作为一个专业术语最早是在 19 世纪 70 年代被提出的。法国社会学家 Derklieim 通过对自杀的研究,发现社会联系的紧密程度与自杀有关。19 世纪 70 年代初,精神病学文献中引入了社会支持这一概念,社会学和医学的研究者用定量评定的方法,对社会支持与身心健康的关系进行了

---

① 沃瑟曼.社会网络分析[M].北京:中国人民大学出版社,2012.

② Pfeil U, Zaphiris P. Investigating social network patterns within an empathic online community for older people [J]. Computers in Human Behavior, 2009,25(5): 1139 - 1155.

③ Garton L, Haythornthwaite C, Wellman B. Studying on-line social networks [C]. Journal of Computer Mediated Communication, 1997.

④ Garton L, Haythornthwaite C, Wellman B. Studying on-line social networks [C]. Journal of Computer Mediated Communication, 1997.

⑤ Granovetter, M. S. The strength of weak ties [J]. American Journal of Sociology, 1973,78: 1360 - 1380.

⑥ Garton L, Haythornthwaite C, Wellman B. Studying on-line social networks [C]. Journal of Computer Mediated Communication, 1997.

研究（周林刚和冯建华，2005）[1]。研究者认为，良好的社会支持对人们的身心健康是有益的。一方面社会支持可以对处于压力状态下的个体提供保护，也就是对压力起缓冲作用，另一方面也可以使个体维持一般的良好情绪体验（施建锋和马剑虹，2003）。

2. 网络社会支持

Rheingold（1993）[2]指出，人们在网络社区可以形成亲密且持久的关系，并且当人们遭遇病痛的时候能够在网络社区中寻求到支持。Wellman（1996）[3]指出在网络社区人们像在现实生活中一样交换社会支持。Wellman & Gulia（1996）[4]补充到，除了信息支持，人们在网络社区也会接受到情感支持和陪伴支持。Brennan（1991）[5]和 Rheingold 等人（1993）[6]的研究均发现，患者们表示网络社区能为他们带来极大的支持，并且当遇到问题的时候会选在网络社区来寻求帮助。

3. 社会支持与社会网络分析

过去的不少研究将社会支持与社会网络相结合，来分析社会支持的作用，研究证实大的社会网络有利于提高健康水平并降低死亡率。例如 House 等人（1982）[7]的研究中发现，那些自我报告有更多的社会关系（社会支持）与社会活动的人，在很长的一段观察期内，有着更低的死亡率。Adams 等人（2002）[8]对女性的社会网络如何影响孩子的存活率进行了研究，发现在控制了人口变量之后，家庭网络的大小，对于婴儿的存活率有着重要的影响。Bear（1990）[9]的研究发

[1] 周林刚，冯建华. 社会支持理论——一个文献的回顾[J]. 广西师范学院学报：哲学社会科学版，2005，26(3)：11-14.

[2] Rheingold H. The Virtual Community: Homesteading on the Electronic Frontier [J]. The Virtual Community: Homesteading on the Electronic Frontier-ResearchGate，1993,265(5175)：1114.

[3] Wellman B. For a social network analysis of computer networks: a sociological perspective on collaborative work and virtual community [C]. Work and Virtual Community，Proc. of the 1996 conference on ACM SIGCPR/SIGMIS Conference. 1996：1-11.

[4] Wellman B, Gulia M, Mantei M, et al.. Net Surfers Don't Ride Alone: Virtual Communities As Communities [J]. Networks in the Global Village，1997：331-367.

[5] Brennan P F, Moore S M, Smyth K A. ComputerLink: Electronic support for the home caregiver [J]. Ans Advances in Nursing Science，1991,13(4)：14-27.

[6] Rheingold H. The Virtual Community: Homesteading on the Electronic Frontier [J]. The Virtual Community: Homesteading on the Electronic Frontier-ResearchGate，1993,265(5175)：1114.

[7] House J S, Robbins C, Metzner H L. The association of social relationships and activities with mortality: prospective evidence from the Tecumseh Community Health Study. [J]. American Journal of Epidemiology，1982,116(1)：123-140.

[8] Adams A M, Madhavan S, Simon D. Women's social networks and child survival in Mali [J]. Social Science & Medicine，2002,54(2)：165-178.

[9] Bear M. Social network characteristics and the duration of primary relationships after entry into long-term care [J]. Journal of Gerontology，1990,45(4)：S156-62.

现,更密集的网络,导致了对老年患者长期护理更持久的关系。在互联网领域,许多关于社会支持和社会网络的研究文献中,将网络社会支持与"弱连接"网络理论("weak tie" network theory)相结合(Wright & Bell, 2003)①。"弱连接"关系通常发生再在虽然每天都会有交流但实际上并不亲密的人们之间(Granovetter, 1973)。也有一些学者在进行网络社会支持的实证研究时,与社会网络分析相结合进行分析。Bambina (2007)②对 SOL-癌症论坛的分析发现,论坛中的社会网络结构是由一个主要成员负责连接高度分叉网络的星状,其中,一半的网络是由获得社会支持但没有提供任何支持的网络成员构成,而另一半的网络是由既给予支持同时也获得支持的成员构成。现有研究表明,不同内容及受众的网络社区中,人们相互间所提供的社会支持内容是有所差别的。但目前国外在这一类研究中,关注的多是癌症等重症患者或是乙肝等传染性疾病患者的网络支持行为,但对于日常疾病的社会支持则少有涉猎,且较少有分析不同社会支持内容所形成的网络特征。同时,国内对网络社会支持的研究,大都集中在学生群体、青少年以及弱势群体的研究,而对网络社区健康传播的社会支持研究还较少。因此,在日常类疾病中,网络成员的社会支持行为如何,不同社会支持信息所形成的网络特征是否有所差别,都是今后值得研究的方向。因而,本文将对于以下问题进行分析探讨:

RQ 2:基于健康传播的网络社区中,(尤其是对于日常的疾病)网络成员之间所交换的社会支持信息如何?

RQ 3:不同社会支持内容(信息支持、情感支持、陪伴支持)所形成的网络具有什么样的特征,不同社会支持内容的所形成的网络之间是否存在显著差异?

(三) 专业知识

在传播过程中,发送者的专业知识是一个重要的变量。人们在向外界寻求信息时,信息发送方具有提供信息的能力和知识是基本前提之一。而专业知识则经常被认为是判断一个人是否具有提供相关信息能力的重要指标。专业知识(expertise)被定义为成功完成相关任务的能力(程鹏飞,2013)③。专业知识这样一个变量在信息传播中起着非常重要的作用。而在目前有关网络社区的健康传

---

① Wright K B, Bell S B, Wright K B, et al. Health-related Support Groups on the Internet: Linking Empirical Findings to Social Support and Computer-mediated Communication Theory. [J]. Journal of Health Psychology, 2003,8(1): 39 - 54.

② Bambina A. Online social support: the interplay of social networks and computer-mediated communication [M]. Cambria Press, 2007.

③ 程鹏飞. 关系强度、发送方专业知识与口碑影响力——信任的中介效应[J]. 软科学,2013,27(05): 66 - 69.

播相关研究中,通过文献搜索没有发现将专业知识这一变量纳入研究,考察专业人员(如医生)以及非专业人员(如患者)在网络社区交流中的不同。由此,本文提出以下研究问题:

RQ 4:不同议题发起人(医生/患者)所构成的交流网络分别呈现出怎样的特征? 是否存在差异?

RQ 5:不同议题发人(医生/患者)所引发的社会支持内容如何? 是否存在差异?

四、研究方法

(一)研究方法

(1)社会网络分析法。社会网络分析是对社会关系结构及其属性加以分析的一套规范和方法。主要分析的是个体、群体或社会等不同社会单位所构成的关系结构及其属性(林聚任,2009)。本研究主要通过社会网络分析,对网络社区中网络成员间的交流网络特征,网络密度、接近性、相互性、派系等进行分析,以深入了解网络成员间的交流网络特征。

(2)内容分析法。内容分析是分析讯息内容的最基本的方法,通过数据搜集方法和分析手段,对完整讯息中某些元素的发生频次进行测量。内容分析的依据是已存在的客观的编码方法和步骤,因而降低了研究者的主观性。通过内容分析这一研究方法,研究者可以发现讯息内容的具体特点,并做出推断(琼恩·基顿,邓建国,张国良,2009)。

(二)样本选择

本研究选择豆瓣网"我们都有一口烂牙"小组作为个人进行深入分析和研究。豆瓣网成立于豆瓣网成立于 2005 年,是一个集合了 SNS(社会性网络服务)、RSS(聚合内容)、TAG(标签)等 Web2.0 应用技术的典型化网站(黄修源,2009)①。选择豆瓣网作为研究对象,主要基于以下四点原因:

(1)从网络社区的分类看,豆瓣网是一个典型的兴趣型社区,社区成员间的核心关系是趣缘关系,因而更为纯粹(周俊 & 毛湛文,2012)②。与人人网等社交网站不同的是,豆瓣并没有将现实的社交关系移植到网络空间中,因此可以较少地考虑线下现实关系等变量的影响。

---

① 黄修源.豆瓣流行的秘密[M].北京:机械工业出版社,2009.
② 周俊,毛湛文.网络社区中用户的身份认同建构——以豆瓣网为例[J].当代传播,2012,(01).

（2）豆瓣作为典型的 Web2.0 社区，内容都是由社区成员自己贡献的，这种用户生产内容（UGC）的模式，能够很好地调动社区成员的积极性，便于研究者从社区成员的角度采集信息。

（3）豆瓣的进入门槛很低，与人人网、开心网等 SNS 网站有入口限制不同，豆瓣不需要注册也能够完整地浏览社区的内容更能够体现互联网的共享精神。

（4）豆瓣的每一个小组都是一个网络社区，社区成员在小组中共享知识、经验和感受，因此豆瓣鲜明的社区特色也十分契合本文的研究目的。

豆瓣小组于 2005 年上线，定位于"对同一个话题感兴趣的人的聚集地"，至今已有 30 多万个小组被用户创建，月独立用户超过 5 500 万[①]。小组根据兴趣、生活、购物、社会、艺术、学术、情感和闲聊分为八大类，每个大类下细分有小类。本研究选取生活—健康子类目下的"我们都有一口烂牙"小组为例进行分析。主要原因有以下几点：

（1）本研究的研究目的是分析网络社区的健康传播，因此选择健康类目下的小组作为研究对象，在这一类目中，小组成员根据自身相同的健康信息需求或相同病症聚集在一起，交流健康信息。

（2）"我们都有一口烂牙"小组创建于 2006 年 11 月 20 日，目前拥有小组成员 11 722 人，在豆瓣小组健康类目下，是成员数量较多的小组，在关于口腔疾病及相关小组中，"我们都有一颗烂牙"是拥有成员数量最多的小组。

（3）早在 2004 年，世界卫生组织便已将口腔疾病列为重点防治的世界三大慢性非传染性疾病之一（心血管疾病、癌症、龋齿），并倡导对口腔健康给予足够重视。因此，口腔疾病实际上是危害身体健康和影响生活质量的常见病、多发病。但是，在我国很多地方还停留在"牙痛不算病"的认识水平。事实上，牙痛本身就是各种牙病的信号，即痛出有因[②]。数据显示，我国达到牙齿健康标准的人不足 1%，国内口腔疾病的成人发病率占中国人口的 60%～80%。[③] 但是，目前已有的关于网络社区健康传播或是社会支持的研究中，多为研究癌症、艾滋等重症病症，或是抑郁症等心理疾病，而对于口腔疾病这类常见病症患者所组成的网络社区的研究却很少见到。因此，本研究采用口腔疾病这一视角进行研究，以此探索这一类疾病在网络社区的信息传播。

（4）相较于其他小组而言，"我们都有一口烂牙"小组有明显的牙医发帖和

---

① 百度百科. 豆瓣网［OL］. http://baike. baidu. com/link? url=Q_acmf-Wn6fFo1ZgIXjiPZ3ei0c3K AeqyTqCyKEAXcNXSBCbXH5qcUfMSTdQISy.

② 引自人民网. 牙痛不算病吗？［EB/OL］. http://health. people. com. cn/BIG5/26466/71239/71246/ 4834629. html.

③ 引自 39 健康网. 走出"牙病不算病"的认知误区［EB/OL］. http://care. 39. net/a/140204/4333025. html.

患者发帖之分，便于研究进行取样分析。

（三）讨论串选取

研究运用社会网络分析法及内容分析法对样本进行分析。

首先，选取"我们都有一口烂牙"小组中从 2013 年 1 月 1 日起到 2013 年 12 月 31 日止的一年内发表的帖子作为样本框，在剔除广告帖以及部分发帖人已注销豆瓣账号无法获取发帖人 ID 信息的帖子后，共计获得讨论串 632 个。

接下来按主帖发帖时间进行排序之后，按每隔 10 个抽取一个的原则，共抽取 63 个讨论串进行分析。在对回帖的广告信息与发帖人注销账号等情况进行进一步剔除后，63 个讨论串中包含帖子共计 573 条（包括主帖及回帖），共有 243 名成员参与了讨论。

此外，采用目的性抽样的方法，分别选择牙医发帖和病人发帖的讨论串 2 个，进行进一步的议题发起人差异的分析。分别选取主帖为"在线解决大家各种有关口腔方面的问题，什么问题都可以"以及"刚拔完两颗智齿，有什么想问的"两条讨论串。这两条讨论串分别为牙医及患者发起议题，主题都是为患者提供信息支持，并且发帖时间、讨论量都较为相当。在对回帖的广告和发帖人注销账号等情况进行进一步剔除后，"牙医"讨论串共包含帖子 86 个，共有 24 名成员参与讨论；"患者"讨论串共包含帖子 63 个，共有 19 名成员参与讨论。

（四）社会网络分析编码规则

在编码中，根据用户的发帖—回复关系建构不同讨论串中用户的双向关系矩阵。将所有讨论串编入 excel 表格中，其中纵列为发帖人 ID，横列为被回复人 ID。将两个 ID 之间的相互回帖视为二者之间的交流关系，根据 ID 间的发帖情况，统计交流数量。例如 ID"i"向 ID"j"回复一条，则在二者横纵相交处填入"1"，回复两条则填入"2"，以此类推。楼主发的主帖如果没有明确的指向对象，则不计入统计；其他 ID 发帖如果没有明确指明对象，则默认为与楼主交流。同一个帖子中，如果针对不同 ID 都进行了回复，则视为与不同 ID 之间都有一次交流。没有交流的 ID 之间填入"0"。

（五）社会支持编码规则

对于社会支持的编码，采用 Yan & Tan（2010）的编码方案进行编码。Bambina（2007）[①]认为传统的网络社会支持的编码缺乏一致性，因此他在对一

---

① Bambina A. Online social support: the interplay of social networks and computer-mediated communication [M]. Cambria Press，2007.

个名为 SOL 的癌症患者论坛进行研究时,设计了一套社会支持编码方案。这套编码方案,将传统的社会支持的研究成果扩展到了互联网领域,简洁明晰,并完整地涵盖了互联网中可能会出现的各种社会支持(刘瑛和孙阳,2011)[①]。Yan和 Tan(2010)沿用了 Bambina(2007)的分类方法作为编码标准,并对信息支持进行了更加详细的细分。编码表方案如表 1 所示。

表 1　网络社会支持编码方案

社会支持类别	社会支持子类
信息支持	建议
	参考
	教授
	信息咨询/寻求
	个人经历
情感支持	理解/共感
	鼓励
	肯定/认可
	同情
	关心/担心
陪伴支持	闲聊
	幽默/调侃
	团体性

编码方案来源：Yan, L., & Tan, Y. (2010). An empirical study of online supports among patients. Available at SSRN.

信息支持主要指健康信息的传播,包括建议、参考、教授、信息咨询/寻求以及个人经历的分享 5 个子类别。

建议主要是指对提问者提供指导。例如网友"行路人"在论坛中提问:"请问我的下门牙背面为什么是黑色的。还有牙齿似乎有结石,牙龈出血怎么办。"网友"美丽牙医"回答:"门牙背面,应该就是说舌侧吧,就是靠近舌头的一侧。一般情况是因为吸烟或者喝茶、喝中药一类,形成的牙结石和色斑了。刷牙不会掉,只能洗牙齿,要去诊所或医院来洗。"

参考指提供信息资源或帮助,这一类型通常与另一类支持类型伴随出现:教授。教授主要是指寻求或提供指导性或教育性的信息。例如网友"Cedar"在论坛中分享了自己的种植牙经历,网友"Burn"提问到:"你给我解释解释什么叫

[①]　刘瑛,孙阳. 弱势群体网络虚拟社区的社会支持研究——以乙肝论坛"肝胆相照"为例[J]. 新闻与传播研究,2011,(2)：76 - 88.

种牙。""Cedar"回答："就是种植牙。种植牙是通过医学方式,将与人体骨质兼容性高的纯钛金属经过精密的设计,制造成类似牙根的圆柱体或其他形状,以外科小手术的方式植入缺牙区的牙槽骨内,经过1～3个月后,当人工牙根与牙槽骨密合后,再在人工牙根上制作烤瓷牙冠。

信息寻求/咨询指提问人对相关信息问题的提出,希望得到信息或解答。例如网友"MIss-silence"发帖自己大牙烂穿了,医生说保住的可能性比保不住的可能性小,基本是需要拔了,想咨询小组中的其他成员自己是否需要拔掉牙齿。

个人经历是指通过分享自身相关经历提供信息。例如一位网络在社区中提到自己想拔智齿,希望大家提供一些信息。网友"扣子"回帖说道："我只拔过上面的,牙医说要拔就不由分说地拿了榔头、钳子等工具,利索地打了麻药,2分钟后一用力,一下子就下来了,拔好后会用棉花堵住,残留的血不能吐掉。"

情感支持指与他人分享快乐或悲伤,或是表达关系。情感支持包括理解/共感、鼓励、肯定/认可、同情、关心/担心5个子类别。大多数寻求或是提供情感支持的信息里都包含了多种子类别。

理解/共感是指对他人的经历或遭遇表示理解或是因为有共同经历而产生共鸣。网友"看不见我"在小组中表达了自己在做完烤瓷牙之后的心理隐忧,网友"恋爱大王""朱木方"等纷纷跟帖表示"楼主你不是一个人"表达了对"看不见我"的遭遇的理解及共鸣。

鼓励是指对发帖人的加油鼓劲使其感到高兴和振奋。例如网友"静"发帖表示自己即将去拔牙,网友"满身负能量"回帖：楼主真棒,表达了对"静"的鼓励和支持。

肯定/认可是对他人观点或行为表示赞同。例如网友"请爱我皱纹"发帖表示牙齿不好是天生的,怎么刷都没有用,"aniina"回帖表示认同："嗯嗯嗯,就是天生的,我小时候那叫猘獬齮,猘獬这个词听上去就很恐怖有没有。"

同情表示对他人的经历或遭遇感到同情。例如网友"请爱我皱纹"发帖表示自己一共26颗牙齿,其中5颗烤瓷,3颗坏死＋根管治疗,即将4颗烤瓷＋拔智齿1颗,补了18颗,现在正在积极治疗第5、6个根管,并打算做烤瓷中。网友"梦想风行"回帖：楼主啊好可怜的,楼主我们都有一口烂牙啊。表示了对"请爱我皱纹"的同情。

关心/担心表示对他人的担忧和挂念。例如"dump"讲述了自己侵袭性牙周炎的经历,网友"shushue"回帖：楼主,请问你现在情况怎么样了? 表示了对"dump"的关心。

陪伴支持的作用是让社区里面的成员感受到还有其他人因为他们的存在而感到高兴,而自己也是属于这个团体里的重要一员。陪伴支持包括闲聊、幽默/调侃和团体性3个子类别。

闲聊是指与牙病没有关系的信息,例如"露珠坐标哪里啊?""温州"。

幽默/调侃有三种形式,一种是说一些看上去很幽默的话,一种是讲一个笑话,还有一种是向社区里的另一位成员开玩笑。例如网友"大 lulu 雀雀"分享了自己做烤瓷牙的经历,网友"进击の朱朱"回帖:把门牙磨小之后你们照镜子没?? 把自己吓得不轻吧……"大 lulu 雀雀"回应:好恶心黑黑的跟吸血鬼一样。"进击の朱朱"再次回复:我咧嘴一笑…把自己给吓着了…我当时旁边一个做全口烤瓷的美女一张嘴…我都觉得可以直接去拍吸血鬼电影了…"进击の朱朱"和"大 lulu 雀雀"以吸血鬼做比喻,把自己和做烤瓷牙的人调侃了一番。

团体性是指允许或邀请他人加入某一个团体。例如:网友"DAME"表示自己 21 岁差点带活动假牙,网友们纷纷回复分享了自己的烂牙经历,网友"大大"提出:"都是一堆苦命的人,我补了八颗大牙,要不我们创建一个群,给我们的人生加油,给未来勇气与自信。"网友"无岸"也提出:牙齿不好啊～～……今年又补了 3 颗牙,一颗做了根管……烦死人我都要疯了! 要不我们建个群讨论一下好了～～～～

五、研究结果与分析

(一) 信度检验

对于本研究所涉及的社会支持变量,采用内容分析的方法,由编码员根据网络社区成员所发布的信息内容进行编码。本研究共由上海交通大学新闻与传播专业 2 名学生担任编码员。2 名编码员在正式编码前,均按照统一的编码手册接受了编码培训。在编码员信度方面,本研究从样本框中随机抽取了 10% 的样本进行信度检验,两名编码员在各类目上的信度(Scott's pi)均达到 0.70 以上,平均值为 0.90,能够达到对编码员间信度的一般要求。各类目 Scott's pi 值如表 2 所示。

表 2 信度检验

类目名称	Scott's pi
信息支持	0.93
情感支持	0.87
陪伴支持	0.89

(二) 整体网络结构特征

图 1 显示了抽取样本的整体结构特征。其中,箭头从 ID"i"到 ID"j"表示"i"

向"j"发出了一条信息,而 ID 旁边的数字则表示该 ID 总共发出的信息数量。在图的右侧有 13 个孤立的点,表示这 6 个人并没有针对特定的个人而是针对整个社区发表帖子,但是并没有收到其他人的回复。

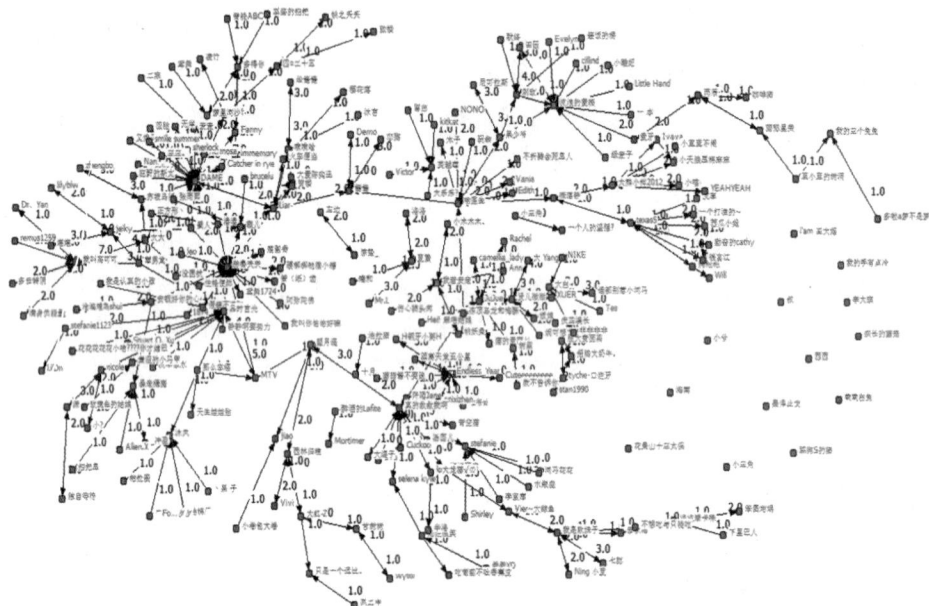

图 1　整体网络结构

从图 1 中可以看出,在整体网络中存在着多个个体网,但是不少个体网之间通过某些节点而相互联系。有的个体网规模较小,而有些个体网则规模较大,并且存在着明显的中心节点。中心节点是指多个节点同时指向一个节点,或者一个节点同时指向多个节点。例如本图中 ID 名为"赫鲁夫夫""texas5""DAME"等。这些中心节点 ID 大多都是某个讨论串的楼主,因而受到了较多的关注,收到的回复也较多。因而可以看出,在"我们都有一颗烂牙"豆瓣小组中,大多数小组成员仅仅局限于单一讨论串的主题与其他小组成员进行沟通,另有一些少数成员表现得比较积极活跃,能够参与到各类不同讨论串中,将不同讨论串之间的成员相互联系起来。

1. 密度

	平均值	标准差
回复网	————————	————————
	0.008 8	0.128 5

密度用来描述网络中各个节点关联的紧密程度,其范围为 0～1 之间。由上可以看出,该小组的网络密度为 0.008 8,密度相对较低,说明小组成员之间相互

联系的紧密程度不高,成员的联系不够紧密。在一个社会网络中,密度越高,越接近于1,则说明网络成员之间的联系越紧密,信息在成员之间流动的速度和效率越高,成员间的交流越顺畅。而"我们都有一口烂牙"小组的网络密度低于一般的社会网络,网络社区在信息的传播和共享能力方面还是有限的。

另外,该小组的标准差为0.128 5,离散度并不高,因而可以看出小组成员之间存在着小群体的现象,部分成员之间存在着较为紧密的联系,因此在小组整体信息传播网络密度较低的情况下,仍然没有导致该小组信息传播的离散。

2. 点度中心度

点度中心度是指与该点直接相连的其他点的个数,描述了网络社区中单个行动者在信息传播中的位置。在有向关系矩阵中,点度分为出度与入度,出度是指一个节点输出链接(links)的数量,在本研究中,即一个小组成员发出的帖子数,入度是指在网络中,一个节点导入链接的数量,即一个小组成员收到的帖子数。

对该小组进行点度中心度分析,结果如表3所示(因为篇幅原因省略掉部分结果)。

表3　点度中心度分析

序号	ID	1	2	3	4
		OutDegree	InDegree	NrmOutDeg	NrmInDeg
51	Liar-	15.000	8.000	0.889	0.474
196	我叫高可可	12.000	13.000	0.711	0.771
30	真的救救我啊	12.000	15.000	0.711	0.889
105	大熊小样2012	11.000	11.000	0.652	0.652
104	喻医生	9.000	12.000	0.533	0.711
169	我是软妹子	9.000	10.000	0.533	0.593
9	Endless_Year	9.000	12.000	0.533	0.711
60	大大	8.000	8.000	0.474	0.474
202	品时言光	8.000	16.000	0.474	0.948
48	DAME	8.000	26.000	0.474	1.541
……	……	……	……	……	……
232	i'am王大姐	0.000	0.000	0.000	0.000
233	只是一个逗比。	0.000	2.000	0.000	0.119
174	茕茕白兔	0.000	0.000	0.000	0.000
235	jiao	0.000	2.000	0.000	0.119
162	疯长的蘑菇	0.000	0.000	0.000	0.000
177	踩狗S的猪	0.000	0.000	0.000	0.000
27	凌竹	0.000	1.000	0.000	0.059

（续表）

序号	ID	1	2	3	4	
		OutDegree	InDegree	NrmOutDeg	NrmInDeg	
89	花果山十三太保	0.000	0.000	0.000	0.000	
210	蔓越莓	0.000	4.000	0.000	0.237	
181	我的三个兔兔	0.000	2.000	0.000	0.119	

		1	2	3	4	
		OutDegree	InDegree	NrmOutDeg	NrmInDeg	
1	Mean	2.095	2.095	0.124	0.124	
2	Std	Dev	2.277	3.423	0.135	0.203
3	Sum	507.000	507.000	30.053	30.053	
4	Variance	5.185	11.714	0.018	0.041	
5	SSQ	2 317.000	3 897.000	8.141	13.693	
6	MCSSQ	1 254.814	2 834.814	4.409	9.961	
7	Euc	Norm	48.135	62.426	2.853	3.700
8	Minimum	0.000	0.000	0.000	0.000	
9	Maximum	15.000	26.000	0.889	1.541	

Network Centralization (Outdegree)=0.768%
Network Centralization (Indegree)=1.423%

根据以上结果，可以看出，ID"Liar-""我叫高可可""真的救救我啊""大熊小样2012""喻医生"等具有较高的出度，这些人在豆瓣小组中比较活跃，积极参与话题讨论，与他人进行互动，ID"DAME""赫鲁夫夫""品时言光""真的救救我啊""我叫高可可""喻医生"等人具有较高的入度，表明这些人所发起的言论更容易引发他人的关注和讨论。同时，也可以看出，出度较高的ID也具有较高的入度，说明积极参与讨论的人，在社区中收到的回复也越多，与社区其他成员之间的互动型更强，在社区中有着一定的影响力。

除了这些较为活跃的小组成员之外，大部分的小组成员点度中心度并不高，他们在网络社区中处于一种观望的状态，喜欢在社区中闲逛，浏览大家的讨论，偶尔对自己感兴趣的话题发表看法，很少主动参与话题讨论。

此外，整个小组的标准化点入度中心度和点出度中心度分别为0.768%和1.423%，说明"我们都有一口烂牙"小组回复量大于发帖量，各小组成员收到的帖子数大于发出的帖子数，因而可以看出，部分小组成员在发起话题讨论或者是收到回帖之后并不会与再回帖者进行互动。

3. 中间中心度

中间中心度衡量了一个网络成员作为媒介者的能力，也就是说，其他个体之间在相互联系时必须经过这个点的概率。一个人的中间中心度越高,其对网络社区内部信息的控制程度也就越高,在信息传播中所拥有的权利也越大。一个网络社区的中间中心度越高,也说明这个网络社区的信息被少数人所垄断的可能性越大。

对该小组进行中间中心度分析,结果如表 4 所示(因为篇幅原因省略掉部分结果)。

表 4 中间中心度

序号	ID	Betweenness	nBetweenness
48	DAME	3 673.5	6.404
51	Liar-	3 610	6.294
104	喻医生	2 232	3.891
117	赫鲁夫夫	1 856	3.236
101	酱酱	1 751	3.053
60	大大	1 650	2.877
115	璇儿	1 460	2.545
202	品时言光	1 372	2.392
30	真的救救我啊	1 269	2.212
95	薇落静	1 232	2.148
……	……	……	……
232	只是一个逗比。	0	0
233	风二中	0	0
234	jiao	0	0
235	小卷包大卷	0	0
116	brucelu	0	0
237	Mr. L	0	0
238	洛洛	0	0
239	曦和	0	0
240	惊蛰_	0	0
241	左边	0	0

		1	2
		Betweenness	nBetweenness
1	Mean	124.519	0.217
2	Std Dev	449.717	0.784
3	Sum	30 009	52.317
4	Variance	202 245.7	0.615

（续表）

序号	ID	Betweenness	nBetweenness
5	SSQ	52 477 896	159.499
6	MCSSQ	48 741 216	148.142
7	Euc Norm	7 244.163	12.629
8	Minimum	0	0
9	Maximum	3 673.5	6.404

Network Centralization Index＝6.21%

其中，Betweenness 表示绝对中心度指数，nBetweenness 表示相对中心度指数。

根据以上结果可以看出，ID"DAME""Liar-""喻医生"等具有较高的中间中心度，说明这些人在"我们都有一颗烂牙"豆瓣小组成员间的信息传播与交流中，处在非常重要的桥梁位置，许多成员需要通过这些 ID 才能与小组中其他成员联系，因而这些 ID 在小组成员的相互交流中起到了非常大的促进作用。他们在小组的信息交流控制程度较高，有着丰富的信息资源，在小组中具有较大的影响力。

此外，还存在许多中间中心度为 0 的 ID，说明别的小组成员在于其他成员进行联系和交往时都不会经过这个节点，这些成员在小组中处于孤立的位置，对其他成员的交往也没有任何的控制力和影响力。

整个小组的中间中心度指数为 6.21%，相对较低，说明在"我们都有一颗烂牙"豆瓣小组中，少数人具有高度操控信息的能力，小组成员之间相互联系的时候，经过其他节点的概率很高。

4. 相互性

相互性是指网络中存在的纽带总数与相互纽带（reciprocated tie）总数的比例。如果两个节点之间存在两条方向相反的纽带，则称为相互纽带。

利用 UCINET6.0 对整体网络的相互性进行分析的结果为：0.502 1。表明小组成员的相互交流中，有半数的纽带为相互纽带，因而小组成员间的互动性较好，相互交流较为频繁，发出的信息能够得到较为有效的反馈。

（三）社会支持内容

表 5 显示了"我们都有一颗烂牙"小组成员之间社会支持内容的分布情况。由此可以看出，小组成员之间交换最多的为信息支持，占总数的 67.1%，其次为情感支持，占比 25.1%，最少的为陪伴支持，仅有 7.8%。

表5　我们都有一颗烂牙小组社会支持类型分布

社会支持类别	社会支持子类	频数	总计
信息支持	建议	149(22.3%)	449(67.1%)
	参考	11(1.6%)	
	教授	22(3.3%)	
	信息咨询/寻求	137(20.5%)	
	个人经历	130(19.4%)	
情感支持	理解/共感	59(8.8%)	168(25.1%)
	鼓励	26(3.9%)	
	肯定/认可	41(6.1%)	
	同情	30(4.5%)	
	关心/担心	12(1.8%)	
陪伴支持	闲聊	49(7.3%)	52(7.8%)
	幽默/调侃	1(0.1%)	
	团体性	2(0.3%)	

在社会支持子类中,"建议"这一子类的出现频次最多,其次为"信息咨询/寻求",因而可以看出小组成员多在小组中寻求牙病牙痛相关的信息,希望其他小组成员能够帮助自己答疑解惑,而不少成员也为这些问题提供相应的建议。此外,还有许多小组成员通过分享自己的个人经历向他人提供参考和建议。在情感支持中,提及最多的为"理解/共感",小组成员的大多数为牙病患者,因而不少人往往有着共同的经历和体验,因此在小组中发现与自己相似的他人时往往会产生共鸣并能够很好地理解他人的感受,通过这样的情感交流一定程度上也能缓解因为生病而带来的心理上的焦躁和不安。此外,也有一些成员通过闲聊的方式向其他成员提供陪伴支持,加深彼此间的交流,并提升在团体中的归属感,使成员在小组中不感到孤单。

（四）不同社会支持的网络结构特征

1. 密度

表6显示了不同社会支持内容所形成的各自网络密度。可以看出,陪伴支持所形成的网络成员之间的密度最高,密度为0.028 5,大大高于情感支持(0.009 1)和信息支持。较其他社会支持内容而言,信息流动的速度和效率更高,成员间的交流更为顺畅。而基于信息支持而相互联系在一起的豆瓣小组成员之间的紧密程度最低,成员之间的交流和联系不够紧密。

表6　不同社会支持网络密度

子网络名称	Density	SD
信息支持	0.008 9	0.125 2
情感支持	0.009 1	0.105 9
陪伴支持	0.028 5	0.209 6

2. 点度中心度

表 7 显示了不同社会支持内容所形成的各自网络的点度中心度。首先，从均值上看，信息支持网络的点度中心度均值（$M = 1.775$）高于陪伴支持网络（1.167）及情感支持网络（1.119），可以看出信息支持网络中，小组成员发出及收到的信息支持内容明显多于陪伴支持及情感支持。而从整体网络的标准化点入度中心度和点出度中心度来看，三个子网络的点入度均高于点出度，因此无论是在陪伴支持网络还是情感支持和信息支持网络中，小组成员所收到的信息都远远大于发出到的信息。另一方面，无论是点入度还是点出度，陪伴支持网络均远远高于情感支持网络及信息支持网络，因而，基于陪伴支持所形成的网络中，小组成员之间的参与性更高，互动性更强，小组成员具有更高的积极性，其次为情感支持网络。

表 7　不同社会支持网络点度中心度

		Mean	SD	Network Centralization
信息支持	Out	1.775	1.848	0.776%
	In	1.775	2.743	1.197%
情感支持	Out	1.119	1.110	0.782%
	In	1.119	1.784	3.000%
陪伴支持	Out	1.167	0.998	3.193%
	In	1.167	2.170	9.855%

此外，对三个子网络的点度中心度进行了方差分析，进一步探索其差异的显著性，表 8 显示了各网络间的差异性。其中，信息支持网络与情感支持网络在点入度与点出度上均存在显著的差异，而信息支持网络与陪伴支持网络在点入读和点出度上同样存在显著的差异。但情感支持网络与陪伴支持网络在点入度和点出度上均没有显著的差异性。

表 8　不同社会支持网络点度中心度方差分析 p 值

p 值		信息支持	情感支持	陪伴支持
信息支持	Out		.000***	.022*
	In		.017*	.136
情感支持	Out	.000***		.863
	In	.017*		.911
陪伴支持	Out	.022*	.863	
	In	.136	.911	

* $p < 0.05$，* * $p < 0.01$，* * * $p < 0.001$。

3. 中间中心度

表9显示了三个子网络各自的中间中心度。其中,就绝对中间中心度均值而言,信息支持网络的中间中心度($M = 48.155$)大大高于情感支持($M = 3.603$)及陪伴支持($M = 0.929$)。同时,在中间中心度指数方面,信息支持网络(2.14%)也高于情感支持网络(1.02%)及陪伴支持网络(1.57%)。因此,相比于情感支持及陪伴支持网络,基于支持内容所形成的网络中,有极少数人掌握着绝对的信息权,这部分人具有高度操控信息的能力,其他小组成员在进行相互联系的时候,需要经过这些节点的概率很高,因而就整体网络而言,信息支持网络的信息流动并不如情感支持网络和陪伴支持网络那样畅通。

表9　不同社会支持网络中间中心度

	Mean	SD	Network Centralization
信息支持	48.155	146.301	2.14%
情感支持	3.603	17.230	1.02%
陪伴支持	0.929	4.067	1.57%

为了进一步验证不同子网络在中间中心度上的差异性,对其进行了方差分析,表10显示了方差分析后的 p 值结果。可以看出,信息支持网络的中间中心度与情感支持网络及陪伴支持网络之间均存在统计学意义上的显著差异性,而情感支持网络和陪伴支持网络之间在中间中心度上并没有显著的差异。

表10　不同社会支持网络中间中心度方差分析 p 值

p 值	信息支持	情感支持	陪伴支持
信息支持		.000***	.011*
情感支持	.000***		.890
陪伴支持	.011*	.890	

　$*p < 0.05$, $* * p < 0.01$, $* * * p < 0.001$。

4. 相互性

表11显示了不同社会支持网络的相互性,其中信息支持网络的相互性最高(0.404 3),其次为陪伴支持网络(0.357 1),情感支持网络在三个子网络中的相互性最低(0.294 9)。因而,可以看出,在信息支持网络中,有近乎半数的纽带为相互纽带,小组成员之间两两交流较为频繁,小组成员发出的信息支持内容能够得到反馈,而在情感支持网络中,小组成员可能向他人发出了情感支持的内容,但多数情况下并不能得到他人的反馈。

表 11　不同社会支持网络相互性

子网络名称	Reciprocity
信息支持	0.404 3
情感支持	0.295 9
陪伴支持	0.357 1

5. 小团体

表 12 显示了不同社会支持网络的小团体数量，三个子网络中，信息支持网络拥有最多的小团体，小团体数量为 7 个，其次是情感支持，有 2 个小团体，而陪伴支持则没有小团体。这显示出，小组成员在进行关于牙病牙痛的信息时，更容易形成小团体进行深入的个人化的交流。牙痛牙病有着不同的症状，因而小组成员更可能根据自身的不同情况进行单独深入的信息交换。而情感支持和陪伴支持则更多地是在整个网络中进行交流，而很少或不会存在在某个特定的群体中（见图 2、图 3、图 4）。

表 12　不同社会支持网络小团体数量

子网络名称	信息支持	情感支持	陪伴支持
小团体数量	7	2	0

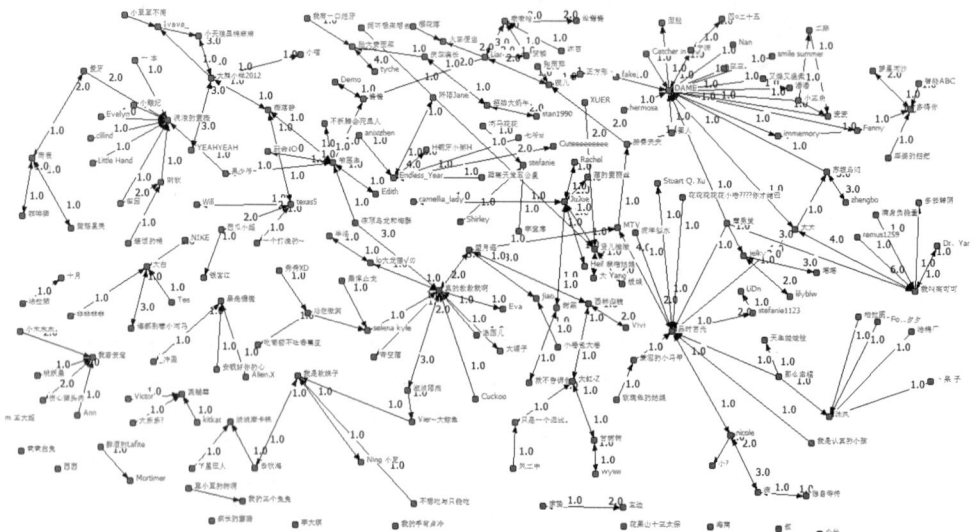

图 2　信息支持子网络结构

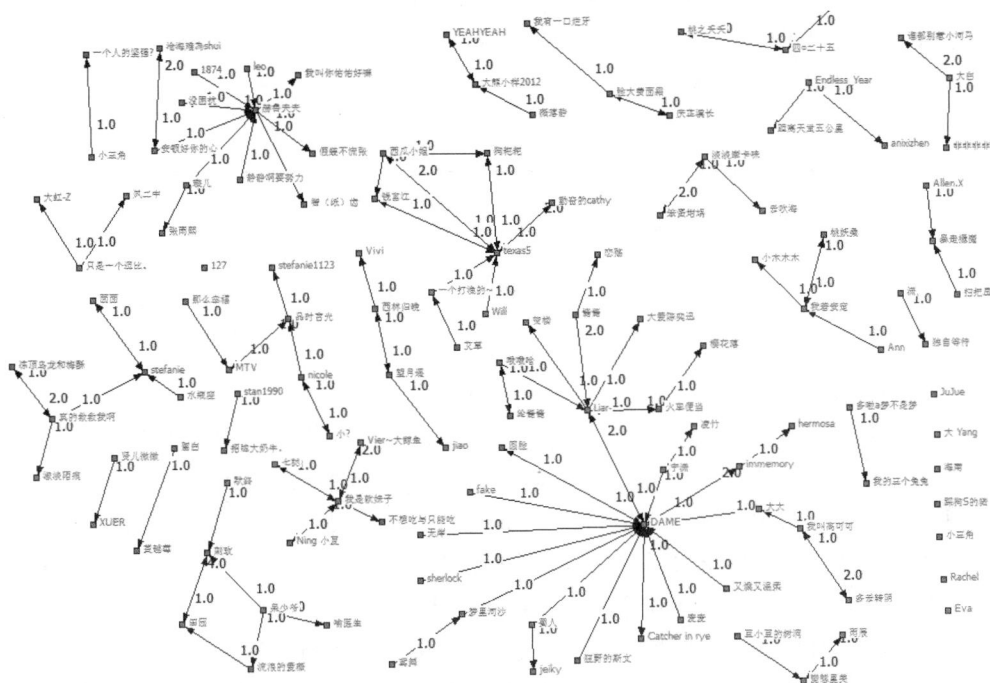

图 3　情感支持子网络结构

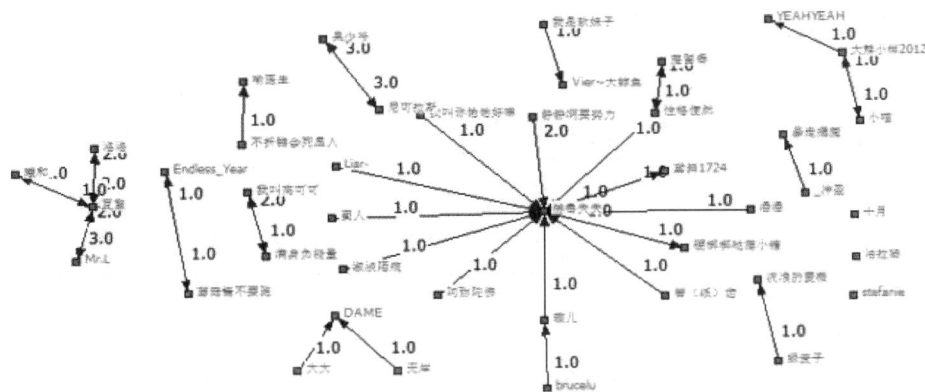

图 4　陪伴支持子网络结构

(五) 不同议题发起人的网络结构特征

1. 密度

从表 13 可以看出，由患者所发起的讨论串所形成的网络中，网络密度为

0.205 9,大大高于牙医所发起的讨论串所形成的网络密度(0.152 2),因而相较于牙医而言,议题发起人为患者所形成的网络中,网络成员之间的联系更加紧密,信息在成员间的流通也更为顺畅。

表13　不同发起人网络密度

子网络名称	Density	SD
患者	0.205 9	1.038 5
牙医	0.152 2	0.627 3

2. 点度中心度

从表14中可以看出,无论是议题发起者是患者还是牙医,所形成的各自网络中存在着相同的点出度与点入度均值,两个网络中平均每个网络成员所发出与收到的帖子数是相同的。但是,两个网络在标准化点入度中心度和点出度中心度却存在着明显的差别。首先,议题发起人为牙医所形成的子网络无论在点入读中心度还是在点出度中心度上均明显高于议题发起人为患者所形成的子网络,因而,由牙医所发起的帖子,小组成员具有更高的参与性和互动性。其次,两个子网络的点入度中心度均高于出度中心度,因此,小组成员所收到的信息均多于所发出的信息。

表14　不同议题发起人网络点度中心度

		Mean	SD	Network Centralization
患者	Out	3.500	6.543	11.738%
	In	3.500	7.960	15.092%
牙医	Out	3.500	7.555	23.008%
	In	3.500	8.703	26.897%

3. 中间中心度

从表15可以看出,就绝对中心度均值而言,牙医发起人网络的中间中心度($M = 21.083$)大大高于患者发起人网络($M = 11.556$),同时,在中间中心度指数上,牙医发起人网络高达100%。因此,牙医发起人所形成的网络中,牙医具有绝对的发言权和信息权,具有高度操控信息的能力,在这个网络中起着至关重要的作用。但是,相对患者发起人网络,正是因为牙医掌握着绝对的信息权,同时也影响了信息在网络中流动的畅通性。

表15　不同议题发起人网络中间中心度

	Mean	SD	Network Centralization
患者	11.556	47.645	76.47%
牙医	21.083	101.112	100.00%

4. 相互性

从表16中可以看出,牙医发起人网络的相互性好于患者发起人网络的相互性,牙医发起人网络的相互性高达1,也就是说所有的纽带都为相互纽带,小组成员两两交流非常频繁,而这两两交流都为牙医与患者之间的交流,凡是患者的提问牙医都会进行回答,因而所有的纽带都为相互,但事实上牙医发起人网络的点出度中心度和点入度中心度并不相等,也就是说凡是患者进行的第一次提问牙医会进行回答,但患者进行的二次或者三次提问牙医并不一定全部都给予了回应。此外,患者的主要沟通对象均为具有权威知识背景的牙医,进行提问咨询,而参与讨论的患者相互之前并没有信息或是情感上的交流。

表16　不同议题发起人网络相互性

子网络名称	Reciprocity
患者	0.7647
牙医	1.0000

5. 社会支持内容

表17显示了议题发起人分别为患者和医生所形成的网络中成员相互交流的社会支持内容。牙医作为议题发起人所形成的网络中,网络成员所提供和接收的社会支持内容全部为信息支持,而并没有情感支持和陪伴支持内容的传递。在信息支持中,一半以上为信息咨询内容,占比为53.49%,其次为建议,占信息支持总数的43.02%。可以看出,出于对牙医专业背景的信赖,不少网络成员会向牙医进行相关的信息咨询,同时,牙医也会从自身专业的角度出发给予相应的建议。除此之外,网络成员之间不会再进行其他的情感方面的信息传递。

表17　社会支持内容

		患者	医生	卡方
信息支持	建议	24.29%	43.02%	5.986*
	参考	1.43%	2.33%	0.165
	教授	0.00%	8.14%	5.965*

（续表）

		患者	医生	卡方
	信息咨询	30.00%	53.49%	8.689**
	个人经历	24.29%	0.00%	23.44***
情感支持	理解	17.14%	0.00%	15.971***
	鼓励	2.86%	0.00%	2.489
	肯定	2.86%	0.00%	2.489
	同情	1.43%	0.00%	1.236
	关心	0.00%	0.00%	—
陪伴支持	闲聊	5.71%	0.00%	5.044**
	幽默	1.43%	0.00%	1.236
	团体	0.00%	0.00%	—

$*p < 0.05$, $**p < 0.01$, $***p < 0.001$。

而患者作为议题发起人所形成的网络中所交换的社会支持内容则有所不同。首先,信息支持尤其是信息咨询同样也是患者发起人网络所交换最多的社会支持内容,因此,网络成员在小组中希望需求的更多的是与牙病相关的健康信息内容。但是,与牙医相比,牙病患者并没有专业的背景知识,多是基于个人经历及自身体会,因此,在患者发起人网络中,24.29%的内容为个人经历,患者通过分享个人经历的方式为其他小组成员提供相应的信息参考和借鉴。除了信息支持外,患者发起人网络还交换了较多的情感支持和部分陪伴支持。网络中有17.14%的内容为理解,此外还有闲聊、鼓励和肯定等。因为同样是被牙病所折磨的患者,拥有相同或相似的经历,因此小组成员之间更容易在情感上找到共鸣。

综上所述,研究问题的分析探索如表 18 所示。

表 18　研究问题分析

序号	网络	研究问题	研　究　发　现
RQ1	整体网络	网络特征	网络密度较低,成员之间相互联系的紧密程度不高,少数人具有高度操控信息的能力,信息的传播和流通不够流畅
RQ2	整体网络	社会支持内容	信息支持最多,尤其是建议性的信息的提供以及和对健康信息的咨询和寻求;其次为情感支持和陪伴支持
RQ3	社会支持子网络	网络特征及差异	基于事实性信息的信息支持网络,网络结构较为松散,成员间的联系不紧密,参与讨论的互动性也不高;基于情感性信息的情感支持网络,网络结构更加紧密,成员间的互动性更好
RQ4	议题发起人子网络	网络特征及差异	牙医发起网络的密度较低,网络结构更为松散,患者发起网络的密度更高,网络结构更为紧密。但牙医发起网络的互动性较患者发起网络更好,成员参与讨论的积极性更高

（续表）

序号	网络	研究问题	研 究 发 现
RQ5	议题发起人子网络	社会支持内容及差异	牙医发起网络所交换的全部为信息支持；患者发起网络除信息支持外，相互间还交换了情感支持及陪伴支持

六、总结与讨论

本研究的主要目的是对基于共同病症的网络社区中的网络成员间的在线社会支持交流以及网络结构进行探究，将社会网络支持分为信息支持、情感支持及陪伴支持三个方面进行了分析，并根据网络成员专业背景的不同，对牙医和患者作为话题发起人所形成的社会网络进行了进一步的探讨。研究主要发现了以下几点结论。

（一）整体网络支持内容及结构特征

首先，在"我们都有一口烂牙"这一网络社区中，网络成员之间交换最多的社会支持内容为信息支持，其次为情感支持和陪伴支持。其中，信息支持子类别中网络成员交换最多的味建议和信息咨询/寻求。对于忍受着牙病牙痛折磨地网络成员而言，他们非常需要得到相关的意见、建议和其他事实性的参考，同时，他们也需要在网络社区中找到共鸣和陪伴。

随着网络社会的不断发展和新媒体的日渐普及，人们已经开始习惯网络寻求各种问题的答案，也越来越习惯于通过网络寻医问药或是获取更多的相关信息。而"我们都有一颗烂牙"小组正好提供了这样一个平台，让同样患有牙病的人聚集在一起，进行交流讨论，相互之间可以分享自己的治疗经验，也能根据自身所掌握的相关知识为其他患者提供建议和借鉴。同时，这些成员因为有着共同的经历，因而很容易在情感上找到共鸣，从而提供相互的支持和鼓励，从精神上缓解因为牙病而为自身带来的困扰。

其次，在网络特征上，研究从网络密度、点度中心度、中间中心度等方面对整体的网络特征进行了分析。分析发现，基于共同的病症而团聚在一起的"我们都有一口烂牙"小组，在整体上是一个密度很低的网络，网络成员之间的关系比较松散，成员之间的相互联系不够紧密。这样一个网络社区在信息的传播和知识共享方面能力有限，同时少数人具有很强的信息操纵能力，从而可能会导致信息在网络间的传递不够流畅。

究其原因，一方面，"我们都有一颗烂牙"小组的成员大多是患有各种牙病的患者,在这样一个网络社区中,更多的是希望获得和自己疾病相关的信息,通过发起一个个的话题来获取或是提供牙病相关的事实性信息。因此,该小组主要是基于以各个讨论串为主的信息支持模式,主要功能是提供和获取信息,而在进行相互间信息支持的同时,因为共同经历所产生的共鸣而提供一些情感和陪伴支持,但相对来说较少,因而成员之间的紧密出程度较低。

另一方面,牙病也有着不同的种类,例如龋齿、根管治疗、种植牙、牙结石、矫正牙齿等,患者大都是根据自身经历进行信息共享,因而只能参与自身所经历过或是比较了解的领域进行讨论,而网络成员相互之间大多交换的是信息支持,因而只能在自己熟悉领域进行回帖,对于不熟悉的主题就不会参与讨论,因而也导致了整体网络的密度较低。

此外,牙病毕竟不是一个长期的慢性疾病,对大多数人而言,牙病牙痛都只是存在于较为短期的一个时间段,因此网络社区成员对牙病无法形成持久的关注度。与"我们都有一颗烂牙"小组不同,其他因为共同的兴趣爱好而集结在一起的豆瓣小组,成员大多会对这一兴趣保持长期的热情和关注,并长期在网络社区中参与话题讨论,与其他网络成员进行互动,而,"我们都有一颗烂牙"小组的成员,大多都是在遇到牙病困扰的时候希望在这一网络社区中找到相关的有用信息,或是一些情感上的慰藉。从点出度大于点入度这一点也可以看出,整个小组成员发出的帖子数是大大高于他们所接收到的帖子数的,因此小组中更多的成员是希望能够从中获取自己想要的信息,寻求信息的人大大高于提供信息的人。因此,小组中虽然成员众多,但是很少会有成员会一直关注小组中的各个话题并参与讨论,而只是保持一段时间的关注热情,因而参与的积极性并不是很高,更多的是在自己有需求的时候站出来参与互动讨论,获取自己想要的信息。

(二) 不同社会支持内容所形成的网络特征差异

本研究根据社会支持的不同内容,分为了信息支持、情感支持和陪伴支持,其中信息支持包括建议、参考、教授、信息咨询/寻求、个人经历,情感支持包括理解/共感、鼓励、肯定/认可、同情和关心担心,陪伴支持包括闲聊、幽默/调侃和团体性。与信息支持相比,情感支持和陪伴支持包含了更多的情感化和个人化的内容。而这些有不同的社会支持内容所形成的网络之间也存在着一些差异。

首先,在密度上,更加情感化和个人化的情感支持与陪伴支持所形成的网络密度高于基于事实的信息支持网络密度。由此可以看出,虽然网络成员在整体网络中主要是需求及提供信息支持内容,但是成员之间更多的是通过情感支持和陪伴支持内容而紧密联系在一起。因此,情感支持和陪伴支持在帮助网络社区成员进行更加紧密的相互联系方便发挥着重要的作用。而对于网络社区中交换最多的信息支持内容,成员们在互相交换事实性信息时,并没有特别地与其他社会成员建立密切的联系。

其次,点度中心度的分析同样验证了这一结果。无论是点出度还是点入度,陪伴支持和情感支持网络均高于信息支持网络。因此,基于情感性的内容而联系在一起的网络成员,相互之间进行交流讨论的积极性更高。而基于事实性信息而联系在一起的成员,参与讨论的积极性不高。

因此,基于事实性信息而形成的网络中,网络结构比较松散,成员之间的联系不够紧密,并且积极性不高。而基于情感性内容而形成的网络中,网络结构更加紧密,成员之间的互动性更好。

此外,就中间中心度而言,基于事实性信息的信息支持网络的中间中心度指数则大大高于基于情感性信息的情感支持和陪伴支持网络。中间中心度衡量了网络中的成员作为媒介者的能力,中间中心度越高则表明这个网络社区中的信息被少数人垄断的可能性也就越大。因此,信息支持网络中,绝对的信息权掌握在极少数人的手中,他们操控信息的能力很强,在网络中处于非常重要的位置。相较于情感支持和陪伴支持而言,信息支持需要更多的相关专业知识,因此具有专业背景的牙医,或者在这方面经历了更多或是了解更多的患者拥有很强的发言权,相对而言提供信息支持的门槛也更高,信息更容易被少数人所掌控。

在相互性方面,信息支持网络的相互性高于情感支持和陪伴支持网络,因而相较于信息支持网络而言,情感支持和陪伴支持网络的单向交流更多,而信息支持网络存在着更多地双向交流。同样地,在小团体的数量上,信息支持网络拥有更多的小团体,而情感支持和陪伴支持网络的小团体很少。由此可以看出网络社区成员在交换信息支持时,更多的是两两之间的交流,或是形成小范围内的小团体交流,因而信息支持网络在整体上比较松散,但形成了许多的小团体,而在交换情感支持和陪伴支持时,网络成员大多是基于大范围内的联系和沟通,而很少会聚集成小团体进行沟通。网络成员在进行事实性信息交流的时候,是有针对性地,对某些特定的病症事实进行信息交换,而在进行情感性交流的时候,则是较为泛化地在整个网络中进行交流联系。

综上,信息支持网络整体上较为松散,成员参与话题讨论的互动性不高,信息权掌握在部分网络成员手中,并且成员之间在进行交流时更多的是小规模地针对特定问题进行的信息交换;而基于情感性内容的情感支持网络和陪伴支持网络,网络之间的关系较为紧密,成员的参与积极性较高,并且话语权较为分散,部分成员垄断信息权的概率较低,成员之间的联系网络较大,很少会形成小规模的小团体交流。

(三) 不同议题发起人所形成的网络特征差异

根据专业知识背景的不同,研究分别对话题发起人为患者及牙医所形成的不同讨论网络进行了分析，并发现二者在社会支持内容及网络特征等方面存在着一些差异。

首先，在社会支持内容上，由牙医所发起的话题形成的讨论网络中，网络成员之间相互交换的全部为信息支持，而并没有任何的情感支持和陪伴支持，并且近半数的内容为信息的咨询/寻求。而在由患者所发起的话题形成的讨论网络中，除了信息支持内容外，网络成员之间还会交换一些情感支持及陪伴支持，例如对成员的现状处境表四同情和理解，并相互支持和鼓励等。网络成员中出于对牙医专业知识的信任，更希望从牙医处获得更多关于自己病症的信息和建议，而一般患者由于专业知识有限，因此除了提供自己知道的信息知识外，同时会提供一些情感上的慰藉。

而在网络密度上，患者网络的网络密度高于牙医网络，但在点度中心度上，牙医网络却大大高于患者网络。因此，就整体网络结构而言，患者网络的成员之间的联系更加紧密，但牙医网络中的网络成员参与讨论的积极性更高。从患者处得到的信息毕竟有限，因而不少成员都希望从专业的牙医处获取尽可能多的信息，因此会积极参与话题讨论，不断地向牙医提问，而牙医也会根据不同患者的症状进行相应的解答。同时，这也带来了牙医网络 100％ 的中间中心度。也就是说，牙医网络的信息权高度集中在牙医手中，牙医在整个讨论网络中处于十分关键的中间位置。相较之下，患者网络的信息权则较为分散。

（四）建设健康传播网络社区的启示

首先，整合信息资源。根据研究发现，人们聚集在某一病症的网络社区中，更多的是希望获取与病症相关的事实性信息，希望了解更多的关于这一病症的症状以及相关的解决办法等。并且，对此类信息的需求大多是因为自身或周围的亲友患有此类病症，因而急切地想要寻求和了解相关信息。但是，基于信息的网络中，网络较为松散且信息的流通不够畅通，信息权容易把握在少数人手中。因此，在今后的健康传播网络社区建设中，网络社区管理员可以将患者们经常提及或是同样类型的问题进行合集，对网友们的回答进行整合，方便其他成员或是新加入的成员进行信息的查找。使网络成员能够更加快捷高效地找到自己所需要的信息，并能够迅速地知道某些成员所擅长的领域，并进行有针对性的交流。

其次，鼓励情感性的交流。除了信息支持内容外，情感性的内容在网络社区中也发挥着十分重要的作用。根据研究，基于事实性信息而形成的网络中，成员关系松散，而基于情感性信息所形成的网络，成员间联系更加紧密且参与度更高。因此信息支持为网络成员提供了他们所需要的参考及建议，而情感支持及陪伴支持将网络成员更加紧密地联系在一起，使他们能够在虚拟社区中获取情感上的慰藉并找到一种团体的归属感。任何病症,无论大小,总是会给人带来一些负面的心理影响,一定程度上带来情绪低落,除了通过获取健康信息来填补自身的迷茫之外,网络成员可以更多地加强情感的交流,患者们在寻求获取健康信息的同时,更能在于他人的交流过程中获得情感上的共鸣,尤其是具有相同经历或相同病症的人们能够对彼此的感受感同身受,相互理解和鼓励,在网络社区中找到一种归属感,不仅能减轻患者的心理负担,也能帮助其更好地恢复健康。

此外,加强医生的规范管理。根据研究,专业牙科医生在网络社区中处于绝对的意见领袖地位,他们的言行对于社区中其他患者而言具有十分高的信任度。可以看出,作为权威的专业医生,在健康传播网络社区中,扮演着十分重要的角色,受到其他网络成员的信任,并在其中掌握着绝对的信息权。因此,参与到网络社区讨论的医生,应该本着负责任的态度,遵循职业道德,认真谨慎地解答每一个患者的问题,同时除了给予患者相关的信息之外,也可以适当地对患者进行情感上的鼓励和安慰,使患者在获取信息的同时,也能够获心理上的慰藉,从而形成积极向上的面对疾病的态度。

七、研究局限及未来发展方向

首先,由于人力及时间的原因,本研究只选取了 2013 年 1 月 1 日起到 2013 年 12 月 31 日一年的时间段内的帖子并进行抽样分析,因而在样本的选择上可能存在一定的局限性。在今后的研究中,可以对发帖的时间段进行扩展,并增加选取的帖子数量,进行相关的研究分析。

其次,在网络社区的选择上,本研究选取了口腔疾病这一常见病多发病的网络社区进行分析,而在我国,很多地方还停留在牙痛不算病的认识上。因而受众对于口腔疾病的态度与心血管疾病、癌症或是抑郁症等疾病的认识可能会有所差别,而反应在社会支持内容、网络特征等方面也可能存在着一些差别。今后可以选取具有不同特征的疾病的网络社区进行对比分析。

第三,在样本的选择上,本研究选取了豆瓣这一基于兴趣型聚集的网络社区进行研究分析,并选取了口腔疾病这一单一病症话题社区,对于研究结果的泛化还有待进一步验证。今后的研究中,可以对其他社区类型,如专业医疗机构社区等进行分析研究,以发现不同网络健康社区的共性和差异。

此外,本文仅从社会网络分析的角度对社会网络支持及网络特征进行了观察分析,而并没有从受众的角度对受众参与网络社区讨论的动机及所带来的心理上的影响进行探索。事实上,受众通过网络社区,除了获得相应的信息知识外,在网络社区中所找到的共鸣及归属感以及网络成员之间的相互支持和鼓励以及归属感对受众心理上起着十分重要的作用。在今后的研究中，可以从受众的角度，对受众参与动机及参与互动后所带来的收益进行分析讨论。以进一步了解健康传播网络社区对于受众治愈疾病的重要作用。

节选自王舒瑶硕士学位论文（上海交通大学，2014 年），指导老师：薛可

献血政策在微博上传播效果研究

一、绪论

国内卫生部发言人邓海华指出,近年来我国形成了以公民自愿无偿献血为基础,社会团体和固定无偿献血者队伍为补充的应急血液保障机制,但临床血液需求也在快速增长。在血液供应量以年均 12% 的速度持续增长的情况下,仍然不能完全满足临床用血需求。目前,全国年采血量为 3 935 吨,每天需要有约 7 万人献血,按医疗服务量的增长进行初步测算,到 2015 年,每天需要有约 12 万人献血。但是,献血率只有 8.7%。在个别地方,血液供应紧张呈现常态化趋势。据分析,一方面原因是无偿献血基础薄弱。第二个原因是仅靠卫生行政部门和血站系统开展宣传,效果不显著①。本论文的目的是为了帮助解决上述第二个问题,在目前全国血量库存紧缺的情况下,增加献血信息传播渠道、扩大献血信息传播范围、增强献血信息传播效果以期得到更多的受众参与到献血过程中去显得尤为重要。而注册用户数量多、受众使用时间长的微博就是这样一个非常良好的平台。因此,本论文旨在进行无偿献血信息在微博上传播效果研究。效果,主要是指由某种力量、做法或因素产生的结果。它可以对人的行为做出描述,也可以对自然生态做出描述。而传播效果,则是只指媒介传播的信息对受众或者对社会产生的实际影响。目前国内外研究传播效果(communication effects)评估的论文有很多,但传播效果评估模型的质量却参差不齐,而且在国内研究传播效果的论文主要集中在广告和营销,研究公共政策传播效果的论文较少,且符合我国特点的公共政策的传播效果评估模型较少。

目前国内外进行新媒体传播效果评估的模型也较少,其中,近几年逐渐兴起、完善的 O-S-R-O-R(Orientations-Stimulus-Reasoning-Orientations-Response)模型是能对新媒体传播效果进行有效评估的模型。其深刻地把握住了新媒体传播的特点以及新媒体用户对其的反馈。O-S-R-O-R 模型尽管在国内传播效果理论研究领域中还未被广泛提及,但是该框架在国外已被广泛运用到互联网的传播效果评估之中。该模型作为近几年对数字时代受众行为过程方式的一个全面的、合理的解释已经成为对无论是商业传播还是政治传播评估领域的一个开创

---

① 肖丹. 卫生部否认放宽无偿献血年龄——年龄放宽仅是个别专家建议,2015 年全国每天需 12 万人献血[N]. 北京晨报,2011 - 12 - 14(A02).

性成果，为向基于大数据时代科学精准的评估框架演进提供了有力参考，因此适合形成进行在新媒体语境下传播效果研究的模型，本文将主要以这个模型为基础，进行微博上传播效果的分析。本论文正是基于 O-S-R-O-R 模型，对目前无偿献血信息在微博上的传播进行有效的评估，找出目前传播过程中存在的问题，为无偿献血信息在新媒体上更加有效传播的方式提出合理化建议。

二、研究文献回顾

（一）国内微博传播效果研究现状

在公共政策在微博上的传播效果评估方面，公共政策言说行为分析模型 D＝F(I、C、I、R)包括 D(discourse)指公共政策言说行为、I(interest)指言说主体关于利益的观念欲求，以及实际占有状况、C(communication)指言说主体的信息认识状况、I(institution)指既定的制度结构状况、R(resource)指言说主体的个人资源占有情况。刘丽芳(2009)采用了上述量表，并形成了微博传播效果影响因素的概念化指标，并进行微博客传播效果评估。[①] 在广告政策传播效果评估方面，比较有代表性的是 AC 尼尔森的媒介有效性(MEI)＝(广告认知度)＋(媒体忠诚度)＋(品牌相符度)模型[②]。但这些评估模型都忽略了在目前 Web2.0 时代以及即将到来的 Web3.0 时代里，传播更强调互动，通过互动，进而拉进关系、产生共鸣这一事实。数字媒体的出现必然伴随新的传播规律，大众媒体的作用逐渐减弱。新的发展有诸如"社交媒体"成为信息传播的有效平台，微博成为及时沟通、分享，并广泛传播的信息转换中心。因此，从前适用于分析大众传播效果和广告传播效果评估模型需要有新的内涵，在这样的环境下，寻找适合新媒体语境下的传播效果评估模型显得尤其重要。对公共政策传播者来说，如何去读解不断变化的生活，使政策传播效果、与公众互动更趋于良好，进行准确的受众洞察也非常重要。而 O-S-R-O-R 模型很好地考虑到了这些因素，并在新媒体传播效果研究中起到了重要的作用。

（二）O-S-R-O-R 传播效果研究

O-S-R-O-R 即取向—刺激—推理—取向—响应模型，是由 Jaeho Cho (2009)[③]

---

① 刘丽芳. 微博客的传播特征与传播效果研究[D]. 杭州：浙江大学，2010：50-55.
② 史磊. AC 尼尔森媒介传播效果评估模型及案例研究. 市场研究，2010：46-48.
③ McLeod, J. M., Kosicki, G. M., & McLeod, D. M.. The expanding boundaries of political communication effects [J]. Media effects：Advances in theory and research，1994,57(2)：123-162.

等人基于 Markus，Zajonc（1985）①的 O-S-O-R 框架建立的，在 O-S-O-R 模型中，第一个"O"代表"受众在接受信息过程中会对信息影响（即 S，刺激）产生的结构、文化、认知和行为特征"，第二个"O"代表"可能发生在信息接收以及相应回应（R）之间的情况"（McLeod，Kosicki 和 McLeod，1994）②。然而，O-S-O-R 模型因为忽略了人际交往和社会影响力在塑造政治行为中的角色，所以没有完全抓住传播过程中相互关联的过程。（Shah，Cho，Nah，等，2007）。③ Shah 等人（2007）在 O-S-R-O-R 框架了添加了推理（R）这一步骤，推理（R）是在受众受到刺激（S）的效果与之后的取向（O）以及随后的反应的核心调解。推理（R）既是指心理阐述（内省思维方式），亦指集体审议（人际思维方式）。一些实证研究已经证实了在 O-S-R-O-R 模型中阐述和讨论对促进政治参与的重要作用。（Eveland，2007；Shah 等人，2007）④在政治传播方面，政治学家和公众舆论研究人员已经将传播（包括媒介使用与人际传播）与和道德信仰、评估、自我效能和社会环境感知进行关联（以 Noelle-Neuman，1974⑤；Glynn 和 Huge，2007⑥；Chaffee，1977⑦；Pinkleton 和 Austin，1998⑧；Neuwirth 和 Fredrick，2004⑨；Glynn 和 McLeod，1984⑩；Atkin，Hocking 和 Block，1984⑪ 为例）。

① Shah，D.，Cho，J.，Nah，S.，Gotlieb，M.，Hwang，H.，Lee，N.，Scholl，R.，McLeod，D. Campaign Ads，online messaging，and participation：Extending the communication mediation model [J]. Journal of Communication，2007，4：676－703.

② Eveland，W. P.，Jr.，Shah，D. V.，&. Kwak，N.. Assessing causality in the cognitive mediation model：A panel study of motivations，information processing and learning during campaign 2000[J]. Communication Research，2003，30：359－386.

③ Noelle-Neumann，E. Return to the concept of powerful mass media [J]. Studies in Broadcasting. 1973，12：67－112.

④ Glynn，C.，Huge，M. E. Opinion as norms：Applying a return potential model to the study of communicatin behaviors [J]. Communication Research. 2007，5：548－568.

⑤ Noelle-Neumann E. The Spiral of Silence A Theory of Public Opinion [J]. Journal of Communication，1974，24(2)：43－51.

⑥ Carroll J. Glynn Ph. D，Michael Huge M. A，Jason B. Reineke M. A，et al. When Oprah intervenes：Political correlates of daytime talk show viewing [J]. Journal of Broadcasting &. Electronic Media，2007，51(2)：228－244.

⑦ Chaffee，S. H. Mass media effects：New research perspectives. In D. L. Lerner &. L. M. Nelson (Eds.) [J]. Communication research—A half century appraisal. 1977，1：210－241.

⑧ Pinkleton，B. E.，&. Austin，E. W. Media and participation：Breaking the spiral of disaffection. In T. J. Johnson，C. E. Hays &. S. P. Hays (Eds)，Engaging the public [J]. 1998，1：75－86.

⑨ Neuwirth K，Frederick E. Peer and Social Influence on Opinion ExpressionCombining the Theories of Planned Behavior and the Spiral of Silence [J]. Communication Research，2004，31(6)：669－703.

⑩ Glynn，C. J.，&. McLeod，J. M. Public opinion du jour：An examination of the spiral of silence [J]. Public Opinion Quarterly，1984，48：731－740.

⑪ Atkin，C. K.，Hocking，J.，&. Block，M. Teenage drinking：Does advertising make a difference? [J]. Journal of Communication，1984，34，157－167.

　　O-S-R-O-R 模型提供了一种以受众为核心的关于获取媒介信息和人际传播对于受众个人产生认知和行为后果的各种语境效果解释。该框架被用来解释受众个人如何从论坛，网站，博客等在线渠道进行政治宣传活动等知识的获取。(Cho 等，2009；Shah 等，2005，2007)[1] 第一个"O"强调个人的取向(orientation)，如受众所受的文化影响和被激励的特点，都会影响信息的接收，之后会受到刺激(S)的影响，"S"既包括媒体信息也包括人际传播的参与。第二个"O"代表个人的倾向(predisposition)，如受众的认知能力、内在的态度等，当遭遇刺激时，倾向有可能会影响他们的认知过程。"R"代表一组与媒体和个人相互关联的推理过程，如内在的态度和知识的认知过程，与个人倾向集中在一起受到刺激的影响后的反应——第二个"O"(Shah 等，2005)[2]。"R"同时也强调当受众接受信息并和他人探讨信息时，受众在接受信息时的自我反思的过程和认知行为。(Blumler 和 Katz，1974[3]；Chaffee 和 Schleuder，1986[4]；Eveland，2001[5])。在此基础上的认知模型将不再是受众单一、消极地接受信息，而是上升为受众重新阐述接收到的信息，在这个过程里，受众考虑到了信息的其他重要因素以及与其他人的相关之处(Eveland，2001，2004)。[6]

　　O-S-R-O-R 模型在目前新时代、新媒体语境下进行网络信息传播效果评估十分贴切。该模型是数字时代深入解剖了数字平台受众行为的评估工具，产生背景来自于数字时代的互联网、移动通信的变革，在受众接受信息的渠道和方式发生改变的前提下，传播效果的评估方式需要切换到多点的、非线性的场景之中(见图 1)。

①　Shah, D. V., Cho, J., Eveland, W. P. Jr., & Kwak, N. Information and expression in a digital age: Modeling Internet effects on civic participation [J]. Communication Research, 2005, 25, 531 – 565.

②　Shah, D., Cho, J., Nah, S., Gotlieb, M., Hwang, H., Lee, N., Scholl, R., McLeod, D. Campaign Ads, online messaging, and participation: Extending the communication mediation model [J]. Journal of Communication. 2007, 4: 676 – 703.

③　Blumler J G, Katz E. The uses of mass communications: current perspectives on gratifications research [J]. beverly hills, 1974, 3.

④　Chaffee S H, Schleuder J. Measurement and Effects of Attention to Media News [J]. Human Communication Research, 1986, 13(1): 76 – 107.

⑤　Eveland, W. P. The cognitive mediation model of learning from the news: Evidence from non-election, off-year election, and presidential election contexts [J]. Communication Research, 2001, 5: 571 – 601.

⑥　Eveland, W. P. The effect of political discussion in producing informed citizens: The roles of information, motivation, and elaboration [J]. Political Communication, 2004, 2: 177 – 193.

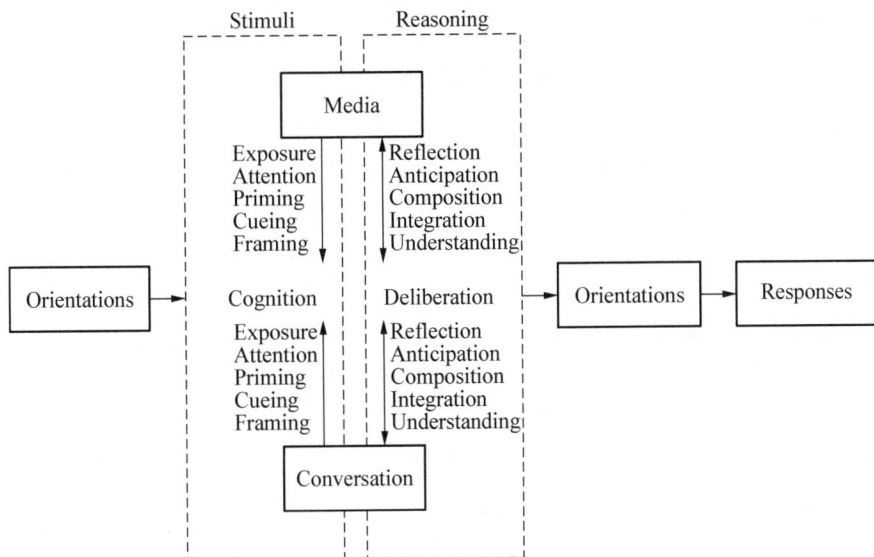

图 1　O-S-R-O-R 传播效果评估

三、研究假设

（一）在微博上看到献血信息是否有助于受众了解献血知识

Nakwon Jung 等人（2011）[1]运用 O-S-R-O-R 模型，将新闻曝光作为"S"（刺激），人际关系的讨论，并在网上政治消息的讨论作为"R"推理过程，构成这样的结构关系；政治知识和有效性作为一组第二"O"（倾向）；政治参与作为"R"（响应）。并得出了新闻曝光将与政治知识与政治效能感水平呈正相关。

由此提出假设：

H1：在微博上看到献血信息有助于受众了解献血知识。

（二）对献血知识的了解是否会增加用户的线上讨论行为

自 20 世纪 90 年代后期，研究人员已经发表了许多关于数字媒体的使用与政治参与之间的关系之研究。Nakwon Jung 等人（2011）得出了政治知识将与在线和离线的政治参与呈正相关的结论。由此提出假设：

H2：对献血知识的了解会增加用户的线上讨论行为。

---

[1]　Nakwon Jung，The Mediating Role of Knowledge and Efficacy in the Effects of Communication on Political Participation. Mass Communication and Society［J］. 2014,4：407－430.

（三）对献血知识的了解是否会正向影响线下与献血相关的行为

有许多研究已经证明了受众的数字媒体的使用会增加他们线下政治参与的可能性。（Bakker 和 de Vreese，2011；Bimber，2001，2003；Boulianne，2009，2011；Cho 等，2009；DiMaggio，Hargittai，Neuman 和 Robinson，2001；Gainous 和 Wagner，2011；Gibson，Wainer 和 Ward，2005；Mossberger，Tolbert 和 McNeal，2008；Prior，2007；Shah，Cho，Eveland 和 Kwak，2005；Shah 等，2007；Tolbert 和 McNeal，2003；Xenos 和 Moy，2007）[1]。这些研究得出结论，当有更多的人使用数字媒体时，他们越有可能参与到政治去。此外，政治利益和政治讨论也经常对这些关系起到调节作用（Cho 等，2009；Shah 等人，2005 年，2007 年；Xenos 和 Moy，2007）[2]。许多研究一致认为，受众的数字媒体的使用对为传统的、线下的政治参与起到了程度小却积极的影响（Boulianne，2009）[3]。Bruce Bimber（2013）[4]等人采用美国国家选举研究（ANES）1996 年、1998 年、2000 年、2004 年和 2008 年的数据，来检验他们的预期。像其他学者一样，他们发现了利用互联网获得政治信息与线下政治参与之间的积极关系以及这些关系不是随着时间的转变的。他们发现的证据为 2000—2008 年期间，互联网的使用能够加强受众说服他人的行为。这与 Cho 等人在 2009 年、Xenos 与 Moy 在 2007 年的推测是一致的。他们发现，2000—2008 年期间互联网的使用和说服他人之间有程度很大的促进的关系。这在选举事件中的六个事件都显示了显著性：在 2004 年和 2008 年的说服他人行为、在 2008 年的竞选行为、在 1998 年和 2008 年的捐赠行为，以及在 2000 年的投票行为[5]。

由此可以看出，看到献血正面信息和是否说服他人献血（传递献血正面信息）是存在关系的。因此提出假设：

H3：对献血知识的了解会正向影响线下与献血相关的行为。

① Gainous, J., & Wagner, K. (2011). Rebooting American politics: The Internet revolution [J]. Political Communication, 2004,2: 111-121.

② Xenos, M., & Moy, P. Direct and differential effects of the internet on political and civic engagement [J]. Journal of Communication, 2007,4: 704-718.

③ Boulianne, S. Does Internet use affect engagement? A meta-analysis of research [J]. Political Communication, 2009,2: 193-211.

④ Bruce Bimber, Lauren Copeland. Digital Media and Traditional Political Participation Over Time in the U. S. [J]. Journal of Information Technology & Politics, 2013,10(2): 125-137.

⑤ Bruce Bimber & Lauren Copeland, Digital Media and Traditional Political ParticipationOver Time in the U. S. [J]. Journal of Information Technology & Politics, 2013,2: 125-137.

（四）微博上对献血信息的讨论参与是否能促进用户的献血意愿

互联网能够激励在政治上缺乏积极地受众，使他们变得对政治更加积极，从而增加政治活跃的人数。（Gibson，Lusoli，& Ward，2005）[①]这样看来，受众个人的参与意愿，特别是那些通过接受信息以及政治讨论而激起的参与意愿，能够更好地激励他们参与到政治活动中去，新闻信息的曝光与政治知识和政治效能感。由此，得出以下假设：

H4：在微博上对献血信息的讨论参与能促进用户的献血意愿。

以上假设若成立，将形成如图 2 所示的关系图。

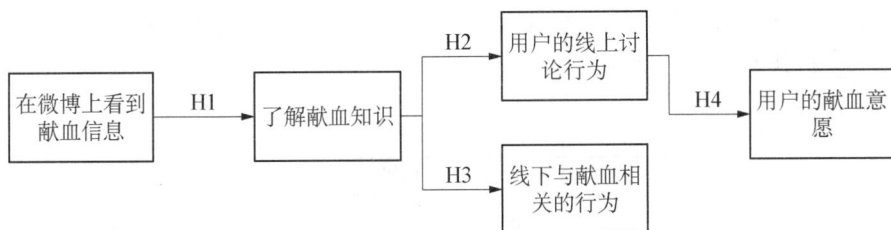

图 2　微博献血信息传播效果关系

四、献血信息在微博上传播效果分析

本论文采用的问卷如附录所示，问卷统计情况如下，总共发放 400 份问卷，共回收 352 份问卷，其中 15 份无效问卷，共 337 份有效问卷。经过对问卷测量的信度分析得出如表 1 所示可靠性统计量，由于量表各项目的内部一致性较好，因此适合继续作量表分析。

表 1　可靠性统计量

Cronbach's Alpha	基于标准化项的 Cronbachs Alpha	项数
.416	.420	11

（一）在微博上看到献血信息有助于受众了解献血知识

关于在微博上看到献血信息是否有助于受众了解献血知识，由描述统计量

---

① Gibson，R. K.，Lusoli，W.，& Ward，S. Online participation in the UK：Testing a 'contextualised' model of Internet effects [J]. British Journal of Politics & International Relations，2005，7：561 - 583.

得出表 2。

表 2　描述统计量

	均值	标准差	分析 N
献血者的亲身经历	4.184 0	.712 54	337
官方认证献血微博发布的献血政策	4.195 8	.881 48	337
鼓励献血信息	3.982 2	.735 76	337

由于考量在微博上看到献血信息是否有助于受众了解献血知识的三项因子：献血者的亲身经历、官方认证献血微博发布的献血政策、鼓励献血信息的均值>3，因此可以验证 H1：在微博上看到献血信息有助于受众了解献血知识成立。

同时，作旋转成分如图 3 所示。

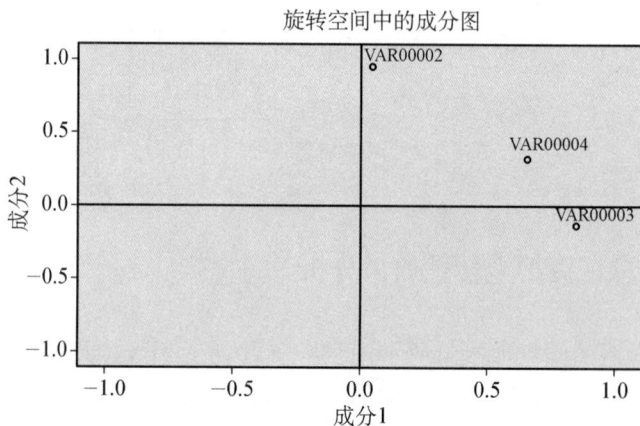

图 3　旋转空间中的成分图

从对旋转成分的分析，可以看出，由于 $p > 0.05$，因此影响受众对献血知识的了解程度的因素主要有主观性的信息以及客观性信息，两者对引起受众对献血知识的了解程度相似（见表 3、表 4）。

表 3　旋转成分矩阵

	成分	
	主观性的信息	客观性的信息
官方认证献血微博发布的献血政策（VAR00002）	.851	−.125
鼓励献血信息（VAR00003）	.660	.323
献血者的亲身经历（VAR00004）	.045	.954

表 4 ANOVA 表

			平方和	df	均方	F	显著性
VAR00001 * VAR00002	组间	（组合）	1.993	3	.664	1.312	.270
		线性	.846	1	.846	1.670	.197
		线性偏差	1.147	2	.574	1.133	.323
	组内		168.601	333	.506		
	总计		170.593	336			

（二）对献血知识的了解能够增加用户的线上讨论行为

关于对献血知识的了解能够增加用户的线上讨论行为，由描述统计量得出表 5。

表 5 描述统计量

	均值	标准差	分析 N
创建献血相关的微博	3.700 3	1.826 34	337
评论献血相关的微博	3.525 2	.896 48	337
转发献血相关的微博	4.053 4	.757 97	337

由于考量对献血知识的了解是否能够增加用户的线上讨论行为的三项因子：创建献血相关的微博、评论献血相关的微博、转发献血相关的微博的均值>3，因此可以验证 H2：对献血知识的了解能够增加用户的线上讨论行为（见表 6）。

表 6 ANOVA 表

	平方和	df	均方	F	显著性
组间	54.613	2	27.307	41.355	.000
组内	665.585	1 008	.660		
总数	720.198	1 010			

从表 7 T 检验情况来看，$Sig = 0.013 < 0.05$ 即说明 p 值小于显著性水平，即指：创建献血相关的微博与评论献血相关的微博两者间存在显著的差异，由于在均值方面，创建献血相关的微博>评论献血相关的微博，因此受众倾向于创建献血相关的微博，而非评论献血相关的微博。

表 7　样本 T 检验

方差方程的 Levene 检验		均值方程的 t 检验						
							差分的 95% 置信区间	
F	$Sig.$	t	df	$Sig.$（双侧）	均值差值	标准误差值	下限	上限
假设方差相等 6.271	.013	1.240	672	.215	.080 12	.064 60	−.046 72	.206 96
假设方差不等		1.240	658.553	.215	.080 12	.064 60	−.046 73	.206 97

从表 8 T 检验情况来看，$Sig = 0.002 < 0.05$ 即说明 p 值小于显著性水平，即指：创建献血相关的微博与转发献血相关的微博两者间存在非常显著的差异，由于在均值方面，转发献血相关的微博＞创建献血相关的微博，因此相比创建献血相关的微博，受众倾向于转发献血相关的微博，综合以上两个 T 检验表来看，用户对献血相关微博的线上讨论行为参与度为：转发献血相关的微博＞创建献血相关的微博＞评论献血相关的微博，且任意两者之间存在显著差异。

表 8　样本 T 检验

方差方程的 Levene 检验		均值方程的 t 检验						
							差分的 95% 置信区间	
F	$Sig.$	t	df	$Sig.$（双侧）	均值差值	标准误差值	下限	上限
假设方差相等 9.584	.002	−7.581	672	.000	−.448 07	.059 10	−.564 12	−.332 02
假设方差不相等		−7.581	671.615	.000	−.448 07	.059 10	−.564 12	−.332 02

由旋转成分分析可得（见图 4，表 9），可以通过发起话题以及跟进话题两种方式来对献血知识产生了解，其中，对献血知识产生了解最直接的影响来自跟进话题的进行。

表 9　旋转成分矩阵

	成分	
	发起话题	跟进话题
创建献血相关的微博（VAR00001）	.908	−.051
评论献血相关的微博（VAR00002）	.523	.468
转发献血相关的微博（VAR00003）	−.014	.923

旋转空间中的成分图

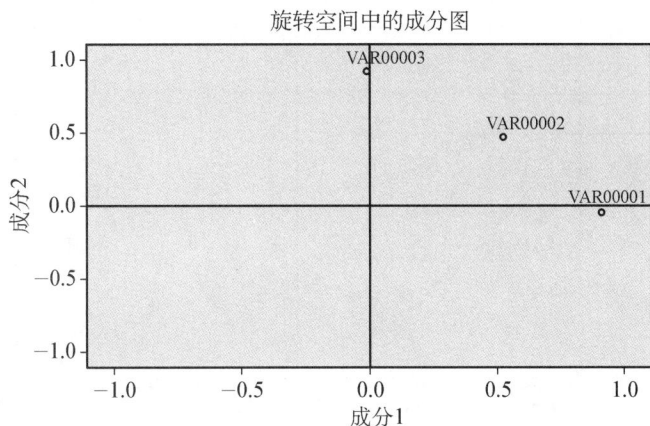

图 4　旋转空间中的成分

（三）对献血知识的了解会正向影响线下与献血相关的行为

关于对献血知识的了解是否会正向影响线下与献血相关的行为，由描述统计量得出表 10。

表 10　描述统计量

	均值	标准差	分析 N
与家人讨论献血	3.787 4	.774 80	337
与朋友讨论献血	4.149 7	.791 31	337
与同事讨论献血	4.257 5	.755 08	337
参与献血宣传等活动,献血除外	4.101 8	.776 03	337

由于考量对献血知识的了解是否能够增加用户的线上讨论行为的四项因子：与家人讨论献血、与朋友讨论献血、与同事讨论献血、参与献血宣传等活动，献血除外的均值＞3，因此可以验证 H3：对献血知识的了解会正向影响线下与献血相关的行为。

由旋转成分矩阵分析以及 T 检验可知，由于 T 检验 P 值均＞0.05，因此受众在接受了献血知识之后，与较亲近的人讨论献血与较陌生的人讨论献血信息的程度相似（见图 5，表 11）。

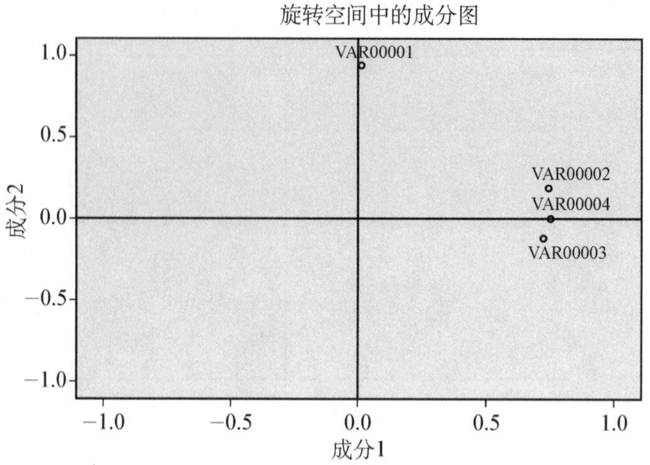

旋转空间中的成分图

图 5 旋转空间中的成分

表 11 旋转成分矩阵

	成分	
	与较陌生的人 讨论献血	与较亲近的人 讨论献血
参与献血宣传等活动,献血除外(VAR00001)	.755	.003
与朋友讨论献血(VAR00002)	.747	.186
与同事讨论献血(VAR00003)	.725	−.124
与家人讨论献血(VAR00004)	.015	.984

（四）微博上对献血信息的讨论参与能促进用户的献血意愿

关于微博上对献血信息的讨论参与是否能促进用户的献血意愿,由描述统计量得出表 12。

表 12 描述统计量

	N	均值
我会尽可能地去献血	337	4.124 6

由于考量对献血知识的了解是否能够增加用户的线上讨论行为的因子:我会尽可能地去献血的均值＝4.124 6＞3,因此可以验证 H4:微博上对献血信息的讨论参与能促进用户的献血意愿。

五、献血信息在微博上传播过程中的建议

总体来说,在微博上对献血信息的传播效果主要受到以下几个方面的影响:受众在微博上看到献血信息将有助于受众了解献血知识,而受众对献血知识的了解会增加用户的线上讨论行为,同时,对献血知识的了解还会正向影响受众在线下进行与献血相关的行为,而在微博上对献血信息的讨论参与能很大程度上促进用户的献血意愿,构成了如图6所示的关系图。

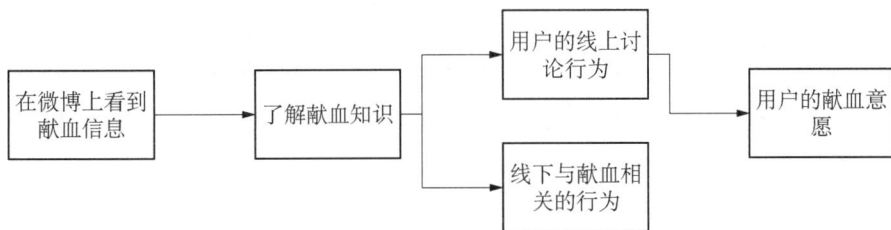

图6　微博献血信息传播效果关系

从分析可以看出,微博作为传播献血信息的有效平台,为了加强其传播效果,首先,应该增加受众对献血知识的了解程度,可以在官方认证的献血相关微博上多发表一些献血相关的政策以及献血者的亲身经历。同时,应尽可能地去鼓励微博用户在线上对于献血信息的讨论,例如,创建献血相关的微博、评论献血相关的微博、转发献血相关的微博等,以促发受众在线下进行献血相关的行为,包括与家人讨论献血、与朋友讨论献血、与同事讨论献血、参与献血宣传等活动,从而扩大献血信息的传播范围,并且最终达成去鼓励公民献血的目的。

(一) 增加激励机制鼓励受众评论献血相关微博

相比评论献血相关的微博,受众更倾向于创建献血相关微博。从目前新浪微博上主要的献血相关微博创建情况来看,主要是某一献血者在献血之后发表了与自己亲身经历有关的微博,或者是参与到献血相关活动的过程中跟进更新了微博,但其得到的呼应较少。这在献血官方微博上遇到的情况也类似,献血官方微博一直发布有关鼓励献血、献血知识等的微博,但得到的回复均较少。

为了提高用户对献血相关微博的评论,建议可以增加激励机制鼓励受众评论献血相关微博,激励机制可以包括现在微博营销上经常使用的转发超过一定数量的好友可以免费抽奖或者赢得某些奖励,以此来激励用户,得到扩大献血信息传播面的目的。

（二）开展线上活动引导受众创建献血相关微博

相比创建献血相关的微博，受众更倾向于转发献血相关微博。为了增加微博用户对献血信息、献血政策等的关注，官方献血微博，包括献血俱乐部、血液中心、红十字会等，可以开展相关活动来引导受众创建献血相关微博，诸如，结合献血者亲身经历开展的微话题，"我的第一个献血日"、"最令人感动的献血瞬间"等，结合时事开展的微话题，包括"世界献血者日"等微话题，结合政策开展的微话题，诸如，"对新发布的无偿献血政策的讨论"等，用户可以自行创建对新发布无偿献血政策的讨论，进而引起更多受众对献血事件的关注。同时，意见领袖的作用也不容忽视，在微博上有诸多献血活跃分子，诸如年度无偿献血奉献奖金奖获得者、市血液中心无偿献血志愿者服务总队志愿者等，其身份让人对其的话语信任度较高，能够以身作则，在献血方面的影响力很高，其创建的微博、参与讨论的话题也能更有效地传播献血知识、鼓励受众参与到献血行为中去。

节选自朱立祎学士学位论文（上海交通大学，2014），指导老师：薛可

议程注意周期模式下中美主流媒体对突发公共卫生事件的报道框架

——以《人民日报》和《纽约时报》对禽流感的报道为例

根据 2003 年 5 月通过的《突发公共卫生事件应急条例》中的定义,突发公共卫生事件是指突然发生,造成或者可能造成社会公众健康严重损害的重大传染病疫情、群体性不明原因疾病、重大食物和职业中毒以及其他严重影响公众健康的事件。

在我国,突发公共卫生事件作为一个特定的新闻种类是在"非典"发生之后,"非典"之前,常态下的相关报道多以卫生新闻的形式出现。目前在突发公共卫生事件的研究中,国内则鲜有对某一议题长时期的报道研究,大多集中在突发事件发生时的几个月内,时间跨度较短。因此,无法体现出媒体的关注趋势和建构特点。(如张海东,2007①;吴媛,2010②;高长鑫,2010③ 等)。国外虽有对某一议题的长时间追踪研究,但只是对这一议题的总体报道特点进行分析总结,对不同阶段是否呈现出不同的特点的研究较少。(如 Dudo,Dahlstrom 和 Brossard,2007④;Mackie,2009 等)。此外,国内外研究中,通过对比研究比较不同国家媒体报道特点的研究都较少,大多是针对一个国家的报道进行分析,在不同国家不同文化的报道特点比较方面还比较欠缺(如王贵斌,2004⑤;秦润施,2009⑥;孔玮,2009⑦ 等)。因此,在此基础上,本文以禽流感为议题,以 1998 年中国第一篇有关文章为起点,通过对 13 年间中美主流媒体报道的追踪研究,结合议题注意周期理论和框架理论对中美主流媒体在突发公共卫生事件报道框架特点进行分析和对比,并分析在不同议题周期的框架变化趋势。

① 张海东.省级报纸之突发公共卫生事件报道特征及传播效果研究[D].南京:南京师范大学,2007.
② 吴媛.突发公共卫生事件的报纸新闻框架研究[D].长沙:湖南大学,2010.
③ 高长鑫.中国媒体对突发公共卫生事件报道研究[D].上海:上海外国语大学,2010.
④ Dudo A D, Brossard D. Reporting a Potential Pandemic[J]. Science Communication,2007,28:429-454.
⑤ 王贵斌、陈全明.从 SARS 新闻报道看《人民日报》之媒介真实建构[J].贵阳学院学报:自然科学版,2004,(1):29-34.
⑥ 秦润施.论突发公共卫生危机下的健康传播[J].新闻研究导刊,2009,(4):31-33.
⑦ 孔玮.突发事件中的"中国式狙击报道"模式及其缺失——以"三鹿事件"为例[J].东南传播,2009,(5):89-91.

一、理论基础

（一）议题注意周期模式

Downs（1972）①年针对环境问题的研究首先提出了议题注意周期模式。他认为环境问题的演变会经历 5 个阶段。第一，前问题阶段：问题已存在，但未受到大众注意；第二，发现和预警阶段：议题忽然被赋予高度关注，从原来不被视为是问题转变为问题；第三，成本反思阶段：公众开始认识到问题相当复杂且不易解决；第四，公众注意力下降阶段：大众对此问题失去注意力，尽管此时问题可能尚未被解决，实际情况也没有改善，而大众已将焦点转向另一新议题。第五，后问题阶段：议题逐渐退出公众视线。Downs 同时强调并不是所有公众议题都会经历这五个阶段，有些议题可能只走几步就消失了，而有些问题则会反复在第二、三、四阶段循环。

议题注意周期模式最早提出时是针对政策和公众议题，而后的研究发现，媒介议程也具有高低变化的循环周期模式。Mccomas 和 Shanahan（1999）②在 Downs 议题注意周期模式的基础上对《纽约时报》和《华盛顿邮报》1980 至 1995 年间关于气候变化的新闻进行了实证研究，从媒介叙事的角度对 Downs 该模式进行了进一步的验证，并在 Downs 五阶段的基础上，将议题的周期性变化总结为三个阶段：上升期（upswing），维持期（maintenance）和下降期（downside）。

（二）框架理论

关于"框架"，戈夫曼（1974）在《框架分析》一书中将其定义为人们用来认识和解释社会生活经验的一种认知结构，它"能够使它的使用者定位、感知、确定和命名那些看似无穷多的具体事实"。DeVrees（2002）③认为，某些框架与具体的议题和事件是具有必然的联系的。这种框架可以被命名为"具体议题框架"（issue-specific frames）。另外一些框架跨越了议题的限制，可以在多种议题报道中出现和使用，甚至也可以在不同的时间和文化语境中普遍使用。此类框架可以被称为"通用框架"（generic frames）。Devreese, Peter 和 Selnetk

① Downs A. Up and Down with Ecology—The Issue Attention Cycle [J]. Public Interest，1972,28.

② Mccomas K，Shanahan J. Telling Stories About Global Climate Change [J]. Communication Research，1999,26：30-57.

③ De Vreese, C. H.. Framing Europe. Television news and European integration. Amsterdam：Aksant Academic Publishers，2002.

(2001)①界定了七个新闻通用框架 （generic news frames）：事实框架、冲突框架、人情味框架、责任框架、道德框架、经济后果框架、领导力框架。新闻通用框架不拘泥于话题的限制，并可以用来分析历史的、跨文化的对比研究，以及理论上的拓展。

对于风险议题的研究，陈潇潇（2010）②在风险沟通理论的基础上，总结出了具体的风险议题划分原则，将具体的"风险议题框架"分为三类："风险事态议题框架"（科技信息的传递）"风险调控议题框架"（调控举措的实施和效力）"风险反思议题框架"（价值观念冲突和矛盾）。

二、研究方法

本文主体研究采用内容分析方法。

（一）抽样与样本

1. 事件样本

在突发公共卫生事件中，"禽流感"疫情作为全球性的突发公共卫生事件受到中外媒体的广泛关注。自从 1997 年在香港发现人类也会感染禽流感之后，此病症引起全世界卫生组织的高度关注。其后，这种病症一直在亚洲零星爆发。2003 年禽流感疫情开始在全球范围内扩散，在 2006 年禽流感爆发高峰期，有 60 个国家报告发现了这种病毒。虽然目前禽流感疫情已得到控制，但并不排除未来再次爆发的潜在风险。作为全球性的突发公共卫生事件，各国媒体都对禽流感疫情进行了大规模的报道，因此，选取禽流感作为分析对象，具有可比性和研究价值。

2. 媒体选择

《人民日报》作为中国发行量最大的机关党报，在国内有着巨大的影响力和权威性，对国内主流媒体具有一定的代表意义；《纽约时报》在美国有相当的影响力，是美国影响力最大报纸之一，长期以来拥有良好的公信力和权威性。因此，选择这两份报纸作为中美两国主流媒体研究的样本。

3. 新闻报道样本及获取方法

分析单元为单篇新闻报道。在《人民日报》中选取标题中包含"禽流感"的所有报道，共获得样本 651 个，去掉重复和不相干内容后得到样本 627 个，第一篇

---

① De Vreese, C. H., Peter, J., Semetko, H. A.. Framing politics at the launch of the euro：A cross-national comparative study of frames in the news. Political Communication，2001，18（2）：107 - 122

② 陈潇潇. 全球变暖风险的国际媒介建构[D]. 武汉：武汉大学，2010.

报道出现在 1998 年；《纽约时报》中选取标题中包含"bird flu"或"avian flu"或"vian influenza"所有报道，共获得样本 304 个，去掉重复和不相关内容后得到样本 288 个，第一篇报道出现在 1983 年。为了方便对两家报纸进行对比，去掉 1983 到 1997 年的 8 个样本，从 1998 年开始取样，共有样本 280 个。

（二）类目建构

本文借鉴 DeVrees 对新闻框架的划分将新闻框架划分为新闻通用框架和具体议题框架。并参考陈潇潇在风险议题研究中对风险议题框架的划分标准进行类目建构。

1. 报道时间

新闻报道的实际时间

2. 新闻通用框架

划分为 7 个框架：事实框架、冲突框架、人情味框架、责任框架、道德框架、经济后果框架和领导力框架

3. 风险议题框架

划分为 4 个框架：风险事态议题框架（风险信息的传递）、"风险调控议题框架"（调控举措的实施和效力）、"风险反思议题框架"（价值观念冲突和矛盾）和"其他框架"。

（三）编码与信度检验

本研究由上海交通大学新闻与传播学专业经过培训后的 3 名学生担任编码员，本研究从样本框中随机抽取了 20％的样本进行信度检验，两名编码员在各类目上的信度（Scott's pi）均达到 0.70 以上，能够达到对编码员间信度的一般要求。

三、研究发现

（一）议题周期划分

由图 1 可以看出，在报道数量上，两家报纸存在明显的差别。《人民日报》的报道数量明显多于《纽约时报》。但是在报道趋势上，两者却具有较高的相似度，从 1998 年到 2004 年，对禽流感都是零星地进行报道，而从 2004 年开始，报道数量陡然增多，而从 2008 年开始，报道数量开始大幅下降。因此，由于两家报纸在报道趋势上的一致性，可以采用相同的周期进行划分。

根据 Mccomas 和 Shanahan（1999）对议题的周期性变化的划分，将禽流感

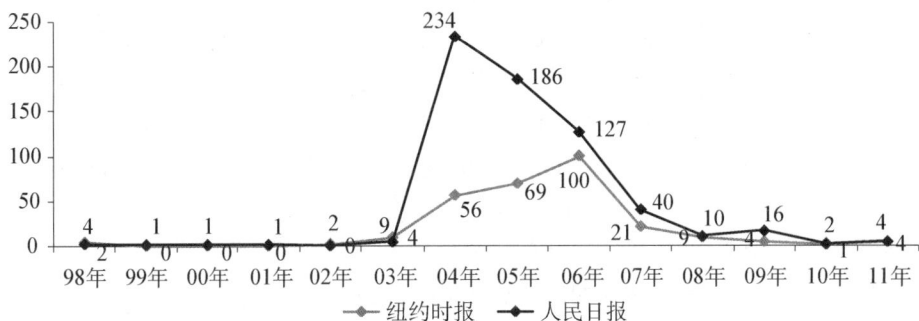

图 1　《人民日报》和《纽约时报》报道数量的年份分布

的报道分为三个阶段：上升期（upswing）：1998—2003 年；维持期（maintenance）：2004—2006 年；下降期（downside）：2007—2011 年。各阶段的报道数量如表 1 所示。

表 1　两家媒体报道周期的数量统计表

报纸	数量	上升期 (1998—2003)	维持期 (2004—2006)	下降期 (2007—2011)
人民日报	计数	9	547	71
	百分比	1％	87％	11％
纽约时报	计数	15	225	40
	百分比	5％	80％	14％

由表 1 可见，在不同阶段的报道数目中可以看出，在上升期《纽约时报》与《人民日报》的报道数量相差不大。但在维持期，《人民日报》的报道大大超过了《纽约时报》，对禽流感疫情始终是保持高度关注的态势，这一时期的报道占了所有报道的 87％，而在下降期，报道数量迅速下降；《纽约时报》在不同阶段的报道数量变化幅度较《人民日报》而言较小。由此可以看到，在报道的上升期，禽流感并没有大规模地爆发，媒体的报道数量也相对较少；在维持期，随着禽流感病情的大范围蔓延，风险程度地不断加大，媒体开始关注禽流感的发展态势，与之相关的报道也开始激增；在下降期，禽流感疫情得到控制，媒体的关注度也开始逐渐下降。

（二）新闻通用框架

表 2 显示两家媒体使用最多的都是事实框架，这也与新闻传播事实的客观性特征相一致。除了事实框架外，责任框架是两家媒体主要使用的框架。可见，两家媒体在禽流感的报道上，都侧重于从探讨责任承担的视角来建构议题，重点

关注于禽流感爆发后，政府及相关组织的应对措施，政府对于控制疫情蔓延的责任等。但在责任框架的使用上《人民日报》要明显多于《纽约时报》。此外，《人民日报》较多地使用领导力框架，关注于领导人的行为和言论，例如前往疫情视察，或是对于控制禽流感疫情工作的讲话等。无论是责任框架还是领导力框架的使用，都与《人民日报》作为党的耳目喉舌的这一职能相契合。而《纽约时报》则较多地使用了冲突框架，相对《人民日报》而言，更加关注于在禽流感疫情发生时不同利益群体的立场和观点。对于人情味框架和道德框架，两家报道都较少地使用，由此也看出，在禽流感议题的建构上，两家报纸都不倾向于从感情化视角进行报道。

表 2　两家媒体新闻通用框架比较

通用框架	人民日报（$N = 627$）		纽约时报（$N = 280$）		χ^2 ($df = 1$)
	出现频次	百分比	出现频次	百分比	
事实框架	549	88%	258	92%	4.144*
人情味框架	20	3%	21	8%	8.322**
责任框架	435	69%	137	49%	34.75***
道德框架	9	1%	4	1%	0.000
经济后果框架	23	4%	19	7%	4.26*
冲突框架	8	1%	43	15%	72.322***
领导力框架	102	16%	9	3%	30.709***

χ^2 即卡方值，指《人民日报》和《纽约时报》报道中各框架出现频数之间的差异程度；
　*$p < 0.05$，**$p < 0.01$，***$p < 0.001$。

　　表 3 显示《人民日报》报道中，在三个不同阶段，事实框架始终是使用最多的框架，其次是责任框架。此外，在上升期，《人民日报》更倾向于使用经济后果框架；而在维持期和下降期，领导力框架变得更加重要，不同阶段框架的差异性显著（卡方值 24.044）；冲突框架则随着时间的变化呈现出逐渐减少的趋势。因此，从报道视角上来看，在维持期和下降期，《人民日报》开始更加关注领导人的言论和动向，并对争议和冲突进行了弱化处理。

表 3　《人民日报》不同阶段通用框架比较

通用框架	上升期 (1998—2003) ($n = 9$) Mean	维持期 (2004—2006) ($n = 547$) Mean	下降期 (2007—2011) $n = (71)$ Mean	χ^2 ($df=2$)
事实框架	.888 9	.866 5	.943 7	3.446
人情味框架	.000 0	.032 9	.028 2	.347

（续表）

通用框架	上升期 （1998—2003） （$n=9$） Mean	维持期 （2004—2006） （$n=547$） Mean	下降期 （2007—2011） $n=(71)$ Mean	χ^2 （$df=2$）
责任框架	.666 7	.703 8	.619 7	2.125
道德框架	.000 0	.016 5	.000 0	1.335
经济后果框架	.333 3	.029 3	.056 3	24.044***
冲突框架	.111 1	.007 3	.042 3	13.103***
领导力框架	.111 1	.168 2	.126 8	.970

0=报道不使用该框架，1=报道使用该框架；

χ^2 即卡方值，指《人民日报》报道中各通用框架在不同周期出现频数之间的差异程度；

＊$p<0.05$，＊＊$p<0.01$，＊＊＊$p<0.001$。

表 4 显示《纽约时报》的报道中，事实框架始终是在三个不同阶段中出现频率最高的框架，并且随着时间的推移其出现频率呈现出递增的趋势；其次为责任框架，但在不同的阶段出现频率有所减少。在上升期，冲突框架的使用次数较少，仅有 4.3% 的报道中使用了冲突框架，但在维持期和下降期，冲突框架的使用有了明显的上升，由此也看出随着报道数量的增加，《纽约时报》开始越来越关注争议和冲突等戏剧性的信息。同时我们也发现，《纽约时报》在不同阶段各框架的使用上并没有呈现出显著的差异。这也说明了《纽约时报》在新闻视角的选择上是比较稳定的。

表 4　《纽约时报》不同阶通用框架比较

通用框架	上升期 （1998—2003） （$n=15$） Mean	维持期 （2004—2006） （$n=225$） Mean	下降期 （2007—2011） $n=(40)$ Mean	χ^2 （$df=2$）
事实框架	.800 0	.924 4	.950 0	3.534
人情味框架	.133 3	.080 0	.025 0	2.258
责任框架	.533 3	.493 3	.450 0	0.378
道德框架	.000 0	.008 9	.050 0	4.306
经济后果框架	.066 7	.075 6	.025 0	1.373
冲突框架	.066 7	.160 0	.150 0	.947
领导力框架	.000 0	.031 1	.050 0	.916

0=报道不使用该框架，1=报道使用该框架；

χ^2 即卡方值，指《纽约日报》报道中各通用框架在不同周期出现频数之间的差异程度；

＊$p<0.05$，＊＊$p<0.01$，＊＊＊$p<0.001$。

(三)风险议题框架

由表 5 可以看出,在禽流感的报道上,《人民日报》更加关注风险调控议题,这说明《人民日报》更倾向于向公众传递风险可控的乐观信息,侧重于在禽流感疫情暴发后政府及有关部门的应对措施,以及禽流感防治工作的成效成果等,以减少公众因风险而带来的恐慌;《纽约时报》使用得最多的则是风险事态框架,即主要是对风险事实和信息的传递,通过对风险事实的描述,对于禽流感暴发区域,死亡人数,可能的感染过程以及对禽流感疫情在全球范围内暴发的担忧等的详细描写,使公众对禽流感保持高度的风险警惕。同时虽然两家报纸对风险反思议题的关注都相对较少,但《纽约时报》在风险反思议题的关注度上明显高于《人民日报》,这也说明《纽约时报》更加关注社会风险反应引发的进一步冲突和争议。

表 5 两家媒体风险议题框架比较

风险议题框架	人民日报($N = 627$)		纽约时报($N = 280$)		χ^2 ($df = 1$)
	出现频次	百分比	出现频次	百分比	
风险事态	407	65%	249	89%	55.779***
风险调控	527	84%	184	66%	38.420***
风险反思	8	1%	38	14%	60.781**
其他	14	2%	4	1%	0.644

χ^2 即卡方值,指《人民日报》和《纽约时报》报道中中各框架出现频数之间的差异程度;
  $* p < 0.05,\ * * p < 0.01,\ * * * p < 0.001$。

由表 6 可知,在关注程度低的上升期,《人民日报》以风险事态框架为主,传递风险事实信息;随着关注程度的提高,风险等级的加大,风险调控议题成为《人民日报》的报道重点,这进一步反映出人民日报对风险可控客观信息的传递,以减少受众的担忧和恐慌;下降期,随着风险等级的弱化,对于风险调控事态的陈述再次成为主导。这说明,《人民日报》倾向于通过大量使用风险事态、风险调控议题向公众传递积极客观的信息,以削弱高风险对公众造成的恐慌。

表 6 《人民日报》不同阶段风险议题框架比较

风险议题框架	上升期 (1998—2003) ($n = 9$) Mean	维持期 (2004—2006) ($n = 547$) Mean	下降期 (2007—2011) ($n = 71$) Mean	χ^2 ($df=2$)
风险事态	1.777 8	1.047 5	1.436 6	18.455***
风险调控	1.000 0	1.365 6	1.239 4	33.318***

（续表）

风险议题框架	上升期 （1998—2003） （n = 9） Mean	维持期 （2004—2006） （n = 547） Mean	下降期 （2007—2011） （n = 71） Mean	χ^2 （df=2）
风险反思	0.111 1	0.016 5	0.042 3	24.095***
其他	0.000 0	0.047 5	0.028 2	0.478

0＝报道不使用该框架，1＝报道使用该框架，但出现在次要位置，2＝报道使用该框架，并出现在主要位置；

χ^2 即卡方值，指《人民日报》报道中各风险议题框架在不同周期出现频数之间的差异程度；

＊$p < 0.05$，＊＊$p < 0.01$，＊＊＊$p < 0.001$。

从表7可知，在不同时期，《纽约时报》一直着重于风险事态框架，关注传递风险事实信息，以通过报道来提醒公众对潜在信息保持高度警惕；另一方面，也体现出《纽约时报》在风险议题框架的使用上显得较为稳定。

表7 《纽约时报》不同阶段风险议题框架比较

风险议题框架	上升期 （1998—2003） （n = 15） Mean	维持期 （2004—2006） （n = 225） Mean	下降期 （2007—2011） n = （40） Mean	χ^2 （df = 2）
风险事态	1.533 3	1.471 1	1.600 0	7.401
风险调控	1.200 0	.951 1	.725 0	6.333
风险反思	.066 7	.195 6	.175 0	1.403
其他	.000 0	.026 7	.050 0	.558

0＝报道不使用该框架，1＝报道使用该框架，但出现在次要位置，2＝报道使用该框架，并出现在主要位置；

χ^2 即卡方值，指《纽约时报》报道中各风险议题框架在不同周期出现频数之间的差异程度；

＊$p < 0.05$，＊＊$p < 0.01$，＊＊＊$p < 0.001$。

四、小结

通过以上的分析，可以发现，《人民日报》和《纽约时报》在禽流感的报道上既有共性特征也存在着一些差异。在共性特征上，表现在议题关注周期方面，两家报纸在两家报纸在对禽流感的报道上都存在明显的上升下降趋势，呈现出典型的议题关注周期特征。根据 Downs 提出的议题注意周期模式（issue-attention cycle），在问题出现的初期，即是禽流感早期出现时，由于涉及范围小，并未受到大众的注意，因此，在这一时期，媒体的关注度很低，两家报纸的报道数量都很少。而随着问题的不断发展，禽流感疫情的大规模暴发，这一议题忽然被赋予了高度关注，各种报道铺天盖地而来，报道数量呈现出井喷式增长，这一现象在《人民日报》的报道中显得极为显著。随着疫情逐渐控制，公众的注意力开始下降，媒体报道数量也开始大量减少，公众开始将注意力投向新的议题。

在两家媒体报道差异上，主要体现在以下两个方面。

（一）报道视角方面，《人民日报》更倾向于从责任承担的视角建构议题，而《纽约时报》更关注于不同利益群体的冲突和争议

《人民日报》在责任框架使用上明显高于《纽约时报》，同时，随着舆情的不断扩大和关注的不断增加，《人民日报》对领导力框架的使用频率有了明显的上升，通过报道领导人的行为和言论，传递出政府在控制禽流感疫情以及预防潜在风险方面采取的态度和措施；《纽约时报》的报道是随着舆情不断扩大，人们关注度不断提高，对冲突框架的使用开始增多，关注于由于禽流感风险所带来的各方争议，以及不同利益群体的各自立场和态度，以向观众全面地展示风险事实，提醒风险带来的潜在危机。《人民日报》与《纽约时报》在报道视角出现的差异，与两家媒体的报道理念有很大的关系。

（二）在风险建构方面，《人民日报》偏重关注风险的调控，《纽约时报》倾向于展示风险事实

在关注程度低的上升期，《人民日报》以风险事态框架为主，传递风险事实信息；随着关注程度的提高，风险等级的加大，风险调控议题成为《人民日报》的报道重点，即时在下降期，对于风险调控议题的关注程度也并非大幅度地减弱。可见，《人民日报》倾向于通过大量使用风险调控议题向公众传递积极客观的信息，以削弱高风险对公众造成的恐慌；而《纽约时报》一直着重于风险事态框架，无论风险等级如何变化，都一如既往是通过传递风险事实的信息来提醒公众对现有及潜在舆情保持高度警惕，以达到强化风险意识的作用。两家媒体在风险建构上出现的差异性与两家媒体所在的文化背景较大有很大关系。

中美两国主流媒体呈现出以上异同，其原因主要如下。

1. 办报理念不同

《人民日报》作为中共中央机关报，作为"党和政府的喉舌"，在国家运行和社会调控中担负着重要的角色。作为舆论宣传工具，《人民日报》长期以来担负着引导舆论、指导工作的职能，及时传达党和政府的声音。因此，在禽流感的报道中，《人民日报》更多地从责任承担视角出发，并较多地使用领导力框架报道政府领导人的言论和行为，向公众传递政府在禽流感疫情控制中所做出的各项工作，通过风险调控给受众以信心。

《纽约时报》作为一份私营报刊,独立于政府之外。因此,在报道主题和视角的选择上,更倾向于考虑新闻价值和市场价值,以此获得更多地关注度,从而赢得市场和媒介话语权。因此,在《纽约时报》地报道中,不仅不隐瞒负面因素,对风险事实地展示更加全面,进行多角度、多观点的报道。另外,《纽约时报》更加注重对冲突框架的使用,通过不同利益群体的争议和冲突,以一种戏剧化的手法进行报道,以便吸引受众关注,提高关注度和发行量。

2. 文化背景不同

中国属于明确倾向文化,在这种文化背景下,文化的成员极力避免不确定性,对未知感到极大的焦虑,他们把不确定性视为威胁,认为不确定性是应该消除的。因此,在《人民日报》的报道中,尤其是在风险最大的维持期,人民日报的报道总是在尽力规避风险,传递风险可控的信息。

美国的文化属于模糊倾向文化,文化的成员不会对未知的情况感到害怕,不确定性已经成为他们生活的一部分,人们会坦然接受不确定事情的发生。因此,在《纽约时报》的报道中,风险事实框架始终是使用最多框架,而不会随着风险程度的变化刻意对风险进行规避。由此可见,在对突发公共卫生事件的报道上,文化背景的差异会对传播的观念造成很大的影响。受明确倾向文化影响的报道中,更注重于对风险不确定性的规避,而受模糊倾向文化的报道中,更注重于风险事实的传递,而不会刻意对风险进行规避。

作者：薛可、王舒瑶
原载《国际新闻界》,2012 年第 6 期

"非典"认知对当代大学生健康
生活方式的影响研究

一、研究背景

  十年过去,当人们回忆起 2003 年春天在全国不断蔓延的传染性非典型性肺炎(简称"非典",SARS)疫情时,依然记忆犹新。在"非典"疫情暴发初期,由于政府部门控制信息,引起媒体集体失语(尹韵公,2006)[①],同时"非典"病毒肆虐传播却得不到控制,人们普遍陷入恐慌之中。直到当年 4 月下旬国家卫生部门接受世界卫生组织对"非典"病原的结论,国家政府部门和新闻媒体才开始转变态度,对"非典"疫情相关信息进行报道传播。在"非典"流行时期,为了尽早预防以免感染"非典"病毒,出门佩戴口罩、每日室内消毒、清晨测量体温等已经成为人们日常生活的一部分;大街小巷人群稀疏、饭店宾馆临时停业、旅游景点游客稀少等也给我们留下了深刻的印象。

  举国上下众志成城抗击"非典"的行为活动俨然已成为向普通百姓进行健康传播教育的课堂,在这个过程中人们意识到了"非典"病毒的危害性、"非典"疫情的严重性和健康传播的重要性,甚至对群众的生活理念和生活方式也产生了改变。中央电视台《健康之路周刊》栏目曾在 2003 年 8 月就"后非典"时代健康生活进行了走访调查,结果显示"非典"过后,群众更加注重身体健康,参加体育锻炼的次数有所增加,运动健身成为新时尚;对家庭卫生清洁、个人卫生习惯养成也格外重视[②]。但是,当代大学生的健康生活方式也因此发生了变化吗?目前研究"非典"对当代大学生群体的影响较少,主要集中在"非典"期间大学生心理状态、健康意识、心理健康问题和教育(文庠等,2003[③];徐富明等,2004[④];石秀

---

① 尹韵公.对"非典"时期新闻传播的科学反思——SARS 肆虐三周年祭[J].上海师范大学学报:哲学社会科学版,2006,(4):49-54.

② 中央电视台(2003 年 8 月 22 日).后非典时代健康生活大调查[EB/OL].2013 年 1 月 10 日访问于中央电视台网站.

③ 文庠,杜文东,王挺,等.非典期间大学生心态及行为的调查报告[J].南京中医药大学学报:社会科学版,2003,(02):121-124.

④ 徐富明,于鹏,冯虹."非典"流行期天津大学生心理健康状况的相关研究[J].中国学校卫生,2004,25(04):398-400.

杰、王欣,2004①;周学锋、姚德利,2005②;田军、杨玉宇,2007③)。在上述研究中,有涉及"非典"对大学生心理压力、情绪的影响,但对大学生健康生活方式尚未展开全面的研究,而且较多研究是集中在"非典"期间,对于"后非典"时期的研究较少。因此,我们将研究"非典"之后十年,"非典"认知对大学生健康生活方式产生了怎样的影响。

二、概念界定

(一)"非典"认知

传播效果是指当传播的信息受到了人们的关注,在其脑海中形成记忆,改变受众的态度,对个人或社会导致某种行为的变化(董露,2008④)。也就是说,一个事件的有效传播将对受众产生认知、情感、态度、行为等四个层次的影响。其中认知处于传播效果的最基础层次,具有关键作用,它最初是认知心理学中的一个基本概念。所谓"认知"是指主体赖以获取知识和解决问题的操作和能力,在传播领域内即获取、分析、评价和传播各种形式的媒介信息的能力(赵红艳,2004⑤)。因此,广义的"非典"认知指受众获取"非典"各方面信息的能力。王硕等(2006⑥)曾利用整群抽样的方法调查了民众对突发公共卫生事件和"非典"的认知,他指出对于普通民众来说,能够掌握关于"非典"的三个基本问题,便可以认为民众知晓"非典"知识。这三个基本问题分别涉及民众知晓"非典"的临床症状(发热和干咳)、传播途径(近距离飞沫)、预防措施(保持良好通风和注意个人卫生)。本研究考虑到"非典"已经过去了十年,"非典"发生时间对于受众的认知也是衡量"非典"认知的重要因素,因此在王硕界定的基础上,添加了"'非典'发生时间"这个因素。

(二)健康信念理论

健康信念理论(health belief model)聚焦在个体的态度和信念,是最早尝试

---

① 石秀杰,王欣.非典前与非典期间大学生生活压力与社会支持状况比较研究[J].中国健康心理学杂志,2004,12(6):439-441.

② 周学锋,姚德利.公共危机状态下大学生教育与管理探讨——以2003年"非典"为例[J].安徽理工大学学报:社会科学版,2005,(4):54-57.

③ 田军,杨玉宇.非典(SARS)期间云南理工科大学生心理状况调查分析[J].中国健康心理学杂志,2007,15(04).

④ 董璐.传播学核心理论与概念[M].北京:北京大学出版社,2008.

⑤ 赵红艳.大众媒介传播与受众认知的互动分析[D].长春:吉林大学,2004.

⑥ 王硕,王滨有,彭崇,等.民众对突发公共卫生事件和SARS认知情况的调查[J].中华流行病学杂志,2011,27(6):503-507.

用于解释和预测个体健康行为的理论模型[1]，它于 20 世纪 50 年代由美国社会心理学家 Rosenstock 首先提出并由 Becker 等学者对其加以修订[2,3,4]。该理论包括四个核心内容：①感知罹患性（perceived susceptibility），指个体认为不健康行为对自身出现某种疾病或健康问题的自我感知可能性，比如因缺乏规律的营养早餐而对罹患胃病的可能性感知。②感知严重性（perceived severity），指个体认为因不健康行为所引起的某种疾病对身体、心理和社会带来的后果判断，比如若感染"非典"，对其生活品质的影响程度。③感知利益性（perceived benefits），指个体认为因改变不良行为而对其可能产生益处的可能性判断，比如增强体育锻炼，可以提高其身体免疫力。④感知障碍性（perceived barriers），指个体认为从改变不良行为到采用健康行为，他自身遇到困难或付出代价的可能性判断。

健康信念理论最初是用来解释和预测人们参与疾病预防、疾病筛查、和疾病治疗等的行为反应，修订后的健康信念理论用于探讨群众的长期、短期疾病行为、病人角色行为等广泛的健康行为改变。因此，本研究采用上述健康信念的四个维度来进行研究。

（三）健康生活方式

生活方式最初是来自社会学的一个概念，后来被引入到营销领域中的消费者行为研究。著名的消费者行为研究教授 Solomon (1999)[5]把生活方式定义为个体花费时间和金钱的方式，Aaron Ahuvia 和阳翼（2005）[6]综合多位学者的观点，认为生活方式不仅是人们花费时间和金钱的类型，也反映了一个人的活动、兴趣和意见。

但是这些概念并不能有效反映中国大学生的生活方式特点，王冬（2009，2011）[7]研制了大学生健康生活方式量表并进行了初步应用研究，认为大学生健康生活方式包括运动锻炼行为、饮食营养行为、健康危害行为、健康责任行为、压力管理行为、人际支持行为等维度。从感知的手段可以将这些维度分为外

[1] Janz N K, Becker M H. The Health Belief Model: A Decade Later [J]. Health Education Quarterly, 1984,11(1): 1-47.
[2] 林丹华,方晓义,李晓铭. 健康行为改变理论述评[J]. 心理发展与教育,2006,21(4): 122-127.
[3] Rosenstock I M, Strecher V J, Becker M H. Social Learning Theory and the Health Belief Model [J]. Health Education & Behavior, 1988,15(2): 175-183.
[4] 李美珠.高血压患者服药遵从行为相关因子之研究[D]. 花莲: 中国台湾慈济大学,2003.
[5] Solomon M. R. Consumer Behavior (4th ed)[M]. New Jersey: Prentice Hall, 1999.
[6] Aaron Ahuvia,阳翼."生活方式"研究综述：一个消费者行为学的视角[J].商业经济与管理,2005,(08): 32-38.
[7] 王冬.大学生健康生活方式评价量表研制及初步应用研究[D]. 广州: 南方医科大学,2009.

显性和内隐性两种,即外显性健康生活方式和内隐性健康生活方式,分别是指可以直接观察到的促进健康的行为和间接感知测量到的促进健康的行为。这个定义对大学生健康生活方式的界定既全面又清晰,因此本研究沿用这一定义。

三、研究问题和假设

据上文介绍,我们提出本文的研究问题和假设,即"非典"认知、健康信念和健康生活方式的概念模型,如图 1 所示。

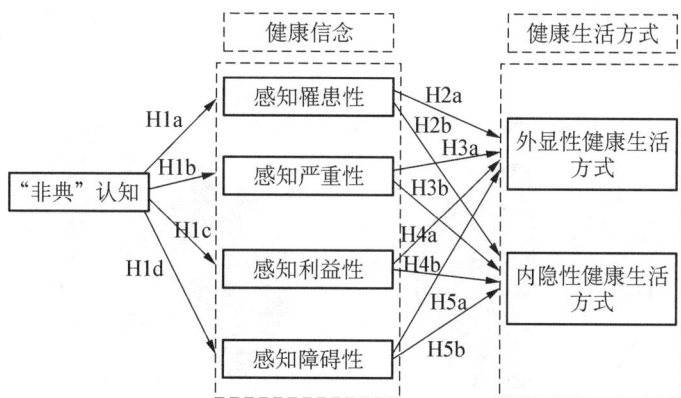

图 1　本文的研究框架模型

Q1:当代大学生对"非典"的认知状况如何,是否存在性别差异或年龄差异?

Q2:当代大学生的"非典"认知对其产生什么影响?

H1(a, b, c, d):大学生"非典"认知对健康信念(感知罹患性、感知严重性、感知利益性、感知障碍性)有正向影响。

H2(a, b):感知罹患性对大学生健康生活方式(外显性健康生活方式、内隐性健康生活方式)有正向的改善作用。

H3(a, b):感知严重性对大学生健康生活方式(外显性健康生活方式、内隐性健康生活方式)有正向的改善作用。

H4(a, b):感知利益性对大学生健康生活方式(外显性健康生活方式、内隐性健康生活方式)有正向的改善作用。

H5(a, b):感知障碍性对大学生健康生活方式(外显性健康生活方式、内隐性健康生活方式)有正向的改善作用。

四、研究方法

（一）样本对象

本研究通过采用问卷调查的方法，调查对象是来自上海交通大学、华东师范大学、上海大学、上海师范大学、湖北科技学院等五所高校的在校大学生，共发放问卷 300 份，回收有效问卷 280 份，问卷有效回收率为 93.3％。其中，男性 118 人（42.1％）、女性 162 人（57.9％），如图 2 所示；年龄方面，70 后（出生年份在 1979 年及以前）为 24 人（8.6％）、80 后（出生年份在 1980 年至 1989 年）为 140 人（50％）、90 后（出生年份在 1990 年至 1999 年）为 116 人（41.4％），如图 3 所示。

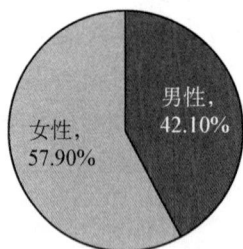

图 2　调查对象性别比例　　　　图 3　调查对象年龄分布

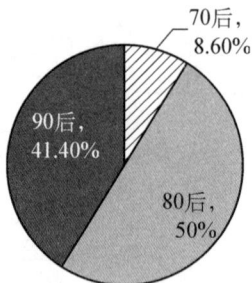

（二）变量测量

本研究涉及"非典"认知、健康信念和健康生活方式三个主要变量，采用 5 级李克特（Likert）量表进行测量（1 到 5 程度递增，比如 1 表示"非常不同意"，5 表示"非常同意"）。本研究在问卷设计过程中，首先通过阅读国内外相关文献获取前人所采用的研究指标或测量量表，结合中国当代大学生的特点，将部分问题表述进行适当调整；其次，对于现有文献中没有完全合适的量表，本研究通过小规模的前期访谈来获取测量指标，并邀请 5 位从事健康传播、公共卫生、传播效果研究的科研人员进行内容效度检验。最终本研究正式采用的调研问卷中共有 32 道题目对这三个变量分别进行了测量。

（三）信度检验

通常信度检测的方法使采用 Cronbach α 系数值为衡量指标，该系数值越大表示信度越高，其测量的结果越可靠、一致、稳定。本文以 Peterson（1994）所建议的 0.7 为信度标准，即当 Cronbach α 系数大于 0.7 时，表示数据可靠性较高[19]。表 1 是本文的各变量信度检验结果，所有的 Cronbach α 系数值均大于 0.7，表明本研究所使用的量表具有较高的信度。

表 1　各变量信度检验结果

变量名称	Cronbach's Alpha
"非典"认知	0.83
感知罹患性	0.903
感知严重性	0.949
感知利益性	0.956
感知障碍性	0.915
外显性健康生活方式	0.755
内隐性健康生活方式	0.869

（四）效度检验

本文的健康信念量表已经被许多实证研究所采用并证实有较好的效度，同时在设计测量"非典"认知、健康生活方式等变量的正式调研问卷时，不仅借鉴了现有文献中所使用的测量指标，而且通过专家访谈法验证了相关指标，以确保该问卷的内容效度。另外，笔者利用 SPSS 统计软件，采用主成分分析法进行 KMO 和 Bartlett 球形检验，KMO 值为 0.892，Bartlett 球形检验结果显著，表明适合做因子分析。

五、研究结果

（一）变量的相关度分析

"非典"认知、健康信念和健康生活方式三个主要变量的相关性分析如表 2 所示。"非典"认知、健康信念（感知罹患性、感知严重性、感知利益性、感知障碍性）、健康生活方式（外显性健康生活方式、内隐性健康生活方式）各变量细分维度之间的相关系数均小于 0.9，表明不存在共线性问题[①,②]。

---

① Hair J F，Black W C，Babin B J，et al. Multivariate Data Analysis [J]. Technometrics，2010，31(3)：648 - 650.

② 许德惠、李刚、孙林岩，等. 环境不确定性、供应链整合与企业绩效关系的实证研究[J]. 科研管理，2012，33(12)：40 - 49.

表 2 "非典"认知、健康信念和健康生活方式的相关度矩阵

变量名称	"非典"认知	感知罹患性	感知严重性	感知利益性	感知障碍性	外显性健康生活方式	内隐性健康生活方式
"非典"认知	1						
感知罹患性	0.283**	1					
感知严重性	0.213**	0.453**	1				
感知利益性	0.307**	0.487**	0.459**	1			
感知障碍性	0.073	0.211**	0.213**	0.348**	1		
外显性健康生活方式	0.305**	0.252**	0.254**	0.418**	0.275**	1	
内隐性健康生活方式	0.269**	0.234**	0.232**	0.420**	0.187**	0.757**	1

注：** 表示 $p < 0.01$。

通过表 2，我们可以发现"非典"认知与健康信念中的感知罹患性、感知严重性、感知利益性三个维度显著正相关，初步支持了 H1(a, b, c)。但是，"非典"认知与感知障碍性这一维度的相关性不显著，因此假设 H1(d) 不成立。此外，健康信念的四个维度分别与大学生健康生活方式（外显性健康生活方式、内隐性健康生活方式）的相关性显著，且相关系数为正，初步支持了 H2(a, b)、H3(a, b)、H4(a, b)、H5(a, b)。

(二) 社会人口学变量与"非典"认知

总体而言，调研数据显示在校大学生对"非典"有所了解（$M = 3.36$，$S. D = 0.77$）。为了考察不同在校大学生对"非典"的认知状况，本文以"非典"认知为因变量，大学生的社会人口学特征（性别、年龄）为自变量，进行了回归分析，分析结果回答了 Q1 的问题（见表 3）。

表 3 社会人口学变量与"非典"认知

自变量	Beta	S. E	t	p
性别	−.158	.374	−2.634	.009
年龄	−.021	.295	−.344	.731

由表 3 可知，性别与"非典"认知存在显著的负相关，表明男性大学生对"非典"的认知程度比女性大学生较高（问卷中男性＝1，女性＝2）。年龄与"非典"认知的关系不显著，即在校大学生无论年龄是多少，对"非典"的认知不产生影响。

(三) "非典"认知对健康信念、健康生活方式的影响

为了深入了解"非典"认知分别和健康信念、健康生活方式两个变量之间的

关系来验证研究假设并回答 Q2 的问题,本研究进行了一系列的回归分析。

首先,分别以感知罹患性、感知严重性、感知利益性、感知障碍性为因变量,以"非典"认知为自变量(见表 4)。表中显示,"非典"认知对感知罹患性、感知严重性、感知利益性均有显著影响,而且是正向影响,因此假设 H1(a, b, c)得到验证。"非典"认知对感知障碍性的正向影响不显著,因此 H1(d)没有得到支持。通过比较标准化回归系数可知,"非典"认知对感知利益性的影响最大,即"非典"过后,当代大学生认为健康生活方式能够对其带来许多益处。

表 4　"非典"认知对健康信念的回归分析

变量	"非典"认知			
	Beta	S. E	t	p
感知罹患性	.283	.102	4.919	.000
感知严重性	.213	.091	3.628	.000
感知利益性	.307	.070	5.372	.000
感知障碍性	.073	.084	1.213	.226

其次,分别以外显性健康生活方式、内隐性健康生活方式为因变量,自变量不变(见表 5)。表中数据显示"非典"过后,"非典"认知对健康生活方式有显著的正向促进作用,特别是对外显性健康生活方式的影响更大。说明了当代大学生认识到"非典"对健康造成的危害后,更倾向通过体育运动锻炼、合理饮食、规律作息、定期体检等外显性行为来改善健康生活方式;比较而言,"非典"认知对压力管理、人际社交等内隐性健康生活方式的促进作用较小。简单地说,"非典"认知对促进当代大学生身体健康比心理健康的作用更大。

表 5　"非典"认知对健康生活方式的回归分析

变量	"非典"认知			
	Beta	S. E	t	p
外显性健康生活方式	.305	.064	5.330	.000
内隐性健康生活方式	.269	.072	4.660	.000

(四) 健康信念对健康生活方式的影响

健康信念对健康生活方式影响的检验结果见表 6。感知罹患性和感知严重性对外显性健康生活方式和内隐性健康生活方式的正向影响全部不显著,假设 H2(a, b)和 H3(a, b)没有通过验证。感知利益性对两种健康生活方式都具有显著的正向影响,假设 H4(a, b)成立;感知障碍性仅对外显性健康生活方式具有显著的正向影响，而对内隐性健康生活方式的影响并不显著，所以假设 H5(a) 成立，而假设 H5(b) 不成立。但感知利益性（$Beta = .323$）对外显性健康生活方式的作用要大于感知障碍性（$Beta = .142$）。也就是说，"非典"过后，当代大学生的感知利益性水平越高，越有可能采纳外显性健康生活方式。

表6　健康信念对健康生活方式的回归分析

变量	外显性健康生活方式				内隐性健康生活方式			
	Beta	S. E	t	p	Beta	S. E	t	p
感知罹患性	.038	.041	.592	.554	.025	.046	.384	.701
感知严重性	.058	.046	.916	.360	.039	.051	.611	.541
感知利益性	.323	.062	4.805	.000	.375	.069	5.518	.000
感知障碍性	.142	.046	2.458	.015	.042	.051	.728	.467

六、讨论和结论

本文在分析了"非典"十年后中国当代大学生对"非典"的认知状况基础之上，结合健康信念理论的四个核心指标，深入剖析"非典"认知对大学生健康信念和健康生活方式的影响，以及健康信念对大学生健康生活方式的影响。通过对研究假设的检验，丰富了"非典"的健康传播效果研究。

（一）"非典"十年后，当代大学生对"非典"均有较深的认知

本研究发现但凡经历过"非典"时期的当代大学生中只有 4.3% 对"非典"不太了解，对其比较了解和非常了解的比例达到 68.6%，这也再次证明了具有严重危害性的公共危机事件，会强烈地引起人们的关注，如"非典"。但是，无论是出生在 20 世纪 70 年代、80 年代还是 90 年代的在校大学生，年龄对他们的"非典"认知不存在显著影响（$p = .731$）。

（二）"非典"十年后，当代大学生对"非典"认知存在性别差异

根据我们的调查，大部分当代大学生对"非典"都有不同程度的认知。有趣的是，研究发现性别对大学生的"非典"认知存在显著影响（$p = 0.009$），且男性比女性对"非典"的认知程度高。这种差异说明在面对严重的公共卫生突发事件"非典"时，男性比女性对其更加关注。这可能是由于媒介使用行为方面的差异所导致的，众所周知男性普遍比女性更热衷于关注新闻时事，而关于"非典"的权威信息主要是政府部门发布信息后通过电视和报刊广泛传播，同时"非典"对社

会发展、身体健康等多方面带来恶劣的负面影响更容易引起人们的关注,因此男性大学生对其认知和了解更多。

(三)"非典"十年后,"非典"认知对当代大学生健康生活方式有显著的促进作用,健康信念起到部分中介作用

健康传播活动是否有效传播,取决于健康活动是否对受众的认知和行为产生影响和变化。"非典"认知对健康生活方式中的外显性健康生活方式($Beta = 0.305$, $p < 0.01$)和内隐性健康生活方式($Beta = 0.269$, $p < 0.01$)均有显著的正向影响,这暗示了在校大学生意识到严重疫情对健康存在威胁时,他们更加积极采用健康的生活方式。而在健康信念理论的四个维度中,只有感知利益性这个维度对外显性健康生活方式($Beta = 0.323$, $p < 0.01$)和内隐性健康生活方式($Beta = 0.375$, $p < 0.01$)均有显著促进作用。这也从侧面说明,当代大学生看到采取某种行为确保能够为其健康带来益处时,他们才更加积极地采取行动。

七、研究展望

本研究通过实证研究的方法,探讨了"非典"认知、健康信念、健康生活方式三者之间的关系,为国内健康传播领域研究"非典"提供了新的视角。但是"非典"对健康生活方式的影响受到众多因素的影响,比如田军、杨玉宇[1]对"非典"期间云南大学生心理状况进行了研究,发现大学生在学习生活环境偏僻、信息闭塞的地区比居住在闹市区的大学生对"非典"讨论地较少、了解应对"非典"的方法也较少,使其心理更为恐惧和紧张。本文只从两个城市的大学进行了取样,如果考虑到从全国各省份的在校大学生中随机抽样来进行问卷调研并分析比较,将深化本研究结论的可推广性。

作者：薛可、邓元兵、余明阳

原载《国际新闻界》,2013 年第 5 期

---

[1]　田军,杨玉宇. 非典(SARS)期间云南理工科大学生心理状况调查分析[J]. 中国健康心理学杂志,2007,15(04)：304 - 306.

风险偏好对感知风险信息劝说效果的影响

——食品营养标签的实证研究

一、问题的提出

有关"风险"的议题长期以来受到学术界的关注,不仅感知风险存在于产品消费过程之中,而且风险偏好也存在于人们的意识当中。因此,怎样有效降低感知风险、怎样正确利用消费者的风险偏好,就成为相关学者的研究议题。

从产品感知风险来讲,感知风险维度可分为身体风险、心理风险、财务风险、时间风险等多种维度。感知风险各维度的重要性是由产品种类、消费者自身以及当时的购买环境等因素共同决定的,在某种特定的产品消费过程中,往往只有少数几种感知风险维度在起作用[1,2]。

从消费者风险偏好来讲,如果个体风险意识强,则会被视为风险规避者,如果敢于承担风险,则被视为风险追求者。个体的风险偏好受到不同陈述方式的"结果框架"(outcome framing)的影响[3,4],因此,个体的风险偏好在得益或者损失情境下有着截然不同的取舍。但是,框架效应并不是唯一主导个体偏好的因素,且并不是在任何实验条件下都被证实的。此外,趋利劝说与避害劝说是从结果角度进行强调的,趋利和避害只是同时发生在一个事件结果之中的不同观察角度,但是风险偏好研究所指的结果"框架效应"强调的是结果的互斥性,两者并不互相包含。因此,应当把风险偏好看作是个体本身较为稳定的个体特征,并与导致"框架效应"的信息劝说方式作为并列的因素进行研究。

从信息的角度来讲,当今社会信息爆炸,消费者处在一个看似信息饱和的世界,能够轻易获取大量的信息,但是信息需求却并未得到有效的满足[5]。究其原

① Greatorex M, Mitchell V. Risk Reducing Strategies Used in the Purchase of Wine in the UK [J]. European Journal of Marketing, 1989,23(2): 31-46.

② Cowan C, Mahon D. Irish consumers' perception of food safety risk in minced beef [J]. British Food Journal, 2004,106(4): 301-312.

③ Soman D. Framing, Loss Aversion, and Mental Accounting [J]. Blackwell Handbook of Judgment & Decision Making, 2008.

④ Thaler R. Toward a positive theory of consumer choice [J]. Journal of Economic Behavior & Organization, 1980,1(80): 39-60.

⑤ Herman E, Nicholas D. The information enfranchisement of the digital consumer [J]. AslibProceedings, 1949,62(3): 245-260.

因,我们发现针对信息的研究多集中在信息量的大小、强度以及媒介差异的影响上,而对于信息自身的内在特性研究仍显不足。事实上,仅仅依靠信息的数量并不能完全达到消费者有效利用信息的目的,而恰恰是信息本身的差异性对于消费者有着决定性的作用。一些研究已经发现,信息表达方式、信息劝说方式对于消费者决策的影响程度远远大于信息量和信息媒介的作用[1,2]。由于市场的信息不对称,处于信息劣势的消费者在消费过程中,会使其基于健康、产品质量、感知价值的风险感知增加,为了使自己的消费选择更加安全,消费者往往寻找各种策略与方法来规避感知风险,因此,信息就成为感知风险规避的工具[3],这使得感知风险在消费者的购买过程中扮演着提醒者的角色,从而导致消费者购买时更倾向于评估感知风险,以帮助其作出正确的购买决策[4,5]。

如今,基于感知风险、个体风险偏好以及信息传递效果的相关研究缺乏对信息特征的明确界定,且信息的差异性没有结合信息类型进行系统的挖掘。从消费者角度来讲,消费者对于产品信息的掌握程度受制于企业所提供的信息。消费者在一个信息饱和的商业社会中并不缺乏信息,而是缺乏有针对性的、有效的、科学的信息。因此,信息的表达、劝说方式便成为信息能否真正达到传播者目的的关键,信息对于消费者的影响有必要从信息自身特性的角度进一步系统地展开。换句话说,仅靠信息量的增加并不能完全有效地解决企业与消费者之间信息不对称的问题,只有积极提升信息的内在质量,才能真正发挥信息在传播过程中的应有作用,消除企业与消费者之间的信息隔阂。

从食品营养标签来讲,从20世纪70年代开始,美国等发达国家肥胖的发生率急剧上升,越来越多的证据表明不健康饮食可以增加肥胖发生的概率。因此各国政府尝试把几种与人们生活习惯密切相关而且对健康产生极大影响的营养成分,如蛋白质、碳水化合物、脂肪、热量、膳食纤维、钠、钙等标进了食品标签。美国对食品标签法规的研究、制定均处于全球领先地位。1990年,美国总统布

---

① Pennington G L, Aaker J L, Mogilner C. "The Pressing Preference for Prevention: The Impact of Temporal Construal on the Persuasiveness of Prevention versus Promotion Framed Product Information" [J]. Advances in Consumer Research, 2007.

② Thompson D V, Hamilton R W. The Effects of Information Processing Mode on Consumers' Responses to Comparative Advertising [J]. Journal of Consumer Research, 2006,32(4): 530 – 540.

③ Eric K. Clemons. How Information Changes Consumer Behavior and How Consumer Behavior Determines Corporate Strategy [J]. Journal of Management Information Systems, 2008,25(2): 13 – 40.

④ R. A. Bauer. Consumer Behavior as Risk Taking [M]. Chicago: American Marketing Research, 1960: 401 – 402.

⑤ Vincent Wayne Mitchell. Consumer Perceived Risk: Conceptualization and Models. European [J]. Journal of Marketing, 1999,33(1): 167 – 172.

什签署的《营养标识和教育法》(Nutrition Labeling and Education Act)成为世界上首部强制性的营养标签法律。随后,中国、欧盟、日本、俄罗斯等也先后颁布食品标签相关法规。现有研究发现,食品营养标签信息能够引导消费者确立正确的营养观[1],帮助消费者感知产品质量,形成质量期望,进而影响消费者的食品购买态度和行为[2]。随着消费者健康意识的增强,越来越多的消费者关心食品营养标签信息。食品营养标签信息符合信息的形态与价值认识,因此,本文以食品营养标签信息为刺激物,引入信息感知风险、消费者风险偏好这两个因素,从信息劝说方式的角度研究信息对消费者态度的影响。

二、文献回顾

(一) 基于食品的感知风险信息对消费者的影响

杜凌(Dowling)[3]认为,感知风险维度的类型和各维度的重要性是由产品种类、消费者自身以及当时的购买环境等因素共同决定的,这一命题也被后续的研究所支持。例如,米歇尔等人(Mitchell et al)[4]通过对葡萄酒市场的研究只发现功能风险、社会风险、财务风险和身体风险这四个维度起到了显著作用,而马洪等人(Mahon 等)[5]对牛肉市场的研究中只识别出了身体风险、心理风险和功能风险三个维度。

我国学者王爽和陆娟[6][7][8][9]通过构建食品营养标签信息的消费者身体风险、心理风险和功能风险的三维度感知风险 7 分量表,发现从总体感知风险来

① Levy A S, Fein S B. Consumers' Ability to Perform Tasks Using Nutrition Labels [J]. Journal of Nutrition Education, 1998,30(98): 210 - 217.

② Verbeke W, Ward R W. Consumer interest in information cues denoting quality, traceability and origin: An application of ordered probit models to beef labels [J]. Food Quality & Preference, 2006, 17(6): 453 - 467.

③ Dowling, G. R. Perceived risk: The concept and its measurement [J]. Psychology & Marketing, 2006,3(3): 193 - 210.

④ Greatorex M, Mitchell V. Risk Reducing Strategies Used in the Purchase of Wine in the UK [J]. European Journal of Marketing, 1989,23(2): 31 - 46.

⑤ Cowan C, Mahon D. Irish consumers perception of food safety risk in minced beef. [J]. British Food Journal, 2004,106(4): 301 - 312.

⑥ 王爽,陆娟. 食品营养标签信息对消费者态度的影响[J]. 中国软科学,2011,(10): 84 - 92.

⑦ 王爽,陆娟. 信息—致性对消费者态度的影响——基于营养标签信息的实证研究[J]. 经济经纬,2012,(03): 126 - 130.

⑧ 王爽,陆娟,姜旭平. 信息劝说方式对消费者态度的影响——基于产品知识水平的调节效应[J]. 营销科学学报,2013(4),105 - 117.

⑨ 王爽,陆娟. 厂商应完善食品营养标签信息[N]. 中国社会科学报,2012 - 04 - 27(A05).

讲,营养标签上的脂肪信息对于消费者有着最大的风险感知效果,而感知风险最小的则是钙。

(二) 信息劝说方式对消费者的影响

从信息分类的角度来讲,信息可从提示方式、比较方式、劝说方式等多种角度进行分类。从信息提示方式差异可以把信息分为一面提示和两面提示;从信息比较方式差异可以把信息分为直接比较和间接比较;从信息劝说方式差异又可以把信息分为趋利劝说(promotion claim)和避害劝说(prevention claim)。劝说信息通常是鼓励消费者注意一种商品或者服务。趋利劝说强调一种商品能够使消费者达成特殊的目的或者变得更好,避害劝说强调一种商品能够使消费者远离负面的结果。与希望或愿望相联系的趋利功能信息是为实现更优的目标,与义务和责任相联系的避害功能信息是为实现最低限度的目标[1]。

高感知风险会导致消费者紧迫感的产生,而紧急事件更能体现出避害功能产品的重要性。[2] 在低感知风险信息环境下,消费者对于感知风险认同度较低,引起的是消费者较高层次的心理需求,这种需求的紧迫感相对来说并不是很强,消费者更倾向于趋利功能为主的产品;又有研究表明,从趋利功能所获得的乐趣要大于避害功能[3]。因此,相比趋利劝说,高感知风险信息采用避害劝说能获得更多积极态度;相比避害劝说,低感知风险信息采用趋利劝说能获得更多积极态度。

由于感知风险在消费者的购买过程中会产生重要的影响,因此消费者在购买活动中更倾向于积极判断风险、减少风险以帮助其做出购买决策,高感知风险信息容易引起消费者对于信息的重视,又因为消费者会主动寻找更多相关信息,而无关信息会弱化消费者对产品将带来利益的信念。因此,信息感知风险越高,趋利劝说和避害劝说所引起的态度差异越大。

总的说来,结果信息的表述方式能够改变个体对决策结果的认知,进而改变个体的风险偏好。因此,有必要基于感知风险信息的视角研究信息劝说方式对消费者态度的影响,揭示风险信息的劝说方式对消费者态度的影响机理。

---

[1] Idson L C, Liberman N, Higgins E T. Distinguishing Gains from Nonlosses and Losses from Nongains: A Regulatory Focus Perspective on Hedonic Intensity [J]. Journal of Experimental Social Psychology, 2000,36(3): 252 - 274.

[2] Idson L C, Liberman N, Higgins E T. Distinguishing Gains from Nonlosses and Losses from Nongains: A Regulatory Focus Perspective on Hedonic Intensity [J]. Journal of Experimental Social Psychology, 2000,36(3): 252 - 274.

[3] Idson L C, Liberman N, Higgins E T. Distinguishing Gains from Nonlosses and Losses from Nongains: A Regulatory Focus Perspective on Hedonic Intensity [J]. Journal of Experimental Social Psychology, 2000,36(3): 252 - 274.

(三) 风险偏好对消费者的影响

决策者对决策问题所形成的心理模型,既包括信息(Information)也包括情境(Context)。过往研究发现,个体的风险偏好受到不同陈述方式的"结果框架"影响。例如,图沃斯基和卡纳曼(Tversky 和 Kahneman)[①]发现,个体风险偏好与情境有关,获益情境下人们倾向于风险规避,损失情境下人们倾向于风险追求;正是结果框架改变了人们对决策问题的参照点感知,进而改变了人们的风险偏好。这被称之为结果的"框架效应",随后的研究也基于相关研究方法进行了探究。

但是,框架效应并不是唯一主导个体偏好的因素,且并不是在任何实验条件下都被证实的。个体的风险偏好不但在得益或者损失情境下有着截然不同的取舍,也和角色、[②]性格、年龄、财富相关。例如,决策过程中的风险偏好不仅取决于潜在的风险,也跟风险过程中所承担的角色有关,那些承担任务的人有着更高的风险追求,而只是旁观的人对风险的追求就较低;那些有着高直觉、外向型的商科学生有着一贯的风险追求,而那些判断力强的学生则有着更高的风险规避倾向。

可以看出,个体的风险偏好受到多种因素的共同作用,并不能过分强调结果的"框架效应"影响。另外,应当把风险偏好看作是个体本身较为稳定的个体特征,并将其和导致"框架效应"的信息劝说方式作为并列的因素进行研究。

由于风险规避者对于信息或者环境风险的感知更为敏感,其对风险的规避动机更强,相反的是,由于风险追求者对于信息或者环境风险的忍受能力相对更强,对于风险压力下的利益效用持续在相对较高的水平,因此对于风险信息的敏感性较弱。从信息搜寻的角度来讲,消费者会主动寻找与自身需求更加相关的信息,而无关信息会弱化消费者对产品将带来利益的信念,且个体会拿出更多的精力处理偏好的选择[③]。另外,信息的表现形式也会影响信息的效用,这使得信息劝说方式差异影响到了消费者的态度倾向,进而引出如下假设:

H1:相对于风险追求者,风险规避者对于感知风险信息的避害劝说有着更好的正向态度。

---

① Amos Tversky, Daniel Kahneman. Advances in prospect theory: Cumulative representation of uncertainty [J]. Journal of Risk and Uncertainty, 1992,5.

② Guo X, Zhao N, Wang S, et al.. Player-Spectator Discrepancies on Risk Preference during Decision Making [J]. Journal of General Psychology, 2010,137(2): 210 - 24.

③ Rene Lion and Ree M. Meertens. Security or Opportunity: The Influence of Risk-Taking Tendency on Risk Information Preference [J]. Journal of Risk Research, 2005,8: 283 - 294.

H1a：相对于风险追求者，风险规避者对于高感知风险信息的避害劝说有着更好的正向态度。

H1b：相对于风险追求者，风险规避者对于低感知风险信息的避害劝说有着更好的正向态度。

因趋利功能所获得的乐趣要大于避害功能，这使得本身对风险敏感相对较低的风险追求者更易于关注趋利劝说，进而引出如下假设：

H2：相对于风险规避者，风险追求者对于感知风险信息的趋利劝说有着更好的正向态度。

H2a：相对于风险规避者，风险追求者对于高感知风险信息的趋利劝说有着更好的正向态度。

H2b：相对于风险规避者，风险追求者对于低感知风险信息的趋利劝说有着更好的正向态度。

风险规避者对于风险更为厌恶，这导致了风险规避者对风险信息的敏感性更强，由于风险追求者对于风险厌恶程度低，对于利益的效用持续在高水平，因此对于风险信息的敏感性较弱。由于感知风险在消费者的购买过程中有着重要的影响，消费者在购买活动中更倾向于积极判断风险、减少风险以帮助其做出购买决策，高感知风险信息容易引起消费者对于信息的重视，又因为高感知风险会导致消费者紧迫感的产生，而紧急事件更能体现出避害功能产品的重要性[①]，这导致了高感知风险情形下人们更倾向于避害劝说，低感知风险情形下人们更倾向于趋利劝说，进而引出如下假设：

H3：相对风险追求者，风险规避者对于高感知风险信息所采用两种劝说方式的态度差异更为明显。

H4：相对风险规避者，风险追求者对于低感知风险信息所采用两种劝说方式的态度差异更为明显。

总的来讲，我们构建了如图 1 所示的关于感知风险信息、信息劝说方式、个体风险偏好与态度的关系模型假设。

图 1　劝说方式与风险偏好对感知风险信息效果的影响

① Mogilner C, Pennington G L. Time Will Tell: The Distant Appeal of Promotion and Imminent Appeal of Prevention [J]. Social Science Electronic Publishing，2008，34(5)：670 - 681.

三、研究方法

（一）研究设计

本文采用 2(信息感知风险：高/低)×2(劝说方式：趋利劝说/避害劝说)×2(风险偏好：风险规避者/风险追求者)混合因子分析，信息感知风险和劝说方式为组内因子，风险偏好为组间因子。

（二）变量衡量

对于高、低感知风险信息的选取，是根据先前研究的结果，选取脂肪相关营养标签信息为高感知风险信息，选取蛋白质相关营养标签信息为低感知风险信息。这一结果也与一系列先前研究[①]对营养成分的消费者评价相吻合。

对于消费者风险偏好测量，我们采用赫斯和韦伯(Hsee 和 Weber)[②]提出的方法，计算出风险偏好指数(Risk Preference Index，RPI)来设计问卷。由于食品营养成分的补充既不能过量也不能不足，饮食伴随着得益和损失的风险并存，所以必须同时考虑受试者得益情境和损失情境下的风险偏好。我们让受试者在 7 个得益、7 个损失的任务框架下进行选择，根据得益、损失两种结果框架下的风险偏好得分综合计算出风险偏好。得益条件下，被试在 7 种情景中选择肯定收益方案的个数被 8 减去后即为风险偏好指数得分，损失条件下，被试在 7 种情景中选择肯定损失方案的个数被 8 减去后即为风险偏好指数得分，风险偏好指数越高风险偏好越强。最终，我们根据问卷结果把受试者均分为风险追求者和风险规避者两种类型。

对于趋利劝说和避害劝说两种类型，我们根据趋利劝说和避害劝说选择营养标签中的营养成分功能声称作为实验对象，其语言描述严格按照中华人民共和国卫生部 2007 年颁布的《食品营养标签管理规范》所规定的语言。当能量或营养素含量符合有关要求时，根据食品的营养特性，可选用规定的一条或多条功能声称的标准用语，且规定用语不得删改和添加。本文采用消费者态度作为最终评价的因变量，探讨从信息刺激到消费者接受信息并最终形成态度的过程。笔者通过在食品包装上涉及营养成分功能声称的相关内容(见表 1)，由"您对此产品喜好程度的评价"引出受试者对所提供产品信息的倾向性评价，并通过李克

①　吴佳，杨多，范志红. 乳粉包装上的营养信息对北京高校学生消费影响力的调查[J]. 中国供销商情·乳业导刊，2005,(08)：20 - 23.

②　C. K. Hsee, E. U. Weber. Cross-national Differences in Risk Preference and Lay Predictions [J]. Journal of Behavioral Decision Making，1999,12(2)：165 - 179.

特 7 分量表问卷测量。

表1　感知风险与劝说方式差异化问卷

信息感知风险	劝说方式	营养标签信息
高感知风险信息	趋利劝说	脂肪提供高能量
	避害劝说	脂肪提供人体必需脂肪酸
低感知风险信息	趋利劝说	蛋白质有助于构成或修复人体组织
	避害劝说	蛋白质是人体生命活动中必需的重要物质,有助于组织的形成和生长

(三) 实验过程与样本特征

调研共选取北京市、上海市、郑州市、贵阳市 571 位消费者进行问卷测量。其中,在高校、社区、商业中心发放纸质问卷 220 份,利用网络对消费者人群发放电子版问卷 351 份。最终,剔除回答不完整、态度不认真问卷后,有效问卷共计 516 份,其中纸质问卷回收 186 份,电子版问卷通过网络回收 330 份,有效问卷回收率为 90.4%。

四、研究结果

首先,我们以两因素有交互效应的方差分析来检验风险偏好对劝说方式的调节效应是否存在,同时使用单变量方差分析和多变量方差分析,检验结果如表 2 所示。

表2　劝说方式、风险偏好的交互效应对消费者态度的影响

	多变量方差分析		单变量方差分析 F 值	
	Wilks' Lambda	F 值	高感知风险信息	低感知风险信息
劝说方式	0.011	231.751***	189.823***	360.116***
风险偏好	0.029	102.762***	47.255***	81.667***
劝说方式×风险偏好	0.203	31.471***	8.825*	6.349*

***$p < 0.001$, *$p < 0.005$。

表 2 显示,劝说方式、风险偏好以及两者的交互效应对于高、低感知风险信息两种情境的效果影响均为显著这不仅表明了两种感知风险情境下,劝说方式、风险偏好分别对消费者态度的影响,也表明了劝说方式和风险偏好之间对消费者态度影响的交互作用存在。

接下来，我们根据实验结果归纳得出表 3 的数据。需要说明的是，表中受试者态度完全基于测量结果均值得出，在进一步的均值比较过程中，我们用均值 t 检验而不是算数平均值比较。

表 3 风险偏好差异对信息劝说方式的态度反馈

风险偏好	感知风险	编号	劝说方式	营养标签信息	态度
风险规避者	高感知风险信息	A	趋利劝说	脂肪提供高能量	3.376 8
		B	避害劝说	脂肪提供人体必需脂肪酸	4.663 9
	低感知风险信息	C	趋利劝说	蛋白质有助于构成或修复	4.891 7
		D	避害劝说	蛋白质是人体生命活动中必需的重要物质，有助于组织的形成和生长	4.785 1
风险追求者	高感知风险信息	E	趋利劝说	脂肪提供高能量	3.778 2
		F	避害劝说	脂肪提供人体必需脂肪酸	4.379 9
	低感知风险信息	G	趋利劝说	蛋白质有助于构成或修复人体组织	5.070 5
		H	避害劝说	蛋白质是人体生命活动中必需的重要物质，有助于组织的形成和生长	4.634 1

首先，我们检验假设 H1，需要比较风险追求者和风险规避者对于感知风险信息的避害劝说的态度差异。两独立样本均值 t 检验得出，B 组数据均值大于 F 组数据均值（$t = 5.031$，$p < 0.001$），数据检验结果支持假设 H1a；另一方面，D 组数据均值大于 H 组数据均值（$t = 6.037$，$p < 0.001$），数据检验结果支持假设 H1b。也就是说，相对于风险追求者，风险规避者对于感知风险信息的避害劝说有着更好的正向态度，假设 H1 成立。

其次，我们检验假设 H2，需要比较风险追求者和风险规避者对于感知风险信息的趋利劝说的态度差异。两独立样本均值 t 验得出，E 组数据均值大于 A 组数据均值（$t = 3.865$，$p = 0.001$），数据检验结果支持假设 H2a；另一方面，G 组数据均值大于 C 组数据均值（$t = 4.200$，$p = 0.001$），数据检验结果支持假设 H2b。也就是说，相对于风险规避者，风险追求者对于感知风险信息的趋利劝说有着更好的正向态度，假设 H2 成立。

再次，我们检验假设 H3，需要比较风险追求者和风险规避者对于高感知风险信息所采用两种劝说方式的态度差异。两独立样本均值 t 检验得出，|B－A| 数据均值大于 |F－E| 数据均值（$t = 3.149$，$p = 0.006$），数据检验结果支持了假设 H3。也就是说，风险规避者对于高感知风险信息所采用两种劝说方式的态度差异更为明显。

最后，我们检验假设 H4，需要比较风险追求者和风险规避者对于低感知风

险信息所采用两种劝说方式的态度差异。两独立样本均值 t 检验得出，

|G−H|数据均值大于|C−D|数据均值（$t = 2.466, p = 0.024$），数据检验结果支持了假设 H4。也就是说，风险追求者对于低感知风险信息所采用两种劝说方式的态度差异更为明显。

总的来讲，从数据分析结果得出，不论是高感知风险信息还是低感知风险信息，信息的劝说方式对消费者态度的影响均受个体风险偏好的调节效应影响。从风险偏好对劝说方式的态度来讲，风险规避者更乐于接受感知风险信息的避害劝说，相反，风险追求者更乐于接受高、低感知风险信息的趋利劝说；从风险偏好与劝说方式的交互效应来讲，风险规避者在高感知风险信息条件下受到的影响更大，风险追求者在低感知风险信息条件下受到的影响更大。

五、结论与启示

本文以食品营养标签信息作为刺激物，模拟了在得益、损失结果同时可能发生的情境下，消费者风险偏好对感知风险信息劝说方式所产生效果的影响，其研究结论与管理启示如下。

（一）研究结论

从实证研究结果我们发现，就感知风险信息的劝服效果来讲，避害劝说更加受到风险规避者的青睐，由于他们对风险规避的本能，拿出更多的精力给予避害劝说，导致了态度倾向性的产生，因此风险规避者对于避害劝说有着更多的正向态度。相反的是，风险追求者由于对风险的敏感性不强，这导致了风险追求者无视避害劝说的内容，并且更乐意关注趋利劝说，因此，风险追求者对趋利劝说有更积极的正向态度。

另外，风险偏好者对于高感知风险信息容易引起重视，又因为高感知风险会导致消费者紧迫感的产生，而紧急事件更能体现出避害功能产品的重要性，这导致了高感知风险情形下人们更倾向于避害劝说，低感知风险情形下人们更倾向于趋利劝说。对于风险规避者和风险追求者而言，高感知风险下的信息强化了避害劝说的效果，这进一步增强了风险规避者对于趋利劝说和避害劝说的态度差异，减小了风险追求者对于趋利劝说和避害劝说的态度差异，因此，在高感知风险条件下，风险规避者对于高感知风险信息所采用两种劝说方式的态度差异更为明显；而在低感知风险信息条件下，不论对于风险规避者还是风险追求者来说，人们都倾向于趋利劝说，这进一步增强了风险追求者对于趋利劝说和避害劝说的态度差异，减小了风险规避者对于趋利劝说和避害劝说的态度差异，因此，风险追求者对于低感知风险信息所采用两种劝说方式的态度差异更为明显。

（二）管理启示

本研究结论对于食品企业针对不同的感知风险营养成分与不同的风险偏好消费者，如何采用有效的营养成分功能声称，现实的指导作用如下：

（1）对于涉及食品营养标签的企业来讲，首先弄清产品的感知风险高低以及潜在消费者的风险偏好分类尤其重要，这需要确定目标消费者属于风险规避者还是风险追求者。不同的风险偏好使得食品企业必须设计针对性的营养标签信息。

（2）如果企业的产品潜在消费者大多是风险规避者，那么食品标签信息所采用的就应当是避害劝说；如果企业的产品潜在消费者大多是风险追求者，那么食品标签信息所采用的就应当是趋利劝说。

（3）食品企业还需考虑自身产品的感知风险高低。如果是高感知风险产品，由于风险规避者对于高感知风险信息所采用两种劝说方式的态度差异更为明显，所以，高感知风险食品所采用的食品营养标签信息必须使用风险规避者所青睐的避害劝说；如果是低感知风险产品，由于风险追求者对于低感知风险信息所采用两种劝说方式的态度差异更为明显，因此，低感知风险食品所采用的食品营养标签信息必须使用风险追求者所青睐的趋利劝说。只有这样，才能最大限度地同时满足风险规避者顾客和风险追求者顾客。

作者：王爽、余明阳、薛可
原载《中国流通经济》，2014 年第 6 期

第五章
新媒体品牌传播

美国营销学学者麦卡锡教授在 20 世纪的 60 年代提出"产品、价格、渠道、促销"4 大营销组合策略即为 4P,产品(product)、价格(price)、渠道(place)、促销(promotion),而品牌传播是 promotion 中的基础。西北大学教授唐·舒尔茨(Don Schultz)提出的整合营销传播概念,更是将品牌与传播的研究推向了高潮,也让企业重新重视品牌的营销传播。20 世纪 80 年代之后品牌传播开始进入成熟阶段。在品牌传播的初始和成长阶段,伴随着市场竞争的加剧,品牌的重要性已经开始被企业所认识,但是此时企业经营的重心并没有完全转移到品牌上来,只有少数具有远见的企业开始对品牌进行大范围推广,使得这些品牌在其所处行业中脱颖而出,成长为知名品牌,可口可乐、柯达等即是这一时期的典型代表。自从世纪年代开始,企业经营的重心就开始转向品牌,品牌传播也由此进入成熟阶段。1988 年,《经济学人》以"讲究品牌之年度"为封面主标题,反映了企业界对品牌的重视,文章指出"由于意识到品牌名称居然能成为溢价资产,使得 1988 年成为品牌年。"正是由于认识到品牌无形资产的价值,使得企业无不对其感兴趣,把它视为进入全球市场的门票[①]。

如今处于互联网新媒体时代环境下,随着营销环境的变化,渠道的重要性日渐增强。随着科技的发展,媒体发生了翻天覆地的变化。从研究方向与实际生活中都可以感受到新媒体都是当下的热点。美国《连线》杂志将新媒体定义为:所有人面向所有人进行的传播,从而改变了传统媒体环境下受众被动接受的格局,增强了互动性。若在 1990 年要做品牌传播,所考虑媒体主要为:报刊、电视、广播。而现在,传统互联网进一步向移动互联网延伸,互联网与手机成为第四、第五媒体。中国主要新媒体形式都在向网络化、移动化、即时化、融合化、社交化、自媒体方向拓展[②]。根据新媒体的特质,可以进行在新媒体环境下的品牌

---

① 余明阳,朱继达,肖俊松. 品牌传播学[M]. 上海:上海交通大学出版社,2005:34.
② 尹韵公,刘瑞生. 2010:热点频发的中国新媒体[J]. 秘书工作,2011,(9).

创新,品牌形象创新是指对品牌形象所包含内涵和外延的创新。它是品牌创新中对消费者最直接的影响部分,也是消费者对品牌追随的根本所在。纵观世界各著名品牌,无一例外地都在不断地进行着品牌的形象创新,以确保自身的领导地位和消费者的品牌忠诚度那么,针对当下媒体环境,品牌形象传播、创新更是当下学界、业界的研究热点所在。

品牌传播的概念由余明阳和舒咏平两位学者(2002)①首次提出,虽然也涉及品牌的推广,但尚未提高到传播的高度来认识与研究,"品牌"是传播的产物,品牌研究应定位于传播学,由此提出品牌传播是通过广告、公共关系、新闻报道、人际交往、产品或服务销售等传播手段,以最优化地提高品牌在目标受众心目中的认知度、美誉度、和谐度。具有信息的聚合性、受众的目标性、媒介的多元性、操作的系统性等特点。品牌传播是传播学实际应用的重要方向,品牌传播也逐渐吸引了学者和专家的关注与研究,如根据笔者在知网数据库中搜索相关关键词,品牌传播的研究文献数量趋势自提出以来一直保持着上升趋势(见图1)。

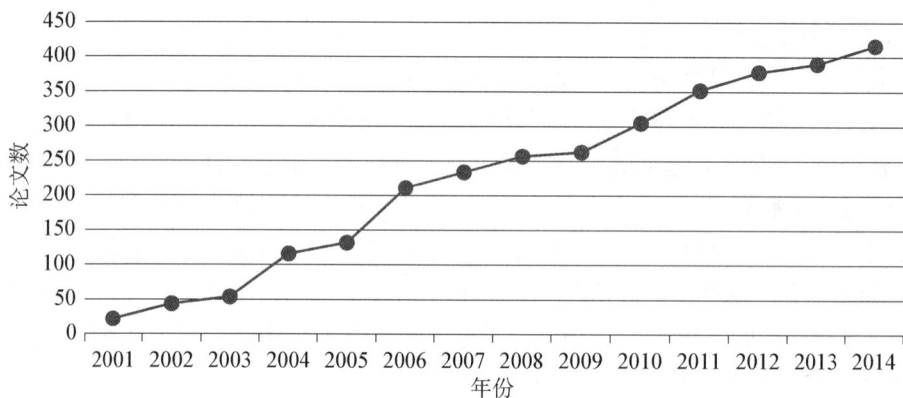

图1　品牌传播研究篇数

研究品牌形象是当今市场经济中最热门的话题,它不仅受到企业的高度关注,引起消费者的高度兴趣,同时也引起政府有关部门的高度重视,它甚至被提升到民族精神和民族振兴的高度。随着网络的互动特性引发品牌传播一场新的革命②。在新媒体环境下,新媒体广泛应用于广告发布,在认知度和美誉度方面大大提升了品牌传播的效果;新媒介应用于公共关系方面,使得消费者与品牌之间建立了更良性的互动机制;新媒介应用于销售传播方面,降低了品牌宣传的成本,并且利用新媒介购买商品,其方便性促成了消费行为。新媒介应用于

---

① 余明阳,舒咏平. 论"品牌传播"[J]. 国际新闻界,2002,(3)：63 - 68.
② 郭颖.网络广告品牌形象传播效果探讨[J]. 新闻界,2010,(01)：186 - 187.

人际传播方面,不仅使品牌被口口相传的机会增大,并且让品牌传播更具说服力①。

　　本章以新媒体环境下品牌形象传播为主题,从品牌传播内涵解释开始,到品牌形象创新、品牌接触点体系。在传播主体上包括商业品牌、城市品牌、国家品牌,内容上涉及品牌理念社会责任、个人形象代言等。也在研究理论方法上,探索了品牌传播学上案例分析方法,以及建立公共关系评估指标体系。《企业形象靠什么支撑》指出企业形象的价值已被学术界和企业界广泛重视,但人们对企业形象的研究往往流于肤浅和表面,有必要对支撑企业形象的内在因素进行分析,并分别阐述了文化形象、人才形象、品牌形象、推广形象等四方面的形象支撑。《社会责任:品牌理念的题中之意》指出企业的社会责任是指企业在经济活动中要以道德、法律为准绳,在对相关利益者负责的基础上,努力将社会及环境方面的因素融为一体,企业的社会责任在品牌竞争日趋白热化的今天。美国政治学家 Boulding, K. E. (1969)认为,国家形象是一个国家对自己的认知以及国际体系中其他行为体对它的认知的结合;它是一系列信息的输入和输出产生的结果,是一个"结构十分明确的信息资本"由资本一词可以发现国家形象是一种品牌资本。《A Content Analysis of Public Relations Literatures from 1999 to 2008—Can the World Expo change a city's image through foreign media reports》结合世博会实际案例,《国家形象塑造中的媒体角色——以汶川地震报道为文本分析》结合汶川大地震案例,在影响城市形象的传播因素。在国家形象塑造方面,验证传播学理论,《基于刻板思维的国家形象符号认知——以〈纽约时报〉的"西藏事件"报道为例》讨论了媒体报道对国家符号意义塑造的意义,以文本分析的方法对《纽约时报》为代表的美国媒体中有关西藏事件的报道进行了剖析,从而得出这些报道对中国形象的影响不仅在于它再一次确认了美国人对中国的刻板印象,而且还强化了这种偏见,为偏见的维持提供了进一步的社会条件。《城市形象危机防范与新闻报道——以深圳市为例》基于对大众媒体在城市形象传播当中所发挥的作用的理解,调研了包括报纸、网站等在内的国内外八家主流媒体在 2008 年所涉及的深圳城市形象的报道,从中了解到深圳城市形象传播中出现的一些问题,为抵御潜在的深圳城市形象危机。针对存在的问题提出了相应的建议。

　　此外,国内传统的品牌形象传播研究大多为定性与案例研究,科学评估指标体系的重要性也日渐提升,本章在传播学的研究方向可以利用文本分析法、案例法、调查法等多种方法,探究品牌形象传播,《案例研究法在品牌传播中的应用实证分析》通过对一些品牌传播相关学术论文进行内容的实证分析,以了解案

---

① 马滕,新媒体在品牌传播中的应用价值、问题及出路[J].山东社会科学,2009,(08):39-42.

例研究法在该领域研究中应用的现状。《论公共关系形象评估指标体系》通过对公共关系形象评估指标体系的系统综述，引入心理学的方法和指标，确定两大指标四象限评估理论模型，从而为中国品牌形象研究走向科学、系统、定量打下基础。

品牌历久不衰的奥秘：形象更新

在世界品牌发展历史上，我们可以看到有不少红极一时的品牌没几年就衰落了，被人淡忘了。但有的品牌像可口可乐、麦当劳、摩托罗拉经历了几十年，甚至上百年的风雨，却经久不衰。这其中的奥秘就在于品牌形象更新，这其中，公共关系的作用是巨大的。

一、中国品牌老化速度惊人

阿尔温·托夫勒说过："我们正在迈向的崭新时代，是一个以高科技、信息和经济为目标的新组织方法作基点，为人类未来文明开创一个全新纪元的时代。"面临新时代的挑战，如何在繁多的信息之中增强品牌形象的冲击力和辐射力，是防止品牌老化的重大课题。

在中国著名品牌排行榜中，一些著名品牌很快就被新的品牌所代替，其生命周期多则十几年，少则一二年，品牌形象老化速度之快令人惊叹。"霞飞"，曾是中国护肤品行业的著名品牌，是中国 20 世纪 80 年代最早的十大驰名商标之一，可因其形象没有及时顺应市场的变化而进行修正，使之在 90 年代战火纷飞、竞争激烈的护肤品市场上，面对打着双倍保湿的"小护士"、快速美白的"玉兰油"、恒久滋润的"梨牌"、深层呵护的"旁氏"、价廉物美的"大宝"以及来势凶猛的国际知名品牌，像诗英依、获花、资生堂、诗曼、欧莱雅等，深感底气不足，后劲欠缺。

"太阳神"——这个取之于中国太阳神和希腊 Apollo 太阳神的美妙传说的名字，配合了一轮太阳从地平线上升起，然后托出一个"沐浴阳光的人"的企业标志，再加上"当太阳升起的时候，我们的爱天长地久"的定位口号，的确给了当时的中国人一个大大的惊喜，使人们眼前一亮，倍感清新靓丽，震撼人心。"太阳神"的形象不仅深入人心，而且也使企业登上了保健品行业的霸主地位。但从 1988 年"太阳神"形象推出已有十年的时间后，我们所看到的、听到的仍旧为旧时的形象、旧时的口号，使人们不觉感到"太阳神"老了，大有明日黄花之感。再如上海名牌奶糖"大白兔"，早在十年前就进入美日市场，然而渐渐地不受欢迎了，从市场上消失了，其根本的原因就是它十年一成不变的老配方、老味道、老包装，无法跟上市场的变化和产品换代的需要，造成了品牌形象的老化。

日本名牌电器的换代速度是很快的。松下几乎年年都请不同类型的青春女孩作为形象代表，以说明它的产品、它的形象永远都是保持幻变着的崭新姿态，这也是其电器在中国市场上立于不败之地的关键之一。

二、定位刻板或延伸适当

品牌的维系如逆水行舟，不进则退。试图维护原有形象，百年不变，就会引致定位刻板；没有很好分析研究市场而进行的延伸，就会造成延伸的失误。这些都是导致品牌形象老化的重要原因。

市场营销学的原理告诉我们，产品形象都有特定的生命周期，如果一味抱残守缺，最终必定会被市场淘汰。被誉为山东酒类"五朵金花"之一的孔府家酒，借着"孔府家酒，叫人想家"的定位在当时无疑是正确的，它使孔府家酒成为全国出口曲酒之冠。但事隔几秋，孔府家酒仍沿用原有的形象定位，而《北京人在纽约》已渐渐被人们所忘记，广告主角也被公众日渐淡忘时，仍一味"叫人想家"或"叫人爱家"就失去了以往的那份温馨，那份思念之感，旧的定位在市场上已过时了，如不加以修正，老化的品牌形象最终会导致企业在竞争中的失利。

全国饮品行业名列前茅的"绿得"八宝粥，它是请英达、宋丹丹和他们的儿子英巴图作的广告"口到福到，绿得八宝粥"，充分体现出家庭幸福，全家欢乐。这个广告曾深得人心，受到喜爱。但在英达、宋丹丹婚变后，"绿得"八宝粥仍以此为广告，不仅让人感到不可思议，而且有损品牌形象。这不能不引起厂家的重视。

纵观世界知名品牌，从可口可乐、柯达到摩托罗拉、万宝路，没有一个是墨守成规，一成不变的。麦当劳的主导产品仅有汉堡包和薯条二大类，但它的形象永远是变化多样、层出不尽、新鲜动人：有摇篮里婴儿对麦当劳的喜爱；有一闻到麦当劳香气就清醒的儿童；有想吃薯条但又被鱼柳包吓跑了的鱼群；还有利用汉堡包捉弄主人的小猫……，这些不断变化的新形象总是能给人们一个又一个的惊喜，让人感到了"开心无价，麦当劳"。又如可口可乐每年的广告形象就多达几十款，让人倍感新鲜与活力。

品牌延伸，是指当品牌确立以后，将品牌运用于其他区域的战略。品牌延伸做得好，可以使品牌群体更加丰满增加品牌的竞争力。而品牌延伸的失误，会削弱主体品牌的定位，损害主体品牌和延伸品牌，引致品牌形象的老化。娃哈哈第一个产品"儿童营养液"就打出了"喝了娃哈哈，吃饭就是香"。这极具劝导性的广告，打动了无数父母的心，明确了其定位的优势，使之一炮打响；第二个产品"娃哈哈果奶"亮出了"妈妈我要喝"，这充满孩童期望的广告，吸引了多少疼爱儿女的家长。鲜明准确的诉求点，使之广为流传，成为成功的品牌形象延伸。如此时"娃哈哈"能抓住机遇，利用品牌个性的优势，大力发展儿童产品，完全有可能建立中国的"娃哈哈"儿童王国,与"迪士尼"抗衡,成为国际知名品牌,振兴中国的民族工业。可随后它的延伸就出现了误区:儿童感冒康宁,让讨厌吃药的儿童们对品牌开始了反感;绿豆沙、八宝粥进入成人市场;"冰糖燕窝——送给你的丈母娘",进入老人市场,已失去了娃哈哈本身的优势,进而影响了主体的品牌形象。接着娃哈哈又推出了白酒、进军房地产。试图尽量扩大延伸范围。但其品牌形象此时不仅已没有了冲击力,而且还让人感到滑稽可笑。青岛啤酒同样也出现过这样的延伸失误。当青啤在香港刚刚上市时,势头十分好。但在青啤宣布要进军香港房地产时,它的股票就出现了急剧的下跌,因为港人看中的是它的啤酒生产,而非房地产经营,他们认为没有必要把钱投资到一个对香港房地产市场不熟悉的企业。由于其延伸的失误,使它的品牌形象就不再准确,不再有冲击力了。而像"凯利",它以只做冷气机的专业性备受消费者欢迎,它的品牌延伸是根据不同地区不同消费者的需求、不同时代公众消费心态的变化而进行。这种恰当的延伸让凯利成为世界冷气机的知名品牌,便是最好的佐证。

显然,品牌老化的原因是多样的,但刻板和延伸失误是最重要的两大原因。

三、用公共关系视界看品牌形象

公共关系的核心是塑造形象,很好地运用公关的原理及手段,可有效地为品牌的形象服务,为其更新铺平道路。

(一)品牌形象建立的核心是公共关系

公共是强调塑造形象的科学和艺术,公关定位是其塑造形象的重要构成部分。它是指在公众心目中确定的品牌形象的特定位置。像日本的五大电器就有各自不同的公关定位:索尼是以高、精、尖为特点,它的产品科技含金量很高;东芝是以包罗万象为特征,从剃须刀到卫星它都生产;松下被誉为"家电之王",它的家电产品就有5万多中;日立引进新技术最快,成为技术改良的先锋;三洋面向中低层消费者,倡导薄利多销。它们各自的公关定位形成了不同的品牌形象、不同的品牌风格和鲜明的个性特征,保持了各自的优势,从而也吸引、形成了固定的消费者群。

由此可见,公关定位的准确与否,直接影响到品牌的形象、公众的选择,进而还波及企业的效益、企业的成败。所以,公关定位决定了品牌形象,品牌形象建立的核心就是公共关系。

(二)品牌形象更新的基础是公众心态

一个品牌形象更新是否成功主要取决于消费者的认同度即公关所讲的公众

对此形象的心态。公众心态是公关研究的重点之一，在市场经济条件下，公众就是市场，公众心态就是消费者对品牌形象的要求。只有符合了公众心态的需求，才能得到公众的认同，才会拥有市场，品牌形象更新也才能为企业带来经济效益。百事可乐以其创新、富有朝气而深受青少年的喜爱，被誉为"百事可乐，新一代的选择"，根据其主体公众——青少年具有富于冒险、敢于开拓、热情开朗、充满幻想、热衷运动等特点，百事可乐进行了一系列的形象更新："鲨鱼"。在电影大白鲨的音乐下，一只鱼鳍划过挤满遮阳伞的海滩，只有在结尾处人们才能看到，拜师可怜的顾客不是一条鲨鱼，而是一个抱着冲浪板的弄潮儿。"外星人"。人们看到一位母亲正在责备女儿喝了太多的百事可乐。跟着女儿来到自己的衣橱边上，告诉躲在里面的外星人，别喝太多的百事可乐。临近"世界杯足球赛"，青年为之狂热，在富有朝气使得香港歌星郭富城的带领下，大家一起"喝百事，看足球。"这一系列的形象更新因其符合公众心态的需要，诉求点准确，使百事可乐给人们留下的形象越来越深刻。品牌形象的更新必须根据公众的心态，根据他们不断变换的口味，如得不到公众的认同，就会失去其更新的意义，甚至会把品牌形象引入误区，因此，适合公众心态是品牌形象更新的基础。

（三）品牌形象发展的动力是主体理念

日本著名学者矢野军介说："在日本，几乎所有的企业自创办以来，都有其自身始终一贯的、明确的经营思想"。松下公司所确定的理念为：通过生产、再生产，是那些即使很有价值的生活物资变得像自来水那样丰富、廉价，能无穷无尽地提供机会，消除贫困，使人间变成乐园，正是这种理念推动了松下公司品牌形象的发展，他们不断更新形象，挖掘产品，降低生产成本，使松下公司成为日本最大的综合电子技术和电器生产厂家之一，成为举世瞩目的国际一流名牌企业。

"一切美好从今日开始"是广大今日集团的主体理念，这个理念引导了今日人立志于阳光下的事业——为孩子们生产、开发各种不同的儿童饮品，以他们的健康为己任，以他们的快乐为回报，以此发展了自己独特的品牌形象。海尔集团的主体理念是"真诚到永远"，这成为企业品牌形象发展的准绳和动力，从送货上门、免费安装、及时维修到跟踪服务、"星级服务"，其主体理念时时刻刻都在启发、诱导员工适时修正自己的言行、态度、以达到与之相一致。主体理念已成为一种内在的制约手段和推动力，深入到企业员工的言行之中，并发展和创新了新的品牌形象。

良好的主体理念是品牌形象发展的原动力，是形成正确的品牌形象延伸的关键，也是品牌成为名牌的必由之路。

（四）品牌形象成功的关键是有效的传播

现代社会已进入到酒香也怕巷子深的时代,在繁多的信息、众多的品牌之中,不采用有效的传播手段,消费者就很难对某一品牌形象有较清晰的认知,没有了消费者的认同,品牌的形象也就谈不上成功了。日本的企业就十分善于利用有效传播手段进行宣传。"车到山前必有路,有路就有丰田车"的巨幅广告牌,就曾竖立在北京机场,在广州火车站、曼谷豪华饭店前、汉堡闹市区、中东沙漠一带、太平洋的小岛上,都有日本公司的巨幅广告和霓虹灯。雀巢公司在其咖啡进入中国的头三年就开始了在神州大地狂轰滥炸式的宣传,树立自己的品牌形象,赢得中国消费者的认同。当雀巢咖啡真正踏入华夏之地时,立刻就掀起了一股抢购热潮。使之至今仍然是中国咖啡市场上销量最高的品牌之一。有人曾说饮料时 99 & 的宣传+1% 的水,这种说法过于偏激了些,但也说明了有效的传播在树立品牌形象中的重要作用。健力宝在还没有生产出产品时就进行大量宣传,梳理其品牌形象,成功的品牌形象使之成为中国女排的制定饮料。随着中国女排的"三连冠""五连冠","东方魔水"——健力宝名扬世界。年年赞助体育项目,让健力宝出尽了风头。成功的品牌形象也使其在商战中立于不败之地。

作者：薛可

原载《公关世界》,1998 年第 9 期

论品牌的形象创新

品牌形象创新是指对品牌形象所包含内涵和外延的创新。它是品牌创新中对消费者最直接的影响部分,也是消费者对品牌追随的根本所在。纵观世界各著名品牌,无一例外地都在不断地进行着品牌的形象创新,以确保自身的领导地位和消费者的品牌忠诚度。因此品牌形象创新一直是品牌创新中最为引人注目的方面。

一、品牌的内涵创新

品牌的内涵创新是指修正或挖掘品牌定位和文化价值,使之保持适合市场的需求,并不断升华。其包括了品牌的定位创新和品牌的文化创新。

(一) 品牌的定位创新

如果一个品牌定位下的产品属性不能适应市场,或者品牌最初的定位就是不完全正确的,或者目标市场选择原本就存在着失误,都需要更新其属性,并使之获得新生。

日本尼西索公司在第二次世界大战结束时是生产雨衣、游泳帽、卫生带、尿垫等多种产品,品种杂多,缺乏定位,生产经营极不稳定。战后的经济恢复和发展为企业的发展奠定了契机。他们经过调查决定改变原有的不适应市场发展的定位,转向"尿垫大王"上,摒弃一切与尿垫无关的产品,最后靠成功的定位创新占得了日本 70% 以上的婴儿尿布市场,成为名副其实的"尿垫大王"。独无偶有,中国的娃哈哈集团也在品牌的定位创新中成长起来。娃哈哈最早定位是在儿童营养品上的,由此生产了儿童营养液、果奶、酸奶等产品,并广受欢迎,成为中国儿童营养品的知名品牌。随着市场的变化、企业的发展,他们决定对于定位进行创新,使之定位转向"中国饮品大王"上,由此生产了茶饮料、水饮料系列。这一创新不仅使其扩大了市场份额,同时也提高了品牌的知名度,为其最终目标的达到打下了基础。

可见,在当今产品、信息、传播都先进的时代,必须依靠定位准确才能创造知名品牌,否则肯定难逃厄运。因此,对不妥的品牌定位进行创新已是是在必行了。

（二）文化创新

品牌的文化是品牌资产价值的基石，而品牌文化的内涵需要随人们观念的改变而不断地调整、修正，以创造出最能体现企业精神，最能征服消费者的品牌文化。虽然对品牌文化内涵的丰富、补充是一个十分艰辛的过程，但文化的升级带给企业的效益，犹如人们刚刚发现原子弹的威力一样，是不可想象的。文化的升级带给消费者的惊喜犹如久旱的大地喜逢甘露一般，是无限的。因此，重视文化理念的丰富是品牌文化更新的基础。

康佳集团也是因其不断更新的品牌理念文化使企业不断有新的活力产生，使企业不停地向前发展的。80年代初，康佳提出了"爱厂爱国、遵纪守法、团结协作、好学上进"的企业理念，强调团队精神和奉献精神。这激励了康佳人在早期的市场竞争中求生存、求发展。随着改革开放的深入，1986年康佳对其理念进行了更新，提出了"质量第一、信誉为本；团结开拓、求实创新；员工至亲、客户至尊"的理念文化，充分表现了强烈的市场观和人的主体性，使员工在各种企业活动中受到了尊重，找到了友爱，增强了员工的归宿感，调动了员工的积极性、创造性，为企业发展找到了内在驱动力，使康佳集团进入了第一次腾飞期。到了1995年，为了在激烈的市场战中获胜，康佳再次更新了其理念："康乐人，佳品纷呈"，即为消费者创造健康快乐的生活，不断奉献优秀的产品与服务。它体现了企业文化就是管理文化，是为企业、员工服务的。这种将个人价值的实现与企业的发展、社会的进步相统一的理念，反映了企业由生产型向经营型转变的新特质。康佳经过不断更新而形成的适应社会需要的新理念，培养了现代康佳人"爱国家、爱康佳"的康佳精神；树立了"我为你、你为他、人人为康佳、康佳为国家"的康佳风格；营造了"情感留人、待遇留人、事业留人"的康佳环境，为康佳集团成为中国彩电行业的龙头起到了巨大的推动作用，为康佳集团的国际化奠定了良好的发展基础。

品牌文化的不断丰富、发展为品牌的创新提供了肥沃的土壤，也打下了良好的基础。只有在这种良好的条件下，品牌的创新才有保障，品牌的创新才会不断升级，才能为企业的长盛不衰提供文化的支撑。

二、品牌形象外延的创新

品牌形象外延的创新是指品牌的名称、标志、包装等方面进行创新，它是品牌创新最直接的体现，是对消费者视觉冲击、影响最大的方面，也是"瞬间消费"的重要决定因素。

（一）品牌名称创新

品牌名称对品牌在消费者心目中的印象影响很大，因此，在品牌设计中要求品牌名称要简洁、上口、易记、符合风俗习惯等。但是，若在最初的品牌设计中考虑不周，没能兼顾设计品名的各有关影响因素，致使品牌名称不利于品牌传播，那就应该对此予以更换新名。及时更新品牌名称是品牌运营实践中非常重要的阶段性调整工作。

TRIO 是与山水、先锋（Pioneer）并称的三大音响之一。后来因跟不上市场发展的脚步而一落千丈。尽管经营业绩不佳的原因是多方面的，但是，与品牌名称设计不无联系。TRIO 这一名称作为音响的品名，虽然比较简洁但却存有明显的缺憾，主要表现在它的发音节奏性明显不强，从 TR 到有头重脚轻之感，达不到朗朗上口。进入 20 世纪 80 年代，公司决定将其改成 KENWOOD（健五）。KEN 与英文 CAN（能够）谐音，WOOD（茂盛森林）又有短促音的和谐感，两者组合起来，读音响亮、节奏感强、朗朗上口，可为上乘之作。更改品牌名称也遇到了一些阻力，以至于不得不使用折中方案：KENWOOD 只限于汽车音响和新产品，其他音响制品仍沿用 TRIO。实际投入使用之后发现，KENWOOD 产品得到广泛认同，TRIO 因此在 3 年之后销声匿迹，KENWOOD 得以在所有产品上推广。可见，品牌名称是否更新大不一样。

同时，更新品牌名称，不仅包括品牌名称字符本身的变更，也包括品牌名称字符不变而赋予新解的品牌名称更新。"TCL"原始的意思很简单，就是电话通信有限公司（Telephone Communication Limited）的英文缩写。这个英文缩写的品牌简洁明快，易于辨识，朗朗上口，易于记忆，并符合国际规范，不受汉字文化的限制，易于通行世界。如今的"TCL"已成为电话、电视和移动电话市场上富有竞争力的品牌，其企业也成为我国电子行业新崛起的一颗明星。"TCL"人不满足自己已取得的业绩，又为自己树立了新的攀登目标，并将其蕴涵在品牌中，使"TCL"有了新释义：Today China Lion（今日中国雄狮）。于是，"TCL"这三个字母，重新演化成给人以东方睡狮如今猛醒，大有怒吼震天，威猛凛凛的形象意蕴。

（二）品牌标志更新

品牌标准作为品牌的重要组成部分，它直接关系到品牌传播的效果。事实上，品牌的易辨性、易记性主要体现在品牌标志上。简洁醒目的品牌标志（如奔驰的三叉星圆环、麦当劳的金黄色"M"等）有利于进入消费者视线，有利于印刻在消费者记忆中。但是，并不是所有的企业的品牌标志都能有如此效果。若经过一段时间的使用，发现品牌标志未能达到简洁醒目、留存消费者记忆中这种程度或者未能体现企业的经营理念，则需及时予以更新。和路雪公司一贯珍视自身品牌形象,以最大程度的满足消费者需求为经营宗旨,不断创新,不断追求品牌定位与目标市场完善的结合。公司通过对全球范围消费者的市场调查得出,尽管存活于市场几十年的和路雪旧品标(红条衬下的蓝色 Wall's)已享有较高的品牌知名度,为广大消费者所认识,但因其缺乏人情味、过于冷漠而显得不合时尚,不足以恰如其分地反映出企业与消费者日益紧密默契的关系,于是决定放弃旧品牌标志。1999 年,在全球范围内推出精心设计的、更富有内涵的红黄搭配的"双心"新品标。红黄相间的暖色调给人以温暖、亲切的感觉,使消费者感到:吃进去的冰淇淋是冷的,但心里却是热的;双心则体现了企业与消费者的心心相通,体现了企业对消费者的关爱。总之,新品标比原有的品标更富有现代气息,并能体现轻松自然、珍爱生活、快乐共享的品牌理念。可以说,"和路雪"为我们的生活添了"心"景。正是这种"心"的沟通,使消费者进一步地加深了对"和路雪"的认知与了解,与从中体会到"和路雪"公司对消费者的关爱,从而为"和路雪"更好地赢得顾客奠定了宣传基础。

(三) 品牌包装更新

品牌包装的及时更新也是品牌运营实践中提高品牌竞争力的富有成效之举。因为,新包装下的产品数量以及包装本身的视觉形象的改变都是影响消费者需求的重要因素。还需补充说明的是,品牌传播的直接载体——品牌名称和品牌标志的更新一般都涉及品牌包装更新。可见,对品牌资产价值运营而言,品牌包装更新更具有重大现实意义。新包装材料的应用,如真空包装、蒸煮袋包装,可以通过塑造崭新的包装形象改变品牌原有的形象;绿色包装的投入使用,会让人联想到健康、安全、无公害的品牌形象。

世界著名的"Pepsi"(百事可乐)就曾几次借助包装更新手段改变、强化其品牌形象,进而提升并巩固了市场地位。在 20 世纪二三十年代,百事可乐就改用 12 盎司的包装瓶装进行销售,这种品牌包装更新策略,在"百事可乐,忠实伴侣,数量加一倍,价格仍 5 分"广告的支持下,收到了非常好销售效果,1936 年盈利 200 万元,1937 年再赚 420 万元。进入 90 年代中期,百事可乐为了再次挑战市场领先者"红色"的可口可乐,决定 1996 年放弃代表百事可乐公司视觉形象的红、白、蓝三色包装色调,而改换包装颜色:统一换成"蓝色"。1996 年 4 月,百事可乐公司在英国南部的盖特威克机场把一架超音速协和式喷气客机整个漆成蓝色的百事可乐(Pepsi)标志。以此为始,百事可乐公司将在海外 20 多个国家中的百事可乐运货车、冷藏车和瓶罐等均统一换成蓝色。到目前为止,这场"蓝色风暴"已席卷百事可乐的故乡——美国,也席卷了整个世界。为了使这次蓝色包装策略收到佳效,百事可乐公司决定展开强大、宣传优势,甚至想将一面蓝色的百事可乐挂上俄罗斯"和平"空间站。百事可乐这次统一换成"蓝色"新包装活动，以工业蓝冲击饮品业，突出了百事可乐敢于创新、冒险的理念，也进一步加深了消费者对百事可乐的视觉识别，为冲破长期以来"红色"（可口可乐）对消费者视觉、心智的包围奠定了十分重要的基础，同时也成为百事可乐与可口可乐抗衡的重要元素之一。

由此可见，品牌形象不是固定不变的，它需要不断的、只有起点而没有终点的螺旋上升的创新才能永保品牌的青春，才能使品牌扎根于消费者的心目中。

作者：薛可
原载《公共世界》，2003 年第 9 期

社会责任：品牌理念的题中之意

在商业经济对社会的影响越来越大的今天，企业的社会责任也成为人们关注的热门课题：如何合理地运用有限的资源中创造出最大的利润？如何在追求最大效益的基础上又能很好地保护环境？如何做到取之于民，用之于民？一个个有关企业社会责任的课题刻不容缓地摆到了企业发展，品牌扩展的战略之中，可以毫无疑问地说，社会责任已成为当今企业发展品牌的重要理念了。

企业的社会责任（corporate social responsibility）是指企业在从事经济活动中要以道德、法律为准绳，在对相关利益者负责的基础上，努力将社会及环境方面的因素融为一体。企业的社会责任在品牌竞争日趋白热化的今天，已变成了现代企业进入规范化、国际化的入场券。企业的社会责任更多是通过品牌的理念表现出来的，它对于品牌理念的影响主要可从以下三个方面来分析。

一、社会责任在品牌理念中的发展历程

社会责任作为一种理念，一种思想，一种价值观对于企业，对于品牌来讲不是与生俱有的，它是随着社会的发展、经济作用的扩大以及公民意识的增强而逐步形成的。我们以中国企业品牌理念的发展历程来加以说明。

中国企业品牌理念的发展主要经历了以下三个阶段。

（一）第一阶段：生存发展——以企业赢利为品牌理念的核心

20世纪80年代末到90年代中期。这是品牌发展的初始阶段，在这段时期，企业刚刚起步，尚未摆脱生存的生死线，需要进行大量的原始资本积累来维系、扩大、发展企业。因此，企业的理念在这一阶段多表现为激励斗志，团结向上或艰苦奋斗，勤俭节约等。像"厂兴我荣，厂衰我耻"、"爱厂如家"、"团结奋斗、艰苦创业"等理念在当时可谓兴旺一时，康佳集团在成立之初就是以"爱厂爱国，遵纪守法，团结协作，好学上进"为其理念来激发员工的斗志，鼓励大家共同努力，开创新世纪。因此，这阶段品牌的理念中基本上没有涉及社会责任这个部分。

（二）第二阶段：综合发展阶段——以企业的可持续发展为品牌理念的核心

90 年代中期到 90 年代末期。企业在度过了起步阶段后，开始进入平稳的发展时期。在这一阶段，大多先起步的企业已解决了生存和原始积累等基本需求的问题，根据马斯诺的基本需求理论，企业开始考虑高一层次的资本经营、综合发展，整合资源，打造新的价值链等课题，以满足现阶段企业的快速递增发展的需要。与之相适，品牌的理念也就自然而然地随之改变了。这个阶段的理念较多地表现为挑战未来，科技领先等，像这个时期杉杉就以"立马沧海，挑战未来"为其理念来表现出它不断扩张的气派；雅戈尔则以"装点人生，还看今朝"来作为其打造中国服装第一品牌的品牌理念。可以说，在这阶段，企业已开始有了社会责任的意识，但仅处于萌芽时期，像长虹"以产业抱国，民族昌盛为己任"；长安汽车"点燃强国动力，承载富民希望"把社会责任写入企业理念之中的还不多。

（三）第三阶段：可持续发展阶段——以企业承担社会责任为品牌理念的核心

21 世纪至今。在这个阶段企业已进入了良性优质的发展时期，企业更多地把注意力放在了关注人本哲学，关爱社会生活，关心社会公益，强调回馈社会上面，利润已不再是企业家的第一追求了。企业更多地谋求的是在对社会担负起责任的同时获得可持续的发展。所以企业的社会责任开始越来越多地出现在了理念上，成为品牌理念的题中之意，指导着品牌的发展方向。像中集集团的"国强民富、共同发展"；五叶神的"做世界上最好的低害卷烟"；红塔集团的"山高人为峰"；宛西制药的"员工创造机遇，为社会创造财富，为人类创造健康"；华立集团的"增进社会福祉、实现人生价值"等品牌理念都充分体现出了企业承担社会责任人文主义思想。可以说，在这一阶段，企业的社会责任已成为企业和社会共同关注的热门话题，把社会责任写进品牌的理念，对企业的行为起到指导、规范作用已是时势所趋了。

由此可见，企业的社会责任是随着社会经济的发展一步步走进品牌的理念，成为现今主宰品牌理念的重要元素。如图 1 所示。

二、以社会责任来提升企业品牌理念的品位

企业的品牌理念是指企业价值、企业哲学、企业精神等的综合体现，它作为企业发展的最终指导决定着企业前进的方向，起到凝聚思想，规范行为，扩大宣传，提升形象，引导公司成就宏图大业的作用。有什么样的理念就有什么样的企

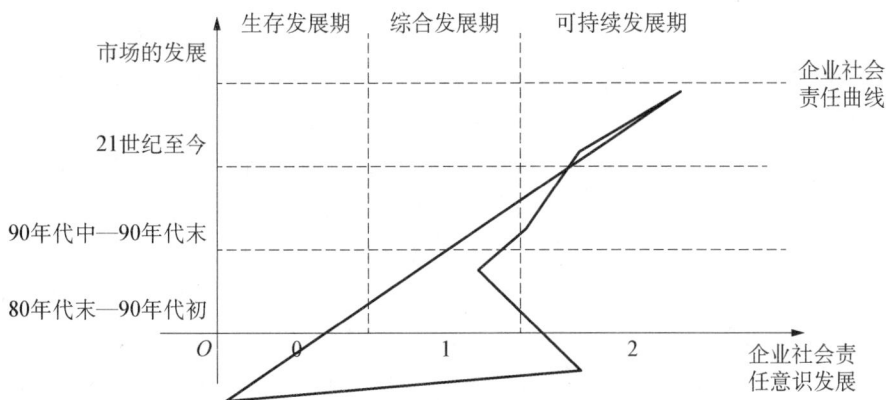

图 1　社会责任在品牌理念中的发展历程

业。理念的定位高低，直接影响着企业发展的前程。

　　企业作为社会的公民，应该也必须遵守社会的道德、法律规范，根据消费者期望值理论，只有企业公民做到，或超出了公众所期待的企业伦理时，公众才回报以消费购买的回报。正如松下幸之助所说：所谓利润就是企业对社会的承诺得到兑现后社会对你的回报。因此，要完成这一目标，就必须用社会责任来提升指导品牌战略的理念，以高品位的理念引导出高素质的企业好公民。

　　企业之所以与社会密不可分，主要有以下几个方面的原因。

（一）企业的生存与社会环境紧密相关，关注社会责任方可持续发展

　　马克思曾说过人除了自然人外，还是社会人，企业也一样。任何一个企业都不可能脱离社会而存在，它的存在、发展甚至衰亡都是与社会是息息相关的。因此对于社会、环境等一切赖以生存的条件都必须高度的重视。根据"边际报酬递减"的规律，由于支撑快速经济发展的高密度社会资源、能源的开发，必然会对人类赖以生存的环境造成了极大的危害，同时社会资源、能源是有限的，掠夺性、破坏性发展必定导致社会的抵制与仇恨，使企业丧失存在的社会基础，最终水可载舟，亦可覆舟。大名鼎鼎的杜邦公司是以军用弹药起家的，虽然当时财力雄厚，可声誉很差，公众认为他们是靠杀人积累起原始资本的，所以看见杜邦的工厂着火不仅仅不救，还在一旁拍手称好。就连杜邦家族与总统联姻时，总统也是礼节性地到场，匆匆离开。一个没有公众支持的企业是做不强，做不大的。杜邦看到了这点，他们把品牌的核心理念改定为"安全、健康、环保"，还把发展的主业转向化工、农业、石油、煤炭、建筑、电子等行业，大力致力于社会公益事业，像 1994 年花了两年的时间用废水回收处理概念把德州的杜邦维多利亚厂边的一大片正在不断萎缩的湿地变成有 150 多种花鸟栖息、水质连最挑剔的蓝色的蜻蜓都可以

在此迅速繁殖美丽园区。在这里以回收再生材料制成了桌椅、人行道及码头，这既修复了环境，又造福了公众，自然得到了人们的称叹。正是由于杜邦长期以来在"安全、健康、环保"的理念指导下，不断致力于像从玉米中制造石化原料这样的环保产品的开发，积极投资参与全球的各种环境保护活动，改变了企业在公众心目中原有的形象，把关注社会责任，重视企业伦理的新形象植根在公众的脑海，赢得到了社会和公众的认同，使企业也一直占据全球 500 强的前列。

人与自然是不可分的，企业与社会也是一脉相承的，过度的滥用资源，只会危及社会，危及人类，君不见黄河之涛不再汹涌奔流，长江之水不再清澈，企业如果连生存的空间都没有了，还谈什么发展？还谈什么扩张？所以，企业必须以社会为己任，方才可达到持续发展的境界，才可能从此使企业永存，山川长绿，让地球资源与人文价值共同得以永续。

（二）企业家有着更高的社会追求，事业本身胜过金钱要求

企业家在完成原始积累，甚至达到中产、富豪阶层以后，对金钱的需求已非第一位，像李嘉诚为中国的教育捐款 76 亿港元，他所追求的便是社会奉献与社会责任。他认为相信帮助他人对社会有所贡献，是每一个人必要的承担，世上每一个人都有义务去维护人类的尊严。一个有使命感的企业家，在捍卫企业利益的同时，更应重视以努力正直合理的途径谋取良好的成就，正直合理赚钱是最好。

企业家是企业性格的外化，有什么样的企业家就有什么样的企业。越来越多的实践证明，在现代企业的竞争中，企业家的社会责任意识是直接影响着企业的发展方向，一些已做大、做强的知名企业家热衷公益事业，不失时机地回馈社会，是因为他们意识到企业家的职能是不仅是要在尊重规则的前提下创造财富，还应取之于民，用之于民，才能使社会真正走向富裕。浙江传化集团总裁徐冠巨就提出"财富的集聚就是社会责任的集聚"。

正因为企业家们的"天下兴亡，公民有责"社会责任感和为社会多作贡献的理念，使越来越多的企业投入到了做社会好公民的行业。2005 年 4 月 26 日由民政部下属的中国社会工作协会及《公益时报》等机构共同编制发布了"2005 年中国大陆十大慈善家"（见表 1）。

表 1　2005 年中国大陆十大慈善家

排名	姓名	捐款额（万元）	捐赠方向
1	黄如论	9 571.5	教育、公共建设、文化事业
2	余彭年	7 500	健康医疗
3	翟美卿	6 460	扶贫、教育、科普

（续表）

排名	姓名	捐款额（万元）	捐赠方向
4	李金元	3 401	健康、公共建设
5	王端瑞	3 110	教育
6	彭磷基	3 000	扶贫
7	王秋扬	3 000	教育
8	马国湘	2 000	教育
9	许家印	1 963	扶贫、救灾、公共服务、教育
10	李春元	1 752.5	公共建设、老年福利

（资料来源：http://finance.sina.com.）

这些企业慈善家已把对社会的贡献看得高于自己赢利了。慈善榜上最年长的企业家余彭年就宣布把自己汇聚在香港、台湾及海外的所有投资，倾心投资一座 18 亿元、楼高 58 层的五星级酒店"彭年广场"的"全部利润永久性地捐给社会，70 年不变！"并且在"百年后将捐献全部财产"给社会。

（三）企业人才越来越多元化、多样化，必须用社会责任来整合团队

21 世纪是世界越来越小，变化越来越大的世纪，企业开始走向规模化、国际化，企业需要的人才也呈现出多元化、多样化的特点，企业对于人性的思考上升到一个新的理论高度，因为高薪留人总有人用更高的薪水来挖人，企业必须要用一种新的人本思想来凝聚人心，社会责任的灌输无疑是最好的方法之一。

"企业的社会责任"这个理念在 1924 年由美国的谢尔顿最早提出开始就一直强调经营者为企业的"利益相关者"（stakeholders）负责，而不仅仅是对股东（stockholders）一方利益负责，所以对于员工的重视，充分挖掘他们的潜力，为他们提供各种有利的发展平台，也是企业社会责任的重要组成部分。

当代经济的发展也越来越表明，物质资本对公司的发展作用日益减弱，人力资本，尤其是掌握各种复杂的专门知识的人力资本更能决定公司的兴旺发达，公司员工所拥有的高素质的劳动比物质资本更为稀缺。对于各种人才的运用与管理是现代企业管理的重要课题。像世界上一些发展较好的企业，如通用公司，海尔公司，它们就十分重视在七月与员工之间建立良好的关系，为它们提供优秀的个性化管理，让更多的员工参与到企业的管理中来，让他们感受到人性的关怀与尊重。被誉为世界汽车发展史上神话的"本田技研"能有如此辉煌的成就与它人性的管理是分不开的。本田的理念"买的喜悦、卖得喜悦、做得喜悦"就充分体现出了人性的尊重，本天的创始人本天宗一郎就告诫员工不要考虑向公司宣誓忠诚，而是要为自己工作；不要为企业而牺牲自己，要为自己的幸福而奋斗，因为员

工与经营者不同，经营者要把企业的生死存亡当头等大事，而人员工是应为自己的幸福而工作，不是以自己的牺牲作为企业发展的代价。个人的幸福都没有了，还谈什么人生？什么贡献？所以在本田人员安排、调动实行的是"自我申请制"；公司不讲"会社主义"，而讲"个人主义"；个人可随时提出研究课题，一经论证采纳，就以提出者为中心成立攻关小组，不会再分派高一层领导牵头；公司还大力推行全员合理化建议制度、建立"新设想工作室"、"异想天开"展览会等，鼓励创新，实施人人平等、所有员工都是经营者的管理方式。这一富有社会责任感的人性化管理使本田成为日本汽车强势品牌中唯一没有劳资矛盾的企业，也打造出了一个又一个的"本田神化。"

（四）只有关注社会责任的企业才是安全的，才会有广泛的社会基础

1984 年管理学者 Freeman 在他的著作《战略管理：利益相关者分析方法》里，第一次把利益相关者分析引进管理学中，并把利益相关者定义为影响企业的经营活动或受企业经营活动影响的个人或团体。同时指出任何一个健康的企业必然要与外部环境的各个利益相关者之间建立一种良好的关系，才能达到一种双赢的结果。彼得·德鲁克也曾提出：任何一个组织都不只是为了自身，而是为了社会存在，公司也不例外。公司不仅是股东争取利润的工具，更应该成为为其他社会利益者服务的工具，因为企业利益相关者的利益最大化才是现代企业的经营目的，股东价值最大化并不等于企业创造的社会财富最大化。日本学者大隅健一郎同样指出无论是在理念上还是在现实上，股份公司都是股东利益、公司债权人利益、社会公共利益等各种利益的交错的混合体。所以，企业要想保持可持续发展的势头，就必须要考虑到公众的利益，社会的责任。

虽然企业是以营利为目的的，为了公司自身的利益，必须追求经济利益，但我们也必须看到企业作为一个社会上的人，它占有和处置了社会上大部分的资源，也必须承担相应的社会责任，例如环境保护、社会经济稳定等方面责任。如果像美国学者萨克斯写到那样不考虑这些毫无利润的人们普遍的消费愿望，把"像清洁的大气和水这样的共有财产资源已经成为企业的垃圾场"，社会和公众必然会奋起捍卫自己的权利与利益，因为市场经济是由市场来决定的，而市场的主宰就在公众手中。

更何况随着社会资讯的丰富，媒体的影响力越来越大，一夜之间可以成就一个品牌，同样也可以毁掉一个品牌。安达信是世界五大会计师事务所之一，因为假账事件，一夜之间在全球崩溃；南京冠生园陈馅月饼事件，甚至使全国 12 家毫不相干的其他冠生园也蒙受冤屈；光明乳业子公司郑州光明山盟乳业有限公司用回炉奶再加工的"光明回奶事件"，同样使其他的光明乳业公司深受其害。种种事实表明，谁无视公众利益，无视企业的社会责任，必将受到公众的唾弃，受到

市场的惩罚。只有有着崇高社会责任的企业才不会做出足以毁灭企业的事件。即使犯了错，只要勇于面对公众，敢于道歉，也不至于全军覆没。今年3月肯德基的苏丹红事件，使全国1000多家肯德基陷入困境，但由于肯德基十多年在中国的热心公益的形象深入人心，在青少年教育方面及社会公益方面的捐款就高达近亿元人民币，帮助大量的聋哑弱智儿童、贫困地区的失学儿童以及需要帮助的大学生和教育工作者，所以在中国百胜餐饮集团发表公开声明宣布，就肯德基的产品问题向消费者道歉并表示将承担相应法律责任并进行赔偿后，仅2周的时间就全面恢复了形象，可见，只有关注社会责任的企业才是安全的。因为只有它才会有广泛的社会基础。

三、企业品牌理念中社会责任的层面

企业的社会责任表现方式各有不同，我们把企业品牌理念中的社会责任分为三个层面（见图2）。

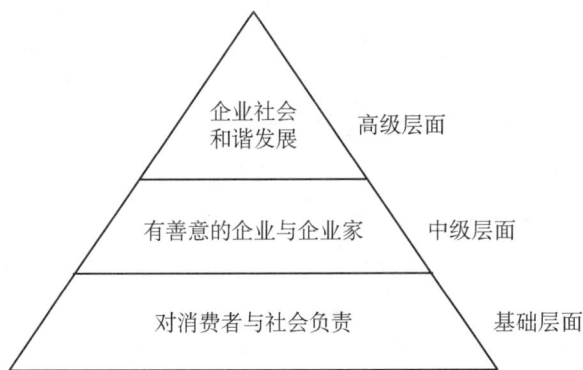

图2　企业品牌理念中的社会责任图

（一）基础层面

以遵循社会公德，诚信经营，对消费者与社会负责为主要内容。在这个层面，企业多为处于发展的初期，企业更多地追求的是资金的积累，企业的社会责任也仅在企业家心中萌芽或稍有成长，品牌理念则多以诚信的概念来表现，以此作为企业的经营的指导，体现出对企业对社会责任的重视。如海尔就曾以"真诚到永远"来表达企业坚持对社会承诺的责任，对诚信经营的遵守以及企业愿用自己的真诚换取社会的信任的决心。"真诚到永远"的理念成就了海尔的今天，为其辉煌成就的取得奠定了良好的基石。可以说，基础层面的社会责任是所有企业遵守社会公德，维护社会规范最基本的部分，是每一个企业必须要遵循的企业伦理。否则，企业将会受到社会的谴责，市场的惩罚，甚至会让企业陷入破产的危机。

（二）中级层面

倡导有条件地回报社会，积极参与社会公益事业，在做好事中扬名，成为有善意的企业与企业家。在这个层面，企业多处于高速发展期，已有一定的资金积累，企业家对社会责任的意识也更加重视，引导企业行为的理念就随之开始更多地关注对社会的回报，把此作为企业努力的重要目标。像山东大陆集团"展示人生，奉献社会"；三株药业集团"来源于社会，奉献于社会"；泛海集团"创造最大财富，推动社会进步"；卓达集团"追求卓越，德达天下"；天狮集团"健康人类，造福社会"；南京中脉集团"共享健康，分享快乐"等都是把对社会的贡献作为企业发展的方向，以对社会的贡献来换取企业进步。在这样的理念指导下，不仅推动了企业在发展，同样培养出了一大批关心社会的企业与企业家。像 2000 年从负债 1 688 万元状况起步的南京中脉科技集团，到 2003 年就实现营业额 12 亿元，上缴税金 1.6 亿元，实现利润 1.5 亿元，成为中国纳税排行榜第九名、江苏民营企业第一名。"中脉"品牌还被世界品牌实验室评为"中国 500 最具价值品牌"。在短短的 4 年时间里能有如此的飞速发展是同市场的厚爱分不开的，而这种厚爱是与企业积极参加社会公益事业，在做好事中扬名分不开的。从公司成立以来，中脉集团先后吸纳了 300 多名残疾人，并授技就业；安排了下岗职工、待业大学生 18 000 人就业；投入 2 000 多万元用于敬老、环保等公益事业。对社会责任的承担，使中脉科技受到社会了的爱戴，2004 年董事局主席兼首席执行官被第十六届联合国"国际科学和平"活动组委会授予"和平使者"的称号；中脉科技集团也荣获"联合国国际科学与和平周"最高荣誉奖；2005 年王尤山又被授予"中国公益事业十大爱心大使"荣誉称号。这些荣誉对企业的发展又起到了良性的互动作用。

（三）高级层面

强调企业与社会的和谐共生发展，倡导以人为本，在企业理念中突出员工、顾客、股东的价值链优化，将企业变成社会大系统优质组成部分，与社会共同进步。在这个层面，企业已达到一定的规模，资金雄厚，生产经营良性运行。此时对社会责任的承担已成为企业家追求的最大梦想，因此企业从理念到行为也都转向以社会利益为重心，大力开发天然的无公害的产品，不断研制可循环使用的再生能源；热情参与社会的一切公益活动，全力保护地球上所有的资源；积极创造张扬个性、和谐发展的企业团队，让所有的员工都能感受到把工作当娱乐的快乐；为顾客生产出超过其期望值的最佳产品，为股东带去满足其最大愿望的利润,在全球力争"世界好公民",为人类创造出"人·自然·社会"的和谐发展尽心尽力。

地球是我们的,资源是有限,要完成"经济发展·环境保护·社会进步"的人类共同理想,还需要我们的企业与企业家把社会的责任写进理念,牢记在心里,付之于行动中,融化在血液里。只要那样,我们的社会才会和谐,我们的明天才会灿烂。

作者：薛可、余明阳
原载《新闻界》,2006 年第 2 期

媒介融合背景下电视剧中的品牌
接触点体系重构研究

著名企业家詹·卡尔森在 1981 年进入北欧航空公司担任总裁的时候,该公司已连续亏损多年,卡尔森创造了"关键时刻"这一词语,并通过一系列的管理手段,让关键时刻成为客人满意而难忘的时刻[①];接触点(contact point)指的是"品牌与消费者产生信息接触的地方,即运送营销信息的载体"[②]。随着 21 世纪初,"公关第一、广告第二"[③]格局的逐步明朗化,品牌接触点的概念在实践与理论层面都得到了发展,有关"品牌接触点"的整合研究逐渐趋热:唐·舒尔茨(2002)认为,接触点管理的核心,就是要建立全方位的接触点传播网络,使消费者在消费过程中有更多机会与这些接触点发生接触,并让这些接触点产生有利于企业形象的效果,最终在购买决策过程中发挥关键作用[④]。从电视剧中的植入广告、插播广告、冠名剧场,电视中的各类品牌接触点种类丰富、备受关注;同时,随着信息技术的迅猛发展,电视剧的传播模式更加多样、电视剧中品牌的演绎形式更加多变。而整体上,对于媒介融合背景下电视剧中品牌接触点的系统研究较少,本研究拟对此进行探索。

一、媒介融合背景下电视剧中品牌接触点研究的环境分析

(一) 电视剧产业的 PEST 分析

第一,电视剧产业的政治法律环境方面,一方面宏观政策上积极推动文化产业的发展,另一方面,通过限广令等具体管理办法规范行业管理、促进行业的健康发展。首先,国务院在继 2009 年 7 月发布《文化产业振兴规划》之后,2010 年10 月第十七届五中全会再次要求推动文化产业成为国民经济支柱性产业,2012年党的十八大更是提出扎实推进社会主义文化强国建设,增强全民族文化创造活力。其次,国家广播电影电视总局令(第 66 号)自 2012 年 1 月 1 日起施行,其中包括"播出电视剧时,不得在每集(以四十五分钟计)中间以任何形式插播广

---

① 詹·卡尔森,关键时刻[M].韩卉,译.北京:中国人民大学出版社,2006,105.

② 许颖.接触点管理模式及其传播学透视[J].国际新闻界,2005,(02):32 - 37.

③ ³彭旭知.公关第一,广告第二[J].广告大观:综合版,2010,(09).

④ 唐·舒尔茨.整合营销传播[M].北京:中国物价出版社,2002,8.

告",以规范电视剧行业长期的、健康的发展。

第二,电视剧产业的经济环境方面,大环境经济增速放缓,同时,限广令的颁布令电视台预期损失严重。自 2011 年一季度以来,我国经济增速已经连续七个季度下降。而作为国民经济晴雨表的广告业,灵敏地反映了基本的经济趋势。根据 CTR 媒介智讯最新发布的《2012 年前三季度中国传统广告市场回顾》分析报告,传统媒体的广告刊例花费同比增长 4.4%,不及去年同期增幅的 1/3,并创下最近五年来新低。[1] 此外,电视剧广告一直是各大卫视的香饽饽,而限广令下各卫视损失惨重:央视 2012 年黄金资源广告招标中,电视剧插播广告涨幅突出,"黄金档第一集电视剧中插广告"一项售价 3.958 1 亿元,比标底价平均溢价57%,同比 2011 年平均涨幅达 27%,据悉,湖南、安徽、江苏、浙江、深圳、东方六大卫视 2012 年电视剧采购投入预计超 30 亿元,而电视剧的广告收入是各大卫视关注的焦点。

第三,电视剧产业的社会文化环境方面,电视剧依然是人们最喜爱的电视节目类型,人们收看电视的时间在上升。屏幕上热播的各类电视剧,是百姓一天劳碌之后的消遣休闲方式,亦是人们茶余饭后社交生活的谈资。尤其在黄金时段的"禁娱令"颁布之后,电视剧几乎成为人们最主要的消遣途径。2011 年人均每日收看电视 163 分钟,比 2010 年增多 12 分钟。今年上半年人均每日收看电视166 分钟。[2] 同时,电视剧具有"连续"性,因此,电视剧不仅最受观众欢迎,亦是最能"粘"住观众每天收看的重要手段,这更提升了其在广告运作方面的吸引力与重要性。

第四,电视剧产业的技术环境方面,媒体技术的发展改变了电视剧行业的运营,也改变了消费者在观看电视剧过程中的品牌接触点。如图 1 所示,媒介融合背景下,电视剧行业的产业链和传播模式都发生着剧烈的变化。互联网络、通信网络的增加,使得电视剧的运作更加多元化,因此电视剧中的品牌接触点更为多样化、多层次,从而使得电视剧产业营销模式、广告模式、盈利模式经历着深入的嬗变。

(二) 媒介融合背景下电视剧的观看行为调研

宏观数据显示,在媒介融合时代观众的媒体消费习惯已经多元化、碎片化,电视剧的收看群体已不再局限于电视媒体,媒介融合背景下,互联网在线视频和

---

[1] 2012 年前三季度中国传统媒体广告市场回顾(上)[EB/OL]. http://www.ctrchina.cn/ctrwebsite/e-zine/mi/mi67/MI2012112601.html.

[2] 数据来源:CSM 全国测量仪,转引自:余贤君,2012 上半年中国电视媒体格局,中央电视台广告经营管理中心.

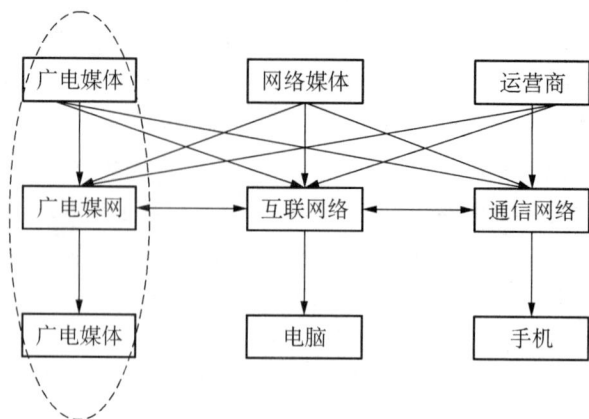

图1　媒介融合与市场结构再造①

互动电视的收看渠道,是电视剧观看渠道的新生力量。网络方面:2012年1月16日,中国互联网络信息中心(CNNIC)在京发布的《第29次中国互联网络发展状况统计报告》显示,截至2011年12月底,中国网民规模达到5.13亿,互联网普及率达到38.3%;其中,在线视频用户的年龄分布与互联网其他娱乐应用大致相当,18—24岁是用户的主力群体,另外,30岁以上的群体也已经到了34.2%,规模大小不容忽视。数字电视方面:截至2011年底,数字电视用户1.15亿户,比上年增加30.7%,付费数字电视用户1 761万户。②

　　为了进一步探悉观众观看电视剧的行为 2012年11月底,研究者在上海交通大学组织了若干场焦点集体访谈,每场人数控制在6人至10人,访谈对象的年龄包括来自上海交通大学夜大学、MBA、EMBA班级的60后、70后、80后、90后。样本中,90后占3%,80后占44%,70后占10%,60后占3%;访谈样本的职业构成如图2所示,研究者尽量选取了不同行业的访谈对象。研究者根据访谈提纲,引导各组被访者进行开放的交流,并记录结果。

　　访谈的第一组问题是电视剧的收看偏好和电视剧的媒体偏好。即在组织者的引导下开放性地讨论这些问题:平时是否有收看电视剧?是否喜爱收看电视剧?通过什么媒体收看电视剧?是在电视上,网络上,互动电视上?访谈结果如图3所示:提及用网络收看电视剧的受访者占56%,其中80后、90后占较大的比重;提及用传统电视收看电视剧的受访者占29%,以60后、70后为主;提及使用互动电视IPTV回看、点播电视剧的受访者占,15%,年龄分布较为均匀。

① 卢小雅. 媒介融合对电视业的影响及对策[J]. 今传媒,2012,(06): 47-48.
② 艺恩咨询网站: 2011—2012年中国电视剧市场研究报告(简版)[EB/OL]. http://www. entgroup. com. cn/.

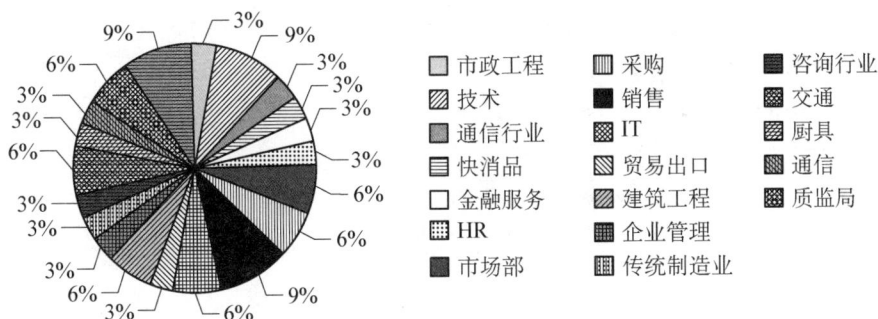

图 2　访谈对象的职业构成

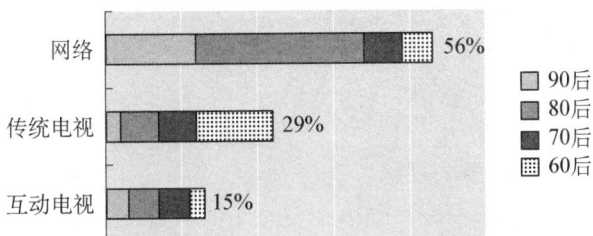

图 3　访谈对象对于收看电视剧的媒体提及率

访谈的第二组问题是电视剧收看过程中对于各类广告的态度。讨论的问题包括：对于电视剧收看过程中的各类广告，有怎样的感受？访谈结果如图 4 所示，只有少数 4％"市场营销"方面的专业人士喜爱看各式广告，14％的观众比较喜爱观赏广告，超过半数 56％的观众不喜欢收看广告，偏好于可以跳过广告收看的各种方式（比如收费电视、网站会员）。

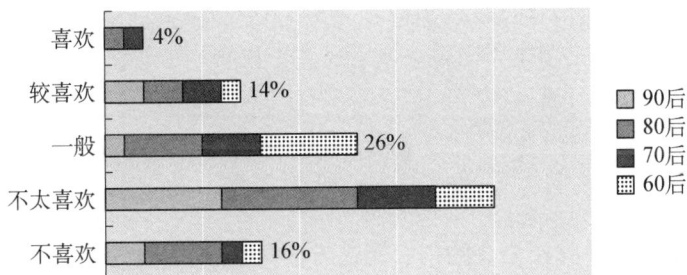

图 4　访谈对象对于电视剧中的广告的感受

整体上，访谈的结果与宏观数据相一致：首先，电视剧媒体接触方面，各个年龄群体都看电视剧；电视剧观众的媒体接触行为在碎片化，即从传统电视频道、互动电视、互联网，分别吸引了不同人群的观看；其次，从访谈对象的年龄上看，1980 年以后出生的群体，大多有上网收看电视剧的习惯，而 1980 年以前的群体，接触网络电视剧的习惯略弱一些；第三，互动电视正逐渐获得各年龄观众的拥护；第四，电视剧广告印象方面，访谈对象对于各种类型的"硬广告"表示反感，比较喜爱可以跳过广告的收看方式。由此可见，虽然电视剧中达到消费者的品牌传播途径很多，但是大部分观众对于广告持有的是较负面的情绪，因此，如何全方位地整合电视剧中的各个品牌接触点、提升其对于观众的影响力，至关重要。

二、媒介融合背景下电视剧中的品牌接触点的嬗变

（一）媒介融合背景下电视剧品牌传播框架

本研究创建了"电视剧品牌传播框架"，如图 5 所示，以全面地概括电视剧中的品牌接触点及其传播渠道。传统上，一般按照顾客购买前、购买时、购买后的各个阶段罗列和研究品牌的接触点，以给顾客全方位的品牌体验；本研究根据电视剧产业的特点，增加一个电视剧内容制造和传播的品牌接触点维度，以全面地展现电视剧中的品牌接触点系统。因此，分别由电视剧的生产和传播纬度，电视剧收看中和收看前后的观看行为纬度，发展出了四个象限，以在理论上穷尽电视剧中的品牌接触点。

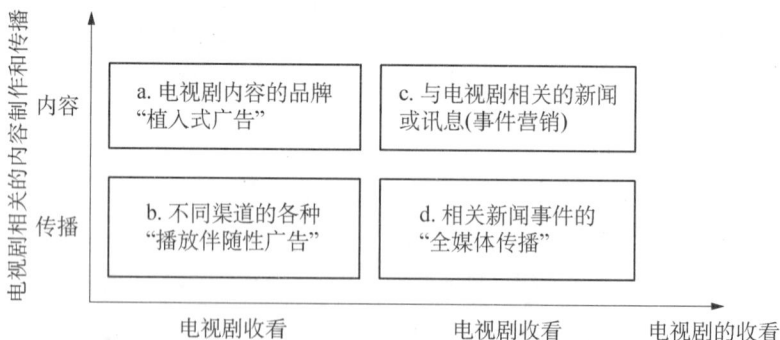

图 5　电视剧品牌传播框架

1. 电视剧中品牌接触点的内容制造方面

电视剧中品牌接触点的内容层面，即把品牌视觉形象、品牌个性、品牌体验等信息，整合进入电视剧剧本中，或者电视剧相关的事件中。这样无论观众通过什么渠道收看电视剧，或者通过什么平台了解电视剧的新闻，都将"接触到"相应的品牌信息，强化观众对品牌的记忆。

在图 5 的 a 象限中,在观看电视剧时存在的"品牌接触点",即通常所说的"植入式广告"。植入式广告(product placement),也称植入式营销,是指广告主通过付费的形式,将产品或品牌及其代表性的视觉符号甚至服务内容策略性融入电影、电视剧或电视节目内容中,通过场景的再现,让观众留下对产品及品牌的印象,继而达到营销的目的。比如美剧《越狱》中植入的 Palm 品牌和黑莓 Blackberry 的手机,国产电视剧《男人帮》中植入的蒙牛特仑苏、乐购、360 杀毒软件、汇源果汁、玉兰油化妆品、七匹狼服装、交通银行信用卡、万科地产、肯德基、中天通讯①,都是在电视剧的内容中加入了相应的品牌的信息。

在 c 象限中,即在电视观看前或观看后,观众和媒体记者会关心电视剧的拍摄进度、拍摄逸事、演员的动态等各类娱乐新闻或讯息。在发布相关内容时,同样可以"植入"相应的品牌形象或品牌体验。比如,由黄海波、高圆圆主演,著名导演刘江执导的都市爱情轻喜剧《咱们结婚吧》临近杀青,剧中众人也陆续完成了拍摄工作②,在该戏杀青的网络娱乐新闻的诸多图片中,导演带着 the North Face 的帽子、男演员穿这最新款的 Burberry 时装,与这部时尚剧可谓相得益彰。这或许是无意之举,但也可以说明,在电视剧本身的内容以外,电视剧播放前后的相关媒体报道内容中,从而可以创造诸多的品牌接触点。

如今,内容层面的电视剧中的品牌接触点发生着嬗变。首先,在 a 象限中,电视剧本身的"植入式广告",已经出现了"定制剧"的形式:即在策划时,将品牌深度嵌入电视剧,比如 2012 年暑期热播的联合利华为"清扬"的定制剧第三季《无懈可击之蓝色梦想》更是将《无懈可击》系列带到了定制剧领域的风口浪尖。其次,在 c 象限中,信息更加碎片化:随着媒体的碎片化,传播的各类信息亦更精简、更碎片,因此传播电视剧相关的品牌信息时,不仅可以通过娱乐新闻的途径,也可以通过剧组或演员的微博、微信,传递与品牌互动的讯息。

2. 电视剧中品牌接触点的传播渠道方面

电视剧中品牌接触点的传播渠道层面,即传播电视剧以及电视剧相关讯息的各种平台,由于不同的传播平台拥有不同的展现形式,故产生了形式多样的品牌接触点。其中,不同的电视剧播放平台,有不同的"插播"广告的形式;不同的信息传播平台,亦演绎出不同的信息传播形式。

在图 5 的 b 象限中,表现的是不同电视剧的播放平台中"伴随"的不同形式

---

① 豆瓣.《男人帮》到底植入了多少广告[EB/OL]. http://www.douban.com/note/181973376/.
② 兰艺云.《咱们结婚吧》临近杀青,黄海波打造恋爱秘籍[N].法制晚报(转引自:2012 年 12 月 04 日腾讯(大申网).

的广告,其中传达的"品牌接触点"。在传统的电视台播放中,如今可以通过冠名剧场、剧集间广告的形式"到达"观众。随着限广令的颁布,电视屏幕上角标、下方滚动、剧中插播、剧后贴片的形式都不再适用,品牌接触点急剧减少。对于电视台而言,相应的广告收入,可以通过电视台"定制剧"的形式或者其他内容制造的方式来弥补。对于企业而言,可以跟踪电视剧的不同的新形播放媒体,寻求更多的品牌接触点,从而增加对于电视剧观众品牌传播到达率和频率。

在 d 象限中,表达的是通过不同的相关讯息传播平台产生的品牌接触点。与电视剧有关的、电视剧观看前后的品牌事件构成以后,亦可以通过不同平台进行传递。从报纸、杂志、电视、广播娱乐新闻,门户网站,可以传播有关电视剧剧组和品牌互动的新闻或事件。比如,汽车品牌不仅可以在电视剧镜头中间出现,也可以在电视剧拍摄花絮、演员表演花絮、演职员的各项活动的报道中出现,并通过各类媒体平台传播其介绍其驾驶感受、品牌体验。

如今,随着信息技术的迅猛发展,传播层面的电视剧中的品牌接触点也发生着深入的变化。在 b 象限中,伴随有不同的电视剧播放渠道,有更新的、更丰富的广告播放形式,比如:在 IPTV 的点播、回放过程中,增加了播放前的倒计时广告;网络在线收看或下载收看时,有登录、选择界面的各类广告,播放前的倒计时广告,播放时的弹出广告或漂浮广告。在 d 象限中,随着全媒体时代的到来,更多的碎片化讯息渠道可以用作"品牌接触点",例如移动电视新闻,剧组、明星的博客、微博、微信,都可以传递出相关品牌的信息。

三、媒介融合背景下电视剧中品牌接触点的重构

(一) 媒介融合背景下电视剧中品牌接触点中存在的问题及分析

研究者认为,在媒介技术迅猛发展、媒介融合的背景之下,随电视剧产生的品牌接触点已经变得更加丰富、更加多样。而现今对于电视剧中品牌接触点的认识,存在如下问题:

第一,相应的品牌渠道接触点有限。在限广令颁布之后,传统意义上的品牌接触点有所减少,仅剩不多的电视剧中的广告资源被争抢。根据受众分析,企业可以拓展宣传的思路,转向互动电视、视频网站等电视剧播放渠道,运用更加丰富的品牌接触点资源接触观众。

第二,相应的品牌内容演绎不够丰富。如在植入广告、冠名赞助等品牌接触点"事实"形成之后,缺乏多样化的接触点"事件"演绎,而没有"事件"的推动,"事实"较难被关注到。此外,广告的内容演绎往往比较单一,反复"轰炸"观众,可能南辕北辙。

第三,品牌接触点缺乏整体的整合,即缺乏根据受众、根据不同渠道、并围绕品牌内涵设计丰富的品牌接触点内容和传播渠道的整体的策划和整合。如今通过不同的渠道观看电视剧,通常会看到形形色色的广告,而每个广告与观众的接触时间都较短、形式较单一,难以给观众以深刻的印象。

(二) 媒介融合背景下电视剧品牌接触点的重构研究

根据上述问题,我们结合现有的品牌整合营销的传播特点,对媒介融合背景下电视剧品牌接触点传播进行了重构研究,如图 6 所示。

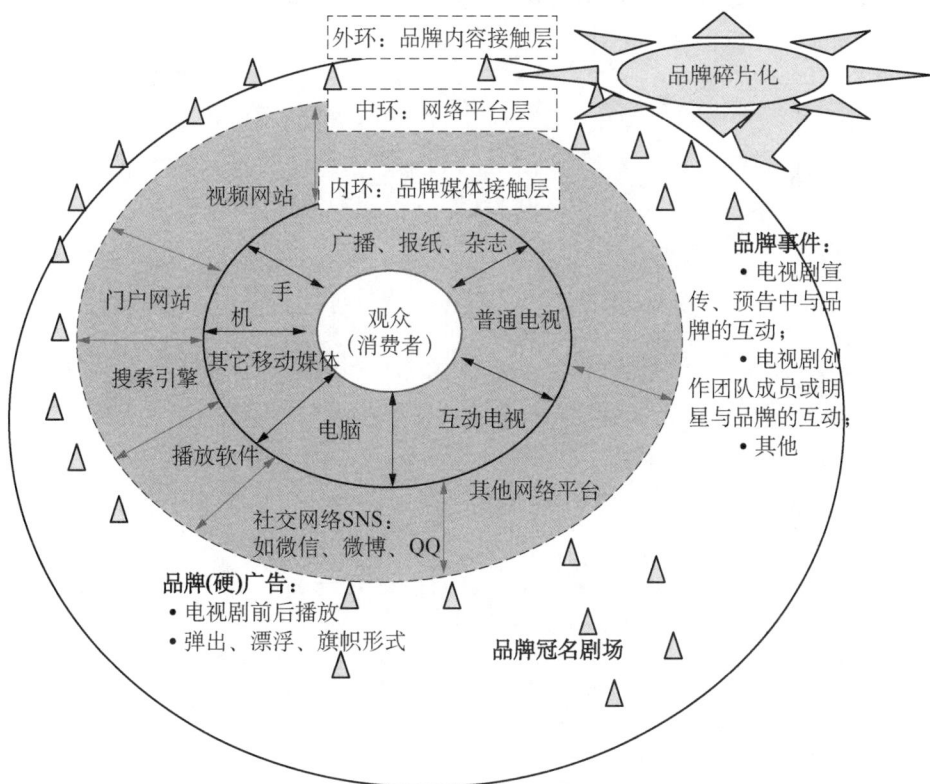

图 6　媒介融合背景下电视剧品牌接触点体系

本模型以观众为核心,表达了模型的基本理念:即媒介融合背景下电视剧中品牌接触点的构建,应该围绕观众(即潜在消费者)对于品牌的认知和其媒体接触行为展开进行设计。向外依次展开,内环为品牌媒体接触层,中环为品牌平台接触层(互联网平台),外环为品牌内容接触层。

首先,品牌运作者应当了解消费者的媒体接触习惯,即目标消费者一般通过什么媒体(传统电视、互动电视、网络、Pad 等移动设备、传统纸媒)看电视剧、了解电视剧的相关信息？根据观众习媒体使用的习惯，锁定若干种媒体终端。其次，内环诸多媒体都有网络技术的支持、提供丰富的网络平台，因此在了解内环媒体接触习惯的基础上，进一步锁定目标消费者习惯接触的互联网接触平台，即观众平时习惯通过哪几个网站收看电视剧？习惯通过或者门户网站娱乐新闻，或者明星博客、微博，或其他网络平台，了解相关电视剧的信息？最后，也是最重要的环节之一，即根据核心层观众的认知、媒体接触的习惯、网络平台的接触习惯，设计品牌的表达内容：把产品的品牌形象、品牌内涵、品牌个性等等进行碎片化的分解，根据各个媒体平台的特点，设计成不同长度不同形式的广告，或者新闻事件，或者电视剧植入，或者冠名的方式，全方位地演绎品牌。

作者：陈俊、薛可
原载《视听界》，2013 年第 1 期

A content analysis of public relations literatures from 1999 to 2008 in China

This study adopted the content analysis method to conduct an analysis of academic papers on public relations which are published in core journals retrieved in the China National Knowledge Infrastructure (CNKI) data base from 1999 to 2008. Through a comprehensive and systematic analysis, this paper finds some changes of research on public relations as well as some laws guiding the evolution. The content analysis method is a means to use statistics to show the results of text research. It has the characteristics of being objective, systematic, quantitative, and clearly descriptive. It requires researchers to code the sample, describe or analyze accurately and finally form quantitative numeral information. Features of the content analysis method and the processes it requires are consistent with this study's objective. With quantitative descriptions, content analysis of research papers published in the past 10 years can reveal how research on public relations evolves during this period.

Therefore, based on public relations literatures retrieved in the China National Knowledge Infrastructure database (from 1999 to September 2008) and the Image System of Index to Chinese Periodical Literature (from R. O. C. 88 to R. O. C. 97), this study conducted cross-regional and cross-cultural comparisons to explore differences of public relations research between MainlandChinaandTaiwan.

The sample chosen is representative and the quantitative analysis as well a squalitative analysis of these literatures can describe the theoretical evolution track of public relations research in the set period.

1. Total research situation analysis

Basically, the number of papers published each year during the period from 1999 to 2008 is on the increase. 2005 saw the largest growth rate (compared to 2004, an increase of 57 papers), and in recent years the speed of growth is gaining momentum. Because we have only the statistics of papers published in the first 7 months, shown in Fig. 1, there are quite fewer papers published yet in 2008 (Fig. 2).

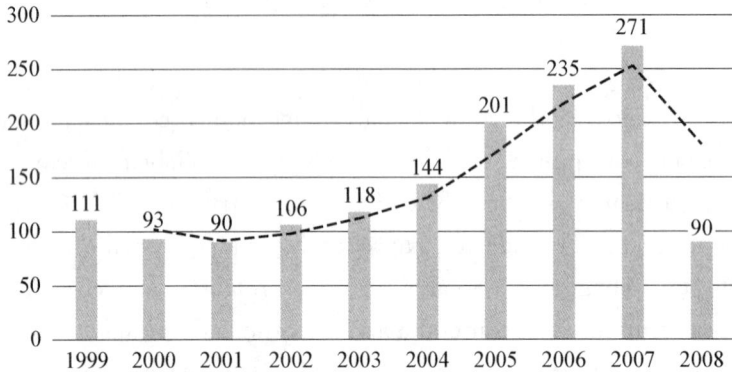

Fig. 1.   Number of papers on public relations published in Mainland China each year during the period from 1999 to 2008

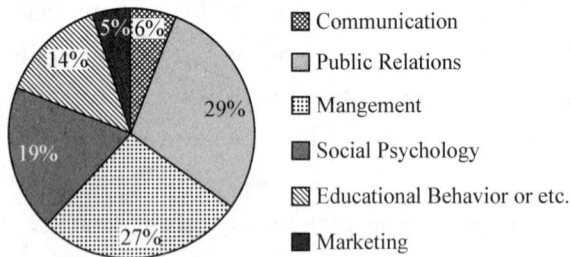

Fig. 2.   Theoretical perspectives of public relations research in Mainland China during the 10 years from 1999 to 2008

As for research angles of public relations, the most frequently employed are educational behaviors, management and social psychology, representing 29%, 27% and 19% of all the literatures, respectively. Data reveals, since 1994, papers on public relations with a management perspective had always been the biggest part. However, this kind of paper declined in numbers since 1999, and it accounts for only 27%, the second biggest part now. On the contrary, the number of papers with a public relations perspective has shown an upward trend and has surpassed that of papers with a management perspective, accounting for 29% of the whole. In addition, the proportion of papers with asocial psychology perspective is also increasing year by year.

From Fig. 3, we can see obviously that in the past nearly 10 years, education and social science, economics and management and electronic information science are the three major hot fields of public relations, accounting for 41%, 34% and 19% of the whole, respectively. Education and social science field is the hottest research field, which is inseparable from the national attention to the development of education, the strategic implementation of thriving the country through science and education, and the establishment of innovation-based society in recent years.

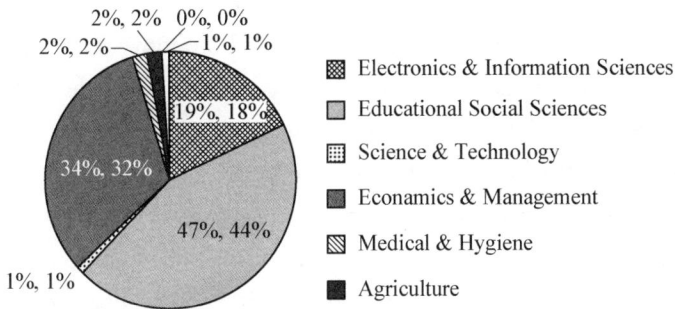

Fig. 3.　Disciplines of public relations research in Mainland China during the 10 years from 1999 to 2008

2. Research themes

Classified according to themes we found that, in recent years there is a clear trend: research themes has evolved from the past "one superpower and top three" into "one superpower and many powers" (Fig. 4).

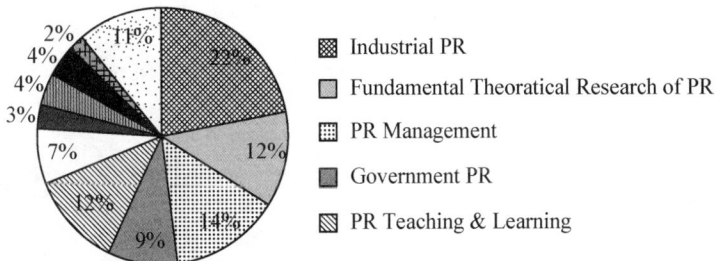

Fig. 4.　Research themes of public relations literature in Mainland China during the period from 1999 to 2008

Industrial PR (public relations) is still dominative. But with the growing number of research papers, research fields have also expanded, showing a trend of development together in many areas. For example, research on the police public relations and educational public relations has experienced an exceptionally rapid growth. This trend is closely associated with the increasing emphasis of building a harmonious society in China in recent years, as reflected in the high degree of attention for and discussion about the human-oriented thought in public relations. Data shows that the number of research papers on the Police Public Relations gradually increased in recent years. And the growth rate keeps rising, particularly significant in the 2007 when papers of this category account for 7 percent of the total annual amount. This fully embodies the great concern of a harmonious society in recent years as the public security organs shoulder a special and important mission in the process of building a harmonious society and a harmonious community-police relations itself is an important part of a harmonious society.

Therefore, the role of the police-community public relations in building a harmonious society, problems which the police-community public relations faces and the corresponding counter measures become very important research topics. So we expect this trend will continue in the future for a long time and to be a new hot spot in public relations research (Fig. 5). The number of research papers on Public Relations Teaching and Learning had basically not changed in the period from 99 to 03, but it started to increase rapidly from the beginning of 2004 and exceeded that on Government Public Relations in 2004.

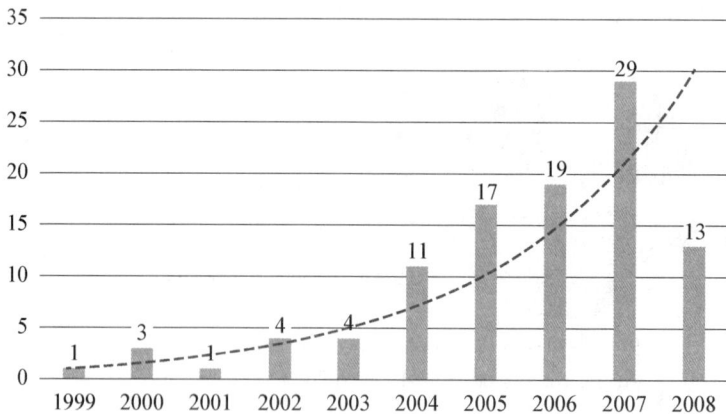

Fig. 5.　Number of Papers on Police PR (1999 - 2008)

to be the fourth largest research topic. This reflects the country's increasing emphasis on the establishment of innovative social. Cultivating new talent is the capital to create new social and creating "talent-oriented" universities, training professionals and serving the society from all aspects are the key to realize this objective. As an emerging field of talent training, Public Relations Teaching and Learning is gradually being incorporated into priority disciplines in various universities, which reflects that the entire education system is attaching great importance to create an innovative society and train creative talents (Fig. 6).

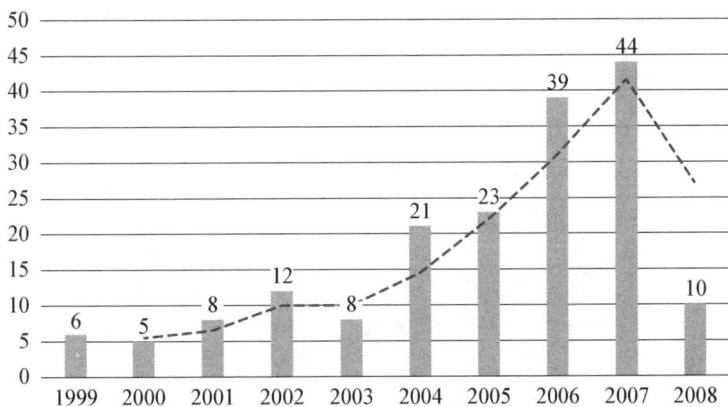

Fig. 6.　Number of papers on PR teaching and learning published in Mainland China each year during the period from 1999 to 2008

The number of research papers in the field of industrial and commercial enterprises had been on the rise before 2005, but it experienced a sharp decline in 2006, and according to Fig. 7, there seems to be a downward trend after 2005. Since industrial and commercial enterprises are traditional research fields of public relations, this phenomenon is worthy of further study and discussion. As for governmental public relations field, literature in the past nearly 10 years showed a "atypical" serration, but it started to increase after 2004. Especially in 2007 it had a substantial increase. Since a series of major events occurred in 2008 are closely linked with the public relations, we cautiously forecast that the number of papers on governmental public relations should show a much greater upward trend (Fig. 8).

It is clear from Fig. 9 that in the past nearly a decade, papers on crisis management continued to increase. Content analysis shows that research

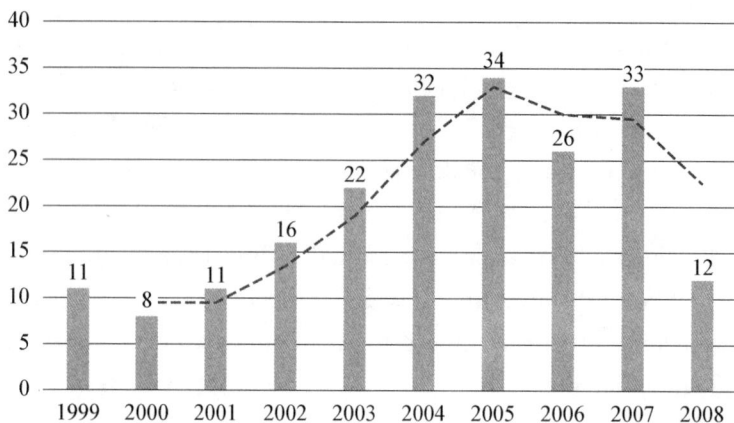

Fig. 7.　Number of papers on industrial and commercial enterprises PR published in Mainland China each year from the period from 1999 to 2008

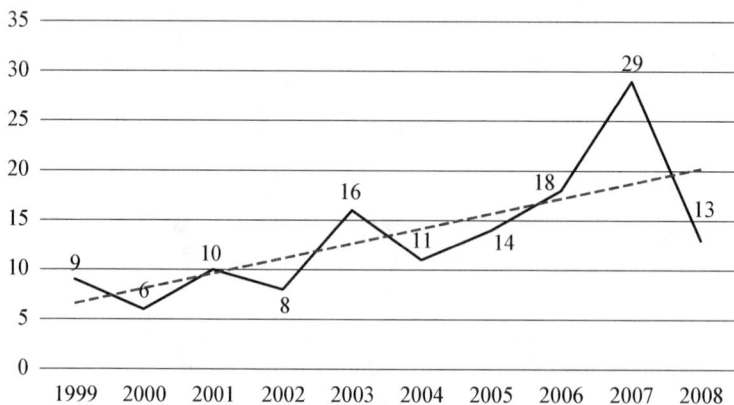

Fig. 8.　Number of papers on government PR published in Mainland China each year during the period from 1999 to 2008

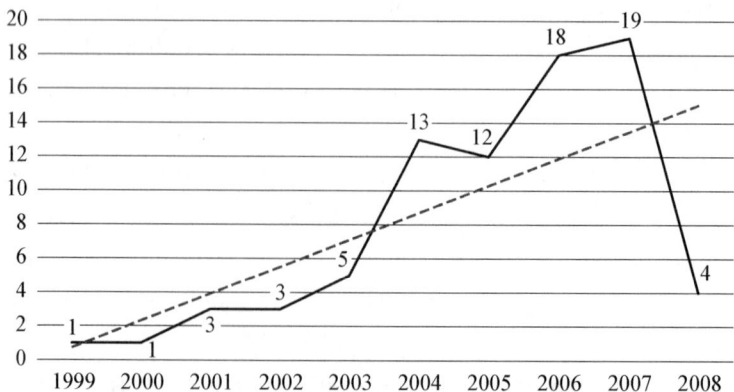

Fig. 9.　Number of papers on crisis management published in Mainland China each year during the period from 1999 to 2008

papers on public relations crisis management mainly focused on three areas: corporate crisis management, government crisis management and school crisis management. The reason, we believe, is that in recent years, many changes emerged in such aspects as China's rapid economic development, joining the WTO, the accelerated globalization, national and parents' increasing emphasis on school education, and more and more various industrial and commercial enterprises, government and schools which lack the capacity to handle crises effectively made more crises occur. Library and archive field of public relations has been a public relations research hot spot, accounting for a large proportion of the whole, but Fig. 10 surprisingly shows that the number of papers on library and archive each year is actually following.

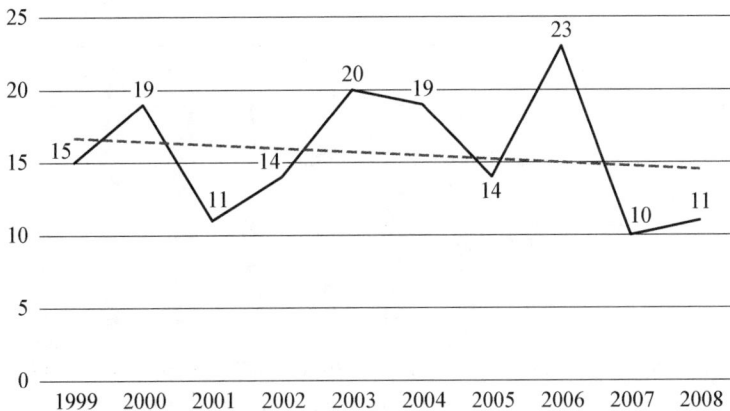

Fig. 10.   Number of papers on library and archives PR published in Mainland China each year during the period from 1999 to 2008

A "typical zigzag type". During the past 10 years, the number of literature on library and archive public relations each year changed like a "Three-summit", namely first rose, then declined, and then rose again, but the first and third peaks are relatively steeper, which we call taper peaks, and the second peak is flat and wide so we may call it flat peak. The instable state of research on "typical zigzag" library and archive public relations reveals the existing weaknesses and problems of public relations research. Only have analyzed the causes calmly and profoundly can we change the research dilemma similar to "stock market weakness" and find the internal and external environments suitable for profound development of public relations research.

As for school public relations research, the number of papers keeps rising every year, but the growth rate is quite slow. This also shows that China's school development and school management systems are more and more mature in recent years (Fig. 11). In addition to the major areas above, other areas also show new trends. For example, the number of papers on public relations linguistics and culture is gradually increasing resulting from the accelerated process of globalization and foreign cultures' penetrations; what's more, the concern about the livelihood of the public caused the number of papers on social environment and spiritual civilization rose continuously, with a focus on the establishment of a socialist harmonious society.

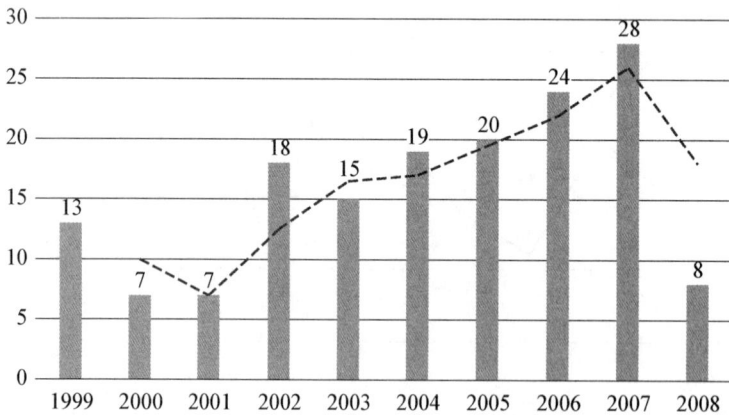

Fig. 11.　Number of papers on school PR published in Mainland China each year during the period from 1999 to 2008

3. Research attributes

In this study, fundamental research, applied research and branch-based research are Level – 1 classification criteria and secondary classification criteria are derived from the threeLevel – 1categories. Secondary classification is based on keywords and abstracts of papers, and there are 34 specific Level – 2 categories. Secondary classification may exist some slight overlap, but truth fully reflect the research perspectives and immature status of papers on public relations in the past 10 years (Table 1).

Table 1　Research attributes level – 2 coding

1. Financial public relations	13. Library and publishing sector	25. Practice and methods
2. File sector	14. Media communications and sector	26. Organizations
3. Transportation management	15. Administration and the ideological and political work	27. Planning of public relations
4. Corporations	16. School construction and management	28. Public relations communication
5. Public relations teaching and learning	17. Health care public relations	29. Public relations history
6. Police public relations	18. Banks	30. Public relations ethics
7. Tourism and hotels	19. Government public relations	31. Public relations aesthetics
8. Agriculture	20. Employees	32. Cultural public relations
9. Other non-profit organizations	21. Basic research topics on public relations	33. Public relations linguistics
10. Social environment and spiritual civilization	22. Functions and roles	34. Other categories
11. Tax 23, History	23. History	
12. Sports	24. Inside and outside the public	

The above figures show that of all the public relations study attributes, papers of applied research are the majority, accounting for almost 79% of the total sample, and involve various fields, in which the top three are industrial and commercial enterprises (18%), library and publishing sector (15 percent), school development and management (15%). Papers of fundamental research represented 18% of the total sample, and the top two within this category are papers about methods and practice and basic theories accounting for 34% and 26%, respectively. Compared with applied research and fundamental research, branch-based research has the least number of papers, representing only 3% of the total articles. Within branch based research public relations planning is of the highest proportion, accounting for 29%, followed by public relations ethics and cultural public relations, accounting for 25% each. This shows that public relations research in China tended to be practical, applied, closely linked with the market, and involving many areas with various views of point (Figs. 12 – 15).

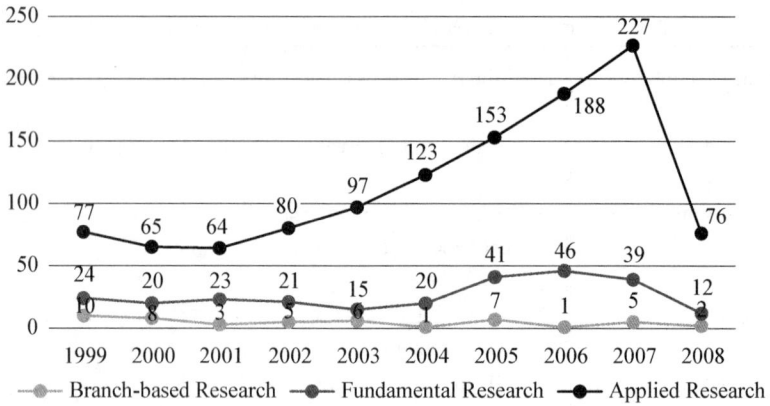

Fig. 12. Number of papers on PR using specific research attribute published in Mainland China each year during the period from 1999 to 2008

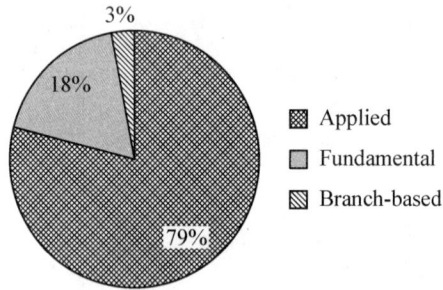

Fig. 13. Proportions of each research attribute used by PR papers published in Mainland China during the 10 years from 1999 to 2008

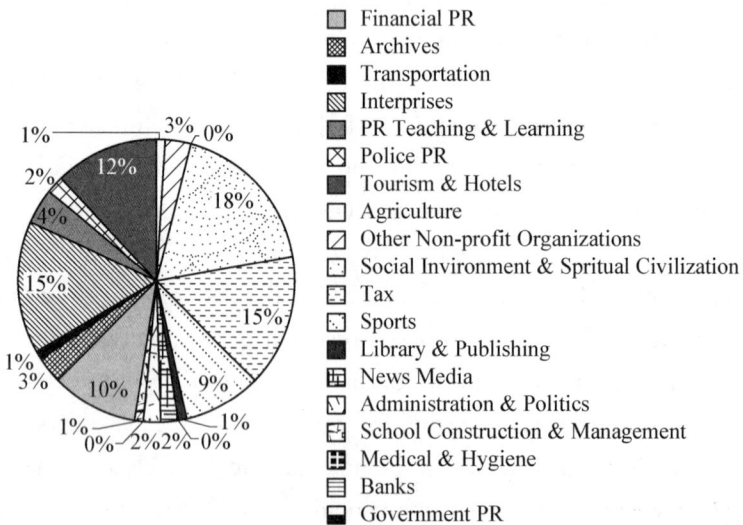

Financial PR
Archives
Transportation
Interprises
PR Teaching & Learning
Police PR
Tourism & Hotels
Agriculture
Other Non-profit Organizations
Social Invironment & Spritual Civilization
Tax
Sports
Library & Publishing
News Media
Administration & Politics
School Construction & Management
Medical & Hygiene
Banks
Government PR

Fig. 14. Fields of applied PR research papers published in Mainland China during the period from 1999 to 2008

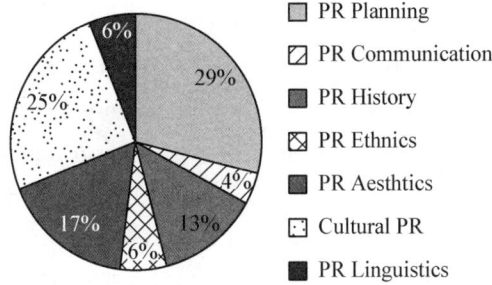

Fig. 15.　Fields of Branch-based PR Research

PR Planning
PR Communication
PR History
PR Ethnics
PR Aesthtics
Cultural PR
PR Linguistics

4. Methodology

The majority of research papers on public relations use qualitative methods, of which historical analysis and literature review methods are most popular. Interview method also began to appear in public relations research. From Fig. 16, it is not difficult to find that most of the research methods used during the last 10 years was qualitative. However, we can obviously notice that the numbers of research papers from 2005 to 2008 using quantitative methods were 5, 1, 5 and 3, a significant increase compared to that in the past. This shows that researchers are gradually paying more attention on quantitative research.

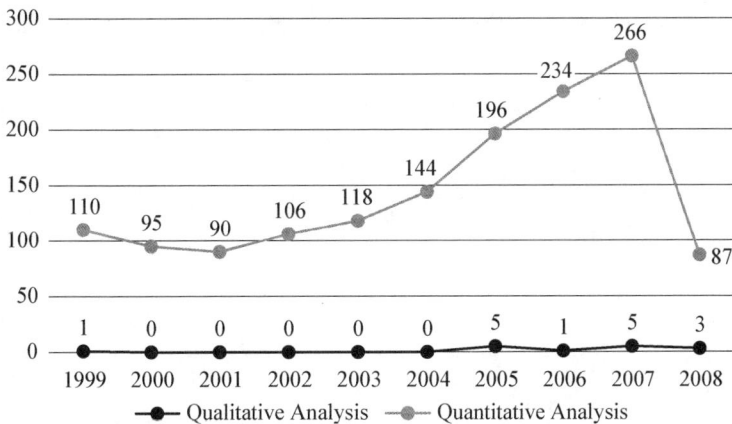

Fig. 16.　Number of papers on PR using specific analysis methods (qualitative and quantitative) published in Mainland China during the 10 years

The following are the research results of some representative quantitative research papers on public relations. In the paper "A Quantitative Analysis of Public Relations Research in Library, Information Science and Archive Disciplines in the Past Ten Years", Xia, Fang, and Li used the bibliometric method to analyze the literature from 1987 to 1998 on public.

Relations in library, information science and archives from such aspects as annual number of papers published, authors cooperation, core authors, journal distributions and research contents. They discussed the situation of public relations research in library, information science and archives as well as the existing problems facing these fields, and also proposed inspirations of their research to the public relations of the library, information sciences and archive professions. The article is innovative in its classification of quantitative research and has a value of benefiting further research on public relations in library, information science and archives as a good example and reference. As for Chinese empirical research on public relations theory, Professor Chen Xian Hong's article—"A Quantitative Comparative Report on Public Relations Research in China in Recent Ten Years" is the first representative and systematic study of public relations theory development. It was also based on the public relations papers retrieved in China National Knowledge Infrastructure and China Big Six journalism and communication academic journals from 1994 to 2003. The author used the content analysis method to conduct a quantitative and across-cultural research from four aspects (research attribute, research topic, theoretical paradigm and research method). The

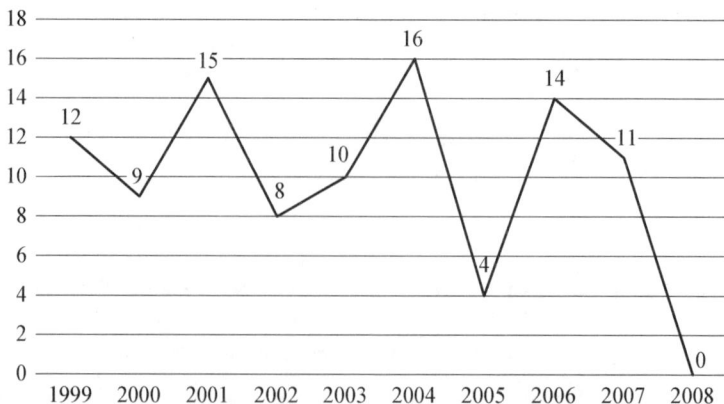

Fig. 17.   Number of papers on PR published in Taiwan each year during the period from 1999 to 2008

paper well enlightened the future research on this subject.

In addition, such papers as "2004 Individual Rankings Report of China's Public Relations Industry", "2005 Annual Report of China's Public Relations Industry", "2006 Annual Report of China's Public Relations Industry", "2007 Annual Report of China's Public Relations Industry", "2007 Human Resource and Salary Report of China's Public Relations Industry", "Small and Medium-sized Urban Public Relations Industry Conditions-Wenzhou's Public Relations Industry as an Example", "Public Relations Investigation and Analysis in Guangzhou Hospitals", "Survey on Medical Probationers' Demand for Public Relations Skills", "A Quantitative Analysis of Public relations and Media Agenda Setting" also used quantitative methods and submitted in forms of reports in which the contents are mainly analysis and forecasts of public relations in various industries.

5. Comparisons with public relations research in Taiwan

5.1 Annual quantity comparisons

By comparing with Fig. 1, we can clearly see that the number of published papers on public relations between Mainland China and Taiwan varies greatly in the last decade. As for trends, the number of papers in Mainland China was upward rising while in Taiwan the trend was zigzag. On one hand, this shows that Taiwan's research in this area has entered a mature stage and what can be further researched in the area is declining, on the other hand, in Mainland China, public relations research has a great potential and there is still room for the rise unceasingly (Fig. 17).

5.2 Research theme comparisons

Compared to Fig. 4, as concerns to the themes, there are not many differences in public relations research between Mainland China and Taiwan. Industrial public relations, school public relations, fundamental theoretical research of public relations and public relations management are the focuses in both the Mainland and Taiwan. The relatively obvious difference is that in the Mainland, the field of industrial public relations is dominative, accounting for 22% of the total papers, as the first class. Fundamental theoretical research of public relations, public relations management, public relations teaching and learning and school public relations followed, respecting 12% and 14%, 12% and 11% of the total number, respectively. These four fields have more or less the same proportion, with no one particularly greater than the others, so we can put them under the second class, and the rest as the third class; however, the leading field of Taiwan's public relations research is school public relations, accounting for 34 percent of the total research, as the first class. The following are fundamental theoretical public relations research, industrial public relations research and public relations management, accounting for 18%, 15% and 8% of the total research papers, respectively. It is clear that school public relations research is far ahead, accounting for more than one-third of the total papers. We can put fundamental theoretical research of public relations and industrial public relations research under the second class and the rest under the third class. In summary, the Mainland and Taiwan have the same major research fields of public relations but differ in these fields' proportions of the total literature (Fig. 18).

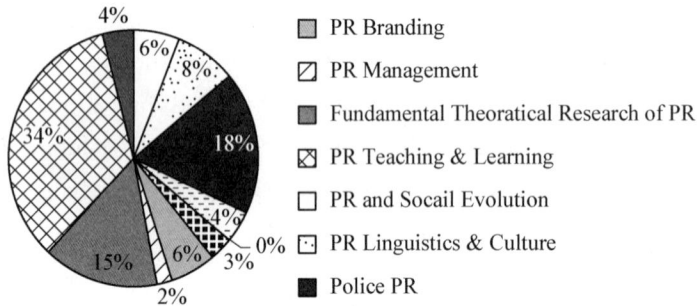

Fig. 18.   Research themes of PR literature published in Taiwan during the 10 years from 1999 to 2008

5.3   Research attribute comparisons

Compared to Fig. 13, we can obviously see that after classified by research attributes of the public relations literatures, the proportions which applied research, fundamental research and branch-type research accounted for are very similar between the Mainland and Taiwan. In Mainland, the proportions are 79%, 18% and 3%, respectively while in Taiwan 82%, 15% and 3%. This indicates that in both Mainland China and Taiwan public relations research tends to be practical, applied and market-oriented. However, we also find the difference that among Taiwan's applied research, sports public relations research constitutes proportion of 8. 64% of the total literature while in Mainland China the corresponding proportion is only 0. 70%. In addition, military public relations research is included in Taiwan while in Mainland China this is still empty (Fig. 19).

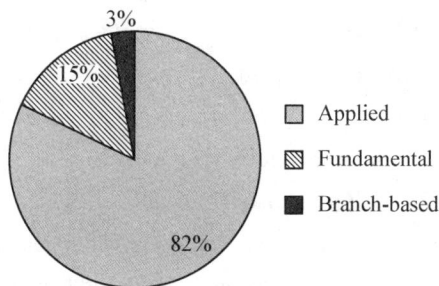

Fig. 19. Proportions of each research attribute used by PR papers published in Taiwan during the period from 1999 to 2008

5. 4   Research trend comparisons during the past 10 years

Research trends in Taiwan: In Taiwan, school public relations research was always dominative during the past 10 years and it is so strong that other fields cannot take its place. Research trends in Mainland China:

(1) There have been some changes in research priorities in the past decade. Traditional hot topics of public relations, such as school public relations, businesses public relations and library and archive public relations, remain strong while police public relations and public relations teaching and learning like two rising stars, develop very rapidly.

(2) Research fields of public relations show a diver sification trend.

(3) Public relations research is more and more concerned about livelihood issues.

Commonness of cross-strait public relations research: Public relations research in Mainland China and Taiwan also reflects some common grounds. Public relations research in the two places covers a wide range of studies; research purposes tend to be market-oriented and application-oriented; fundamental theoretical research is relatively weak; as for research methods, qualitative remains majority while quantitative is just auxiliary. Taiwan and

Mainland China are both Chinese communities, with the same root, and Taiwan's development is inextricably linked to Mainland China, so it is quite reasonable that public relations research in these two places is so similar.

5.5 Why major research fields differ between Taiwan and the Mainland

(1) Public relations teaching and learning was a focus in 2006 in Mainland China. The increasing social awareness of public relations' importance and public relations ever-strengthening role in business made the community and schools start to pay more attention to public relations teaching and learning. Meanwhile in the background of promoting caliber education, college teachers actively explored new teaching methods, which also contributed to public relations teaching and learning's hot situation.

(2) School public relations research is always the majority in Taiwan. Based on the background that Taiwan developed rapidly in the last few decades, school building and training innovative talents gain more and more concerns, the social and parental awareness of school's importance is increasing. This makes the society pays more and more concern for schools. At the same time as a special social groups college students are always the concern of the whole society, so a series of school management problems that occurred in Taiwan in recent years make school public relations research a hot topic in Taiwan. Since the situations are very similar, this is possibly the trend of school public relations in Mainland China too.

(3) Government public relations becomes an important field in the Mainland in 2008. In recent years, along with the gradual opening of government's work and idealistic democratization, thought changes of government staff, the continuous transformation of government functions, the put-forward of "Three Represents" theory, the strengthening concept of people-oriented and many other reasons, government public relations has gradually become one of the hottest research topics in Mainland China. And in 2008 this will be more prominent. In addition to the upward trend, 2008 is a special year because in the past few months, a series of natural and factitious factors triggered many crises across the whole country, and dealing with these crises could never be separated from the government's public relations. Therefore, it is reasonable that government public relations research rose to the first topic.

(4) Reasons for research on industrial and commercial enterprises public relations as a focus. Public relations research itself is mainly applied and industrial and commercial enterprises are the most important component sofa market economy so research on business public relations should naturally be the focus of public relations research. At the same time because of the accelerated process of globalization and accession to the WTO, competition between industrial and commercial enterprises has been strengthened, so applying public relations strategies in industrial and commercial enterprises can be more effective and efficient.

(5) Reasons for library and archive public relations as a hot research field. In Mainland China, public relations concept was introduced in libraries and archives quite early. After the introduction of public relations, based on rich information resources, featured services and advanced modern equipment, with the aim to be community-oriented and serve the nation's modernization, libraries and archives continued to innovate and gained very good social and economic benefits. Many public relations scholars noticed the success of public relations in libraries and archives, then they started to research in this field so that they can apply the successful experience to other fields and gain more social benefits, therefore pushed the research on library and archive public relations to a climax.

References:

[1] Xia, X., Fang, P., & Li, H.. A quantitative analysis of public relations research in library, information science and archive disciplines in the past ten years. Journal of Beijing Library, 1992,(2): 14 - 21.

[2] Chen, X., Guo, L., & Yin, H.. A quantitative comparative report on public relations research in china in recent ten years. Journal of Huazhong University of Science and Technology (Social Sciences), 2005,(2): 102 - 106.

[3] Sang, Y.. Human resource and salary report of China's public relations industry. PR Magazine, 2007,2008(1), 60 - 61.

作者: Ke Xue, Mingyang YU
原载 *Public Relations Review*, 2009,(35).

What factors influence national image in disaster reports? Evidence from China

1. Definition of national image

National image is an overall perception and recognition of a nation itself, an act of state, national activities, which is the impression of a country perceived by foreign publics and internal publics of a certain nation. National image has a great impact on many issues, which reflects the overall comprehensive strength of a country. [①]In term of coverage, Xu (1996) defines national images as the image shaped by the international news or by other countries' media coverage. From the angle of the audience's perception, Liu (2002) concludes that national image is the reflection of the objective state of a certain nation in public opinion, as well as subjective views, attitudes, and evaluations. In sum, it is the emotion and will of the public concerning the nation. She also suggests that a national image exists in public understanding of a certain nation in international communication, which arises as a subjective public impression of the nation considered as an object. National image is the abstract reflection of the public toward the action, characteristics, and spirit of the nation and the public's overall evaluation and interpretation of the nation.

The national image not only exists in the domestic audience's mind, but also in the international audience's mind. From the perspective of both internal public and external public, Sun (2002) thinks national image is an evaluation combined with politics (including government reputation, diplomatic capacity, military preparations, etc.), economics (including financial strength, fiscal solvency, product features and quality, national income, etc.), society (including social cohesion, security and stability, national morale, national character, etc.), culture (including scientific and technological strength, education level, cultural heritage, customs, values etc.) and geography

---

① Guan, W. Theory of National Image [M]. Chengdu: University of electronic science and technology press, 1999: 8 – 35.

(including geographical environment, natural resources, population size etc.) held by both internal and external public. The national image can be divided into two different parts, domestic image and international image. From the perspective of the national consciousness, Cheng (2007) suggests that national image is a subjective consciousness, a shining point in the ethos of the country or nation. It is extracted and refined from the combination of history and contemporary.

However, we find there is still no standard definition of national image. To some extent, national image is shaped by the media, not just depending on economic and political power of the nation. As what Pseudo-environment Theory explains, the mass media construct a Pseudo-environment which is not the mirror-reflection of the real world. Besides the objective environment itself, the pseudo-environment also includes subjective factors of media. [1] Hence, our study suggests that it is through information selection and process that media affect the public's creation of national image for a certain nation.

In conclusion, national image study is becoming a research hotspot in recent years, especially in the fields of communication, politics, etc. Previous studies have focused on the following aspects: theories of national image construction, strategies of how to improve the international broadcasting influence of China, effects of major events in shaping national image, and so on. There is no doubt that media play a non-substitutable role in shaping national image; however, using quantitative methods to evaluate national image through dis-aster reports still requires further research. Therefore, using an analytic hierarchy process (AHP) method this study aims to construct the national image theory evaluation model implicit in disaster reports and to determine an evaluation index system and index weight.

2. National image theory evaluation model in disaster reports

In the process of disaster reporting, factors affecting national image are diverse, and the importance of each factor is also different. It is difficult for the traditional study to construct an accurate quantitative mathematical model to

---

[1]　Zheng, T. National image and mass communication [J]. Southeast Communication, 2007, (1): 25 - 26.

describe and evaluate national image present in disaster reports. Therefore, this study adopts the method of AHP to measure the relative priority of these intangible factors, because AHP is a method to derive priority scales depending on the pairwise comparisons and judgments from experts (Saaty 2008). [1] Consistent with the research of Chen et al. (2014)[2] who applied two steps of AHP in their study, so we first collect information to construct an AHP hierarchy in order to evaluate the national image in disaster reports. Then, experts are invited to compare these elements in the hierarchy through comparison matrices.

Analytic hierarchy process is applied to many situations for complicated decision making. This method uses a set of pairwise comparison matrices with a nine-point scale that shows relative importance between two intangible elements (Saaty 2008; Chen et al. 2014; Du 2008). [3][4] Using AHP, we determine the precedence and importance of these factors, then divide them into several layers, and finally develop the national image theory evaluation model in disaster reports.

2. 1　Evaluation index

Objective layer

National image (A)

Middle layer

Media action (B1)

Government action (B2)

Non-government action (B3)

Bottom layer

Timeliness of reports (C11)

Objectivity of reports (C12)

---

[1]　Saaty T L. Decision making with the analytic hierarchy process [J]. International Journal of Services Sciences, 2008,1(1): 83 – 98.

[2]　Chen Y C, Yu T H, Tsui P L, et al. A fuzzy AHP approach to construct international hotel spa atmosphere evaluation model [J]. Quality & Quantity, 2014,48(2): 645 – 657.

[3]　Saaty T L. Decision making with the analytic hierarchy process [J]. International Journal of Services Sciences, 2008,1(1): 83 – 98.

[4]　Chen Y C, Yu T H, Tsui P L, et al. A fuzzy AHP approach to construct international hotel spa atmosphere evaluation model [J]. Quality & Quantity, 2014,48(2): 645 – 657.

Truthfulness of reports (C13)

Balance of reports (C14)

Persistence of reports (C15)

Government's emergency-dealing ability (C21)

Government humanistic care (C22)

Government material relief (C23)

Government media literacy (C24)

Government restoration measures (C25)

International assistance (C31)

Masses spontaneously mutual assistance (C32)

Domestic NGO assistance (C33)

Citizen journalists' media literacy (C34)

The concepts of the above factors are as follows:

(1) Media action

Media play an important role in shaping national image when disaster happens. Media action is the reaction of media to disaster, such as the principles, angles, orientation and attitude to disaster reports, which is an important component of social awareness of national image.

(2) Government action

Government action is the action government takes to deal with disasters. It has a direct influence on shaping national image. Government is one of the major subjects of massive media coverage, so what has happened can be recognized by the audience through media reports. Government's response speed, emergency measures and policy making, caring for the victims can all have an important influence in shaping national image.

(3) Non-government action

Non-government action is the spontaneous responses and reactions to disasters by NGOs, individuals, entrepreneurs and international organizations. They do not follow the orders of the disaster country government. They are efficiency orientated, getting rid of bureaucracy and seeking a relatively high level of independence.

(4) Timeliness of reports

Timeliness is a characteristic of news, and one of the important standards of judging news value. Timeliness of reports means the shorter the time interval between disaster occurrence and news release, the better. In general, if the media release news in the shortest time after disaster occurred, sound social feedback will be achieved. Otherwise, it is bad for shaping national image.

(5) Objectivity of reports

Objectivity is one of the widely recognized standards in the press. Objectivity can be understood as synonymous with neutrality. This must be distinguished from the goal of objectivity in philosophy, which would describe mind-independent facts which are true irrespective of human feelings, beliefs, or judgments. In this study, objectivity focuses on journalists reducing their subjective attitude influence to a minimum[1].

(6) Truthfulness of reports

Truthfulness, which is a basic attribute and basic principle of news reporting, means the news must respect facts. Truthfulness is the combination of concrete facticity and integrated facticity. Concrete facticity can be understood as a certain report which is authentic, while integrated facticity means all the news truthfully reflect the overall appearance of objects.

What's more, the truthfulness of reports requires every element of the news is true[2].

(7) Balance of reports

Balanced reporting was first advanced by Benjamin Franklin in 1729, when he operated *The Pennsylvania Gazette*. He said when people had different opinions, both sides should have an equal opportunity to make themself be heard [3]. In the disaster reports, balance means the balance of the positive news and negative news, and balance between different social hierarchies.

(8) Persistence of reports

Persistent reporting means report a sustainable and important news event presently in a period, comprehensively reflective the process and the influence of the certain news event[4]. In disaster reports, persistence means media pay attention to the disaster for a long period including before and after the event, even after the anniversary of the disaster.

①　http://en. wikipedia. org/wiki/Objectivity_(journalism)

②　Yang, B. Theory of news Truthfulness [M]. China Renmin Univ. Press, 2006,43 - 62.

③　Wang G. The balance principle of news reports from the perspective of harmonious society [J]. Youth Journal, 2007,(12): 25 - 26.

④　Lin, Y. Forms of News Report [M]. Zhejiang University Press Hangzhou, 1997.

(9) Government's emergency-dealing ability

Government's emergency-dealing ability is the ability of that government owned to deal with crisis when disaster occurs, which includes whether the government has a well-tested emergency system or mechanism, a scientific emergency plan and so on.

(10) Government humanitarian care

Humanitarian care reflects the government people-oriented concerns about the disaster area, concerns about the victims, concerns about the rescue workers and ordinary people. In addition, government comforts victims and expresses deep grief and mourning. What's more important is to show concern about the survivors and their families, and to offer psychological counseling in time.

(11) Government material relief

Disasters always cause a lot of casualties and economic losses, and damaging the homes of the victims. It is difficult to satisfy the basic needs of food, clothing and housing. Thus financial relief from government is needed, to supply clothes, food, drinking water, tents, medicines, etc.

(12) Government media literacy

Media literacy of officials and staff in government sections can reflect its administrative capacity. Thus how media are used to deal with an emergency and whether there is a systematic code of press release or a standard guideline to response to the disaster can have an important influence in shaping national image.

(13) Government restoration measures

Government bears principal responsibility for rescue and re-construction. Restoration measures not only include relocating and re-construction, but also include the recovery of victims' confidence for future life[1].

(14) International assistance

International assistance means organizations or individuals in other countries who may supply material or spiritual assistance and supply emergency rescue to the disaster nation.

(15) Masses spontaneously mutual assistance

Masses spontaneously mutual assistance means before aid organizations

---

[1] Wang, H., Tang, X. Local governments in responding to natural disaster recovery and reconstruction problems [J]. Xiangtan Univ. Nat. Sci. ,2011,35(5), 32 - 36.

arrived, the masses assistance with each other spontaneously.

(16) Domestic NGO assistance

Domestic NGO assistance means domestic NGOs, enterprises, volunteer agencies or individuals supply assistance to the disaster area.

(17) Citizen journalists' media literacy

The concept of citizen journalism is based upon public citizens playing an active role in the process of collecting, reporting, analyzing, and disseminating news and information[①]. They can express their opinions through the internet to fill the information gap when authoritative mass media falls vacant. On the other hand, however, they may sometimes release rumors, provide unnecessary trouble for disaster relief, and even have a negative effect to national image. So the media literacy of citizen journalists is important in shaping national image.

2.2 Analytic hierarchy process

In order to further determine precedence and importance of these elements to national image, we use the AHP. We invited 30 experts who are engaged in journalism and communication or the national image research, and disaster journalists. Using 9 – point scale, they were asked to figure out the importance of every element after comparing one to another. For example, the Table 1 shows the comparing of i and j:

Table 1   Judgement matrix scale and its meaning

No.	Importance rank	A_{ij} Assignment (score)
1	i and j are equal important	1
2	i is little more important than j	3
3	i is obviously more important than j	5
4	i is highly more important than j	7
5	i is extremely more important than j	9
6	i is little less important than j	1/3
7	i is obviously less important than j	1/5
8	i is highly less important than j	1/7
9	i is extremely less important than j	1/9

① Wikipedia. Citizen journalism [EB/OL]. http://en. wikipedia. org/wiki/Citizen_journalism.

(1) Construct judgment matrices

After taking the average of 30 experts' score, matrices are constructed as following:

① judgment matrix of **B**1, **B**2, **B**3 with respect to **A** (National Image)

$$d_1 = \begin{bmatrix} 1 & 4 & 8 \\ 1/4 & 1 & 5 \\ 1/8 & 1/5 & 1 \end{bmatrix}$$

② judgment matrix of **C**11, **C**12, **C**13, **C**14, **C**15 with respect to **B**1 (Media Action)

$$d_2 = \begin{bmatrix} 1 & 1/7 & 1/4 & 3 & 1/7 \\ 7 & 1 & 3 & 8 & 4 \\ 4 & 1/3 & 1 & 7 & 1/2 \\ 1/3 & 1/8 & 1/7 & 1 & 1/5 \\ 7 & 1/4 & 2 & 5 & 1 \end{bmatrix}$$

③ judgment matrix of **C**21, **C**22, **C**23, **C**24, **C**25 with respect to **B**2 (Government Action)

$$d_3 = \begin{bmatrix} 1 & 4 & 2 & 3 & 1 \\ 1/4 & 1 & 1/6 & 1/7 & 1/6 \\ 1/2 & 6 & 1 & 1/2 & 1/3 \end{bmatrix}$$

$$d_4 = \begin{bmatrix} 1 & 1/4 & 1/6 & 1/4 \\ 1/4 & 1 & 1/5 & 2 \\ 1/6 & 5 & 1 & 5 \\ 1/4 & 1/2 & 1/5 & 1 \end{bmatrix}$$

④ judgment matrix of **C**31, **C**32, **C**33, **C**34 with respect to **B**3 (Non-government Action)

(2) Consistency check

Under the single criterion, the ordering vector of every element can be calculated by calculating the eigenvectors W corresponding to its maximum characteristic root λ_{max}. The calculation steps are as followed:

① Calculated judgment matrix geometric mean of all the elements of each row

$$W' = (w'_1, w'_2, w'_3, \cdots, w'_n)^{\mathrm{T}} = \left(\sqrt[n]{\prod_{j-1}^{n} a_{1j}}, \sqrt[n]{\prod_{j-1}^{n} a_{2j}}, \cdots, \sqrt[n]{\prod_{j-1}^{n} a_{nj}} \right)^{\mathrm{T}}$$

② Normalization of each element of the vector

$$W'W = (w_1, w_2, w_3, \cdots, w_n)^{\mathrm{T}} = \left[\frac{w'_1}{\sum_{i-1}^{n} w'_i}, \frac{w'_2}{\sum_{i-1}^{n} w'_i}, \cdots, \frac{w'_n}{\sum_{i-1}^{n} w'_i} \right]^{\mathrm{T}}$$

③ Calculate maximum eigenvalue $\lambda_{\max}$ the judgment matrix

$$\lambda_{\max} = \sum_{i-1}^{n} \frac{(AW)_i}{nw_i}, \quad (AW)_i \text{ is the } i\text{th element of vector } AW$$

④ Using the consistency check index to judge matrix consistency inspection

$$CI = \frac{\lambda_{\max} - n}{n - 1}$$

And random consistency ratio index,

$$CR = \frac{CI}{RI} (n \geqslant 2)$$

Check every judgment matrix, matrix is consistency when $CR < 0.10$. RI is average consistency index, Table 2 shows its values variance according to the different order of matrix:

Table 2　Average consistency index

N	1	2	3	4	5	6	7	8
RI	0.00	0.00	0.58	0.90	1.12	1.24	1.32	1.41

According to the principle of analytic hierarchy process, using software Yaahp V6.0, we calculated the consistency ratio of every judgment matrix is: 0.090 4, 0.085 1, 0.072 8, 0.092 3, all bellow 0.1, that is to say, judgment matrices above all pass the consistency check.

(3) Ranking

According to the survey and calculation results, we rank the factors that may affect national image in disaster reports, results are as following (Tables 3, 4, 5, 6):

① Objective layer;

② Middle layer.

Table 3   Importance comparison relative to national image in disaster reports (**A**)

Element	Weight
Media action (**B**1)	0. 698 6
Government action (**B**2)	0. 237
Non-government action (**B**3)	0. 064 3

Table 4   Importance comparison relative to Media action (**B**1)

Element	Weight
Objectivity of reports (**C**12)	0. 49
Persistence of reports (**C**15)	0. 236 2
Truthfulness of reports (**C**13)	0. 181 4
Timeliness of reports (**C**11)	0. 057 8
Balance of reports (**C**14)	0. 034 7

Table 5   Importance comparison relative to Government action (**B**2)

Element	Weight
Government restoration measures (**C**25)	0. 328 1
Government's emergency-dealing ability (**C**21)	0. 302 5
Government media literacy (**C**24)	0. 189 8
Government material relief (**C**23)	0. 139 5
Government humanistic care (**C**22)	0. 040 2

Table 6   Importance comparison relative to Non-government action (**B**3)

Element	Weight
Domestic NGO assistance (**C**33)	0. 609 8
Masses spontaneously mutual assistance (**C**32)	0. 196
Citizen journalists' media literacy (**C**34)	0. 138 6
International assistance (**C**31)	0. 055 7

2. 3   Theoretical evaluation model of national image in disaster reports

According to the weight and level of elements above, we construct the national image theory evaluation model in disaster reports. We suppose to evaluate a certain country's national image in disaster reports, using 10 – point scale to ask the masses and experts in this country to grade for every element. Set $t^3 (=1, 2, \cdots, 14)$ is the final score of the 14 elements above, w_{ij}^2, w_{ij}^1 $(i = 1, 2, \cdots, m; j = 1, 2, \cdots, n)$ is the relative weight of i in middle or bottom levelrelative to i in this level, m, n is the total number of elements in this and its bellow level, then the score of kth level relative to $(k+1)$ th level can be calculated:

$$t_i^k = \sum_{j-1}^{n} w_{ij}^{k+1} t_j^{k+1} \quad (k = 3, 2, 1; i = 1, 2, 3, \cdots, m)$$

(Formula 1)

After calculating t_i in every level, we use the following model to evaluate national image:

$$W = \frac{1}{10} \sum_{i-1}^{3} t_i^1 \times 100\%$$

(Formula 2)

t_1^1, t_2^1, t_3^1 stand for the score of media action (**B**1), government action (**B**2) and non-government action (**B**3) relative to national image in disaster reports. The **W** is the score of national image in disaster reports.

3. Conclusion

Many factors play an important role in shaping national image through disaster reports. From our study, we find media action the most important element in the middle layer, followed by government action and non-government action. Particularly, objectivity of reports has the greatest weight in media action, as do government restoration measures in government action and domestic NGO assistance in non-government action.

If all indices perform well in the action, it can help this nation turning crises into opportunities. Using AHP to construct the National image theory evaluation model in disaster reports can avoid stereotype and individual variability to some extent. The model supplies an operable quantitative analysis method, explains the inner logical relationship between different factors, and is proved to be possible and effective in practice. However, the relative weight of each factor in this model is fixed, while in fact they are different according to different countries and different disasters. The future research can improve the model through the following aspects:

When evaluating disaster's influence on national image, we should consider the different national conditions and culture, invite experts from different countries to re-determine the weight of each factor. Then evaluate the model.

Construct weight coefficient evaluation model with adaptive adjustment mechanism. In the current cloud computing era, if we can collect huge amounts of catastrophic events and their impact on the national image, constantly adjust simulation evaluation, then we can use artificial neural network model for information processing.

Make factor grade objectivity as much as possible, avoid subjective influence. And invite more experts to participate in evaluating, in order to reduce the error to the minimum and enhance the accuracy of the assessment.

Choose more different types of disasters to test this theoretical evaluation model. This is also helpful for future study.

作者: Ke Xue, Yuanbing Deng, Shuyao Wang
原载 *Quality & Quantity*, 2014;49: 1257 – 12

国家形象塑造中的媒体角色

——以汶川地震报道为文本

国家形象是一个系统概念,其构成相当复杂,这其中,媒体是重要的组成部分。尤其是当灾难来临时,媒体对灾难报道的视角、导向、人文精神,更是社会公众认知国家形象的重要参数。中国的媒体在汶川地震的角色,对于社会公众正确认知中国国家形象具有很好的示范意义。本文试图以汶川地震的媒体报道为文本,分析和思考国家塑造中的媒体角色。

一、媒体是国家形象体系中的重要组成部分

国家形象,顾名思义就是指某个国家在政治、经济、文化、外交等领域中的各种表现在国际社会中所塑造出来的形象和留给人们的总体印象。美国政治学家Boulding K. E. (1969)[①]认为,国家形象是一个国家对自己的认知以及国际体系中其他行为体对它的认知的结合;它是一系列信息输入和输出产生的结果,是一个"结构十分明确的信息资本"。这个定义说明国家形象是社会交往与互动的产物,更是在信息的传输和转化过程中产生的。

我国国内也有许多学者对国家形象的概念进行过各种探讨。

管文虎等人认为,"国家形象是一个综合体,它是国家的外部公众和内部公众对国家本身、国家行为、国家的各项活动及其成果所给予的总的评价和认定。国家形象具有极大的影响力、凝聚力,是一个国家整体实力的体现。"[②]

徐小鸽认为,"国家形象是一个国家在国际新闻流动中所形成的形象,或者说是一国在他国新闻媒介的新闻言论报道中所呈现的形象。"[③]

张毓强对国家形象的定义是:"一个主权国家系统运动过程中发出的信息被公众映像后在特定条件下通过特定媒介(medium)的输出。"[④]刘继南、何辉等认为国家形象可以界定为:"在物质本源基础之上,人们经由各种媒介,对一国家产生的兼具客观性和主观性的总体感知。"[⑤]

①　Boulding K E. The Image: Knowledge in Life and Society [J]. Journal of Philosophy,1956.
②　管文虎. 国家形象论[M]. 成都:电子科技大学出版社,1999.
③　徐小鸽. 国际新闻传播中的国家形象问题[J]. 新闻与传播研究,1996,(02):36 - 46.
④　张毓强. 国家形象刍议[J]. 现代传播:北京广播学院学报,2002,(2):27 - 31.
⑤　刘继南. 中国形象——中国国家形象的国际传播现状与对策[M]. 北京:中国传媒大学出版社,2006.

金灿荣认为,"国家形象需要有一个正常的定位。'形象'的英文是 image,是客观存在的,被多数人认同的、相对固定的心理记忆。它另外一面是 perception,即知觉,是主观的,无数个体主观的感觉,也就成了 image。一个国家在国际上的基本形象,主要还是取决于这个国家在国际上的表现、实践和成就。其次,还取决于其他一些要素,比如两国关系、国家所处的发展阶段,等等。"①

不管是将国家形象看作是信息流动的产物,还是认识和感知的对象,在大部分的定义中,媒体都是国家形象产生和传播必不可少的要素和介质。而徐小鸽等人的定义更是直接认为,国家形象是国家在新闻言论报道中呈现的形象。这说明媒体与国家形象之间存在的必然联系,也表明了媒体在国家形象塑造和传播中的重要作用和影响。

在现代人类社会,随着信息传播科技的发展和人类沟通需求的递增,国家形象的构建更加离不开大众传播媒介。人类由于受到物理空间和认知能力的限制,不可能与整个庞大的外部环境都保持经验性的亲身接触。而那些超出亲身接触范畴以外的事物,往往需要借助于媒介所构建的符号世界来加以展示。在关于国家形象的传播与感知中尤其是如此。一般来说,外国的受众很难大范围地接触到构成一国形象内涵的那些基本要素。在这里,不仅存在物理空间的阻隔,还涉及不同语言、文化、民族习惯,以及政治和外交等因素所带来的沟通障碍。因此,受众对于他国形象的感知主要还是依赖于大众传播媒介。

李普曼早在半个世纪以前就提出了"拟态环境"的概念。所谓"拟态环境"并不是现实环境"镜子式"的反应,除了客观环境本身,它还包含了传播媒介的主观因素,是传播媒介对象征性事件或信息进行"把关"重构后向受众提供的信息环境②。由于这一过程具有较大的隐蔽性,人们很难轻易觉察,因此人们常将媒介所建构的"拟态环境"等同于现实本身,并据此形成对于整个世界的认识和判断。这也就是说,在国际新闻传播中,新闻媒介不仅是国际社会公众关于外部世界的主要的资讯提供者,而且媒介通过对于信息的选择和加工,更加影响了人们对于一国形象的总体印象和判断,从而起到了建构国家形象的作用。

从国家形象的形成原理来看,一国的国家形象最终还是其自身实力和现实特征的外化表现。国家形象最终的决定因素还是自身实力的提高和现实特征的变化。也就是说,一国可以通过改变自己的实力和特征,来达到改变国家形象的目的。国家通过自己的行为来塑造自身形象,就是国家形象的"自塑"过程。在这个过程中,本国的媒体起着不可忽视的重要作用。如果能够遵循正确的新闻

① 中国改革论坛网[EB/OL]. http://www. chinareform. org. cn /cirdbbs.
② 郑彤. 国家形象与大众传播[J]. 东南传播,2007,(01).

准则，掌握正确的传播技巧，一国可以通过本国媒体修正和提升自身的形象。而如果媒体不能正常地履行自身职能，发挥在国际传播中应有的作用，也会给国家形象带来无形的伤害和耗损。

在大型的公共危机环境中，本国媒体的自塑对于国家形象而言更有重要的积极意义。灾难报道作为危机传播的一个重要内容，也构成了危机时期国家形象塑造的主要舆论环境之一。各种类型的危机，如墨西哥大地震、切尔诺利核电站事故、印度洋海啸等，一方面"会影响外界对这个国家安全性与可靠度的认知，会影响人们对这个国家居住、旅游、投资环境的评价"，另一方面也会影响这个国家政府的形象和声誉，国家形象与危机之间的关系也就显现出来了[①]。因此危机不单对一个国家的公共安全造成影响，同时也冲击着这个国家对外的国家形象，考验着一国政府的信息管理的能力，更加考验着该国媒体处理危机传播，塑造和维护国家形象的能力。

二、汶川地震报道中，我国媒体的角色定位

汶川地震发生以后，我国媒体以前所未有的速度、态度和人文精神对这一灾难事件进行了全面的、全方位的、全过程的、全追踪式的连续报道，这在中国传媒史上是具有重大突破的。

（一）报道的及时性

在此次汶川地震报道中，各类媒体对灾害在第一时间进行了公布，其速度之快给人留下了深刻的印象。2008 年 5 月 12 日 14 时 28 分发生地震后不到 10 分钟，国家地震局就迅速通过新华社向社会发布了正式的官方消息，并及时发布了各地的震感信息。地震后的第 18 分钟，也就是 14 时 46 分 29 秒新华网发布了关于四川汶川地震的消息。随后，新浪、搜狐、腾讯等网站都迅速转载了新华网的地震快讯。权威声音及时的出现，不仅满足了人们的知情权，缓解了人们的紧张情绪，挤压了谣言、传言的传播空间，也有力地降低了公众心头的震感。

地震当天下午，中央电视台等国内各大电视机构也播放了关于汶川地震的新闻，并且投入了大量时间、精力进行现场直播。其中 CCTV1、CCTV 新闻频道、CCTV4、四川新闻频道、成都新闻频道、四川卫视和凤凰资讯台等电视频道都有关于汶川地震的 24 小时现场直播节目。电视直播时间之长、直播频道之多、直播内容之充实也可以说是创下了中国的灾难事件电视报道之最。

---

① 周庆安. 大规模公共危机中的国家形象塑造——以 5·12 汶川大地震中中国国家形象为例[J]. 对外传播，2008，(07)：38-39.

全国各大报纸也在地震后的第二天纷纷在头版头条等显著位置刊登了地震消息。从 5 月 13 日开始，人民日报、中国青年报、解放日报、文汇报等全国各大报纸开始在头版刊登四川地震新闻，部分报纸还发表了相关评论。在这场突发的灾难中，中国媒体的表现为本国灾难报道历史的反应速度刷新了纪录。

（二）信息的公开性、透明性

灾后不到两小时，温家宝总理已经乘坐专机到达了灾区。同时，灾区的各种信息也通过中国各大媒体传遍了全世界。5 月 16 日，包括先期抵达的 20 多名境外记者在内的共 39 家媒体 61 名记者组成了中外记者团，开始了贯穿整个救灾过程的全方位、多角度的新闻报道。这也是历史上第一次，通过媒体镜头将中国救灾的全景画面向世界呈现。

为控制灾情而进行信息封闭，在相当长的一段时间内，是新闻报道的重灾区，最突出的一个案例就是 2003 年"非典"疫情的早期。当时有关主管部门对试图报道疫情的新闻报道进行"围追堵截"，而媒体的缺位和沉默导致了谣言风传和公众恐慌，使"非典"疫情变成社会危机。同时，也由于疫情的国际传播，极大地伤害了中国的国际形象。后来中央果断出手，要求迅速在媒体上报道真相，满足了公众的知情权，才迅速地稳定了民心[1]。

而在这次地震中，大量的报道篇幅被用于传达灾区的真实灾情状况以及灾民的安危情况。比如央视第一时间把镜头对准震后的废墟，中断正常节目进行 24 小时不间断地现场直播。此举刷新了中国公共传媒对重大事件的报道模式，其突破意义显而易见。另外，媒体对于灾区人员损失和财产损失的情况也不再讳莫如深。从 5 月 12 日当天开始，媒体就根据实际的遇难、受伤、被埋、失踪等情况，不断实时更新地震伤亡数字。

（三）对灾区的精神援助和人文关怀

媒体在第一时间把镜头对准了灾区和灾区人民，将全国人民的视线都聚集到了四川。除了号召进行救援、捐赠等实际行动外，媒体对于灾区的精神援助和人文关怀也是对灾区人民的一种无形的支持。地震发生后，新浪、搜狐、网易等各大门户网站，天涯社区等各大论坛都迅速开辟了汶川地震的专门频道，这些频道也成了网民们关注灾区，为灾区祈祷，为灾民祈福的场所。电视媒体也通过制作专题节目、播放赈灾义演等活动不断传递对灾区的关怀和鼓励。在 5 月 19 日至 5 月 21 日的全国哀悼日，国内各大报纸都纷纷制作了以悼念活动为主题的头版版式，采用黑白两色为主色调，以庄重肃穆的黑体字为字体。全国各大网站也

---

① 蔡静. 透明的媒体与自信的国家——汶川地震报道的"分水岭"意义[J]. 政工研究动态，2008，(14).

都自动将黑白灰作为哀悼日内的主色调。电视、广播等媒体停止播出娱乐节目，网络游戏等娱乐项目暂时关闭。在灾难带来的痛苦面前，媒体带来的庄严气氛是对灾区人民的关切之情的最好表达。

（四）对全国人民团结一致，抗击灾难的倡导

为了宣传抗灾行动，中央电视台等电视媒体制作了"众志成城 抗震救灾"的专题节目。网络、报纸等媒体上也承载大量丰富、翔实的文字新闻、图片新闻和视频新闻等。这些节目和新闻报道既向全国观众实时传递着灾区的实况，同时也鼓舞了广大的全国人民在灾难面前团结一致，携手并进，支援灾区。在这次灾难中，不断播放、发送的捐款、捐物和捐血号召集结了大批企业、单位和个人向灾区提供支援，同时也吸引了大量的志愿者奋不顾身地投入抗震救灾的行动中去。在灾难面前，爱国热情和人道主义精神得到了最大限度的激发，奥运圣火的传递活动也与赈灾活动结合到了一起。在媒体的全方位攻势下，全国人民的抗灾热情被迅速调动起来。尽管媒体不再像以前那样刻意强调正面的宣传，但是还是取得了积极的正面效果。

可以说，汶川地震的报道中，我国媒体真正扮演好了作为媒体的社会角色，报道准确及时，态度积极公正，角色充满人文关怀和爱心，起到了媒体应有的作用。

三、媒体汶川地震灾难报道在国家形象塑造中的积极意义

（一）改变负面形象，赢得普遍赞扬

"中国媒体第一次达到了国际水准！"这是美国《纽约时报》在其关于四川汶川大地震中国媒体报道的长篇新闻分析中提到的一个观点。而美国《华尔街日报》也专门刊登评论文章，称赞新华社英文报道在汶川地震报道中反应迅速，敢于冒险，有人情味，专业性强，突破了过去"宣传机器"的模式。《华盛顿邮报》则在报道中指出，新华社对于地震灾难的报道超过了美联社、路透社、法新社三大通讯社的总和[1]。

在汶川大地震发生之前，中国给外国的形象都是消息封闭，欠缺新闻自由，流入及流出的新闻及消息都经过审查。西方某媒体曾于 2007 年 10 月公布的全世界新闻自由指数，中国在 169 个国家中名列第 163 位，是新闻自由指数最低国

---

① 鹏飞.新华社汶川地震对外报道缘何赢得西方媒体普遍赞誉——专访新华社对外部主任严文斌[J].
对外传播,2008,(07):48-50.

家之一①。这种评价虽然具有意识形态的歧视性，但基本判断与西方媒体的价值认同是比较相近的。以 2001—2003 年《纽约时报》涉华报道内容倾向性分析②（见图 1）为例，可见一斑。

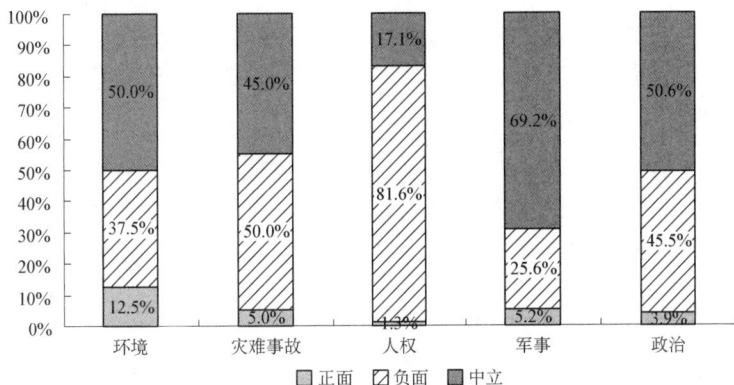

图 1　2001—2003 年《纽约时报》涉华报道内容倾向性

　　从图 1 可以看到，以《纽约时报》为代表，外国媒体在报道中国的灾难事故时，高达 50％比例的新闻报道都是负面的，而仅有 5％是正面报道。

　　汶川地震发生后，中国媒体及时、透明、有效的报道却让西方媒体大为惊叹，因此受到国际的广泛赞誉，大大改善了中国的国际形象。就连一些平时对中国抱有偏见的西方媒体，也给中国打了高分。正如英国《金融时报》的文章所说，四川地震正在改变中国的形象。

　　与图 1 产生鲜明对比的是，《纽约时报》此次对汶川地震报道在总体上对中国保持客观报道的态度。图 2 是对从 2008 年 5 月 12 日到 6 月 4 日期间《纽约时报》所有版面中全文中同时含有"China"和"earthquake"的 91 篇文章的报道倾向性分析，其中"正面"是指认同和积极倾向的评价，"负面"是指不认同和消极倾向的评价，"中立"是客观描述性报道。

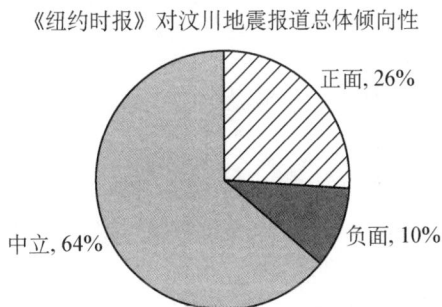

图 2　《纽约时报》对汶川地震报道总体倾向性

① 08 奥运年——国际关注中国新闻自由［EB/OL］．BBC 中文网，2008 - 4 - 25．
② 本表数据来自 2003 年由马静等人执笔的《〈纽约时报〉内容分析报告》。

（二）传播权威声音，融入世界话语体系

在西方媒体对四川省汶川大地震的报道中，最先发出的报道几乎都是转引自中国媒体。包括对中国媒体时有贬斥的 CNN、BBC 等，都大量使用了中国媒体的电视画面和文字报道。在本次汶川地震的报道中，中国媒体以迅速、全面、具可信度的报道向整个世界传播着最权威的声音，掌握着新闻报道的主动权，融入了世界传媒的话语体系。

蓬勃发展的大众传媒不仅充当了传播我国国家形象的中介，更为建构我国国家形象提供了有力的支持此。因此，从大众媒体的角度而言，应该进一步大力加强中国主流新闻媒体对中国家形象的报道。

（三）改善政府形象，消融政治偏见

地震发生以后，国务院总理温家宝马上乘专机来到抗震救灾的前线，亲自指挥抗震救灾的工作。同时，全国各级领导都纷纷行动起来，组织进行救灾和募捐活动。在面对地震灾害时，中国的领导层展示了前所未有的活力和高效率。这在一定程度上缓解了原先存在的部分国际反华情绪，取而代之的是以中国普世的爱心和国际责任意识逐步摒弃部分西方国家对我国的政治偏见。美国《时代》周刊的文章说："中国原来是这样的！"[①]国际受众在中国传媒的报道中对中国国家形象有了全新的解读，这对于国家形象的塑造与传播发挥了极大作用，营造了良好的舆论环境以及与外部世界和谐互动的氛围。

四、关于国家形象塑造中媒体角色的三大关系

有关国家形象塑造中媒体角色的研究，近年来有许多学着提出了富有建设性的观点。

程曼丽在《大众传播与国家形象塑造》一文中，提出了融入世界话语体系、遵循国际通行的标准与规范、追踪人类共同关注的热点和焦点问题，突出国家形象塑造的个性特性、及时准确地进行形象塑造与传播等 5 个方面的建议。颇具有操作性与系统性[②]。

吴玉荣在《传媒全球化时代的中国国际形象战略》一文中，提出以"传播"取代"宣传"，树立中国传媒自身可靠、可信、可亲、可敬的形象，走出去战略等一系

---

① 熊江丽. 西方媒体对汶川地震正面报道的原因[J]. 青年记者，2008，(23)：62 - 63.
② 程曼丽. 大众传播与国家形象塑造[J]. 国际新闻界，2007，(3)：5 - 10.

列意见,也具有一定见地①。

刘小燕在《关于传媒塑造与国家形象的思考》一文中,从条件、理念、方法三个系统进行了阐述,具有构架上的原创性。

李正国在《国家形象构建:政治传播及传播媒体影响力》从政治传播与大众传播的关系上进行了分析,并引用了胡鞍钢、张晓群所做的实证研究数据予以引证,很具有说服力②。

王晓红、王艳芳在《媒体对我国国家形象的塑造》一文中,提出的观点更加细致,研究受众心理,讲究引导艺术;反映中国主流,正面报道为主;重大事件首播,占据舆论主动;打造媒体形象,塑造国家形象;做好“话题设计”,引导国际舆论。这些观点已经从战略层面深入到战术层面,具体而强调操作性③。

韩源,王磊在《全球化时代的新闻传播与国家形象宣传战略》一文中,从转变新闻传播理念、改革我国的新闻传播体制、探索新的传播手段与方式、树立国家形象意识、推动建立国际传播新秩序5个方面提出了建设性意见④。

刘康、李希光在《如何塑造新世纪的中国国际形象》一文中,以对话的形式、措辞犀利地指出了中国国际形象塑造中的种种问题及中外媒体在中国国际形象塑造中的角色问题,内容翔实、观点新颖、发人深省⑤。

李正国在《危机公关·媒体角色与国家形象的修复》一文中,从形象修复的角度读论了媒体在国家形象塑造和危机公关中的角色,对媒体的角色定位进行了深入的思考⑥。

刘娜在《新闻传播与国家形象》一文中着重强调了中国的传播要融入国际传播的主流潮流问题,也有一定建设性⑦。

综述以上学者的观点,结合汶川地震中国媒体报道与国家形象的关系,我们认为,国家形象塑造中,媒体最为重要的是处理好三大关系,这三大关系既是这次汶川地震灾难报道中的经验,也是媒体在国家形象塑造角色体现的最重要的原则。

真实与主流的关系。真实是新闻的根本真实包括时空、事件、人物、因果等

① 吴玉荣. 传媒全球化时代的中国国际形象战略[J]. 中国党政干部论坛,2002,(06):41-43.
② 李正国. 国家形象构建:政治传播及传媒影响力[J]. 现代传播:中国传媒大学学报,2006,(1):157-159.
③ 王晓红,王艳芳. 媒体对我国国家形象的塑造[J]. 当代传播,2006,(03):81-83.
④ 韩源,王磊. 全球化时代的新闻传播与国家形象宣传战略[J]. Journal of Southwest University for Nationalities:humanities and Socialence,2005,(03):269-272.
⑤ 刘康,李希光. 如何塑造新世纪的中国国际形象——刘康与李希光的对谈[J]. 青年记者,1999,(6):4-7.
⑥ 李正国. 危机公关·媒体角色与国家形象的修复[J]. 中国广播电视学刊,2006,(03):25-27.
⑦ 刘娜. 新闻传播与国家形象[J]. 新闻爱好者:理论版,2007,(9):12-12.

一系列的要素。但人们往往认为一旦强调真实，就容易罗列新闻材料，引发人们的猎奇心理、模糊主流观的传播。事实证明，受众的品位和鉴别力并不像人们想象的那样地下，汶川地震报道真实而及时，但主流价值观依然清晰而准确，带给受众的感受真实而富有人性色彩，这是值得媒体管理机构认真总结和思考的。

多元与主旋律的关系。世界已进入多元化时代，角色多元、视角多元、价值也多元，汶川地震中，在可歌可泣的感人事迹比比皆是的同时，也出现"范跑跑"的报道与争论丝毫不会冲淡和影响主旋律的传播，我们让你痛多元时代，并非排斥主旋律，也相信广大受众有智慧和德性能把握好其中的关系。相反，没有杂音的铁板一块，不但不是真实人性的写照，也不是开放民主的媒体生态应有的状态和方式。退一步讲，即便是传统媒体可以加以控制，以网络为代表的信媒体努力的崛起，必定将多元存在演绎得淋漓尽致，这一点媒体要有认知，管理机构更要有充分的认知。

普世与主体文化。不容否认，人性化的许多价值观是具有普世性的，这一点在改革开放 30 年以后的今天已经得到了广泛的认同。当然，在西方经济主导的今天，西方的价值观同样主导着普世价值，我们认同基本普世价值的同时，必须弘扬代表东方文明与价值观的中国主体文化，这看起来是矛盾的，实际上恰恰是普世价值之所以存在的意义所在，如果没有各个国家和民族的主体文化，普世价值就没有存在的意义和理由。华尔街金融风暴也证明了西方的许多理念未必是全盘正确的。中国和西方的许多主体文化不但是人类文明的重要组成部分，而且是不可或缺的有机构成，这一点在当今中国是有必要给予强调的。

综上所述，我们从汶川地震媒体报道的样本分析入手，提出了媒体是国家形象塑造的重要内容，总结了汶川地震报道中媒体角色对国家形象塑造的积极意义，并从个案分析推及国家形象塑造中媒体角色的三大关系，从而在个案中总结经验，以此成为中国国家形象塑造的全新起点和媒体角色定位的全新尝试，在三大关系协调中，有所思考与建树。

作者：薛可、余明阳
原载《国际新闻界》，2008 年第 11 期

基于刻板思维的国家形象符号认知

——以《纽约时报》的"西藏事件"报道为例

一、研究媒体报道的挑战与意义

国家形象符号存在于她的受众观念之中,这一如消费品品牌存在于她的消费者印象之中一样。所以"形象"是意义的,而"国家"是符号的①。民族(nation)是一个想象的政治共同体(imaginal political community),人口调查、博物馆、地图等为这种想象的构建起着最原始的作用(本尼迪克特·安德森,1983)。而日益发达的媒体行业使得一个国家的受众已经远远超出了地域和民族意义上的界限,新媒体技术的普及使得这一共同体想象的边界扩大,国际受众已经成为越来越不容忽视的"世界村"村民。但要每一个受众都能充分、有效、真实地了解中国并不容易,因为受众并不是总能从媒体的报道中得到可靠的想知晓的新闻。

虽然媒体已经成为相关信息的主要提供者,但我们并不总是可以从媒体的报道中得到可靠的"受众观念"的现状,这相对于直接的受众调查来说是不占有任何优势的。根据美国著名研究机构 Pew Research Center 的调查显示,在2008 年 5 月 12 日—5 月 18 日(汶川地震)期间,美国受众与媒体之间的议程就存在着很大的差异:美国民众对中国地震的兴趣与美国媒体的报道数量呈显著差异,有 22%被调查者表示自己在这一时期最常关心的新闻是中国地震,而只有 13%的媒体报道比例;在油价上涨的议题上更是出现了巨大的差异,有高达31%的调查者很关心油价上涨,而媒体仅仅给予了 3%的报道量②。

媒体往往错误地估计了受众的兴趣或者有意地在引导某种舆论。媒体根据经验来估计受众的兴趣是一种经济的行为,但它并不是有效的,往往甚至是错误的。对于更多的情况来说,媒体是在被称为"框架"的概念中为受众"构建"一种印象,这种印象并不一定是指向态度,但在很大的程度上影响了受众按何种"结构"去思考与理解某种符号。对于西藏事件中,美国各大媒体都有相当数量的报道:根据 Pew research center,在 2008 年 3 月 17 日—3 月 23 日的一星期中,国

---

① 这里的"国家"是作为汉字的形式,可以是 nation,state 或者其他符号。而后文作为指称的国家是指代特定的对象。

② 数据来源:Pew Research center. Foreign Disasters Attract Interest Despite Modest Coverage [EB/OL]. http://people-press. org/reports/display. php3? RepoIrtD=423,2008.

家新闻媒体（national news media）对西藏事件的报道位居第三大重点报道新闻。但这并没有反映出一般美国人对这一事件的关注程度：只有12％的人表示很关心这一事件，而表示西藏事件是自己最为关注的新闻的只占4％①。美国人本身对政治的漠视态度已经持续了多年，对本国尚且如此何况是远隔太平洋的中国，所以对西藏事件反应的冷漠也是意料之中的。不过正是由于这种不太关心的态度和媒体的选择性报道使得中国的形象塑造遇到了极大的挑战。美国人不关心西藏事件，他们也不了解西藏，更无法穷根溯源，唯一的可能是在无意中接触到媒体的某些报道以后，就将媒体报道中的这一印象及态度默认为是"真实"，并以此来作为是非的判断和行为的标准。这一理论被美国学术界称为"媒体的历史教科书作用"，它说明了某一条政治新闻对政治漠视者的根深蒂固的影响（洪浚浩，2008年）②。在政治议题上，很多选民往往是在不确定的情况下而被要求做出判断和决定的，而这种判断通常是不可靠。这就是研究媒体的报道内容的一个理由。媒体报道并不一定是反映了受众的观念，而往往是在影响受众今后如何去认识这一观念所涉及的对象（符号）。因此，研究媒体的报道，可以有效地预见特定受众对国家品牌的理解和制定媒体公关策略。

二、研究理论基础与方法

完整的品牌必须同时包含有显性和隐性的要素，而作为国家品牌，这两个要素是如何形成的是一个至关重要的问题，因为它决定了国家形象所要塑造的方向。西藏事件是如何与国家的形象联系起来的，这在很大程度上也得从两个基本的要素着手，因为西藏事件得首先和显性的国家标志联系起来，并用以形成隐形的个性和独特的体念。可以看到，这会是一个纷繁复杂过程。本文将利用文本分析的研究方法来分析两个要素在西藏事件中形成的细节问题。

一个符号或者说表征是某人用来从某一方面或关系上代表某物的某种东西（皮尔士，1958年）。符号学研究意义是如何被生产出来的，这就意味着它可以解决一个国家的形象是如何在受众中形成的问题，因为国家形象在受众中形成的过程就是一个意义被生产出来的过程。符号学中的符号包括三个要素：形式（代表事物的符号，形象）、指称（被符号指涉的对象）和意义（对符号的解释）。这与构成形象的两个要素极其类似，形式是显性的要素；而意义则是隐形的要素，它构成形象的核心；指称则是指形象本身。在本文的论述中，形式即指媒体对西

① 数据来源：Pew Research Center • Obama and Wright Controversy Dominate News cycle [EB/OL]. http://people-press. org/reports/display • php3?ReportID＝406,2008.
② 根据美国纽约州立大学洪浚浩教授在上海交通大学的演讲，2008年5月。

藏事件的报道(这是一个语言系统),而指称是国家(对象意义而非符号意义)、政府、中国人民等,意义便是美国人心目中的中国国家形象。

　　表征的构成主义途径认为传递意义的并不是物质世界:用来表征我们概念的是语言系统或别的什么系统。事物并没有意义,我们构成了意义,使用的是各种表征系统,即各种符号和概念。被传播的不仅仅是单纯的信息而是意义,即在美国媒体对西藏事件的报道中,并不是美国媒体的报道本身(作为语言的系统),或者说西藏事件本身(作为图像表征符号下的系统)在传播中国的国家形象(意义),而是美国人对这一事件和报道的理解在被传播。① 换句话说,品牌的传播即是意义上的传递。但很可惜,这种意义的传播还经常是不准确的。这是因为不同的受众对于符号的理解并不是完全一致的,如果受众和传者的理解相差甚远,那么这种意义的传播即是失败的。这些意义的偏差在不确定情况下是经常发生的,人们通过"直觉"来判断形式的意义是快速的、根深蒂固的。卡尼曼和特沃斯基(1974)②认为代表性和易得性是导致偏差的原因。在不确定情况下的判断往往是根据某一事件的描述和刻板观念(类别)之间的吻合程度。如果事件具有某类的代表性,则事件就被判断为该类别的;或用一些容易想起来的事例来判断一种类别出现的频次或者事件发生的概率。信息匮乏和时间紧迫的时候,判断不是根据完全搜索而是最易想到的事实作为根据,如显著的、生动的事件等。

　　表征(符号)系统有两个过程。第一,存在一个"系统",依靠它,所有种类的人、事、物都被联系于我们头脑中拥有的一套概念或心理表象。③ 美国人并不知道"西藏事件"是一个什么东西,但借由媒体的报道可以生成某种大脑中的概念。媒体通过设置框架,影响人们的认知结构,建构特定的意义。我们理解某一符号是借助头脑中的概念图,如果概念图不同,理解也不同。意义是被组织、安排、分级到种种复杂的相互联系中去的概念,如暴力、匕首等。这些事物在头脑中形成与头脑外事物相区别的概念,并形成概念网,这些网络的链接便产生了意义④。我们说这一过程是媒体在为受众设置议程。第二,"一个共享的概念图是不够的,我们还必须能够表征和交流各种意义和概念,并且我们也只能在我们也拥有进入一种可共享的语言的通道时做到这一点。"(斯图尔特·霍尔,1997)⑤人们

---

① 现代认知心理学认为被人脑所加工的信息(符号)是语义的或者是图像的,并借此自上而下或自下而上地生产意义。

② 代表性直觉(representativeness heuristic)、易得性直觉(availability heuristic)是决策与判断研究中的经典现象。人类的认知资源是有限的,采取具有代表性或者更容易被大脑提取的信息来加工生成意义进行判断是经济的,并且有时候是有效的,当然偏差也往往发生在这一时候。

③ 斯图尔特·霍尔. 表征:文化表象与意指实践[M]. 商务印书馆,2003.

④ 相关理论可参见 Spreading Aestivation 理论的相关研究。

⑤ 两个系统和过程的理论来自斯图尔特·霍尔在《表征》中的论述。

共享的概念图被翻译成一种通用的语言，与特定的符号联系起来，形成特定的意义。在创造我们文化的意义系统的同时，这些符号代表或表征了我们头脑中拥有的诸概念以及它们之间的概念关系，基于刻板思维的国家形象符号认知它们共同创造了我们文化的意义系统。媒体的报道就是一种表征，但这一符号所表达的心理图式并不容易看出。我们称这一过程为社会文化对媒体的议程设置阶段。

本文采用文本分析的方法来分析美国媒体对西藏事件的国家品牌意义上的构建过程。选取的媒体为有"美国第一大报"美誉的《纽约时报》。选取时间为2008 年 3 月 13 日到 2005 年 4 月 13 日。选取文章为，头版和国际版中包含"Tibet"的报道共计 20 篇，其中头版报道 6 篇(标题见表 1)。

表 1 文章标题统计

编号	文章标题	报道时间	所在版面
1	Inindiancapta, Refugee Women March For Tibet	March 13，2008	World
2	China Tightens Security on Tibet Monks After Protests	March 14，2008	World
3	Violence in Tibet as Monks Clash With the Police	March 15，2008	Front Page
4	Dalai Lama Condemns China For Suppressing Uprising in Tibet	March 17，2008	Front Page
5	China Premier Blames Dalai Lama for "Appalling" Violence in Tibet	March 18，2008	World
6	China Tries To Thwart News Reports From Tibet	March 18，2008	World
7	China Says Olympic Torch Won't Veer From Tibet Route	March 20，2008	World
8	Unrest in Tibet Exposes a Clash Of Two Worlds	March 20，2008	Front Page
9	Chinese Crackdown in Tibet Echoes in Taiwan Before Vote	March 21，2008	Front Page
10	Bush Silent，but Others Speak Out on Tibet Crackdown	March 22，2008	World
11	As Tibet Erupted，China Wavered	March 24，2008	Front Page
12	Pressed on Tibet，China Berates Foreign Media	March 25，2008	World
13	Pro-Tibet Demonstrators Disrupt Olympic Ceremony	March 25，2008	World
14	At Shuttered Gateway to Tibet，Unrest Simmers Against Chines Rule	March 26，2008	World
15	Europe and U. S. Press China Over Tibet	March 27，2008	World
16	Protesting Monks Interrupt a Scripted Press Tour in Tibet	March 28，2008	World
17	Diplomats End Tibet Visit；Anxiety Grows Over Unrest	March 30，2008	World

（续表）

编号	文 章 标 题	报道时间	所在版面
18	Chinese Nationalism Fuels Crackdown on Tibet	March 31，2008	Front Page
19	Tibet To Accept Tourists；Trials Planned in Riots	April 4，2008	World
20	China's Leader Insists Sovereignty Is at Stake Over Tibet	April 13，2008	World

三、西藏事件的符号化过程

西藏事件本身不是符号（不仅仅是形式），也不具有特殊的意义，也就是说西藏事件并不是天然与国家形象联系在一起的。媒体是如何将西藏事件一步步符号化而最终和一个国家的形象联系起来的呢？通过对所选文本标题的分析就可以很清晰地看出这种符号化是明显的、递进的、有目的的。只有将西藏事件符号化以后，才能够进一步地赋予其意义，影响公众对这一符号的理解。也只有在阐明符号化的基础上，才可能进一步讨论国家的形象。

《纽约时报》的报道过程就是在将"西藏事件"符号化的过程，"西藏事件"的能指与所指也在不断地发生变化。其基本的报道过程为"自由西藏"抗议—抗议与官方冲突—中国政府的行为与对其的态度—奥运—两个世界的冲突—台湾反应—国际反应—中国人的民族主义。进一步分析，西藏事件的基本含义由最初的抗议政府，转向对政府"镇压"行为的批评，然后将其上升为对传统"中国人权问题"的批评，这一过程到此还并没有结束，《纽约时报》更是在 20 号的头版中将其视为"两个世界的冲突"。于是，媒体成功地将"西藏事件"的所指由其事件本身（抗议）构建为一个涉及东西方政治差异、利益冲突的重大事件。这种框架的设定，使人们再次谈论"西藏"事件时已经不再纠结于"抗议"还是"暴动"的区别，而是关注于中国或者说所谓世界上的"不民主国家"的人权问题。公众在被设置好的框架下进行思考，对于人权或东西方的冲突，在美国人片面的传统观念里得以确认。

这一符号化的过程还涉及另外一个层面，"西藏事件"所指称的对象，这一过程最终将西藏事件与国家的形象联系在了一起。《纽约时报》的报道中所针对的事件对象或主体变化为抗议者—中国政府、媒体—国际社会—中国人—中国。最初的报道只是针对抗议游行；而稍后的报道中已经开始对中国政府的"镇压"行为表示不满，对中国媒体的报道进行批评；然后写道欧美国家对中国的施压，这便已经是国与国之间的对话，其本质仍然是指向中国政府；最后报道开始针对中国人的所谓"民族主义"行为，报道提到中国人支持对西藏的"镇压"，于是完成了由抗议者到所有中国人的指称对象符号化。西藏事件也由此被视为一个国家、一个国家全体人民的行为。这些便构成了影响国家形象的重要因素。由此可知,在《纽约时报》的报道中,"西藏事件"是指向中国人的有关人权问题与东西方理念冲突问题的一个符号,这个符号就是国家形象的显性要素。而这一符号是如何被赋予以意义的? 需要清楚其隐形要素的形成过程及产生原因,并由此推测其带来的影响。

四、从刻板思维的认知根源看符号意义的构建及其影响

在最初的一段时间里,《纽约时报》报道是在不确定下做出的判断。这有两个方面的根据:一、中国政府和媒体在一开始基本没有做出回应,因此正如样本中的报道,18 日前并没有提到来自中国官方的信源,而多数来自对北京的外国学者的采访,以及达赖和欧美有关人士的回应;二、没有第一手的资料来源。当时许多外国记者没有能到西藏地区进行详细的现场报道,其报道不可能有关于西藏事件的原始资料,虽然不少报道中提到了"Violence in Tibet"(15 日)"Chinese crackdown"(21 日),他们援引的消息源也只是"witness"、"state media"。从新闻报道的角度来说《纽约时报》的报道有一定的客观性,没有太明显的感情色彩,但是中国政府的回应一开始并没有被写到报道之中,这毫无疑问是与新闻"平衡"的要求不符的[①]。而这种有失偏颇的报道"意味着什么"? 这种意义又是"如何生成的"?

《纽约时报》到底报道了些什么。其中最为核心的问题便是"人权问题":西藏事件说明中国的人权状况不好,其理由是和平抗议被镇压。其次是"文化保护"问题:西藏事件说明藏族不满中国中央政府的统治,原因是汉人破坏了文化生态。这些违背了事实的报道,很显然是不利于中国国家形象塑造的。

需要改变这种状况,就必须得先搞清楚为什么会这样,毕竟行政手段在美国的媒体中是不起什么作用的。

根据国内的报道来看,西藏事件既不是一个人权问题也不是一个民族问题,而是暴动和国家分裂的问题。事实上,《纽约时报》在人权和文化保护问题上对中国存在着"刻板印象"或曰"偏见"。根据一项针对《纽约时报》对中国国家形象建构的研究数据表明,对中国人权问题的报道为 14.7%,仅次于外交。值得注意的是,人权报道中有 90%是负面的报道,这远远高于总体报道(所有有关中国的报道)中负面报道 44%的比例[②]。但这并不是说这意味着美国媒体在有意针

[①] 如此看来,以判断一篇报道的公正性来做定量的描述是很困难的,因为判断本身就可能不够客观。

[②] 谢浩.《纽约时报》对中国国家形象的建构与传播[D].成都:四川大学,2007.

对"中国",相反这其实是美国媒体对世界上一切国家的惯有做法(洪浚浩, 2008)①。偏见是如何在西藏事件的报道中起到作用的呢？媒体是如何成功地将"人权"和"民族文化"的意义赋予西藏事件这一符号的呢？

　　刻板印象是一种有效率的认知工具,维根斯基于刻板思维的国家形象符号认知(Wiken,1976年)的实验证明了利用刻板印象进行判断可以节约很多认知资源,并且在后续的研究中证明了刻板思维出于其自动化和默认性的特点。德维案(1995年)认为"人们不能总是觉察到刻板印象何时影响了他们的判断。"在以下的情景中,我们会发现依赖刻板印象能使我们既轻松又高兴:时间紧迫(KaPlan和Othasr,1993年)、心事重重(Gilbert和Hixon,1991年)、疲惫不堪(Bodenhausen,1990年)、情绪激昂(Esses和Others,1993年)。对于媒体机构来说,这种经济的行为是符合组织的最终利益的。在最初事件的发生过程中,没有记者现场报道的条件,中国官方也未有十分明确和详尽的说法,但对于受经济利益支配的美国媒体来说,第一时间给出报道是必需的。那么可以报道什么呢？如何报道呢？利用刻板印象是有效快捷的方法。首先,这是一种经济的行为,可以在短时间内完成报道内容,产生经济效应;其次,它是容易被接受的,因为受文化驱使而形成的刻板印象往往是某一社团或某一地区公众最容易认同的,在一些西方公众眼中中国政府或许是不"民主"的,或许也没有顾及"西藏文化",这是他们对中国政府固有的思维模式。信息的缺乏和经济的行为使媒体选择了最简单最容易被接受的刻板思维报道方式。同样,我们发现美国媒体机构所面临的社会环境与刻板思维自动化的条件是基本吻合的:第一时间没有足够的消息源;美国国内大选与油价机升,无足够时间关注西藏问题;美国经济问题已使各媒体在经济和报道上都疲惫不堪,他们已无暇花足够的时间、精力和财力来如实报道"西藏事件"。

　　或许会有不少人认为社会系统会给予这种不"道德"的媒体报道一些约束,其实正好相反,美国的社会历史和现实状况进一步促成了媒体在西藏事件中的报道偏见。偏见起源于不平等的社会经济地位以及其他社会原因,包括我们习得的价值观和态度。一旦这些不平等业已存在,偏见就在帮助那些有钱有势的人将其在经济和社会方面的特权合理化。刻板印象使不平等的社会地位合理化(Yzebryt和Othesr,1997年)。美国与中国在经济和政治上的巨大差异,导致美国人总是企图维持其固有的在"人权"和"文化"上的绝对优势,这种偏见的形成几乎已有一个世纪的历史。并不是西藏事件导致了偏见,而是偏见本身导致了美国媒体对这一事件的偏见看法。偏见一旦形成,它在很大程度上就会由于

惯性而持久存在(戴维，2006年)。如果偏见被社会所接受，那么许多人将会跟从遵循最为畅通无阻的道路，顺从这种潮流。

美国人在经济上的衰退和中国经济的增长虽然并不构成其偏见产生的主要原因，但是它的确在偏见地解释符号意义上起到了推波助澜的作用。美国媒体不断试着维持自我价值观和自我完整性(美国是超级大国)，当自我意象受到威胁时就会导致偏见的增加。他们首先避免和降低他们自我意象的威胁的来源有任何关系，将其归类为不属于同一类的(因此不是超级大国)，然后为这一类(已经被符号化的中国)贴上标签进行判断(不如"我们")。偏见往往能使怀有偏见的人恢复积极的自我感受[1]。

这种报道方式对受众的影响在于促进了代表性和易得性偏差的产生。在西藏事件初期信息不完全的情况下，美国人对中国的刻板印象被几乎自动化地启动了。首先，这种刻板的印象是在历史中形成的、相对固定的。其次，当媒体对西藏事件进行"不尊重人权"议题上的细致描述时，即便这是虚构的，并随着细致程度的增加离真实性的概率在减小的情况下，人们仍然会根据其描述与刻板印象之间的相似程度来判断其代表性。这种代表性直觉在受众的时间和空间上都是内在一致的，是人们预测有信心的主要决定因素[2]。媒体对西藏事件的细致描述，是冗余的输入变量，内在的一致性导致了人们对这一事情真实性效度的极大高估。而易得性的作用是在后期发生的。当面对大量媒体同类的报道之后，"主流"的观点(就是被报道最多的观点和情景)已经处于受众对西藏事件的价值判断体系的最上层，也就是最容易被提取和加工的位置。当被要求在短时间和非完全信息的情况下做出判断时，"主流"的情形是最容易获得的，并由此被表征出来，这一观点在政治传播学中被称为"启动效应"(priming effect)。所以，美国受众似乎有足够的理由接受这种报道方式，并"喜闻乐见"。

由此可以得出初步的结论："西藏事件"符号概念的生成源于刻板思维，当这种符号被阐释为"中国"时，便被理解为一个国家的形象。西藏事件对国家形象的影响在于美国人进一步地确认了其对中国国家形象的刻板印象，而正是这种刻板印象才导致了偏见的理解，也才有最终的再次偏见的确认。更为严重的是，这种确认是就已经有刻板印象的美国人和美国媒体而言的，根据"媒体历史教科书作用"，偏见还将在其他人群中得以维持并传播，导致新一波的误"读"。所以，要改变中国的国家形象就必须要改变这一恶性的循环。

---

[1]　参见 Steel，Speneerete 的相关研究，偏见的这种能力被称为偏见的自我肯定性质。

[2]　参见 Amos Tvesrky. Daniel Kahnemna. Judgment Under Uncertainty：Heuristics and Biases 有关代表性和易得性的论述，已有大量的实验证明这种效度的错觉时常发生。该文原载于《科学》1974，x85,1124 - 1131.

　　然而媒体对大众态度的改变是极其困难的,而一国对另一国媒体的意义传播的影响也是极其艰难的。偏见是一种预判,预判能引导我们的注意、解释与记忆。但是若要改变偏见,重塑形象,就得抛弃与原有不同的刻板思维,这就极大地降低了人们注意该信息的可能性。其实一旦人们有违我们的刻板印象时,我们会通过分出一个新的子群体刻板印象来维护以前的刻板印象。"标签的作用犹如一个拉响的汽笛,它让我们对所有平时能感知到的细微差异充耳不闻。"(戈登・奥尔波特,1954 年)。效度错觉能够增加人们判断的信心,而态度的改变是要寻求一种内部的不一致,人们或许并不愿意用一种更让人没有信心的观念来改变自己固有的态度。所以,无论从理论上还是实践中要改变因刻板思维而形成的符号认知都是有一定难度的,这需要长期的探索与进一步的研究。

作者：薛可、梁海

原载《新闻与传播研究》,2009 年第 1 期

城市形象危机防范与新闻报道
——以深圳市为例

一、大众媒体与城市形象

城市形象,是指构成城市的各种要素之总和以及城市在公众心目中的总体印象及其实际评价,是城市性质、功能和文明的外在表现①。城市形象既是一种客观的社会存在,又是一种主观的社会评价。这种主观评价和印象是通过大众传播、人际传播以及个人亲身经历等各种因素共同作用所形成的。在现代社会,公众对于外部世界的认识越来越依赖于大众媒体这一中介。大众媒体在城市形象的传播和接收中发挥着不可替代的作用。

李普曼是最早认识到大众媒体在现代社会中的重要性的学者。李普曼在半个多世纪以前就已经提出了"拟态环境"的概念。所谓"拟态环境"并不是现实环境"镜子式"的反应,除了客观环境本身外,还包含了传播媒介的主观因素,是传播媒介对象征性事件或信息进行"把关"重构后向受众提供的信息环境。美国传播学家马尔科姆·麦肯姆斯和唐纳德·肖又进一步发展了这个概念,提出了"议程设置"理论。他们认为,大众媒介通过把握新闻报道的选择权、优先度以及表达形式对社会环境进行再构建,在公众周围创造一种舆论氛围,从而潜移默化地影响他们对外部世界的认知和观念②。在城市形象的传播过程中,大众媒介也是不可忽视的中介和参与者。对于公众来说,除了在现实中通过亲身参与城市生活来获得对城市的体验和感知外,公众接触得最多的就是已经无所不在的大众传播媒介。尤其是在网络等新媒体迅速发展的今天,公众可以快速而便捷地从大众媒体中获得有关某一城市的诸多方面的各种信息。媒体对城市的报道直接地影响着公众对于城市面貌的判断——正面信息往往能给公众留下美好的印象,而负面的报道则容易使城市形象大打折扣,甚至给城市带来形象危机。

在接受和处理外部信息的过程中,人通常会产生两种思维活动:一种是抽象化的过程,一种是普遍化的过程。抽象化的过程,是指人们在接受信息的过程中将零散的信息归纳成概念,各种概念的组合发展成思维体系,体系一旦形成,

---

① 刘,谢剑波. 城市形象建设中的政府角色——基于公共物品的视角[J]. 湖南人文科技学院学报,2008,(01):54-57.

② 张国良. 现代大众传播学[M]. 成都:四川人民出版社,1998.

就会成为一种思维定势,后续的信息都会在这种思维定势的影响下被筛选或整合,思维定势一方面帮助人们对信息形成系统化的认识,另一方面又将现有的概念体系之外的信息排斥出去;普遍化的过程,是一种贴标签式的思维模式,一旦印象形成,人们会将这个标签里的所有属性赋予新的对象,例如提起非洲国家,人们想到的往往是贫困、饥饿和疾病①。理解这两种思维活动对于理解大众媒体在城市形象传播中的作用十分重要。当公众在大量负面报道的影响下,形成对城市形象的某种思维定势和标签化认识后,要重构新的认知体系会变得十分困难。因此,在大众传播发达的今天,必须重视大众媒体在城市形象传播中所发挥的重要作用,尤其是主流媒体对公众认知和观念的形成所起到的引导作用;要塑造和维护良好的城市形象,预防形象危机,为城市创造一个健康、和谐的舆论环境。

二、2008 年国内外主流媒体关于深圳的报道

深圳是我国改革开放的前沿阵地,是沿海的老牌特区。在改革开放 30 年的历程中,深圳创造了经济、政治和社会发展史上的无数个奇迹和神话。深圳也曾是一代人心目中的"改革之都"、"活力之都",然而随着国内外宏观政治经济环境的改变和大众认知、观念的变化,深圳的城市形象建设也面临着挑战。本文将通过对国内外八家主流大众媒体中有关深圳的新闻报道进行分析,来考察 2008 年深圳城市形象传播中所存在的一些问题。

本文所选取的这八家媒体具体包括《人民日报》、《中国青年报》、新华网、搜狐新闻网、《大公报》、《星岛日报》、《纽约时报》、路透社。其中《人民日报》、《中国青年报》、新华网和搜狐新闻网为内地主流媒体,《大公报》、《星岛日报》为中国香港主要媒体,《纽约时报》、路透社为西方主要媒体。从这些媒体的新闻报道中检索到的 2008 年全年涉及深圳的新闻报道数量一共有 2 917 条,分别为:《人民日报》65 条、《中国青年报》164 条、新华网 550 条、搜狐新闻网 1 526 条、《大公报》306 条、《星岛日报》285 条、《纽约时报》8 条、路透社 13 条(剔出重复报道后的数据)。在对这些数据进行统计和分析后,本文总结出深圳在主流媒体报道中所涉及的如下四个方面的问题。

(一) 深圳城市形象的负面报道比例较高

按照对深圳城市形象是否有利的标准,本文将检索到的 2 917 条报道分为正

---

① Manheim, J. B. and R. B. Albritton. Changing National Image: International Public Relation and Media Agenda Setting [J]. American Political Science Review, 1984,(3): 78.

面报道、负面报道、中性报道三种类型。各种类型的具体报道数量如表1所示。

表1　八家媒体中正、负面及中性报道数量统计

媒体名称	报道数量和比例（单位：条）						
	正面报道		负面报道		中性报道		总数
人民日报	37	56.92%	10	15.54%	18	27.69%	65
中国青年报	69	42.07%	44	26.83%	51	31.10%	164
新华网	187	34%	95	17.27%	268	48.73%	550
搜狐新闻网	296	19.40%	250	16.38%	980	64.22%	1 526
大公报	63	20.59%	74	24.18%	169	55.23%	306
星岛日报	40	14.04%	132	46.32%	113	39.65%	285
纽约时报	4	50%	3	37.50%	1	12.50%	8
路透社	2	15.38%	6	46.15%	5	38.46%	13
总计	698	23.93%	614	21.05%	1 605	55.02%	2 917

从表1可知，在各媒体的报道中，中性报道所占比例最高，占到了一半以上；正面报道的数量虽多于负面报道，但是从所占比例来看，负面报道的比例仍占到了20%以上，而且与正面报道所占比例仅相差2.88%左右。负面报道是影响公众对深圳形象认知的主要负面因素。这说明，在2008年的报道中，存在一定比例的公众对深圳城市形象的认知隐患，需要引起管理者的重视。

（二）涉及经济和社会领域的负面报道最多

本研究分析样本的来源——国内外八家媒体都是综合性的新闻媒体，因此，除了按照正面、负面以及中性报道进行分类外，本文还根据报道主题所涉领域的不同，将所有报道分为政治、经济、社会、科教和体育五种类型。基于此分类，这八家媒体对深圳的具体报道数量如表2所示。

表2　八家媒体对深圳政治、经济、社会、科教和体育等领域报道数据统计

媒体名称	报道数量和比例（单位：条）										
	政治领域		经济领域		社会领域		科教领域		体育领域		总数
人民日报	37	56.92%	10	15.54%	18	27.69%	5	7.69%	3	4.62%	65
中国青年报	69	42.07%	44	26.83%	51	31.10%	22	13.41%	22	13.41%	164
新华网	187	34%	95	17.27%	268	48.73%	39	7.09%	30	5.45%	550
搜狐新闻网	296	19.40%	250	16.38%	980	64.22%	45	2.95%	88	5.77%	1 526
大公报	63	20.59%	74	24.18%	169	55.23%	10	3.27%	3	9.80%	306
星岛日报	40	14.04%	132	46.32%	113	39.65%	16	5.61%	2	0.70%	285

（续表）

媒体名称	报道数量和比例（单位：条）									
	政治领域		经济领域		社会领域		科教领域		体育领域		总数
纽约时报	4	50%	3	37.50%	1	12.50%	0	0	0	0	8
路透社	2	15.38%	6	46.15%	5	38.46%	0	0	0	0	13
总计	698	23.93%	614	21.05%	1605	55.02%	137	4.70%	148	5.07%	2917

　　由表2可以发现，涉及深圳的这些新闻报道主要集中在社会和经济领域，其次分别是政治、科教和体育领域。将表1和表2进行交叉后可以获得八家媒体涉及五个领域的正面、负面以及中性报道的数量和所占比例（见表3、表4和表5）。

表3　八家媒体正面报道在各领域中数据统计媒体名称

媒体名称	报道数量和比例（单位：条）									
	政治领域		经济领域		社会领域		科教领域		体育领域		总数
人民日报	7	18.92%	10	27.03%	15	40.54%	3	8.11%	2	5.41%	37
中国青年报	13	18.84%	8	11.59%	28	40.58%	12	1.74%	8	11.59%	69
新华网	12	6.42%	46	24.60%	97	51.87%	22	11.76%	10	5.34%	187
搜狐新闻网	40	13.51%	51	17.23%	150	50.68%	13	4.39%	42	14.19%	296
大公报	15	23.81%	18	28.57%	22	34.92%	5	7.94%	3	4.76%	63
星岛日报	11	27.50%	10	25.00%	15	37.50%	4	10.00%	0	0	40
纽约时报	0	0	3	75.00%	1	25.00%	0	0	0	0	4
路透社	1	50.00%	0	0	1	50.00%	0	0	0	0	2
总计	99	14.18%	146	20.92%	329	47.13%	59	8.45%	65	9.31%	698

表4　八家媒体负面报道在各领域中数据统计

媒体名称	报道数量和比例（单位：条）									
	政治领域		经济领域		社会领域		科教领域		体育领域		总数
人民日报	0	0	5	50.00%	5	50.00%	0	0	0	0	10
中国青年报	11	25.00%	6	13.64%	23	52.27%	4	9.10%	0	0	44
新华网	2	2.11%	30	31.58%	60	63.16%	3	3.16%	0	0	95
搜狐新闻网	15	6.00%	81	32.40%	150	60.00%	3	1.20%	1	0.40%	250
大公报	6	8.11%	37	50.00%	30	40.54%	1	1.35%	0	0	74
星岛日报	4	3.03%	28	21.21%	94	71.21%	5	3.79%	1	0.76%	132
纽约时报	0	0	1	33.33%	2	66.67%	0	0	0	0	3
路透社	0	0	1	16.67%	5	83.33%	0	0	0	0	6
总计	38	6.19%	189	30.78%	369	60.10%	16	2.61%	2	0.33%	614

表 5　八家媒体中性报道在各领域中数据统计

媒体名称	报道数量和比例（单位：条）										
	政治领域		经济领域		社会领域		科教领域		体育领域		总数
人民日报	4	22.22%	4	22.22%	7	38.89%	2	11.11%	1	5.56%	18
中国青年报	4	7.84%	11	21.57%	16	31.37%	6	11.76%	14	27.45%	51
新华网	8	3.00%	70	26.12%	156	58.21%	14	5.22%	20	7.46%	268
搜狐新闻网	78	7.96%	302	30.82%	526	53.67%	29	2.96%	45	4.59%	980
大公报	8	4.73%	93	55.03%	64	37.87%	4	2.37%	0	0	169
星岛日报	11	9.73%	39	34.51%	55	48.67%	7	6.19%	1	0.88%	113
纽约时报	0	0	0	0	1	100%	0	0	0	0	1
路透社	0	0	5	100%	0	0	0	0	0	0	5
总计	113	7.04%	525	32.65%	825	51.40%	62	3.86%	81	5.04%	1 605

表 1～表 4 的统计数据显示，在负面报道中，经济领域和社会领域的新闻报道所占比重最大，分别为 60.10% 和 30.78%。表 6 的统计结果显示，在政治、科教和体育领域中，中性报道所占比重最大，其次是正面报道；而在经济和社会领域中，中性报道所占比重最大，而负面报道则都多于正面报道。

表 6　五个领域中正面、负面和中性报道数据统计

媒体名称	报道数量和比例（单位：条）									
	政治领域		经济领域		社会领域		科教领域		体育领域	
正面报道	99	39.60%	146	17.00%	329	21.60%	59	43.06%	65	43.92%
负面报道	38	15.20%	189	22.00%	369	24.23%	16	11.68%	2	1.35%
中性报道	113	45.20%	524	61.00%	825	54.17%	62	45.26%	81	54.73%
总计	250	100%	589	100%	1 523	100%	137	100%	148	100%

表 4 和表 6 中的这两组数据都说明，对深圳城市形象形成不利影响的议题主要集中在经济和社会这两个领域上。经济和社会是被报道数量最多、所占负面比重最大的主题。也就是说，经济和社会领域是城市形象管理者需要着重关注的两个领域。

（三）负面报道的主题集中在公共安全和房产经济上

负面报道在对城市形象造成一定程度损害的同时，通常也能够反映出一个城市在某些具体方面所存在的缺陷和隐患，从积极方面来看，对城市形象的负面报道有利于管理者进行问题治理和城市形象危机预防。在将检索后获得的 614 条负面报道按照主题和相关性进行更进一步的分类后发现，这些负面报道相对

集中地分布在以下主要议题当中(见表7)。

表7　各领域负面报道集中的主要议题

	议题	报道数量	领域内报道数量	占该领域报道比例/%	占所有负面报道比例/%
政治领域	官员腐败渎职	34	38	89.47	5.54
	其他	4	38	10.53	0.65
经济领域	房市、房价和房贷	104	189	55.03	16.94
	民工退保、返乡和劳动力缺口	42	189	22.22	6.84
	经济危机和企业倒闭	27	189	14.29	4.40
	其他	16	189	8.47	2.61
社会领域	公共安全事故	193	369	52.30	31.43
	涉性丑闻	53	369	14.36	8.63
	施工事故	39	369	10.57	6.35
	治安事件	25	369	6.78	4.07
	卫生事故	21	369	5.69	3.42
	其他	38	369	10.30	6.19
科教领域	教育公平	8	16	50.00	1.30
	技工荒	5	16	31.25	0.81
	其他	3	16	18.75	0.49
体育领域	大运会	1	2	50.00	0.16
	奥运会	1	2	50.00	0.16

由表7可知,在所有负面报道中,公共安全事故和房地产经济两个议题所占比例最大,占到所有负面报道的31.43%和16.94%。其中,在政治领域,负面报道的主题主要集中在官员腐败和渎职上,报道量占到了该领域总报道量的89.47%;在科教领域,教育公平问题之"金融高管子女可获中考加分"事件成为报道的重点,其次是技工荒的问题;在体育领域,"大运会吉祥物无中文名"和"火炬试传引发交通堵塞"成为报道的话题。可以看出,涉及这五个领域的负面报道的议题集中性虽然较高,但报道的绝对量却较少。

通过对前文的数据分析可以发现,负面报道主要集中在经济和社会这两大领域。在经济领域,房地产、农民工和经济危机是被报道的三大主要议题,分别占了该领域报道量的55.03%、22.22%和14.29%。其中,房地产相关议题又是经济领域中最受关注的话题。"深圳楼市惨跌"、"深圳出现断供潮"和"银行不良资产率高"等报道为深圳的经济活力蒙上一层阴影;"断供第一案"、"万人购房团"和"银行假按揭"、"银行违规放贷"等事件的出现,又为公众提供了诸多讨论的话题和想象的空间。

社会领域是负面报道数量最多的一个领域。一方面是由于社会问题错综复杂,包罗万象,另一方面是由于民生和公共安全等社会问题往往关系到公众的切身利益而更能引发关注。在社会领域,公共安全事故、涉性丑闻、施工事故、卫生事故和治安事件等分别构成了该领域内的主要议题。图1则显示了此次检索中负面报道最集中的五大事件。就具体事件来看,2008年深圳的重大火灾事故"龙岗大火"是最受关注的公共安全事件,报道数为123条,其余依次是猥亵女童事件(48条)、"南山大火"(43条)、千人袭警事件(19条)、比亚迪中毒事件(18条)。

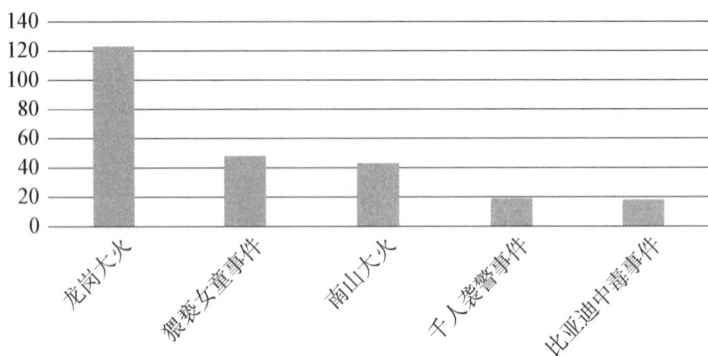

图1　社会领域中报道最集中的五大事件

综合来看,社会领域的负面报道大部分聚焦在突发性的危机事件上。这些事件往往最能吸引公众的眼球,给城市形象造成的影响是消极的。因此,如何积极应对突发性的危机事件是城市形象维护的一个重要方面。

(四) 香港媒体和西方媒体偏爱

负面报道从表1的统计数据看,按照负面报道所占比例由高到低进行排名,依次是《星岛日报》46.32%、路透社46.15%、《纽约时报》37.50%、《中国青年报》26.83%、《大公报》24.18%、新华网17.27%、搜狐新闻网16.38%、《人民日报》15.54%(见图2)。

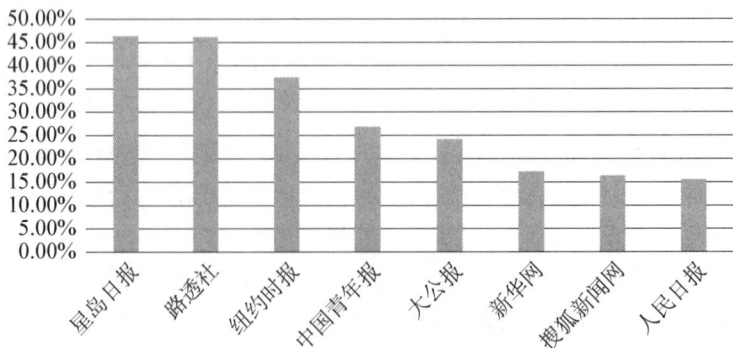

图2　八家媒体负面报道比例排名

负面报道所占比例最高的前三位媒体是中国香港的《星岛日报》、英国的路透社和美国的《纽约时报》，而排名最末的后三位均是中国内地媒体（由于在西方媒体中检索到的有效样本较少，本排名仅在此项研究内有意义，不具备更广泛的代表性）。这从一定程度上可以说明，香港媒体和西方媒体对于负面报道的追逐敏感度和对新闻事件的批评性高于内地媒体。因此，对于城市形象管理者来说，要塑造一个国际化城市的良好形象，则必须更加注意在境外媒体当中拓展和优化城市形象的传播渠道。

三、防范形象危机与优化舆情环境

（一）建立政府、媒体与公众之间的良性互动关系

随着我国政治经济均衡化发展的不断推进，深圳将面临日益激烈的城市竞争。良好的城市形象既是城市可持续发展的重要动力，也是城市参与全球竞争的强大武器。而作为城市管理者的政府，既是城市形象的重要构成要素，又是城市形象建设和维护的核心力量，应在城市形象的传播中发挥其主导作用。

在城市形象的传播中，政府、媒体和公众之间是一个互动的三角关系。政府要通过媒体向公众表达其政治意图，实现政治沟通；而公众在接受各种信息之后所形成的公众情绪也反过来影响政府；作为中介的媒体，其环境建构和议程设置作用同时也会受到来自政府和公众双方面压力的影响[①]。在这个过程中，作为城市形象的管理者，政府不仅需要借助媒体实现与公众之间的交流与沟通，更需要在一定程度上引导媒体，尤其是主流媒体的言论，最终在政府、媒体与公众之间建立一种良性、有序的互动关系。缺乏引导的媒体往往会出现大量的观点不同、互相矛盾，甚至偏离事实的报道。对于公众来说，这些报道不仅难辨真伪，而且易造成信息误导；对于政府来说，不准确、不实的报道容易给政府工作带来被动。为了维护和提升城市的良好形象，政府必须采取各种措施积极与媒体合作，主动引导、控制新闻舆论导向。

（二）建立城市形象危机预警机制

微风起于青萍之末。突发性的形象危机事件往往防不胜防，但并非不可控制。对于城市形象的管理者来说，在变幻莫测的现实环境中，要维护城市的良好形象，必须要建立起一套完善的形象危机预警机制，以抵御各种负面信息给城市

---

① 董小英，彭泗清，王其文，等.英文媒体的议程设置及对国家形象管理的启示：对五个奥运举办城市报道主题的跟踪研究[J].中国软科学，2008，(06)：16－27.

形象带来的危害，从而降低形象危机给城市形象带来的损失。建立城市形象危机预警机制首先需要构建一个内部环境监测系统，而这个要求恰好与媒体的环境监测功能相互符合。美国著名传播学者拉斯韦尔认为，环境监测是媒体最主要的三大功能之一。所谓环境监测，是指媒体以"新闻"为手段，不断向整个社会及时报告环境中的动态信息，并通过客观、正确地反映现实社会的真实情景，使人们了解足以影响社会进程的机遇和威胁，并作为决策或付诸行动的依据的一种社会职能①。对于城市形象管理者来说，通过媒体系统性地监控社会环境和公众情绪，了解城市在社会、政治、经济各方面存在的隐患，找出最贴近公众切身利益的各项议题，并通过积极主动的反应对事件进行先期处理，使危机爆发的可能性降到最低，是危机预警机制最大的功用。

（三）拓展和优化对外交流的传播渠道

对于国内来说，城市形象的对外传播具有更大的难度。一方面，国际社会环境更加复杂，各种信息的传播渠道更多、更广，这也使负面信息有了更大的流动性；另一方面，国际媒体和公众对于我国城市的形象存在一些负面的思维定势和偏见，使得我国城市对外宣传的局面难以有效打开，加之缺乏有意识地引导和管理，境外新闻媒体对于我国城市形象的负面报道往往比国内更多。这对我国城市塑造国际化的良好形象形成了不小的阻碍。对于管理者来说，要塑造国际化的城市形象，必须要积极主动地拓展和优化对外交流的传播渠道，通过与境外媒体的良好互动来实现正面信息的充分交流。只有这样，才能逐渐消除国际媒体和公众对我国城市形象所存在的负面思维定势和偏见，从而建立起对我国城市形象的新的认知和观念②。

作者：陈晞、薛可、王振源
原载《城市问题》，2010 年第 2 期

---

① 蒋成成. 媒体对恐慌舆论的理性引导[J]. 青年记者，2008，(29)：10.
② 郝胜宇. 国内城市品牌研究综述[J]. 城市问题，2009，(1)：23 - 28.

Can the World Expo Change a City's Image through Foreign Media Reports?

1. Introduction

The World Exhibition or Exposition, abbreviated as the World Expo, is an international event organized by the host country's government or certain organizations with governmental delegations. With its immense impact and long history, it is always billed as the "Economic Olympics." Participants of the Expo display their cultural, scientific, technological, and industrial achievements that positively influence human life.

The World Expo has gone through three eras (Walvis, 2004)[①]. First, in the era of Industrialization (1851 – 1938), the Expo focused on trade and was well-known for exhibiting the most up-to-date scientific and technical inventions. Second, in the era of Cultural Exchange (1939 – 1987), the Expo paid attention to cultural exchange issues and became very future-oriented and utopian. Finally, in the era of National Branding (1988 – present), countries have been improving national image through their national pavilions as was in the case of the Expo 1988 in Brisbane. Today, national image has become a strong asset, so both national pavilions and the Expo itself have become tools for marketing national image. National and city administrators believe that apart from displaying national image, hosting the Expo can raise reputation and build good image for host countries and host cities, thus facilitating the branding process. For instance, as host of the World Expo 2010, Shanghai strived to present itself as a livable city by pursuing the theme "Better City, Better Life." However, except for people who actually attended the Expo, the international public experienced Shanghai only indirectly through media reports. Therefore, the content and attitudes of media reports became a major determinant of people's cognition of the city.

---

① Walvis, T. (Ed.). Three eras of World Expositions: 1851 – present [J]. Cosmopolite: Stardust World Expo & National Branding Newsletter, Amsterdam: Stardust New Ventures, 2004,(5): 1.

This paper conducts a content analysis of Shanghai-related news reports from foreign newspapers before, during, and after the Shanghai Expo 2010. It explores whether the Expo had significantly influenced the agenda and frame of media reports, and assesses their tone and attitudes toward Shanghai's city image. It further investigates how much the Expo, as a public relations activity, helped Shanghai improve its city image.

2. Literature review

2.1　City image and public relations

With the rise of fierce competition among cities, branding has become an important strategy for city development. Cities are widely viewed as products, that is, they can be marketed and promoted to certain targeted groups (Braun, 2008[①]; Kotler et al, 1999[②]; Rainisto, 2003[③]; Ward, 1998[④]). Meanwhile, image is understood as the bridge connecting consumers and the brand (De Chernatony, 1993)[⑤]. Kotler, Haider, and Rein (1993)[⑥] give the classic definition of city image; it, is "the sum of beliefs, ideas, and impressions that people have" of a city. City image is the foundation of city branding, and it is also the external presentation of the brand. Good city image is an intangible asset and an inherent brand competitive advantage of a city.

Cities are increasingly using public relations and marketing techniques to build image while attracting the attention of target audiences, including

---

① 　Braun, E. City marketing: Towards an integrated approach [M]. Rotterdam, the Netherlands: Erasmus University Rotterdam, 2008.

② 　Kotler, P., Asplund, C., Rein, I., & Haider, D. Marketing places Europe, attracting investments, industries, residents and visitors to European cities, communities, regions and nations [M]. London: Pearson Education Ltd., 1999.

③ 　Rainisto S K. Success Factors of Place Marketing: A Study of Place Marketing Practices in Northern Europe and the United States [J]. Helsinki University of Technology, 2003,4(4): 206 – 207.

④ 　Ward S V. Selling places: the marketing and promotion of towns and cities, 1850 – 2000[M]. E & FN Spon, Routledge, 1998: 103 – 104.

⑤ 　Chernatony L D. Categorizing Brands: Evolutionary Processes Underpinned by Two Key Dimensions [J]. Journal of Marketing Management, 1993,9(2): 173 – 188.

⑥ 　Kotler P, Haider D H, Rein I.. Marketing places: attracting investment, industry, and tourism to cities, states, and nations [J]. Marketing Places Attracting Investment Industry & Tourism to Cities States & Nations, 1993, (3): 80 – 81.

residents, visitors and investors; these techniques make cities widely known and loved (Hospers, 2009)[①]. Grunig and Hunt (1984)[②] regard public relations as "the management of communication between the organization and its public." To be specific, it is the planning, execution and evaluation of the overall communication behaviors between an organization and both its internal and external public—the groups that affect the organization's capability to achieve its goals. Public relations increase the exposure of an organization to target audiences through topics of public interest and news items endorsed by third parties (Seitel, 2007)[③]. Public relations are equally appealing to cities. City managers believe that public relations can create many opportunities for the international public to communicate, understand and eventually approach cities. Therefore, cities not only plan various events (like tourism festivals) on their own, but also embrace huge events of international significance.

A growing number of cities are realizing that hosting significant global events such as the Olympics and the World Expo, might raise city reputation and deepen or improve the international public's impression of cities (Dayan and Katz, 1992[④]; Giffani and Rivenburgh, 2000[⑤]). As a result, the bids for hosting huge events also become part of the competition among cities. For instance, six cities, including Shanghai (China), Yeoso (South Korea), Mosco (Russia), Queretaro (Mexico), Wroclaw (Poland) and Buenos Aires (Argentina), made bids for the World Expo 2010 with great effort.

City administrators are always confident about the benefits that huge projects and events can bring, but the practice has been questioned by some scholars. Anholt (2008)[⑥] asserts that for marketing a city, "actions speak louder than words. It is not enough for a place to say it''s remarkable—it has to BE remarkable."

In this paper, we also explore whether big events like the World Expo can

① Hospers, G-J. Lynch, Urry and city marketing: Taking advantage of the city as a built and graphic image [J]. Place Branding and Public Diplomacy, 2009,5(3): 226-233.
② Grunig, James E, Hunt, et al.. Managing public relations [J]. Thomson, 1984.
③ Seitel, F. P. The practice of public relations (10th ed.)[M]. NJ: Pearson Prentice Hall. 2007.
④ Dayan D, Katz E. Media Events: The Live Broadcasting of History [J]. Social Forces, 1992,73.
⑤ Giffard C A, Rivenburgh N K. News Agencies, National Images, and Global Media Events [J]. Journalism & Mass Communication Quarterly, 2000,77(1): 8-21.
⑥ Anholt S. Place branding: Is it marketing, or isnt it? [J]. Place Branding & Public Diplomacy, 2008,4(1): 1-6.

improve the image of host cities.

2.2 Dimensions of city image

It is not easy to depict a city's image precisely. City image is complex in essence: it is built upon the core and crucial factors of human-city relations (Gray and Smeltzer, 1985)[1]. In addition, people's perception of a city is a dynamic process. Currently, the division and measurement of the dimensions of city image have attracted the attention of many scholars (Anholt, 2006[2]; Laaksonen et al., 2006[3]; Stachow and Hart, 2010[4]). Anholt's city brand hexagon (2006)[5] suggests that cities and nations are different. Generalizations of national image are more difficult because nations have wider geographical spans and higher complexities. Cities, in contrast, are smaller and more specific, and are more easily recognized as single entities. When people think of cities, they can very easily relate to details and practical issues such as climate, pollution, transportation, cost of living, and cultural life. According to Anholt (2006)[6], there are six dimensions of city image as follows.

The presence: a city's international status and standing. This includes the fame and reputation of a city, and also whether it has made an important contribution to the world in culture, science, or way of governance during the past three decades.

The place: a city's physical aspects (geography and environment). This includes how pleasant it is to conduct outdoor activities or to tour around the city, how beautiful it is, and what the climate is like.

The potential: a city's economic and educational opportunities for visitors,

[1] Gray, E. R. & Smeltzer, L. R. SMR Forum: Corporate image—An integral part of strategy [J]. Sloan Management Review, 1985,26(4): 73 – 78.
[2] Anholt S. The Anholt-GMI City Brands Index How the world sees the world's cities [J]. Place Branding, 2006,2(1): 18 – 31.
[3] Laaksonen P, Laaksonen M, Borisov P, et al.. Measuring image of a city: A qualitative approach with case example [J]. Place Branding, 2006,2: 210 – 219.
[4] Stachow G, Hart C. Exploring place image: Formation and measurement [J]. Place Branding & Public Diplomacy, 2010,6(2): 145 – 155.
[5] Anholt S. The Anholt-GMI City Brands Index How the world sees the world's cities [J]. Place Branding, 2006,2(1): 18 – 31.
[6] Anholt S. The Anholt-GMI City Brands Index How the world sees the world's cities [J]. Place Branding, 2006,2(1): 18 – 31.

businesses and immigrants. This includes employment, business investment and education environment.

The pulse: a city's dynamism and vigor. This includes how exciting the city is, and how easy it is to find entertainment for both visitors and local residents.

The people: a city's inhabitants. This includes whether the people are warm or cold toward outsiders, whether its communities are tolerant of different languages and cultures, and whether the city makes people feel safe.

The prerequisites: a city's basic qualities (infrastructure). This includes what it would be like to live there, how easy it is to find satisfactory and affordable accommodation, and what the general standard of public amenities—schools, hospitals, public transport, and sports facilities, among others—is like.

2.3　Agenda setting and framing of city image by mass media

According to Lynch (1960)[①], city image is "the result of a two-way process between the observer and his environment. The environment suggests distinctions and relations, and the observer selects, organizes, and endows with meaning what he sees". The underlying assumption is that, as the "environment builder," mass media might play an important role in the cognition of city image by observers (i. e., the audiences). In reality, except for a small number of people who can directly see and feel a city, most of the international public has to imagine the city through mass media. The narratives of media thus play a significant role in agenda setting and framing the public's cognition of city image.

The agenda-setting theory, which was first raised and tested by McCombs and Shaw (1972)[②], asserts that the mass media can reconstruct the social environment by selecting, prioritizing and presenting news reports to create a certain atmosphere around the public and thus indirectly influence people's cognition and conception of the external world. Agenda shifting by the media shifts individual's agenda and directs, to a certain extent, the audiences'

---

① Lynch, K. The image of the city [M]. MA: The MIT Press, 1960.

② Mccombs M E, Shaw D L. The Agenda-setting Function of Mass Media [J]. Public Opinion Quarterly, 1972,36(36): 176 – 187.

perception of important issues. After decades of development, the agenda-setting theory has been expanded from media salience of public topics to topics of other types, such as election candidates, international relations, and organizations (Kiousis & McCombs, 2004[1]; McCombs & Reynolds, 2002[2]). Research on agenda building shows that public relations activities are important in shaping and shifting the media's agenda (Berger, 2001[3]; Curtin, 1999[4]; Turk, 1986[5]). Typical activities, such as press conferences, news releases, and media talks, also influence the audiences' cognition of the importance of certain agenda while shaping the media's content.

Framing is also called second-level agenda setting (McCombs et al., 1997)[6]. Goffman (1974) [7]defines frame as a "schemata of interpretation" that allows people to "locate, perceive, identify and label" events and information. Entman (1993)[8] gives a more specific definition, saying that to frame is "to select some aspects of a perceived reality and make them more salient in a communicating text, in such a way as to promote a particular problem definition, causal interpretation, moral evaluation, and treatment recommendation for the item described." Framing is a technique commonly used by reporters to code, interpret and retrieve information (Pan & Kosicki, 1993)[9]. It enables them to process much information quickly and routinely and

[1] Kiousis S, Mccombs M. Agenda-Setting Effects and Attitude StrengthPolitical Figures during the 1996 Presidential Election [J]. Communication Research, 2004,31(1): 36 - 57.

[2] McCombs, M. E. , & Reynolds, A. News influence on our pictures in the world [M]. In J. Bryant & D. Zillmann (Eds.),2002.

[3] Bruce K. Berger. Private Issues and Public Policy: Locating the Corporate Agenda in Agenda-Setting Theory [J]. Journal of Public Relations Research, 2001,13(2): 91 - 126.

[4] Curtin P A. Reevaluating Public Relations Information Subsidies: Market-Driven Journalism and Agenda-Building Theory and Practice [J]. Journal of Public Relations Research, 1999,11(1): 53 - 90.

[5] Turk, J. V. Public relations' influence on the news. Newspaper Research Journal, 1986(7),15 - 27.

[6] Mccombs M, Shaw D L, Weaver D. Communication and Democracy: Exploring the Intellectual Frontiers in Agenda-Setting Theory [M]. Lawrence Erlbaum Associates, 1997: 125 - 128.

[7] Goffman, E. Frame analysis: An essay on the organization of experience [M]. Cambridge, MA: Harvard University Press, 1974.

[8] Entman R M. Framing: Toward Clarification of a Fractured Paradigm [J]. Journal of Communication, 1993,43(4): 51 - 58.

[9] Zhongdang Pan, Gerald M. Kosicki. Framing analysis: An approach to news discourse [J]. Political Communication, 1993,10(1): 55 - 75.

convey the information to the audience (Gitlin, 1980)[①]. Compared with the agenda-setting theory, the framing theory further suggests that news reports not only influence people's cognition of the importance of events or issues, but also largely influence the public's opinions and attitudes toward them (Cappella & Jamieson, 1996[②]; Entman, 1993[③]; Pan and Kosicki, 1993[④]).

Semetko and Valkenburg (2000)[⑤] define the five commonly-used frames in political news: conflict frame, economic consequence frame, human interest frame, morality frame and responsibility frame. These frames can also be applied in other fields (An and Gower, 2009[⑥]; Zaharopoulos, 2007[⑦]). The conflict frame is most commonly used (Neuman et al., 1992); it stresses conflicts among individuals, groups, or organizations, and thus attracting the audience's attention. The economic consequence frame couches issues in terms of the material benefits or costs they will have for individuals, groups, or organizations. The human interest frame, also called the human impact frame, brings a human or an emotional angle to the presentation of an event, issue, or problem, such as focusing on victims in a crisis report. The morality frame puts events, problems, or issues in the context of religious tenets or moral standards. Reporters often imply moral judgments on events or individuals by making inferences or citing others' words. The responsibility frame attributes responsibilities to the occurrences or settlements of events and problems, and thus influences the audiences' judgment of reasons and responsibility

① Gitlin, T. The whole world is watching [M]. Berkeley and Los Angeles, CA: University of California Press, 1980.

② Cappella J N, Jamieson K H. News Frames, Political Cynicism, and Media Cynicism [J]. Annals of the American Academy of Political & Social Science, 1996,546(4): 71 – 84.

③ Entman R M. Framing: Toward Clarification of a Fractured Paradigm [J]. Journal of Communication, 1993,43(4): 51 – 58.

④ Zhongdang Pan, Gerald M. Kosicki. Framing analysis: An approach to news discourse [J]. Political Communication, 1993,10(1): 55 – 75.

⑤ Semetko H A, Valkenburg P M. Framing European Politics: A Content Analysis of Press and Television News [J]. Journal of Communication, 2000,50(2): 93 – 109.

⑥ An S K, Gower K K. How do the news media frame crises? A content analysis of crisis news coverage [J]. Public Relations Review, 2009,35(2): 107 – 112.

⑦ Thimios Zaharopoulos. The News Framing of the 2004 Olympic Games [J]. Mass Communication & Society, 2007,10(2): 235 – 249.

attribution of events (Iyengar, 1991)[①].

3. Research questions

Based on the literature review, the following research questions and hypotheses are formulated:

RQ1: Did the Shanghai Expo, as a means of city public relations, build report agenda for foreign media and increase their attention to topics related to the host city?

H1: The Expo topic was the most covered report topic during the Expo.

H2: The Expo brought a significant increase in the total number of Shanghai-related media reports.

H3: The Expo brought a significant increase in the size of Shanghai-related media reports.

H4: The Expo brought a significant increase in front-page media reports about Shanghai.

RQ2: Did the Shanghai Expo influence the news frames of foreign media? If yes, what changes occurred?

H5: The Shanghai Expo did bring changes to the foreign media's news frames.

RQ3: Did the Shanghai Expo change the media's attitudes towards Shanghai's city image? If yes, what specific changes occurred?

H6: The media's overall attitudes toward Shanghai's city image improved significantly.

H7: The media's attitudes toward all dimensions of Shanghai's city image improved significantly.

4. Methodology

This research primarily adopts the method of content analysis. Shanghai-related news items on foreign English newspapers before and after the Shanghai Expo 2010 were analyzed to explore whether agenda, frames, and attitudes

---

① Iyengar S. Is Anyone Responsible? How Television Frames Political Issues [J]. American Political Science Association, 2001,39(1): 142-160.

toward Shanghai's city image in the media have changed or not.

4. 1　Sample collection

Samples were collected chiefly from the database "Nexis" (www. nexis. com). Ten newspapers from major English countries (United States, United Kingdom, Canada, Australia, and New Zealand) and three English newspapers from Asian, African, and South American countries (e. g. , Japan, Singapore, India, and South Africa) were selected. These newspapers all have large circulation and strong influence in their respective regions. Reports from November 1,2009 to April 30,2011 containing "Shanghai" in titles, abstracts, or full texts were selected.

After screening all related reports, those not closely related to Shanghai's city image were ticked out, the criterion being that at least 1/3 of the report covers events, organizations or individuals in Shanghai and makes readers think of the city image of Shanghai. Eventually, 198 reports were obtained: "New York Times" from U. S. ($n = 34$), "International Herald Tribune" from U. S. ($n = 32$), "Wall Street Journal" from U. S. ($n = 20$) , "The Los Angeles Times" from U. S. ($n = 16$), "Washington Post" from U. S. ($n = 12$), "The Christian Science Monitor" from U. S. ($n = 5$), "USA Today" from U. S. ($n = 5$), "Dallas News" from U. S. ($n = 1$) and "Chicago Tribune" from U. S. ($n = 1$), "The Guardian" from UK ($n = 8$), "The Daily Telegraph" from UK ($n = 7$), "Financial Times" from UK ($n = 5$), "The Sunday Telegraph" from UK ($n = 3$), "Mail on Sunday" from UK ($n = 2$), "The Independent" from UK ($n = 2$) and "The Mirror" from UK ($n = 1$), "The Globe and Mail" from Australia ($n = 6$), "National Post" from Australia ($n = 4$), "Sunday Herald Sun" from Australia ($n = 2$), "The Australian" from Australia ($n = 2$), "The New Zealand Herald" ($n = 7$) and "The Dominion Post" ($n = 2$) from New Zealand, "The Toronto Star" from Canada ($n = 5$), "The Daily Yomiuri" from Japan ($n = 4$), "The Straits Times" ($n = 5$) and "The Business Times Singapore" ($n = 2$) from Singapore, "New Straits Times" from Malaysia ($n = 2$), "Times of India" ($n = 1$) and "The Telegraph" ($n = 1$) from India, and "Business Day" ($n = 1$) from Thailand.

4. 2　Item system

The unit of observation in this research is news report. In building the item system, elements of each report were coded according to the following system:

Time: before the Expo from November 1, 2009 to April 30, 2010 (1), during the Expo from May 1, 2010 to October 31, 2010(2) and after the Expo from November 1 to April 30, 2011(3).

Source: coded by the name of the journalist or news agency.

Size: determined by the number of words in each report Type: news report (1), feature (2), and column/editorial (3).

Place: front page (1) and non-front page (0).

Topic: open coding based on the topic of the report.

Frame: both inductive and deductive methods were used for judging news frames. Aside from the five frames summarized by Semetko and Valkenburg (2000), namely, conflict frame (1), economic consequence frame (2), human interest frame (3), morality frame (4) and responsibility frame (5), we added an open item, other frames (6), in an attempt to discover whether frames other than the five common ones exist. The judgment of different frames was conducted mostly with the method from Semetko and Valkenburg (2000). For instance, we judged whether a report was a conflict frame by answering "whether the report reflects disputes among individuals/organizations," an economic consequence frame by answering "whether the report focuses on economic gains and losses," a human interest frame by answering "whether the report pays attention to the impacts individuals/groups receive in an event," a morality frame by answering "whether the report places a moral judgment," and a responsibility frame by answering "whether the report hints who should be responsible for the events. " We examined the major framing tools of the reports such as headlines, leads, and closing paragraphs, and accordingly decided to which of the six frames one report would belonged.

City image dimensions: city image was further divided into six dimensions according to the definition and system from Anholt (2006)[①]: the presence, the place, the potential, the pulse, the people and the prerequisites. A single report might cover multiple dimensions, so these six dimensions were set as six separate items and reports were coded according to their tones: unfavorable

① Anholt S. The Anholt-GMI City Brands Index How the world sees the world's cities [J]. Place Branding, 2006,2(1): 18 - 31.

(1), neutral (2) and favorable (3).

4.3 Coding and reliability test

Two doctoral candidates from Shanghai Jiao Tong University assumed the coding work for this research. Before formally coding, the two coders received trainings based on uniform coding manuals. They were also tested for the job.

In the test, the two coders were required to code fifty randomly-selected reports. After coding, an inter-coder reliability test on all items was conducted. The two coders achieved full consistency (100%) on "time," "source," "size," and "place," and nine other items. The reliabilities (Scott's pi) were respectively .92 (type), .72 (topic), .78 (frame), .86 (attitude on the presence), .92 (attitude on the place), .84 (attitude on the potential), .88 (attitude on the pulse), .89 (attitude on the people) and .85 (attitude on the prerequisites).

Based on the results of the reliability test, we revised the coding manuals and trained the coders again. In addition, for "topic" and "frame" with lower consistency, an equally trained third coder was introduced to re-select between the two coders' judgments.

5. Results

We studied 198 newspaper reports related to Shanghai, including 124 news reports (62.63%), 69 features (34.85%) and 5 columns/editorials (2.53%). Most reports were provided by 132 journalists from 30 newspapers and only 2 were from Agence France-Presse and the Associated Press. These 198 reports covered 23 specific topics (see Table 1), among which 51 (25.76%) were Expo topics and 147 (74.24%) were non-Expo topics.

Table 1　Topics/events of Shanghai-related reports (Top 10)

Topic	Frequency	Percentage/%
Shanghai Expo	51	25.76
City introduction	18	9.09
Shanghai apartment fire	17	8.59
Financial report	13	6.57
Artistic activities	13	6.57

（续表）

Topic	Frequency	Percentage/%
Shanghai Disneyland	11	5.56
Educational report	10	5.05
Drivers' strike	9	4.55
Property market	8	4.04
City history	5	2.53

5.1　Shanghai Expo 2010 and the media's agenda

A cross tabulation of "topic" and "time" was conducted. Chi-square test shows that the topics of reports from the three periods are significantly different ($x^2 = 32.978$, $df = 2$, $p < 0.001$). Further paired analyses show that the difference mostly exists between the period before the Expo and the period after ($x^2 = 27.722$, $df = 1$, $p < 0.001$), and between the period during the Expo and the period after ($x^2 = 30.625$, $df = 1$, $p < 0.001$) (see Table 2). Table 2 clearly shows that the Expo topic was the major topic both before (38.10%) and during the Expo (40.98%). After the Expo, the proportion of reports on this topic fell to only 2.70%, showing that the Shanghai Expo played a significant role in agenda building for newspaper reports. Hypothesis 1 is thus supported.

Table 2　Differences in the events and place of reports

Topic	Time[a]			Place[b]		Total	
	Before Expo	During EXPO	After EXPO	Front page	Non front page	Frequency	Percentage
Expo	24	25	2	4	143	51	(25.76%)
Non-Expo	39	36	72	5	46	147	(74.24%)
Total	63	61	74	9	189	198	
	(31.8%)	(30.8%)	(37.4%)	(4.55%)	(95.45%)	(100%)	(100%)

[a] $\chi^2 = 32.978$, $df = 2$, $p < .001$.
[b] $\chi^2 = 4.378$, $df = 1$, $p = .036$.

The statistics on the number of reports in each period show that there were 63, 61, and 74 Shanghai-related reports before, during, and after the Expo, respectively. The number of reports did not change much during the

Expo, that is, newspapers did not give increased exposure to Shanghai during the Expo. Hypothesis 2 is thus not supported. However, after the Expo, the total number of reports actually increased to some extent (72).

A one-way ANOVA analysis of "size" was conducted with "topic" as factor. The result shows no significant difference between the size of reports on the Expo topic and the size of reports on non-Expo topics ($F = .067$, $p = .796$). Hypothesis 3 is not supported.

The result from a cross tabulation of "place" and "topic" shows a significant difference between the place of reports on the Expo topic and the place of reports on non-Expo topics ($x^2 = 4.378$, $df = 1$, $p = .036$) (see Table 2), suggesting that the Expo topic created additional opportunities for Shanghai to appear on front pages. Hypothesis 4 is thus supported.

5.2　Shanghai Expo 2010 and news frames

Considering the design of Semetko and Valkenburg (2000)[①], the initial frames were set as conflict frame, economic consequence frame, human interest frame, morality frame, and responsibility frame. Other frames that could appear were coded as "other frames." There were 94 (47.47%) conflict frames, 66 (33.33%) economic consequence frames, 22 (11.11%) human interest frames, 2 (1.01%) morality frames, and no "other frames."

The result of the cross tabulation of "topic" and "frame" shows a significant difference among the types of news frames under different topics ($x^2 = 17.817$, $df = 4$, $p = .001$) (see Table 3). Hypothesis 5 is thus supported. Further paired analyses show that this difference mostly exists between the economic consequence frame and the human interest frame ($x^2 = 11.183$, $p = .001$), between the conflict frame and the human interest frame ($x^2 = 7.976$, $p = .005$), between the economic consequence frame and the morality frame ($x^2 = 7.386$, $p = .007$), and between the conflict frame and the morality frame ($x^2 = 5.193$, $p = .023$).

Among reports on the Expo topic, the economic consequence frame and the conflict frame were the most common, comprising 49.02% and 50.98% of the total, respectively (See Table 3). Among reports on non-Expo topics, the

---

① Semetko H A, Valkenburg P M. Framing European Politics: A Content Analysis of Press and Television News [J]. Journal of Communication, 2000,50(2): 93 - 109.

conflict frame was the most common (43. 54%), followed by the economic consequence frame (30. 61%), human interest frame (14. 97), responsibility frame (9. 52%), and morality frame (1. 36%).

Table 3   Differences in the frame of reports on different topics

Topic	Frames[a]						Total	
	Conflict frame	Economic consequence Frame	Human interest Frame	Morality frame	Respons-ibility Frame	Frequen-cy	Percentage
Expo	25	26	0	0	0	51	(25. 76%)
Non-Expo	64	45	22	2	14	147	(74. 24%)
Total	89	71	22	2	14	198	
	44. 95%	35. 86%	11. 11%	1. 01%	7. 07%	100%	(100%)

[a] $\chi^2 = 17.817$, $df = 4$, $p = 0.001$.

5. 3   Shanghai Expo 2010 and Shanghai's city image in media reports

A cross tabulation of the city image's six dimensions (multiple response) was conducted, with "topic" as factor. The result shows that "the presence", "the potential" and "the prerequisites" were the three most covered dimensions in reports on the Expo topic. Meanwhile, "the potential," "the pulse," and "the presence" were the most covered in reports on non-Expo topics (see Table 4). By inference, reports on different topics were significantly different in the dimensions they represent.

Table 4   Rankings of city image's dimensions under reports on different topics

Expo		Non-Expo	
Dimensions	Frequency	Dimensions	Frequency
The presence	28	The potential	58
The potential	23	The pulse	50
The prerequisites	15	The presence	47
The people	12	The prerequisites	38
The pulse	9	The people	24
The place	7	The place	18
Total	94	Total	235

A new variable was created by obtaining the average of the coding results from all the six dimensions of city image and named "attitude" toward city image. The one-way ANOVA of "attitude " with "topic" as factor shows that reports on the Expo topic and those on non-Expo topics were significantly different in their "attitudes" toward city image ($F = 4.417$, $p = 0.037$). Reports on the Expo topic carried positive and favorable tones toward Shanghai's city image (1 = unfavorable, 2 = neutral, and 3 = favorable) (see Table 5). Hypothesis 6 is thus supported.

A MANOVA of the media's attitudes toward each of the six dimensions with "the topic" as factor was also conducted. The result shows that the media's attitudes toward the different dimensions differ (F (6, 191) = 2.296, $p = .037$). Hypothesis 7 is thus supported. In particular, at a significance level of $\alpha = .05/6 = .0083$, the difference in the attitudes towards "the potential" is very significant (F (1, 196) = 13.420, $p < .001$), while the attitudes toward other dimensions show no significant differences. Judging by the direction of variations in the average attitude value of "the potential", the media's attitudes in reports on the Expo topic tend to be more positive than those in the rest (see Table 5), indicating that the Expo made the media more positive towards "the potential" of Shanghai.

Table 5　Differences in attitudes toward city image and its dimensions

	Topic			
	Expo		Non-Expo	
	Mean	Std. deviation	Mean	Std. deviation
Attitude[a]	2.4818	.670 15	2.209 2	.837 40
The presence[b]	2.313 7	.547 36	2.183 7	.438 25
The place[c]	2.117 6	.325 40	2.102 0	.325 51
The potential[d]	2.431 4	.500 20	2.102 0	.570 20
The pulse[e]	2.058 8	.369 42	2.047 6	.514 63
The people[f]	1.960 8	.398 03	1.986 4	.350 86
The prerequisites[g,h]	2.137 3	.400 98	2.102 0	.417 67

[a] $F = 4.417$, $p = .037$;
[b] $F = (1, 196)2.918$, $p = .089$;
[c] $F = (1, 196).087$, $p = .768$;
[d] $F = (1, 196)13.420$, $p < .001$;
[e] $F = (1, 196).020$, $p = .886$;
[f] $F = (1, 196).188$, $p = .665$;
[g] $F = (1, 196).275$, $p = .601$;
[h] Multivariate test on six dimensions: $F = (6, 191)2.296$, $p = .037 < .05$.

6. Discussions

6.1　Shanghai Expo 2012 had a significant role in agenda building, but its news values drastically decreased as the event ended

The Expo topic became a major topic of newspaper reports related to Shanghai during the preparation period (November 1, 2009 – April 30, 2010) and during the Expo (May 1, 2010 – October 31, 2010). Before the Expo, 24 reports were on the Expo topic, comprising 38.10% of the total number of reports in that period; during the Expo, 25 reports were on the Expo topic, comprising 40.98% of the total number of reports in that period. Only after the Expo ended (November 1, 2010 – April 30, 2010) did reports on the Expo topic begin to decrease sharply, and other topics (e. g., the Shanghai apartment fire) began to consume newspaper pages. This suggests that the Expo, as part of Shanghai's public relations activities, had a significant role in agenda building. In the meantime, the significant increase in front-page news reports on the Expo topic reveals that this topic made "Shanghai" increasingly worth noticing for the media. As a huge global event, the Expo was bound to attract additional media attention toward Shanghai, and this was undoubtedly an opportunity to raise the city's popularity and the focus it receives.

Nevertheless, the research results suggest that we cannot be optimistic about the persistency of the media's attention brought by the Expo. After the Expo, the media's passion for the Expo topic quickly disappeared, and the number of reports drastically fell to only two. Although we discovered that the number of total reports about Shanghai significantly increased after the Expo, we can hardly attribute such increase to a "post-Expo effect". During this period, media reports concentrated on such events and topics like the Shanghai apartment fire (17), drivers' strike (9), and educational reports (9); the media focused most on negative events that did no good but harm to the Shanghai's city image. This suggests that the media always runs after events with news value, particularly negative events. Once the Expo (a single "event"), ended, its news values disappeared; it was immediately discarded by the media.

6. 2 Shanghai Expo 2010 had a significant impact on news frames, but such impact was constrained by media practices

The research results show a significant difference in the news frames of reports on the Expo topic and those on non-Expo topics. Among reports on the Expo topic, the economic consequence frame was most frequently used by reporters, appearing 26 times and comprising 50. 98% of the total reports on the topic. This is consistent with the Expo's positioning as the "Economic Olympics", showing that the media care most about the economic impact and achievements of the Expo. In addition, the finding suggests that huge global events like the Expo may not only set the media's report topics but also influence the frames of their reports. The frames play a very important role in the public's cognition of a city's image.

On the other hand, media practices served as a balancing factor influencing the frames of reports on the Expo topic. We discovered that the conflict frame was another commonly used (25 pieces) frame of reports on the Expo topic, comprising 49. 02% of the total reports on the topic. As mentioned in the literature review, the conflict frame is the most commonly used technique in US news reports (Neuman et al. , 1992)[1]. According to Zaharopoulos (2007)[2], the frames of New York Times' reports on the Olympics show that the conflict frame is a major frame when reporting about the Olympics. This frame attracts public attentions very easily because reports on conflicts tend to be very much discussed. A very crucial implication is that the conflict frame might have a very large impact on public perceptions and attitudes. Reports of the conflict frame focus on disputes, rifts and conflicts, so reporters are likely to use negative tones and show negative attitudes, thus providing the audience negative impressions of figures, organizations or cities being reported. Zaharopoulos (2007) [3] stresses that reports of the conflict frame generally have unfavorable tones; and Cappella and Jamieson (1997) proves that the conflict

---

① Neuman, W. R. , Just, M. R. , Crigler, A. N. Common knowledge [M]. Chicago: University of Chicago Press, 1992.
② Thimios Zaharopoulos. The News Framing of the 2004 Olympic Games [J]. Mass Communication & Society, 2007,10(2): 235 – 249.
③ Thimios Zaharopoulos. The News Framing of the 2004 Olympic Games [J]. Mass Communication & Society, 2007,10(2): 235 – 249.

frame might cause the public's ironic view and distrust of news figures. In this research, we conducted a one-way ANOVA of the media's "attitude" toward the city image (with "frame" as factor), and discovered that the media's attitudes were significantly different under different news frames ($F = 14.779$, $p < 0.001$). Specifically, reports of the conflict frame had much lower average value of attitude towards Shanghai's city image (mean = 1.989 7) compared with reports of the economic consequence frame (mean = 2.596 3) and human interest frame (mean = 2.727 3). The frames carrying the most negative attitudes were the morality frame (mean = 1.000 0) and responsibility frame (mean = 1.357 1), but these two types were rarely used and never used for reports on the Expo topic.

6.3　Shanghai Expo 2010 improved Shanghai's city image in media reports, but this impact did not last

The research results show that, the media was generally positive toward Shanghai's city image in their reports on the Expo topic. Two dimensions of city image, "the presence" and "the potential" received the most attention. Moreover, the media showed the most significant improvement in their attitudes toward "the potential" of Shanghai.

As a city in a developing country, Shanghai is actively building its image as a "fashionable and charming international metropolis". Winning the bid for the Expo 2010 offered the city an international platform from which the international public could perceive the city's ongoing changes and its potentials for development. As earlier mentioned, the Expo, as a single event, brought temporary media attention to Shanghai, but can it produce a lasting effect on improving the media's attitudes toward Shanghai's city image? We examined results of the one-way ANOVA of the attitudes toward "the potential" (with "time" as factor), and discovered that a significant difference exists among reports in different periods ($F = 5.240$, $p = .06$). The major part of that difference exists between the period during the Expo and the period after ($p = .02$). In addition, the direction of variation indicates an obvious decrease in the average value of the "attitude" (mean = 2.027 0 after the Expo vs. mean = 2.327 9 during the Expo), showing to a certain extent that the benefits brought by the Expo for Shanghai's city image did not last long after the event ended. One major factor causing the change in the reports' attitudes was the occurrence of negative events, such as the fire. This again shows that "events" themselves have a huge impact on reports because they are the major "products" that various news media use to attract the audiences' attention. However, events are always short, whereas building city image is a long undertaking. For Shanghai, hosting an Expo is only one part of its public relations and brand marketing, or merely the start. Shanghai must create good events and try to eliminate bad events to influence the international public, as well as the media that serves as the intermediary between the public and the city. This again echoes Anholt's (2008)[①] view that in building and spreading a city's image, "actions speak louder than words. "

7. Summary and limitations

This paper conducts a content analysis of 198 Shanghai-related reports from 30 newspapers in a time span of 18 months, before, during and after the Shanghai Expo 2010. The Expo had a significant role in building the media's agenda and news frames. The Expo also somewhat improved the media's tone when reporting about Shanghai, especially on the dimension "the potential". Furthermore, this paper reckons that "events" can play a role in improving the media's attitudes toward city image, but this role is limited due to constraints, such as media practices.

This paper has several limitations. First, we covered an 18 – month period, so only the short-run effects of the Expo were examined. Whether long-run effects exist requires follow-up research covering a longer span of time. In addition, this paper studies only the Expo's influences on media practices and the media's attitudes toward city image; it does not touch the Expo's influence on the public's cognitions and attitudes. Direct surveys on target audiences must be conducted to evaluate comprehensively the Expo's effects on building city's image. This is the very follow-up work we are currently undertaking.

作者: Ke Xue, Xi Chen, Mingyang Yu
原载 *Public Relations Review*, 2012,5.

---

① Anholt S. Place branding: Is it marketing, or isnt it? [J]. Place Branding & Public Diplomacy, 2008, volume 4(1): 1 – 6(6).

案例研究法在品牌传播中的应用实证分析

在 2000 年才开始在学界引起关注的"品牌传播",是一个新兴的交叉研究领域,这个研究领域内的理论大多数是建立在相关学科和相关领域,如市场营销学、传播学等的研究成果的基础之上的。目前其方法体系也呈现出多样性的特点,其中以案例研究法最为品牌传播研究者所广泛应用。

一、案例研究法概述

(一) 案例研究法的定义

作为一种定性的研究方法,案例法在社会科学诸多学科,包括营销学、管理学和传播学等领域已经得到了广泛的应用。但是对于"什么是案例法",在如何界定案例法的明确定义上,研究者们的意见却存在严重的分歧。总体来看,这些分歧主要集中在两大方面:

一是案例法究竟是一种综合性的研究方法还是一种前期探索手段或资料收集技术。施拉姆认为案例研究的本质在于展现出一个或一系列决策的过程:为何作该决策? 如何执行? 结果如何? (Schramm, 1971)[1]其他一些关于方法论的标准教材则把案例研究与人种学研究或参与性观察混淆,把它说成是一种资料收集技术(Kidder 和 Judd, 1986[2];Nachmias 和 Nachmias, 1992[3])。而罗伯特·殷反对这些研究法中的等级观念,他认为案例研究法涵盖了设计的逻辑、资料收集技术,以及具体的资料分析手段,它是一种全面地、综合性的研究思路(Robert K·Yin, 2004)[4]。

二是案例研究法能否推导出一般规律性的结论。如贝纳德认为,"案例研究是用来阐明和支持命题和规则的方法,而不是归纳出新的假说"(Bernard, 1928)[5]。而在吉看来,"作为一种研究方法,案例研究似乎首先用于描述当代资

---

① Schramm W. Notes on Case Studies of Instructional Media Projects. [J]. Case Studies, 1971: 43.

② Kidder L, Judd C. Research methods in social relations [J]. Eugenics Review, 1986,52(6): 65 − 70.

③ Frankfort-Nachmias, C., and Nachmias, D. Research Methods in the Social Sciences (4th Ed)[M]. United Kingdom: St. Martin's Press, 1992.

④ Yin R K. The Case Study Anthology [M]. SAGE Publications, Inc, 2004.

⑤ Bernard G. Method of making porous material: US, US1691280 A [P]. 1928.

料,并从中得出归纳性的普遍结论"(Gee,1950)。罗伯特·殷也认为案例法和实验法一样都能从不具有特定代表性的个案当中得出的普遍性的理论(Robert K. Yin,2004)①。约翰·格宁认为对"案例研究"最好的解释是:集中研究某一个单元,其目的在于将这一研究推广到众多单元(John Gerring,2007)②。

根据前人的研究,笔者倾向于认为,案例研究法是遵循一定的原则,通过多种技术手段,对一个或多个事件进行深入分析,从而得出具有一般规律性的结论的综合性的研究方法。案例研究并不囿于某一种或几种资料收集和分析手段,而是多种手段的结合;案例研究应当不仅满足于对现象的描述,而是在分析和解释的基础上得出普遍性的结论。

(二) 案例研究的主要类型和优缺点

根据不同的分类标准,案例研究可以分为几种不同的类型。根据在研究中使用具体案例的数量,可以分为单一案例研究和多案例研究。

而根据在研究中具体案例引入的不同功能,案例研究则可以分为探索性案例研究、描述性案例研究和解释性案例研究等。探索性案例研究是指凭借研究者的直觉线索到现场了解情况、收集资料形成案例,然后确定研究问题和理论假设。描述性案例研究是通过对人、事及过程进行深度描述,形成理论观点或者检验假设。解释性案例研究则旨在通过特定的案例,对事物背后的因果关系进行分析和解释。

Robert K. Yin (2004)③在其《案例研究方法的应用》一书中将这两种分类结合起来,建立了一个简单的矩阵模式,从而形成六种不同的案例研究类型(见表1)。

表1 六种不同的案例研究类型

	探索性	描述性	解释性
单一案例研究	探索性单一案例研究	描述性单一案例研究	解释性单一案例研究
多案例研究	探索性多案例研究	描述性多案例研究	解释性多案例研究

案例研究法与调查法、档案分析法和历史分析法等研究方法存在着一些相似之处。但比较而言,案例法也存在一些明显的优缺点。

案例研究法的优势包括:深入性、全面性,可以从具体事例中抽象出有价值

① Yin R K. The Case Study Anthology [M]. SAGE Publications, Inc, 2004.
② Gerring J. Is There a (Viable) Crucial-Case Method? [J]. Comparative Political Studies, 2007,40 (40): 231-253.
③ Yin R K. The Case Study Anthology [M]. SAGE Publications, Inc, 2004.

的命题；生动性，案例法可以跳脱枯燥呆板的学术格式，为广大读者所接受；易操作性，案例研究可操作性强，并且适合于独立研究等。

但案例法也有明显的不足：研究者难以从案例中归纳出普遍结论，即使得出结论也难于推广；案例研究的严格性常受到质疑；研究案例耗时长，报告也易失于繁琐，不能简明扼要地反映问题等。

二、案例研究法在品牌传播研究中的应用情况

为了对案例法在品牌传播研究当中的应用情况有一个清晰的统计印象，笔者调阅了"中国期刊网"(www. cnki. net)上"中国优秀硕士学位论文全文数据库"中2002—2007年期间所有题名关键词包含"品牌传播"的论文。此次检索共搜索到22篇相关论文。笔者同时搜索了优秀博士论文数据库，但未发现符合题名关键字检索的文章。笔者选择硕士学位论文进行分析主要考虑到硕士学位论文在学术规范性上水准较高。当然，本次分析虽只考察了近5年内的优秀硕士学位论文研究方法使用情况，不太具有推及总体的代表性，但也能从一定程度上说明研究者对研究方法的偏好。

通过对22份样本的分析，笔者得出以下一些分析结果。

(一) 案例研究法的应用率

案例法是一种为品牌传播领域的硕士学位论文写作者所普遍运用的研究方法。如表2、3所示，22篇论文中有19篇文章涉及使用案例法进行研究，其应用率高达86.36%。在笔者看来，研究者青睐案例法大致有以下几大原因：

首先，品牌传播是营销学、管理学和传播学等学科的交叉领域，在研究方法和方法论渊源上也有着直接的继承关系。案例法在这些学科的研究中都已经得到了广泛的实践的检验。作为一种更适合于社会科学研究的方法，案例法也同样适用于品牌传播研究。

其次，品牌传播是具有很强的实践意义的一个研究领域。研究视野的开阔和空间的拓展离不开对于现实生活的关注，只有密切关注实践动向，才有可能从中找到新的研究命题。而案例研究法就是一种密切关注现实生活的研究方法，它能从现实生活的真实事件出发，通过描述观察和深入分析开启新的理论研究命题，或得出新的启示，从而对实践产生指导作用。因此，对于案例法的广泛应用可以帮助挖掘领域内更多新的问题，对于品牌传播理论的建构和学科的发展壮大都有重大的意义。

最后，从研究方法的实用性来说，案例法使研究者可以从纷繁复杂的现象中抽取一个具体事件进行研究，为理论的产生提供了一个可把握的切入点。同时

案例法的易操作性强,适合于学位论文写作者进行独立研究(见表 2)。

表 2 分析样本中的案例法使用情况

论文序号	是否运用案例法	单一/多案例	论文序号	是否运用案例法	单一/多案例
1	是	多案例	12	是	多案例
2	是	多案例	13	是	多案例
3	是	多案例	14	是	单一案例
4	否	—	15	是	多案例
5	是	单一案例	16	是	单一案例
6	是	多案例	17	是	多案例
7	是	单一案例	18	是	多案例
8	是	多案例	19	是	单一案例
9	否	—	20	是	单一案例
10	是	多案例	21	是	多案例
11	是	多案例	22	否	—

(二) 各种类型案例研究的应用情况

相较于单一案例,多案例分析的应用率更高。19 篇应用案例法的文章当中,采用单一案例的文章为 6 篇,采用多案例进行分析的文章则有 13 篇。(见表 3)一般来说,采用单一案例进行研究需要对该案例进行更深入和更大广度上的挖掘,并且其研究结果的普遍性和可推广性往往受到质疑。而进行多案例研究则可以在比较分析、交叉分析、多重验证的基础上,得出更有价值的结论。

表 3 案例法使用统计情况

	数量	总数	比例/%
在论文中使用案例法的文章情况	19	22	86.36
采用单一案例的文章情况	6	19	31.58
采用多案例的文章情况	13	19	68.42

如按功能分类,解释性、探索性、描述性三种类型的案例研究各自所占的比例大抵相当,其中解释性案例研究所占的比例最高,为 42.11%(见图 1)。而按六种分类来看,描述性多案例和解释性多案例研究的使用率最高,均为26.32%,描述性单一案例研究所占的比例最低,只有 5.26%(见图 2)。

但实际上,由于分析样本的总数限制,各类型研究所占的比例数字仅在分析的样本范围内适用,并无法进一步说明研究者对于案例研究类型的选择偏好。

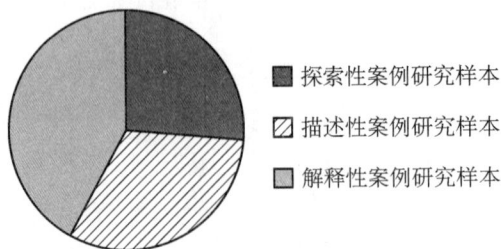

图 1　三种分类的案例研究样本统计情况

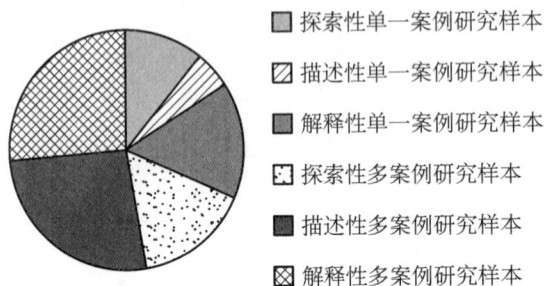

图 2　六种分类的案例研究样本统计情况

一般来说，对于案例研究类型的选择即出于研究目的和计划的考虑，也涉及研究者本身的喜恶，并无既定之常规。按类型进行分类设置也是出于对案例法本身进行研习的需要。

（三）案例研究法在研究方法应用体系中的位置和作用

在 19 份使用案例法的样本中，案例研究法都不是唯一的研究方法，而是与其他方法如文献法、调查法以及一些定量方法并用。采用多元的研究方法是品牌传播研究的一个趋势。多元方法可以弥补各种研究方法本身不可避免的局限性和劣势，通过取长补短和博采众长，来达到既定的研究目的。

如浙江大学的黄斓在《基于顾客权益的饭店品牌传播体系研究》中，首先采用文献法形成初步的品牌传播体系模型，并提出理论假设，然后通过案例法、调查法等多种手段验证假设的合理性，为模型的下一步研究提供现实依据，最后通过对调查数据的实证分析进行模型的重建。案例法在该研究中对理论假设的验证起到了关键的作用，但是仅凭案例法却无法更好地完成建立假设和确立模型等主要研究任务。

总的来说，案例研究法在研究方法应用体系中的位置大致有两种情况。在这两种情况中，案例研究分别起到不同的作用。一种是验证性案例研究。验证性案例研究的思维逻辑是"假设—现象"，也就是通过对现实案例的分析来验证已有的理论假设(见图3)。而另一种是推导性案例研究。推导性案例研究则是"现象—假设",也就是从案例当中抽象归纳出某些可以用来解释现实的理论假设。当然推导性和验证性的案例研究可以同时出现在多案例研究中,即从某一个或多个案例中归纳出理论假设,再通过其他案例分析进行反复多次验证(见图4)。而从19份样本中验证性和推导性案例研究的使用情况来看,二者的使用率分别为47.37%和52.63%,没有太大差异。何时使用何种类型的案例研究都出于实际研究目标和条件的需要。

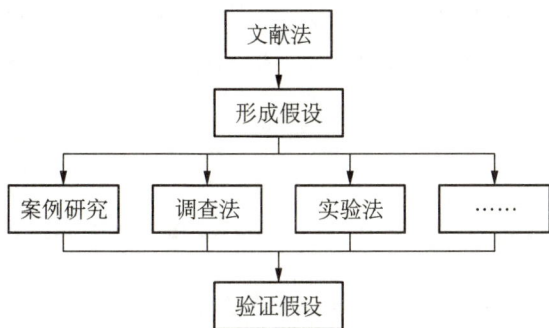

图 3　案例法在研究方法应用体系中的位置一　　图 4　案例法在研究方法应用体系中的位置二

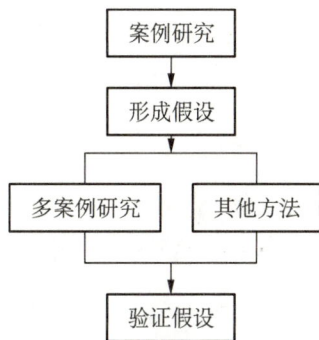

(四) 案例研究法应用中的规范情况

　　案例研究法看似操作简单,但如不严格讲求规范性,研究结果易失于偏颇。以案例资料的收集的为例,19篇文章中,方丽萍的《一致性模型在医院品牌传播中的应用研究》、黄斓的《基于顾客权益的饭店品牌传播体系研究》、潘胜利的《消费品品牌传播整合研究》、赵晓莲的《我国乳品企业在农村的品牌传播策略研究》、叶可的《探索中国家用轿车整合品牌传播策略》和岑姗的《广州老字号的现状分析和品牌传播策略初探》这6篇都使用了通过问卷或访谈等获得的第一手资料和数据,而其余13篇文章所收集的基本上都是第二手的文献资料。

　　虽然所收集的资料最终都是为案例研究服务,但是加入了编辑者意见的第二手资料在客观性上却比第一手资料略逊一筹。同时研究者在收集第二手资料的同时也容易出现只选择支持研究假设的证据的情况,从而使研究结果产生偏差。在对样本的分析中,笔者也的确发现了一些类似的情况。案例研究者必须遵循案例研究的一些基本原则,注意研究设计质量的四个主要衡量指标——建构效度,内、外在信度和信度,才能得出科学规范的研究结论。

三、结论

从研究领域的特性和研究方法的特点来看，案例研究法适用于品牌传播的研究，并且能够为该领域内研究视野的拓展和命题的开发带来助益。因此，目前来说，案例研究法已经在品牌传播研究当中获得了广泛的应用。但是，案例研究法有其自身特点所带来的缺陷和局限性，要获得客观和科学的研究结果，除了注意研究过程中的规范性，还可以融合多元化的研究方法来进行互补。品牌传播是一个比较新的研究领域，对相关理论的探索方兴未艾，对研究者来说，对案例研究法以及其他各种新的研究工具准确、深入的掌握是学科和理论发展的重要基础。

参考文献

［1］王金红.案例研究法及其相关学术规范［J］.同济大学学报：社会科学版，2007，18(03)：87-95.
［2］［美］罗伯特·K·殷.案例研究方法的应用［M］.重庆：重庆大学出版社，2009.

作者：薛可、陈晞、余明阳
原载《新闻界》，2008 年第 3 期

论公共关系形象评估指标体系

公共关系形象是指社会主体通过传播沟通手段在社会公众心目中所建立的整体感知印象。随着社会环境的日益复杂和传播沟通手段的多元化,公共关系形象越来越成为公共关系学科的核心问题,也成为社会公众日益关注的重要问题。无论对于企业、政府,还是各类社会组织,都存在着在公众心目中如何树立良好的公共关系形象,如何防范公共关系的形象危机,如何创新日益衰败的公共关系形象。因此,进入 21 世纪以后,从"形象工程"到"软实力"建设都与公共关系形象密不可分。但是,如何评估公共关系形象,如何确定公共关系形象的评估指标体系却不是一个简单的问题。本文试图通过国内外学界的理论综述,通过引进心理学等相关学科的评估指标体系,来建构出带有各类社会组织都普遍适用的全新公共关系形象评估体系。

一、公共关系形象评估指标体系理论综述

关于公共关系形象评估指标体系的研究在国际上起步于 20 世纪 90 年代中叶。在此后的十多年中,国内外学者就此进行了诸多探讨。他们分别从品牌形象、企业形象、学校形象、城市形象、旅游形象等各个角度做出了颇有创见性的探索。Gaston. Le. Blanc 和 Nha. Nguyen (1996)在《服务性企业中顾客评价企业形象的暗示——金融机构的实证研究》中提出企业形象评价的要素有董事的声誉(reputation of directors)、服务(service offering)、员工(contact personnel)、企业识别(corporate identity)、服务的获取(access to service)和物理环境(physical environment),每个要素又包括多个变量。这一理论对企业形象进行了指标化的研究,具有很好的原创性,但是指标主要是针对金融机构,普适性不高。

朱稼兴、赵剑星(1999)在《工业企业形象评价的指标体系》一文中提出企业形象的评价体系由企业整体状况、经济效益社会贡献、企业识别形象、内部职工满意度和外部公众印象组成。其中外部公众印象由企业美誉度和企业知名度两个二级指标构成。企业美誉度由产品、服务、管理者和员工形象,对企业一般印象和广告五个三级指标组成。企业知名度由企业产品和商标、企业家名气、企业名称三个三级指标构成。这一理论指标考虑了企业形象的不同方面,整体性和系统性都较强,但选取的指标有重叠相似的地方,并且也没有进行量化,因此操作性比较差。

　　章锦河(2001)在《旅游区域形象价值评价指标体系的初步研究》中提出旅游区域的主题形象评价是指旅游区域内外公众对区域的整体形象在时空交流中心的心理和行为评价的总和感知,可由知名度、美誉度、偏爱度三个指标衡量。这一理论运用特尔菲法和层次分析法建立模型,进行了定性与定量相结合的评价,具有一定的操作和应用性,但所选取的指标较为粗糙。

　　范秀成、陈洁(2002)在《品牌形象综合测评模型及其应用》一文中构建了品牌形象的综合测评模型,将品牌形象分为四个维度:产品维度、企业维度、人性化维度和符号维度。产品维度的测评指标包括产品类别、产品属性、品质/价值、用途、使用者、生产国。企业维度的测评指标包括品质、创新能力、对顾客的关注、普及率、成败、全球性与当地化。人性化维度的测评指标包括品牌个性(纯真、刺激、称职、教养、强壮)、品牌-顾客关系(依赖行为、个人承诺、爱与激情、怀旧、自我、亲近)。符号维度的测评指标包括视觉符号和隐喻式图像。此模型的指标体系已经较为全面、系统,较好地反映了品牌的整体形象。

　　黄欣(2003)在《WTO架构下企业产品形象的系统评价研究》中提出产品整体形象由内部评价因素(设计研发、生产制造、生产管理)、企业形象、国家形象、外部评价因素(使用者、市场因素、社会因素)构成。这一产品形象评价指标体系全面完整,综合考虑了产品形象各方面的因素,但没有给出各指标的具体量化标准,因而操作性相对较差。

　　张洁、辛建荣、成金华(2003)在《基于模糊数学的旅游地现实形象评价系统》中将旅游地现实形象分为三个部分:服务形象、实力形象和外观形象。其中,外观形象由知名度(知晓旅游地的人数/总人数)和美誉度(称赞旅游地的人数/知晓旅游地的人数)两个指标构成。服务形象由服务水平、人员形象、管理水平和精神形象构成。实力形象则由资源条件、社区环境、客源条件和旅游设施构成。这一理论模型对旅游地形象进行了定量化的测评,但其外在形象指标只有两个,显得过少,服务形象和实力形象指标的选取也存在较大的主观性。Grahame R. Dowling (2004)在《记者对企业声誉的评价》一文中描述了测量公司商誉的驱动因素的四个指标的成功发展轨迹。如表1所示。

表1

公司的描述符/驱动因素	利益相关者团体/社会团体	商誉描述符
*市场表现 *公司能力和绩效 *社会责任 *公司个性		*称羡 *尊敬 *信任 *信心

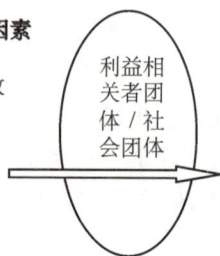

表1中包含三种变量,分别是公司、公司商誉的描述符,以及各利益相关者团体/社会团体成员的中介效果。变量的先后顺序被用来反映一种普遍的观点:公司的特质在不同的利益相关者团体(如消费者和职员)和社会团体(如财务分析师和媒体记者)中有不同的评价。其中指标为市场表现(知名的,熟悉的、知道他们代表什么领域中的领导者、市场表现有力、拥有一些明星品牌、不与调整者冲突);社会责任(道德、公平和忠诚、好雇主、环境责任感、好社区公民、可信赖的、无私心的、真诚的);公司能力(强大的管理领导能力、好品质的产品和服务、差异化的产品、低风险投资、创新性、可靠的产品和服务、高成长的前景、与雇员关系良好、高素质的人才、良好的管理、好的财务表现、清晰的理念、制胜的战略、对公司前景充满信心、世界级);公司个性(令人兴奋的、引人入胜的、与时俱进的、广为喜爱的、热情友好的、肤浅的、本土化的、自大的)。

喻金田、窦泽文、阳攀登、鲁雯(2004)在《企业形象的模糊评价》中提出企业形象评价指标体系由产品形象、营销形象、机构形象、服务形象、员工形象、领导形象、发展形象和理念形象八个方面构成,每个方面又可以细分若干项。在评价企业形象的时候,分别对企业形象的知名度、美誉度和信任度进行单项评价,其指标体系可以根据实际情况进行调整,得出知名度、美誉度和信任度相关的评价结果,然后可以对其进行综合评价,得出企业形象评价的最后结果。这一理论指标体系也较为全面地考虑了企业形象的各个方面,并运用模糊法进行了定性和定量相结合的评价。

郭秀英、吕佳祥、吴兴明(2006)在《品牌形象评价方法研究》中提出品牌形象主要是由企业形象、产品形象、符号形象、传播形象四大部分构成。由此建立了品牌形象评价指标体系,从而提出品牌形象的二级模糊综合评价方法。该模型中,企业形象包括以下二级指标:企业规模、企业文化、企业创新、企业服务。产品形象包括以下二级指标:产品质量、产品功能、产品规格、产品价格。符号形象包括以下二级指标:符号喻义、符号易记性。传播形象包括以下二级指标:品牌知名度、品牌美誉度。这一理论模型较为全面考虑了影响品牌形象的诸多方面,也针对各方面选取了一些关键因素,但这些因素大都为定性因素,且具有较强的不确定性和模糊性,很难进行量化,因而在操作性和实际应用性上存在一定的局限。

通过上述理论综述,不难发现在过去的十多年中,学界关于形象评估指标体系做了不同角度和不同行业的探索,提出了一些有建设性的成果。但是,整体上看这些指标体系层级比较模糊,指标交叉较多,内容过于平面化,描述性的内容太多,使得定量研究非常困难,严重地影响了这一课题研究的深入。

二、公共关系形象指标体系的心理学介入

纵观 21 世纪的国际学术界,学科交叉和整合研究成为发展的趋势,作为综合性边缘性学科,公共关系学从诞生之日起就借鉴和导入了传播学、营销学等许多相关学科的方法论和技术路径。无疑在微观的社会评估指标体系的研究中,心理学具有十分显著的优势,因此近十年心理学在传播学和营销学中应用极为广泛,其中也包括在公共关系学科中的应用。心理学上对于指标体系的研究最具影响力的模型有以下一些主要的代表理论:主观地在 5 分度上进行选择打钩的李克特量表(Likert, R. 1932)[1]、在两个对立的概念间进行多层次的两极化评级打分的语义差异量表(Osgood. 1957[2];Hofsttter. 1966[3])、对某标的物属性的主观感知(认知成分)和其评价(情感成分)的结果的费希宾认知态度理论(Fishbein. 1963)[4]以及从文化角度研究的 Phauand Lau (2001)、从个性方面研究的 Hayes (1999),Kim (2000),Baueretal (2002),Austinetal (2003),Gierl/Bitz (2004);从心理依恋的角度研究的 Johnsonetal (2000),Haigood (1999)等。其中以 Tepus Christal (1961) 等人提出的“大五模型”和 Jennifer Aaker (1997)提出的“Dimensions of Brand Personality”等。Tepus 和 Christal (1961)利用电脑对有关空军个性特征的成千上万份数据资料进行分析,结果发现所有的个性特征都可以被归入五种个性要素的集合。Costa 和 McCrae (1985,1989)、McCrae 和 Costa (1987)[5]、Goldberg (1990)[6]、John (1990)等人对个性要素集合不断进行研究和完善,最终形成了人类个性的五大模型,并建立一套完备的测量量表体系[7]。

---

[1] Likert R. A technique for the measurement of attitudes [J]. Archives of Psychology, 1932,22: 1 - 55.

[2] Osgood C E, Others A. The Measurement of Meaning [M]. University of Illinois Press, 1957: 342.

[3] Hofling C K, Brotzman E, Dalrymple S, et al. An experimental study in nurse-physician relationships [J]. Journal of Nervous & Mental Disease, 1966,143(20 - 2294): 171.

[4] Fishbein M. An Investigation of the Relationships between Beliefs about an Object and the Attitude toward that Object [J]. Human Relations, 1963,16(7): 233 - 239.

[5] Jr C P, Mccrae R R. Personality assessment in psychosomatic medicine: Value of a trait taxonomy. [J]. Advances in Psychosomatic Medicine, 1987,17: 71 - 82.

[6] Rosen E M, Meromsky L, Goldberg I, et al. Studies on the mechanism of scatter factor Effects of agents that modulate intracellular signal transduction, macromolecule synthesis and cytoskeleton assembly [J]. Journal of Cell Science, 1990,96.

[7] John O P, John O P. The "Big Five" factor taxonomy: Dimensions of personality in the natural language and in questionnaires [C]. In Handbook of Personality: Theory and Research. 1990.

在此基础上,Jennifer Aaker (1997)①使用的研究尝试运用归纳的方法来对形象个性维度进行系统的研究才填补了这一空白。Jennifer 从抽样到最后的统计数据检验中得到包括了 20 个形象个性五个维度的框架。对于形象个性特征的测量,则是通过 Likert 量表完成的(见表 2)。

表 2　形象个性的五维度表

个性维度	形象个性特质词语	个性维度	形象个性特质词语
纯真	爱家,诚实,真诚,快乐	教养	迷人,炫耀,有魅力,浪漫
刺激	勇敢,精力充沛,幻想,时尚	粗犷	结实,强壮,户外,坚固
称职	值得信赖,负责,可靠,成功		

　　形象个性的五维度模型是形象指标体系研究的重大突破。这一研究通过综合运用心理学、传播学、营销学和行为科学的手段,运用大量的实证分析,提炼出具有普适性的形象个性理论。这对公共关系形象的研究具有很好的借鉴作用,但是公共关系形象是一个复杂和系统的理论体系,并非形象个性所能囊括,因此形象个性只是公共关系形象的有效组成部分,只是研究公共关系形象体系的值得借鉴的路径。我们有必要将形象个性放在更为宽泛的理论框架下进行思考。因此心理学的介入不但给公共关系学界带来了类似像形象个性的五维度模型等具有直接应用价值的结论,更重要的是带来了指标区间的逻辑关系和立体维度的思考方法,也带来了将定性研究引入到定量研究的思维轨迹。通过这种介入,结合公共关系的学科特点,在理论综述的基础上,我们就可以提出更为细致、普适、立体、定量的公共关系形象评估指标体系。

三、公共关系形象评估指标体系的两维四象限模型

　　根据前人的研究和心理学方法的介入,我们不难看出以往的成果虽然涉及知名度、美誉度、个性、忠诚度、满意度等各个方面,涉及产品形象、品牌形象、企业形象、人文形象等方方面面,但这些指标体系内容比较庞杂、内在交叉较多,在具体测定的时候,驾驭比较困难。为此,我们在前人研究的基础上,根据形象个性的特征和消费者对公共关系形象的认知过程,采用美誉和显著两个心理学、传播学、营销学和消费者行为学中对形象考量的最重要、最基本的要素,试图以此体系分别作为纵坐标和横坐标简单明了地构建公共关系的形象评估指标体系(见图 1)。

---

① Aaker J L. Dimensions of Brand Personality [J]. Social Science Electronic Publishing,1997,34(3):347-356.

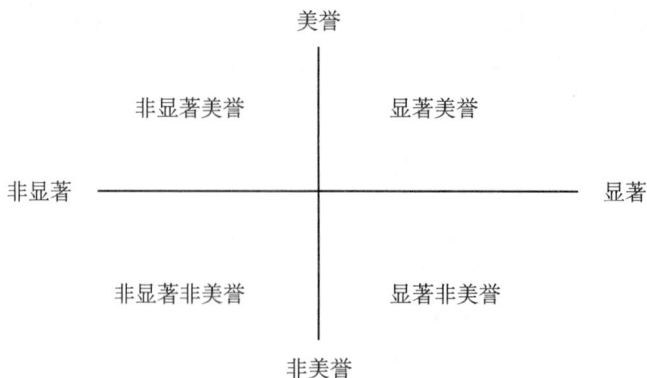

图 1　两维四象限模型

其中，美誉指标体系的二级指标为产品美誉、企业美誉、品牌美誉和文化美誉。产品美誉指产品在消费者心目中所产生的正面评价，这不但包括产品的功能、质量、性价比，还包括相应的服务。企业美誉包括企业的理念、使命、公信度和社会责任。品牌美誉包括品牌的认知、识别、荣誉和品牌联想。文化美誉包括企业文化、企业家素质、企业价值观等。

显著指标包括形象的知名度和形象的个性定位。形象的知名度包括形象标识、形象符号、形象感知基础和形象的知晓水准。个性定位指标包括纯真、刺激、称职、教养、强壮。由此得出的形象评价指标如下（见图 2）。

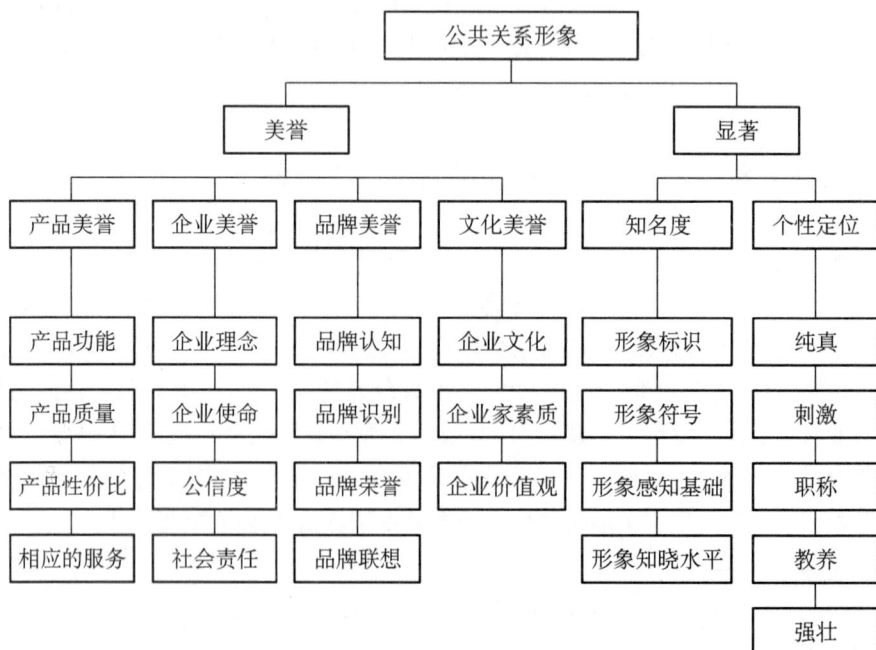

图 2　形象评价体系

　　图表中以两大维度四象限四个层级构成的公共关系形象评估体系,其最核心的创意在于将美誉和显著作为两个核心指标构成立体化的四象限评估体系,纵坐标"美誉"是一个价值化指标,从非美誉到美誉无疑是公共关系形象提升的核心路径,虽然美誉的构成较为复杂,但美誉的评价体系完全可能通过下属的层级给予清晰的反应,而下属层级之间彼此具有逻辑的推进关系,既不交叉也没有重大遗漏,对这一向度的定量判断具有可操作性。横坐标"显著"是一个风格化的指标,它更多地反映了公共关系形象的类别,这种类别与价值化的好坏评价不同,它更多突出的是个性方面的表现形式,正像前文所述,心理学对于个性五大维度的评价不涉及价值判断一样,这里的"显著"也是一个趋于风格的评价,从而与价值化的"美誉"共同构成立体的评价体系,因此这一建构将复杂的公共关系形象评估体系变得清晰和可操作,可定量化。

　　这一模型的建立,对公共关系形象的评价来说具有重要的意义。首先,过去的公共关系形象评价偏重于单项的模型。事实上,公共关系形象是非常多元和复杂的,其构成的形象也是立体的。通过两大指标四象限的评价,便于将复杂的公共关系形象评价指标体系真实地还原给消费者,使消费者获得完整的公共关系形象感知。对于企业或社会组织建立公共关系形象也有巨大的作用。其次,以往的公共关系形象评价指标体系内容庞杂、内在交叉较多,不利于进行有效的定量分析,因此形象评价模糊,形象的深入研究难以进行。确定两大指标四象限评价体系便于进行更加深入的实证研究。在此基础上,可以进行公共关系形象的监测、排行和诊断。最后,公共关系形象评估指标体系的确立将有助于动态把握公共关系形象的建立过程。

　　当企业和社会组织在初创阶段时,其美誉和显著两个指标体系均处在非美誉和非显著象限。随着公共关系形象的树立,一些企业和品牌开始以塑造美誉来逐步提升形象,而另一些企业和品牌则通过知名度来提升形象。这两种路径将会导致两种不同的公共关系形象状态,产生迥异的公共关系形象效果。作为企业、社会组织或中介机构,便应当考虑如何进行有效的运作,使之形象达到美誉而显著的目标象限。本理论模型的建立为进一步进行实证研究提供了重要基础。在本研究的基础上,可以通过因子分析(AHP 模型)或神经网络模型对此做进一步的实证研究。

作者:薛可、余明阳
原载《国际新闻界》,2007 年第 12 期

后 记

Postscript

中国互联网络信息中心(CNNIC)发布的第 38 次《中国互联网络发展状况统计报告》显示,截至 2016 年 6 月,中国网民规模达 7.10 亿,手机网民规模达 6.56 亿,互联网普及率达到 51.7%,超过全球平均水平 3.1 个百分点,超过亚洲平均水平 8.1 个百分点。互联网已经成为人们获取信息、发表言论、进行社交的主要空间,其工具属性、媒体属性、社交属性和社会动员功能日益凸显,越来越成为人们工作、学习、生活的新空间和获取公共服务的新平台。

以互联网技术为基础的新媒体改变了媒介生态环境,打破了传统媒体霸权传播的格局,使得信息传播无时不在、无处不有,而且由原来只有大众媒体才能发布信息的状况演化成当下每个公众均可以成为一个信息源的格局,这些变化已经给传播生态的治理与良性生态的构建带来了前所未有的挑战。由于新媒体的用户内容生成及低门槛特征,低俗虚假信息充斥整个媒体环境,难以实现对网络中各式各样信息进行控制式传播,导致信息生态环境严重污染和恶化;网络中大量偏激言论以及其他负面信息包围着用户,久而久之对用户心理起着"麻醉作用",进而形成一种"比坏"心理,腐蚀了正确的社会价值取向和道德观念,对社会风气产生了严重的负面影响;谣言和虚假信息的大量扩散,严重损害了新媒体在公民心中的公信力;同时由于人们在对高科技使用、信息接收能力以及新媒体使用机会的差异,从而产生了比传统媒体"知沟"具有更大负面影响的"数字鸿沟"。此外,网络暴力、隐私暴露、侵权抄袭、网络制度及法律法规尚不完善等无疑都对社会发展产生了严重的负面影响。

新媒体这把"双刃剑",在它给社会带来积极影响的同时,也对人们的生活以及社会发展产生了不少消极影响。面对这些负面影响,我们应该积极采取措施加以应对和解决,做到扬长避短,让新媒体的发展给社会带来更大更多的福利。在社会发展和人们生活中,可以将之作为社会文化传播、人际交往、信息传播的主要阵地,充分发挥互联网、手机、网络电视、微博客等新媒体即时性、互动性、移动性等优势,增强社会正能量传播以及主流文化的影响力和渗透力。

新媒体的出现及迅速发展已经使得当下传播生态形成了一种全新的格局,在过去的十几年里,无论是学界还是业界,关于新媒体环境下传播生态构建的主题研究也一直是人们关注的热点和重点。我的团队从 2009 年开始对该领域的相关主题进行了持续地专注和研究,先后主持和参与了国家社科基金重点项目"互联网群体传播的管控方案与社会引导"、教育部社科基金一般项目"基于大数据的突发危机中非官方正能量信息的挖掘"、教育部新世纪人才优秀人才支持计划"中文网络论坛中突发事件传播模式比较分析及其应用研究"、教育部人文社科专项课题"高校网络舆论领袖的形成、作用和管理研究"、上海交通大学文科科研创新计划项目"中文网络论坛突发事件舆情分析及其应用研究"等 20 多项,出版《人际传播学》《媒体品牌》等专著 10 多部,在 *Public Relations Review*、*Communication & Society*、*Quality & Quantity*、《新闻与传播研究》《上海交通大学学报》《同济大学学报》《新闻大学》《国际新闻界》《现代传播》等中外学术专业期刊上发表 SSCI、CSSCI、EI 论文 100 余篇,在网络传播、新媒体研究等领域取得了一定的研究成果。为了进一步整合团队研究力量,发挥协同研究效应,我们于 2016 年成立了上海交通大学网络信息传播与社会发展研究中心,依托上海交通大学的多元交叉学术科研积淀,涵盖传播学、管理学、信息科学等多个学科视角,致力网络信息传播与社会发展研究,未来将在网络空间信息的分类研究、互联网群体传播研究、网络生态研究、网络空间信息行为与引导研究、公共危机传播管理、国家形象及城市形象研究、互联网品牌传播等领域,继续我们的研究探索。

总体而言,本论文集是我们在新媒体舆情传播、新媒体危机传播、新媒体积极传播、新媒体健康传播、新媒体品牌传播等方面的思考和探索。然而，随着网络技术及信息技术日新月异地发展，新媒体环境下的传播生态已变得越来越复杂，这样的变化趋势必将也会一直不可遏制的向前推进。在这样的媒体传播环境下，要实现习近平主席在中国共产党第十八次全国代表大会召开以来提出的"中国梦"及"两个一百年"奋斗目标，以及之后提出的"把握好网上舆论引导，使网络空间清朗起来"的网络治理目标，仅仅是某一部分学者参与该领域的研究或者仅仅涉及其中的部分研究内容，这对于该目标的实现仍显得不足，更需要广大学者一起同心协力、持续地关注和投入到该领域全面内容的研究中，从而为实现整个社会舆论生态的清朗化作出自己应有的一份贡献。

本书在编写过程中，团队成员阳长征、余来辉、陈孟彤、沈嘉悦、徐维、孙页参与了编排的工作，感谢他（她）们辛苦的工作。本书的出版特别感谢上海交通大学媒体与设计学院张国良教授和上海交通大学出版社责任编黄强老师的大力支持与帮助。

上海交通大学媒体与设计学院
新闻与传播系系主任、教授、博士生导师
2016 年 2 月 23 日于交大闵行校园